東京大学史料編纂所影印叢書 1

島津家文書 歴代亀鑑・宝鑑

東京大学史料編纂所 編

八木書店

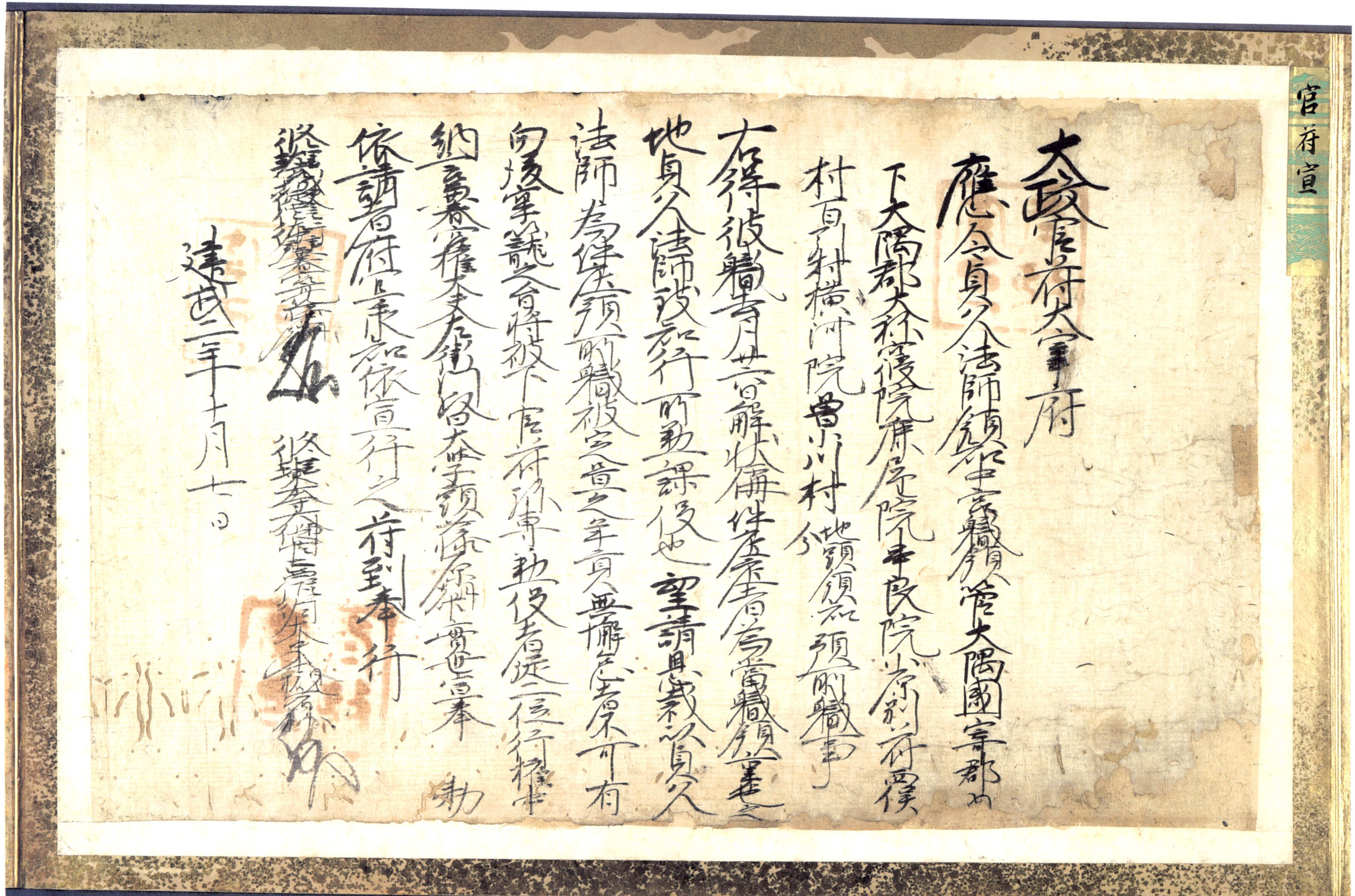

歴代亀鑑　其一　50太政官符　建武二年十月七日（五七頁）

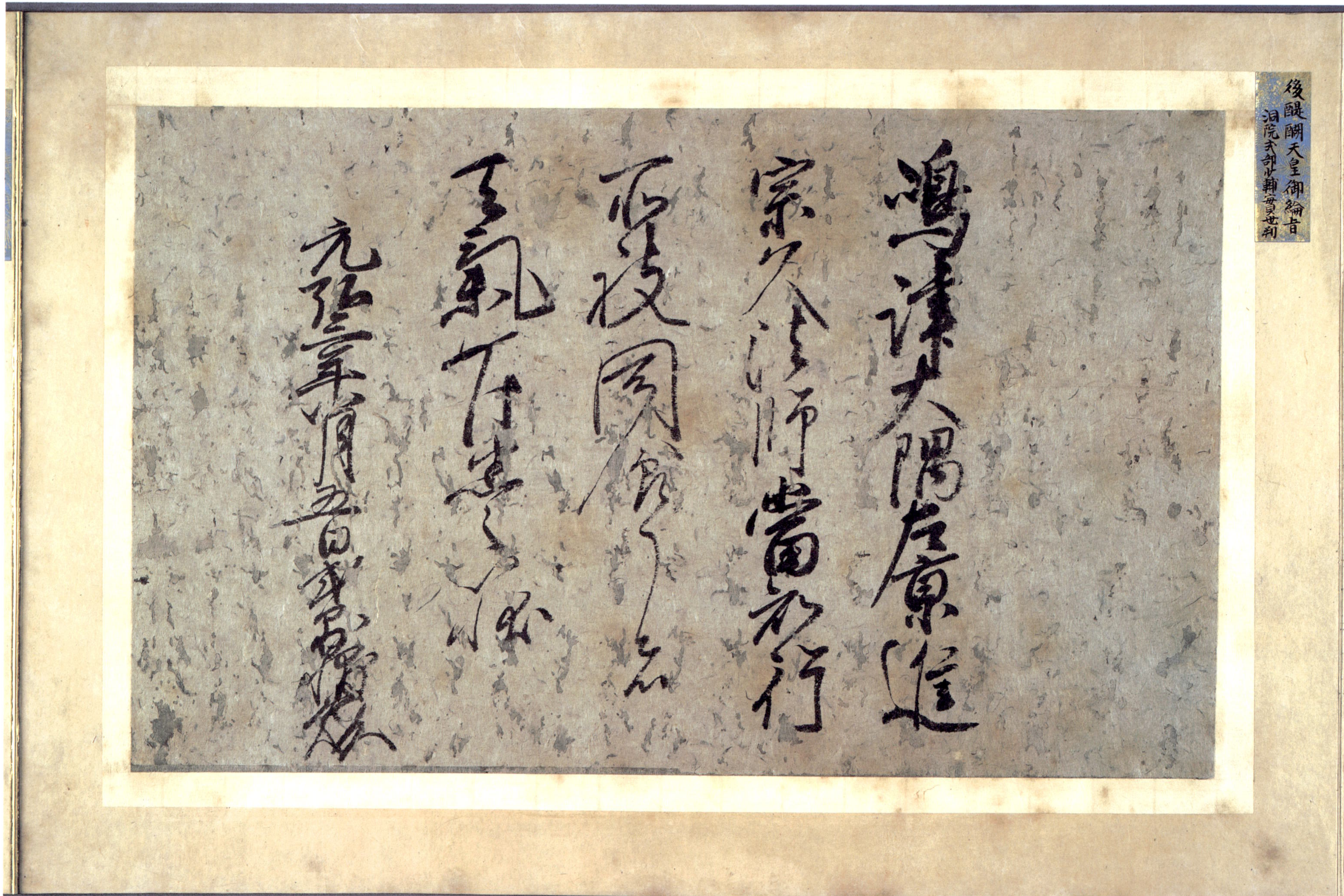

宝鑑　其一　19後醍醐天皇綸旨　元弘三年八月五日（一四七頁）

例言

一、東京大学史料編纂所影印叢書は、東京大学史料編纂所が所蔵する原本史料等を精選し、影印によって刊行するものである。

一、本冊には、『島津家文書　歴代亀鑑・宝鑑』を収めた。

一、本冊に収録する図版の釈文は、『大日本古文書　家わけ第十六　島津家文書』之一として刊行しており、同書との対照の便を考慮した。

一、裏面に端裏書等がある場合は、原則として、高解像度近赤外線デジタルカメラにて撮影し反転した図版を本冊の解説に収め、該当する図版の上欄に＊赤外と示し、また、必要に応じて接写した場合は、本文図版の末に収め、同様に＊接写と示し、それぞれ、その所在を標示した。

一、本冊の解説は簡潔を旨とし、原則として常用漢字を用いた。解説には、文書名、年月日、目録番号、大日本古文書番号、料紙、法量、紙数、端裏書、差出、宛所、受給者、備考等を記し、必要に応じて参考図版を挿入した。

一、法量は縦×横の順に示し、花押については（花押）と表記した。欠損については、残画等により字数を推定できる場合は□□□、字数を推定できない場合は［　］と表記した。また、校訂注は〔　〕、説明注は（　）を付して傍書した。

一、本冊の図版は谷昭佳・中村尚暁が撮影し、調査と解説の執筆は近藤成一・高島晶彦・中藤靖之・西田友広・林譲・山口悟史が担当した。

一、本冊の刊行にあたり、協力を惜しまれなかった各位に対し、厚く感謝の意を表する。

二〇〇七年五月

東京大学史料編纂所

目次

歴代亀鑑 其一 …… 一

1 源頼朝下文 元暦二年六月十五日 …… 五
2 源頼朝下文 元暦二年六月十五日 …… 六
3 源頼朝下文 元暦二年八月十七日 …… 七
4 源頼朝下文 文治二年正月八日 …… 八
5 源頼朝下文 文治二年四月三日 …… 九
6 源頼朝下文 文治二年八月三日 …… 一〇
7 源頼朝下文 文治三年五月三日 …… 一一
8 源頼朝下文 文治三年九月九日 …… 一二
9 源頼朝下文 文治五年二月九日 …… 一三
10 源頼朝御教書 (年未詳)七月十日 …… 一四
11 前右大将家政所下文 建久八年十二月三日 …… 一五
12 将軍家政所下文 建暦三年七月十日 …… 一六
13 北条義時書状 (年未詳)五月九日 …… 一七
14 北条義時書状案 (建保六年)十月二十七日 …… 一八
15 島津忠久安堵状 建保六年十一月二十六日 …… 一九
16 関東下知状案 承久三年五月八日
関東下知状案 承久三年五月十三日 …… 二〇
17 関東下知状 承久三年七月十二日 …… 二一
18 北条泰時書状 (承久三年)七月十二日 …… 二二
19 関東下知状 貞応元年十月十二日 …… 二三
20 関東下知状 承久三年八月二十五日 …… 二四
21 関東下知状 承久三年閏十月十五日 …… 二五
22 関東下知状 貞応二年六月六日 …… 二六
23 関東下知状 貞応二年八月六日 …… 二七
24 関東御教書 貞応二年十二月八日 …… 二八
25 関東下知状 貞応三年九月七日 …… 二九

26 島津忠久譲状　嘉禄三年六月十八日……三〇
27 藤原頼経下文　嘉禄三年十月十日……三一
28 関東下知状　文永六年十月二十三日……三五
29 関東下知状　文永八年十二月二十四日……三六
30 将軍家政所下文　建治二年八月二十七日……三七
31 安達泰盛副状　(建治二年)八月二十八日……三八
32 安達泰盛書状　(建治二年)十二月十日……三九
33 関東御教書　正応六年二月七日……四〇
34 関東御教書　正応六年三月二十一日……四一
35 関東御教書　正応六年四月五日……四二
36 金沢実政書状　永仁六年四月六日……四三
37 関東御教書　延慶二年二月十日……四四
38 北条貞時書状　(嘉元三年)三月二十九日……四五
39 島津道義(忠宗)譲状并関東安堵外題　文保二年三月十五日・文保二年三月二十三日……四六
40 島津道義(忠宗)譲状并関東安堵外題　文保二年三月十五日・文保二年三月二十三日……四七
41 将軍家政所下文　正慶元年十二月一日……四八
42 後醍醐天皇綸旨　元弘三年四月二十八日……四九
43 足利高氏(尊氏)書状　(元弘三年)四月二十九日……五〇
44 足利高氏(尊氏)書状　(元弘三年)六月十日……五一
45 後醍醐天皇綸旨　(元弘三年)八月四日……五二
46 後醍醐天皇綸旨　建武元年二月二十一日……五三
47 後醍醐天皇綸旨　(建武元年)九月十日……五四
48 足利尊氏施行状　建武元年九月十二日……五五
49 後醐醍天皇綸旨　建武二年三月十七日……五六
50 太政官符　建武二年十月七日……五七
51 室町幕府執事高師直奉書　暦応四年十一月十三日……五八
52 室町幕府執事高師直奉書　暦応五年二月五日……五九
53 室町幕府執事高師直奉書　康永三年十二月二十二日……六〇

歴代亀鑑　其二

歴代亀鑑　其二 ……六三
1 足利直義御判御教書　貞和四年正月十二日 ……六七
2 高師直書状　(貞和五年)九月二十八日 ……六八
3 一色直氏施行状　貞和五年十一月十四日 ……六九
4 足利尊氏御判御教書　観応二年八月十三日 ……七〇
5 足利尊氏下文　観応二年八月十五日 ……七一
6 足利義詮御判御教書　文和二年十月九日 ……七二
7 足利義詮下文　文和三年五月十一日 ……七三
8 足利義詮書状　(文和四年)十一月二日 ……七四
9 足利尊氏書状　(年未詳)八月二日 ……七五
10 足利尊氏下文　建武五年正月二十四日 ……七六
11 足利義詮下文　延文元年八月六日 ……七七
12 足利義詮下文　延文元年八月六日 ……七九
13 足利義満御内書　(年未詳)二月二十八日 ……八〇
14 足利義満御内書　(年未詳)九月二日 ……八一
15 今川了俊(貞世)書状　(年未詳)八月十日 ……八二
16 足利義満御判御教書　応永十一年六月二十九日 ……八四
17 足利義持御判御教書　応永十六年九月十日 ……八五
18 足利義稙御内書　(年未詳)六月二十六日 ……八六
19 足利義持御判御教書　応永三十二年八月二十八日 ……八七
20 足利義持御内書　(年未詳)九月二日 ……八八
21 足利義教御内書　(年未詳)三月八日 ……八九
22 足利義教御内書　(永享五年)閏七月十一日 ……九〇
23 足利義教御内書　(年未詳)九月三十日 ……九一
24 足利義教御内書　(嘉吉元年)卯月十三日 ……九二
25 足利義教御内書　(嘉吉元年)六月十七日 ……九七
26 室町幕府管領畠山徳本(持国)奉書　宝徳二年四月二十日 ……九九
27 細川勝元書状　(文明元年)九月二十日 ……一〇〇
28 足利義政御内書　(文明十年)二月二十二日 ……一〇一
29 足利義政御内書　(年未詳)九月二十三日 ……一〇二

30 足利義政御内書（文明十一年）十二月十五日……一〇三
31 足利義政御内書（文明十一年）十二月十五日……一〇四
32 足利義政御内書（年未詳）七月十七日……一〇五
33 足利義輝御内書（永禄三年）六月二日……一〇六
34 近衛稙家副状（永禄三年）六月二日……一〇七
35 足利義昭御内書（永禄十二年）六月十六日……一〇八
36 細川藤孝副状（永禄八年）十月二十八日……一〇八
37 足利義昭御内書（天正十年）十一月二日……一〇九
38 細川藤孝副状（永禄十一年）十月二十二日……一〇九
39 足利義昭御内書（天正二年）卯月十四日……一一〇
40 一色藤長副状（天正二年）卯月十四日……一一〇
41 足利義昭御内書（天正五年カ）卯月十七日……一一一
42 真木島昭光・一色昭秀連署副状（天正五年カ）卯月十七日……一一一
43 足利義昭御内書（天正六年）九月十一日……一一二
44 一色昭秀・真木島昭光連署副状（天正六年）九月十一日……一一二
45 織田信長書状案（天正八年）八月十二日……一一三
46 織田信長書状案（天正八年）八月十二日……一一四
47 近衛前久書状（天正八年）九月十九日……一一六
48 足利義昭御内書（天正十二年）九月四日……一一七
49 足利義昭御内書（天正十二年）九月四日……一一八
50 足利義昭御内書（年未詳）十一月十八日……一一九
51 足利義昭御内書（天正十四年）十二月四日……一二〇
52 足利義昭御内書（天正十四年）十二月四日……一二一
53 足利義昭御内書（天正十四年）十二月四日……一二二
54 足利義昭御内書（天正十五年）二月二十六日……一二三

宝鑑 其一

宝鑑 其一……一二五
1 将軍家政所下文 弘安八年七月三日……一二九
2 関東下知状 正応三年二月十二日……一三〇
3 関東下知状 正応三年五月十二日……一三一

4 関東下知状 正応五年四月十二日 …… 一三二
5 関東下知状 正応五年十二月十六日 …… 一三三
6 関東下知状 正応六年正月十三日 …… 一三四
7 鎌倉幕府政所奉行人連署下知状 永仁三年七月二十九日 …… 一三五
8 鎮西施行状 正安二年十一月二十六日 …… 一三六
9 鎮西御教書 正安三年三月二十七日 …… 一三七
10 関東御教書 嘉元三年六月二十日 …… 一三八
11 鎮西下知状 正和三年七月十六日 …… 一三九
12 鎮西下知状 正和三年十一月二十七日 …… 一四〇
13 鎮西下知状 文保元年九月二日 …… 一四一
14 鎮西下知状 文保元年九月二十四日 …… 一四二
15 鎮西下知状 元応二年十一月六日 …… 一四三
16 関東御教書 元亨三年五月十日 …… 一四四
17 鎮西施行状 元亨三年九月五日 …… 一四五
18 足利直義御判御教書 建武四年十一月二十九日 …… 一四六
19 後醍醐天皇綸旨 元弘三年八月五日 …… 一四七
20 雑訴決断所下文 建武元年九月二十九日 …… 一四八
21 後醍醐天皇綸旨 建武元年十一月二十六日 …… 一四九
22 足利尊氏御判御教書 建武三年三月二十八日 …… 一五〇
23 足利直義御判御教書 建武四年四月二十六日 …… 一五一
24 足利直義御判御教書 建武四年八月九日 …… 一五五
25 足利直義御判御教書 暦応三年三月三日 …… 一五六
26 足利直義下文 暦応三年十一月二十一日 …… 一五七
27 足利直義御判御教書 康永元年十二月二十一日 …… 一五八
28 足利尊氏下文 康永二年三月二十六日 …… 一五九
29 室町幕府執事高師直施行状 康永二年四月五日 …… 一六〇
30 足利尊氏書状 （貞和二年）閏九月十四日 …… 一六一
31 足利直義御判御教書 貞和二年十一月二十一日 …… 一六三
32 足利尊氏書状 （康永三年）四月二日 …… 一六四
33 一色道猷（範氏）軍勢催促状 貞和四年二月九日 …… 一六六
34 足利直義御判御教書 貞和四年八月二十九日 …… 一六七

35 足利尊氏御判御教書　貞和五年十二月二十七日……一六八
36 足利直冬御判御教書　観応二年七月四日……一六九
37 足利直冬御判御教書　観応二年七月二十六日……一七〇
38 後村上天皇綸旨　正平六年八月三日……一七一
39 足利尊氏御判御教書　正平六年十一月十三日……一七一
40 足利義詮御判御教書　観応三年卯月十三日……一七一
41 足利直義御判御教書　康永二年三月二日……一七二
42 斯波氏経感状　康安二年三月二十五日……一七三
43 後村上天皇綸旨　正平十九年九月十四日……一七三
44 後村上天皇口宣案　正平十九年九月十四日……一七四
45 今川了俊(貞世)書下　応安五年正月二十五日……一七五
46 今川了俊(貞世)書下　応安五年正月二十五日……一七五
47 今川了俊(貞世)軍勢催促状　応安五年十月十三日……一七五
48 少弐冬資書状　(年未詳)二月二十一日……一七五
49 少弐冬資書状　(年未詳)十月十九日……一七六
50 今川了俊(貞世)感状　応安八年三月二十七日……一七六
51 渋川満頼書状　(年未詳)八月二十五日……一七七

宝　鑑　其二……一七九
1 足利直義御判御教書　建武四年五月十七日……一八三
2 足利直義御判御教書　建武四年五月十八日……一八四
3 足利直義御判御教書　建武四年五月十八日……一八五
4 足利直義御判御教書　建武四年五月二十七日……一八六
5 足利直義御判御教書　建武四年五月二十七日……一八七
6 室町幕府引付頭人沙弥某施行状　文和元年十月十三日……一八八
7 室町幕府引付頭人沙弥某施行状　文和元年十月二十六日……一八九
8 一色道猷(範氏)充行状　文和二年二月一日……一九〇
9 一色道猷(範氏)充行状　文和三年五月二十五日……一九一
10 宮内大輔三雄挙状　(年未詳)十二月二十五日……一九二
11 少弐貞頼書状　(年未詳)十二月二十五日……一九三

12少弐冬資書状　(年未詳)六月十五日 …… 一九四
13足利義詮御判御教書写　貞治元年十月十七日
足利義詮御判御教書写　貞治元年十月十七日 …… 一九五
14菊池武興書状　(天授三年)六月十日 …… 一九五
15今川了俊(貞世)書下　永和元年八月二十八日 …… 一九六
16今川了俊(貞世)書状　(永和二年カ)四月八日 …… 一九七
17菊池武光書状　(年未詳)七月四日 …… 一九七
18今川了俊(貞世)書下　永和五年三月二十三日 …… 一九八
19足利義満御判御教書　応永六年十一月三日 …… 一九八
20室町幕府管領斯波義将奉書　至徳元年十二月九日 …… 一九九
21昌和書状　(至徳元年)閏九月十二日 …… 二〇〇
22大内持世書状　(嘉吉元年)卯月十四日 …… 二〇〇
23足利義満御内書　(年未詳)十月七日 …… 二〇一
24足利義満御判御教書　至徳二年正月晦日 …… 二〇二
25室町幕府管領細川満元奉書　明徳二年九月八日 …… 二〇三
26渋川満頼書下　応永四年六月五日 …… 二〇四
27足利義満御内書　(年未詳)三月六日 …… 二〇五
28足利義満御判御教書　応永九年八月十六日 …… 二〇九
29室町幕府管領細川満元奉書　明徳三年九月十七日 …… 二一〇
30赤松満政副状　(嘉吉元年)卯月十五日 …… 二一一
31赤松満政書状　(嘉吉元年)四月十五日 …… 二一二
32赤松満政書状　(嘉吉元年)卯月十六日 …… 二一四
33友貞書状　(嘉吉元年)五月二十六日 …… 二一五
34畠山政長書状　(文明元年)九月十四日 …… 二一六
35右衛門尉行頼奉書　(文明三年)十一月五日 …… 二一六
36室町幕府奉行人連署奉書　文明六年九月二十一日 …… 二一七
37布施英基書状　(文明十二年)二月十一日 …… 二一八
38室町幕府管領斯波義将奉書　至徳元年十二月九日 …… 二一九
39室町幕府奉行人連署奉書　文明十一年十二月二十七日 …… 二二〇
40室町幕府奉行人連署奉書　文明十三年六月二十六日 …… 二二一
41室町幕府奉行人連署奉書　文明十五年四月九日 …… 二二二

42赤松政則書状　（年未詳）七月八日……一二三
43足利義昭御内書　（年未詳）十一月晦日……一二四
44伊勢貞宗書状　（文明十一年）六月十七日……一二四
45足利義昭御内書　（年未詳）七月四日……一二五
46近衛稙家書状　（年未詳）四月六日……一二六
47近衛尚通書状　（年未詳）八月二十八日……一二六
48近衛稙家書状　（年未詳）三月五日……一二七
49近衛信輔（信尹）書状　（天正十二年）九月二十八日……一二八
50近衛前久書状　（天正四年）九月三日……一二八
51聖護院道澄書状　（年未詳）九月十三日……一二九
52近衛竜山（前久）書状　（慶長二年）九月十三日……一三〇
53近衛竜山（前久）書状　（慶長三年）十一月八日……一三一

接写図版

接写図版……一三三
歴代亀鑑　其一　43足利高氏（尊氏）書状　（元弘三年）四月二十九日……一三五
宝鑑　其一　38後村上天皇綸旨　正平六年八月三日……一三六
宝鑑　其一　39足利尊氏御判御教書　正平六年十一月十三日……一三七
宝鑑　其一　40足利義詮御判御教書　観応三年卯月十三日……一三七
宝鑑　其一　45今川了俊（貞世）書下　応安五年正月二十五日……一三八
宝鑑　其一　46今川了俊（貞世）書下　応安五年正月二十五日……一三八
宝鑑　其二　50近衛前久書状　（天正四年）九月三日……一三九

解説

解説……1

歴代亀鑑　其一

歴代亀鑑　其一　表紙

歴代亀鑑　其一　表紙見返し

＊赤外

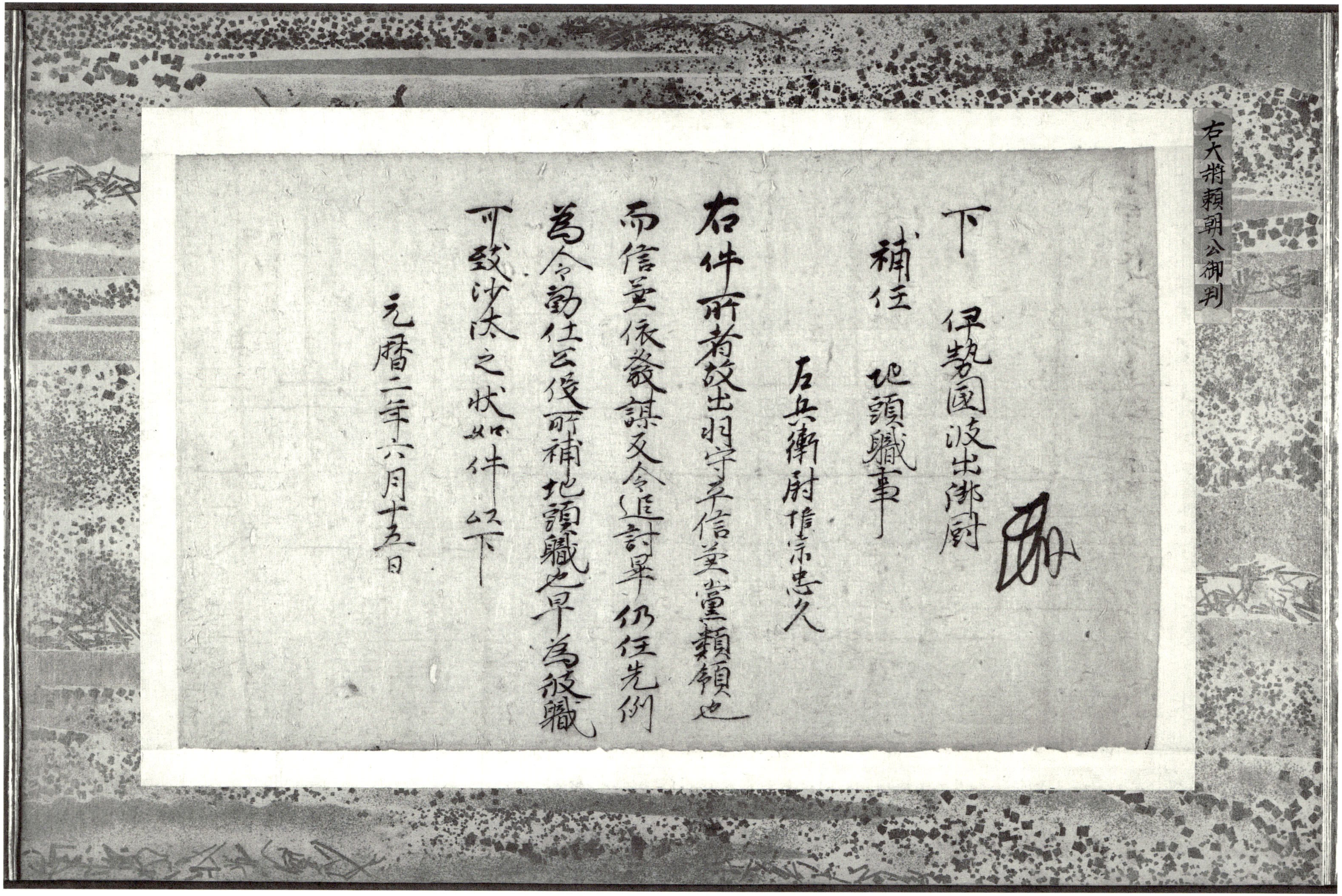
右大将頼朝公御判

下　伊勢國波出御厨
補任　地頭職事
左兵衛尉惟宗忠久
右件所者故出羽守平信兼党類領也
而信兼依発謀反令追討畢仍任先例
為令勤仕公役所補地頭職也早為彼職
可致沙汰之状如件以下
元暦二年六月十五日

歴代亀鑑　其一　1源頼朝下文　元暦二年六月十五日

下　伊勢国波出御厨
　補任　地頭職事
　　左兵衛尉惟宗忠久
右件所者、故出羽守平信兼党類領也、而信兼依発謀反、令追討畢、仍任先例、為令勤仕公役、所補任地頭職也、早為彼職、可令執行庶務之状如件、以下、
元暦二年六月十五日

*赤外

歴代亀鑑　其一

2 源頼朝下文　元暦二年六月十五日

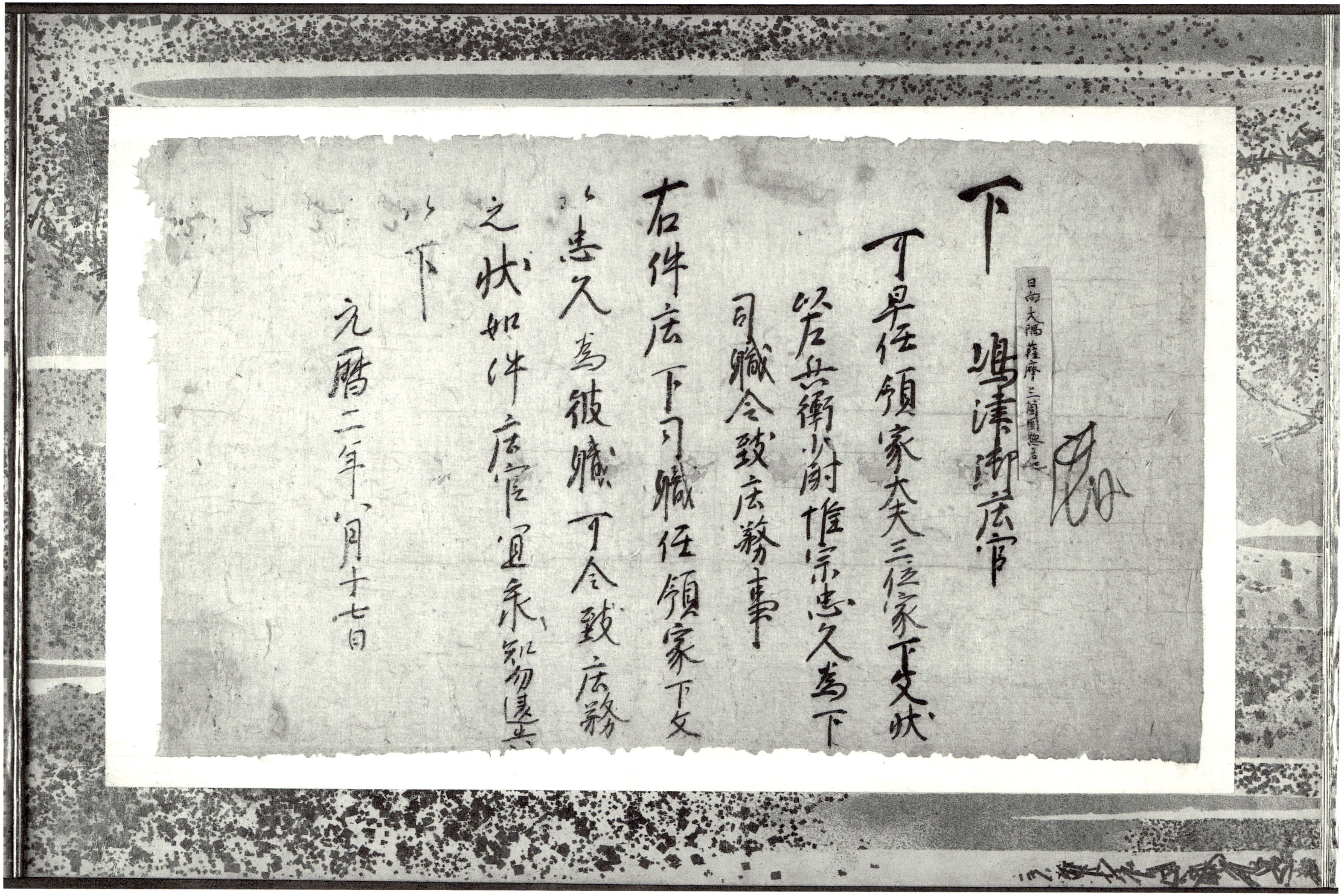

下　嶋津御庄官
可早任領家大夫三位家下文状
以左兵衛尉惟宗忠久為下
司職令致庄務事
右件庄下司職任領家下文
以忠久為彼職可令致庄務
之状如件庄官宜承知勿違失
以下
元暦二年八月十七日

歴代亀鑑　其一　3源頼朝下文　元暦二年八月十七日

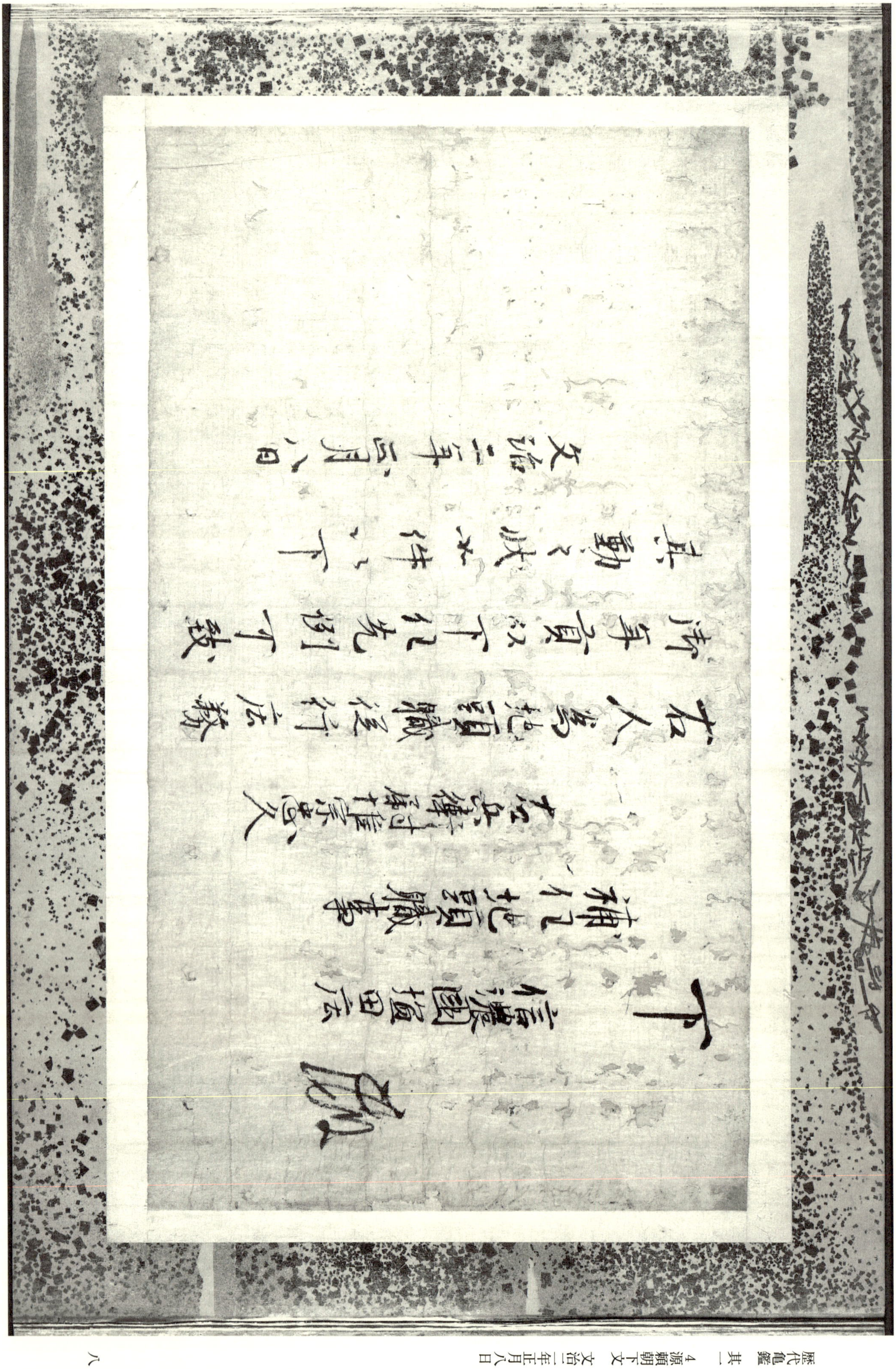

下　信濃国塩田庄
補任地頭職事
左兵衛尉惟宗忠久
右人為地頭職、令執行庄務、
所当年貢以下、任先例可致
其勤之状如件、以下
文治二年正月八日

*赤外

歴代亀鑑　其一
4　源頼朝下文　文治二年正月八日

*赤外

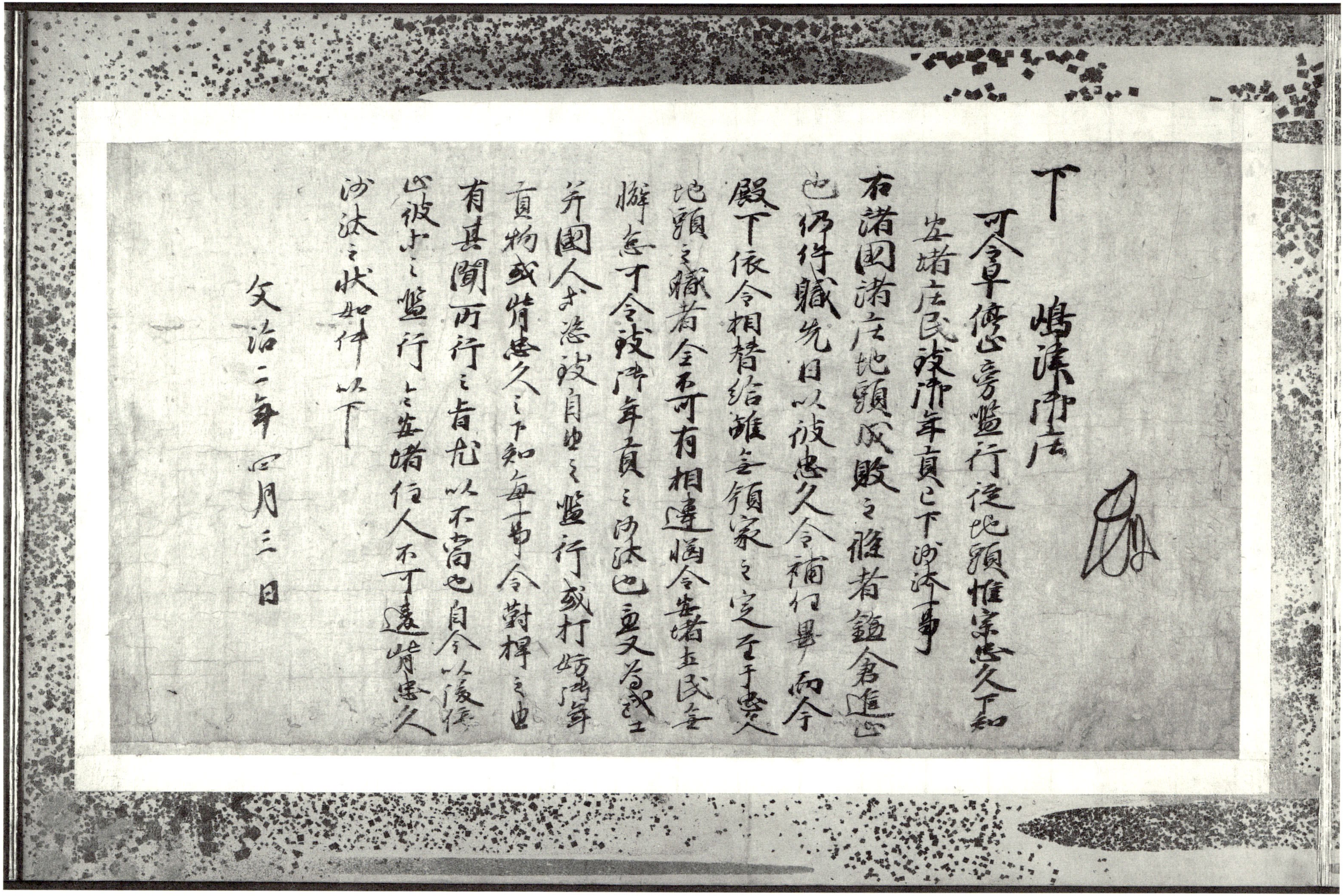
下　嶋津御庄
可令早停止旁濫行従地頭惟宗忠久下知
安堵庄民致沙汰年貢已下沙汰事
右諸国諸庄地頭成敗之條雖着鎌倉進止
也仍件職先日以彼忠久令補任畢而今
殿下依令相替給雖為領家之定至于忠久
地頭之職者全不可有相違悩令安堵土民無
懈怠可令致沙汰年貢之沙汰也且又為武士
并国人等恣致自由之濫行或打妨沙汰年
貢物或背忠久之下知毎事令對捍之由
有其聞所行之旨尤以不当也自今以後停
止彼等之濫行且安堵住人不可違背忠久
沙汰之状如件以下
文治二年四月三日

歴代亀鑑　其一　5源頼朝下文　文治二年四月三日

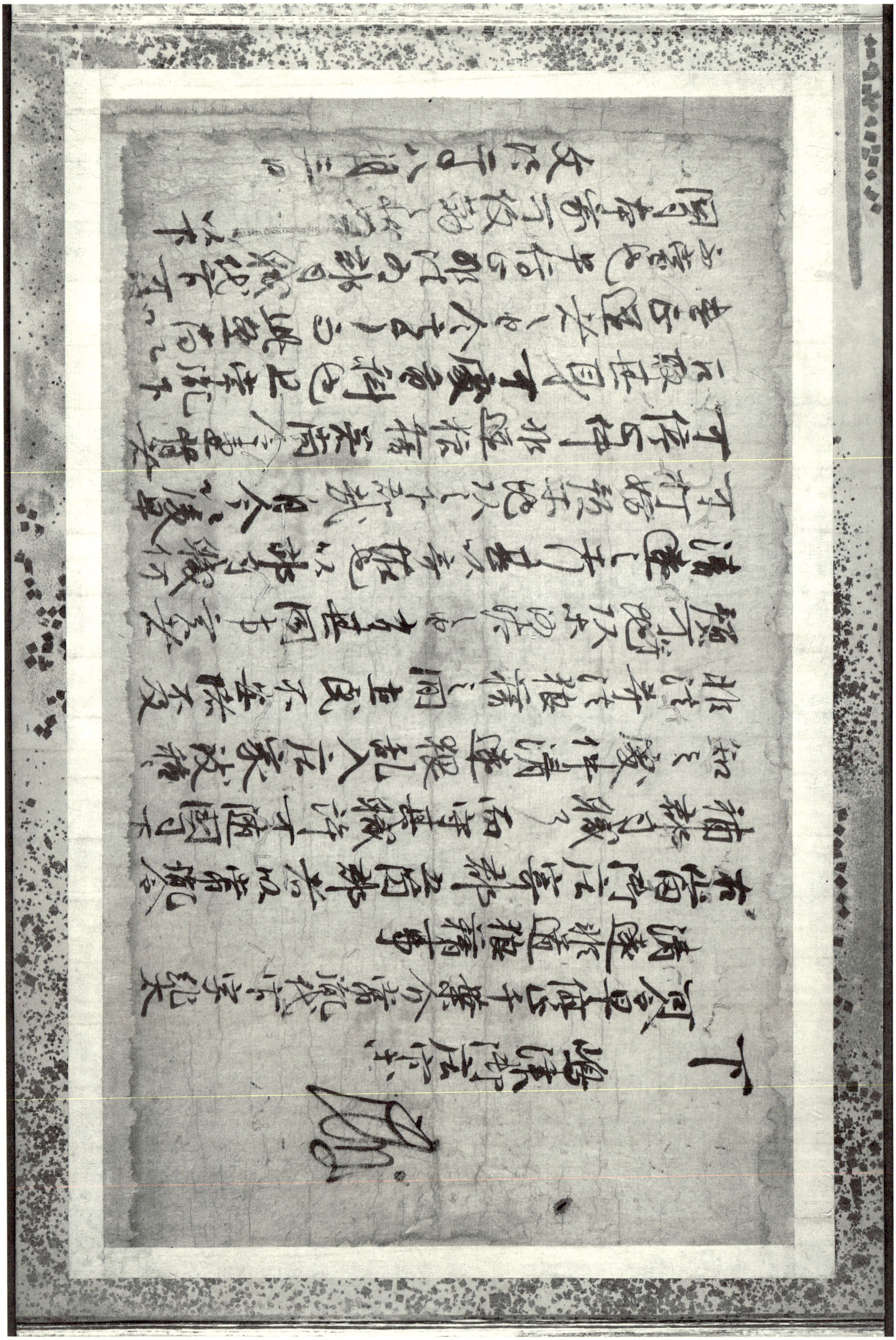

歴代亀鑑　其一

6　源頼朝下文　文治二年八月三日

＊赤外

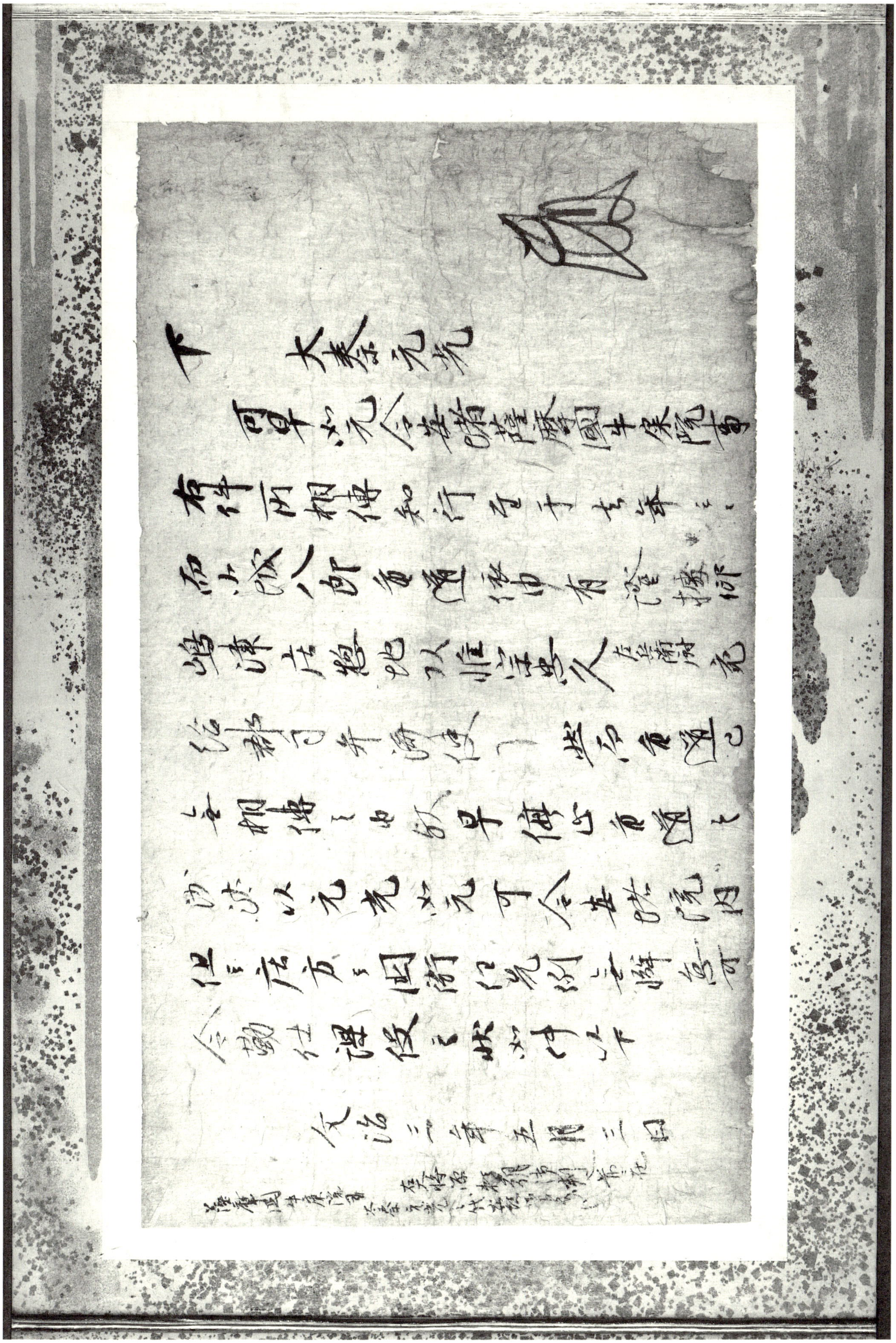

＊赤外

歴代亀鑑　其一　7源頼朝下文　文治三年五月三日

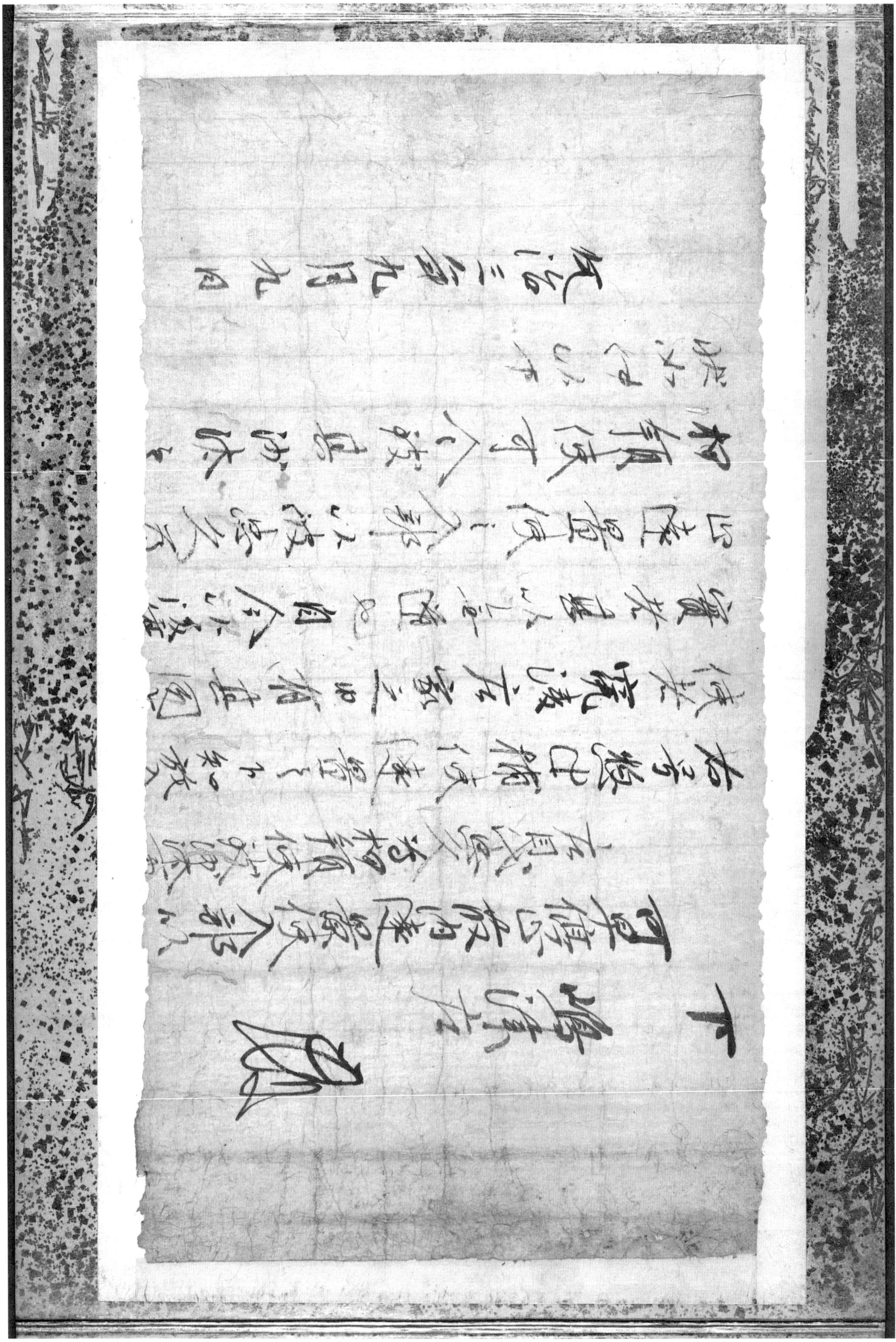

＊赤外

歴代亀鑑　其一

8　源頼朝下文　文治三年九月九日

*赤外

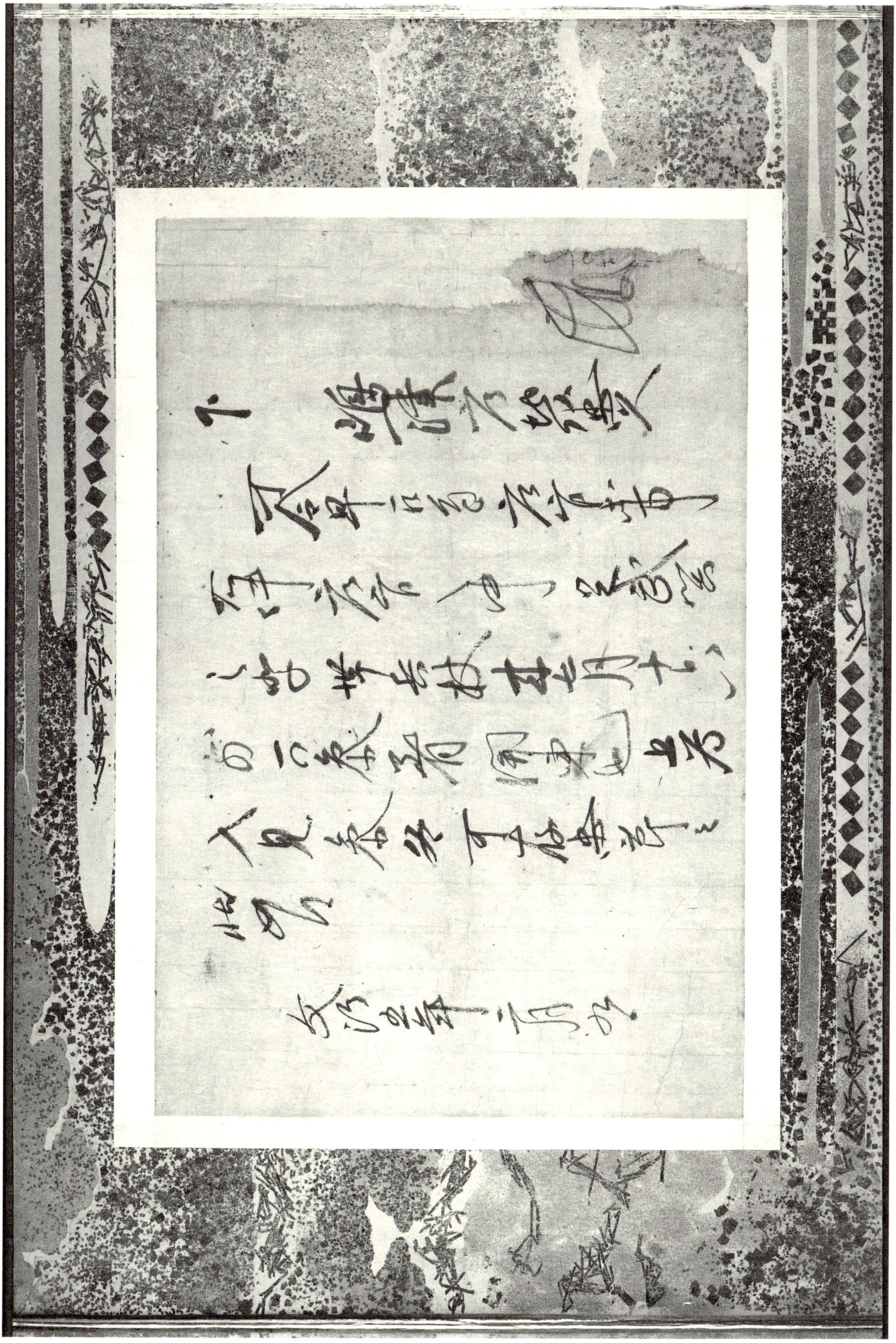

歴代亀鑑　其一　9 源頼朝下文　文治五年二月九日

10 源頼朝御教書（年未詳）七月十日

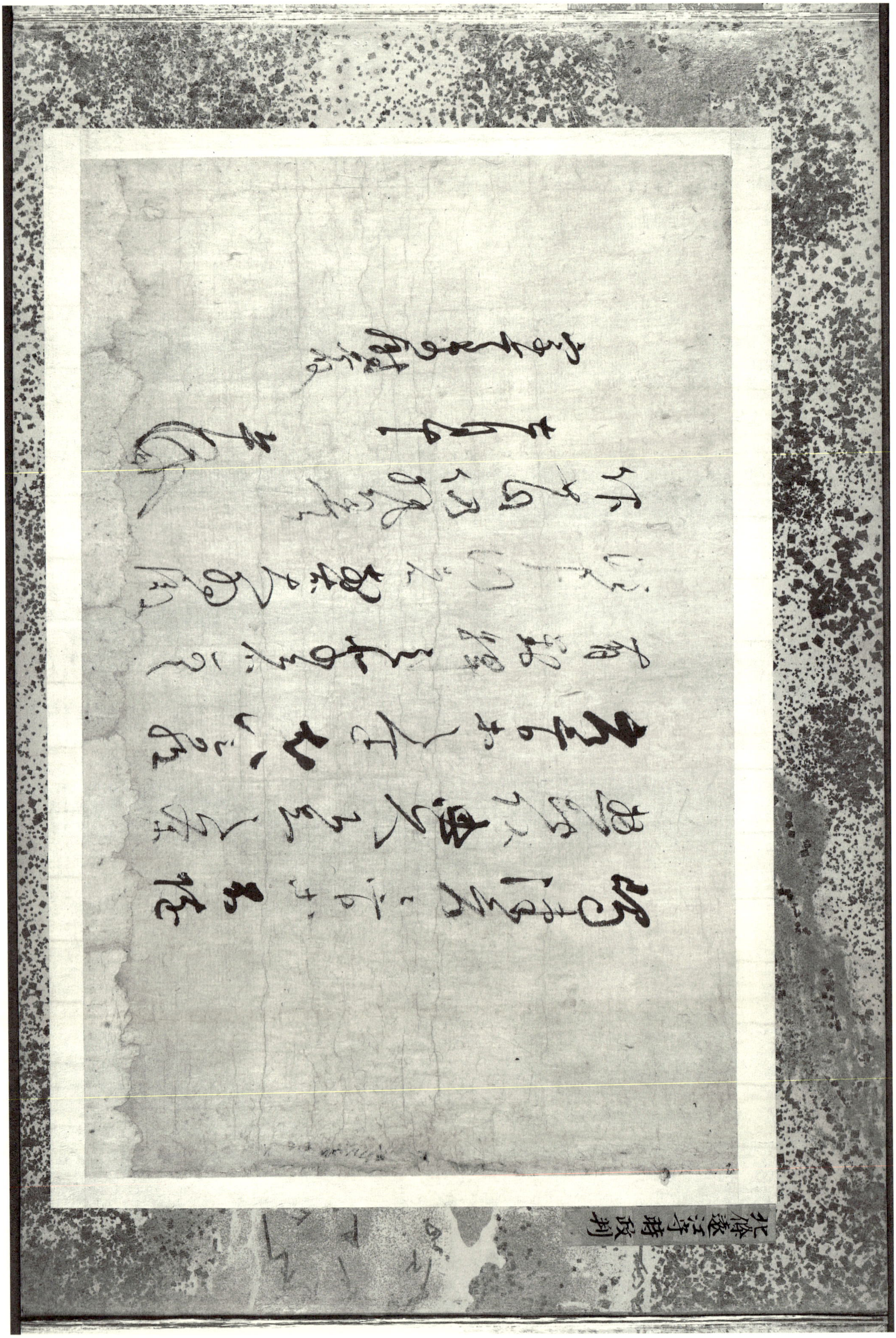

*赤外

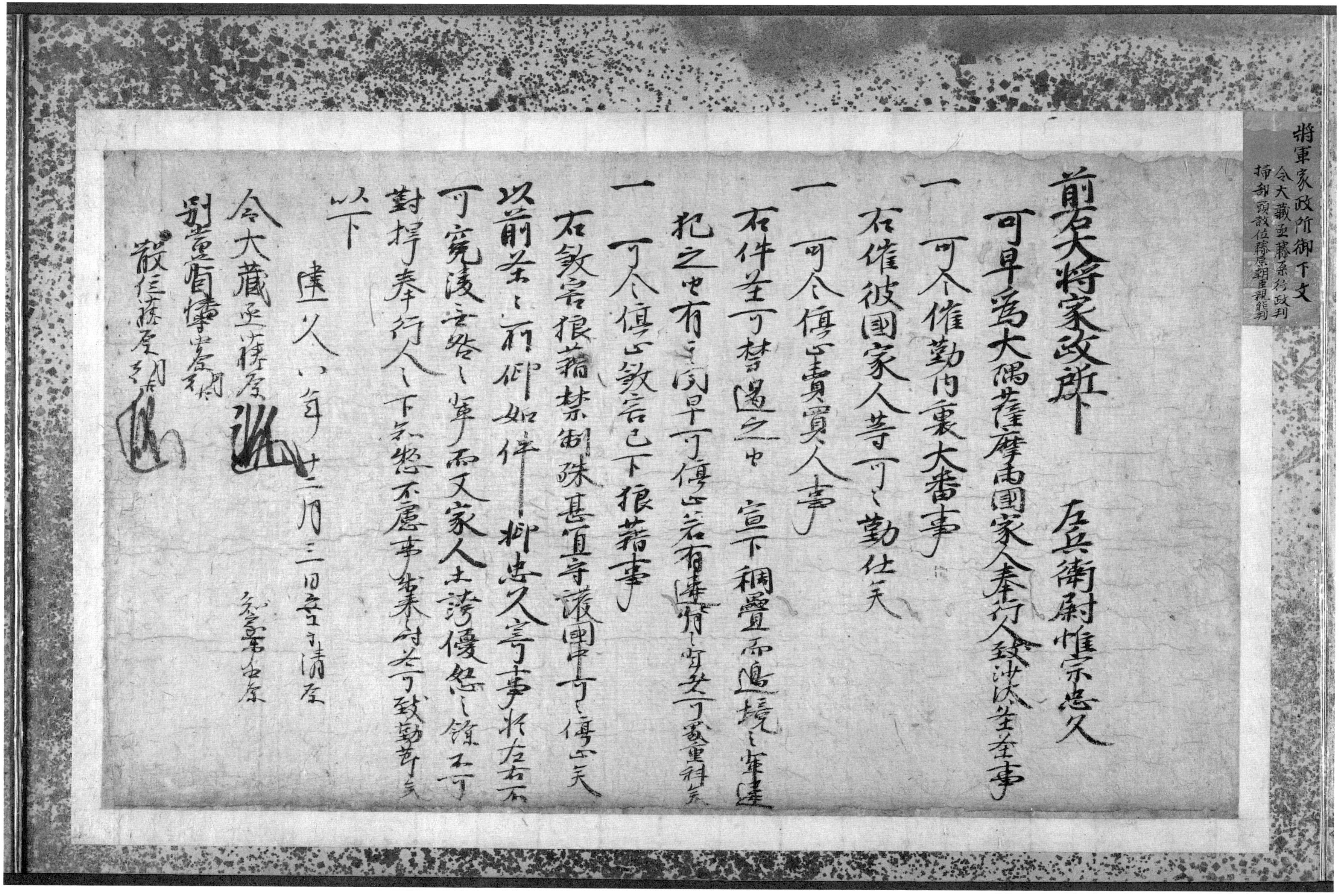

歴代亀鑑　其一　11前右大将家政所下文　建久八年十二月三日

*赤外

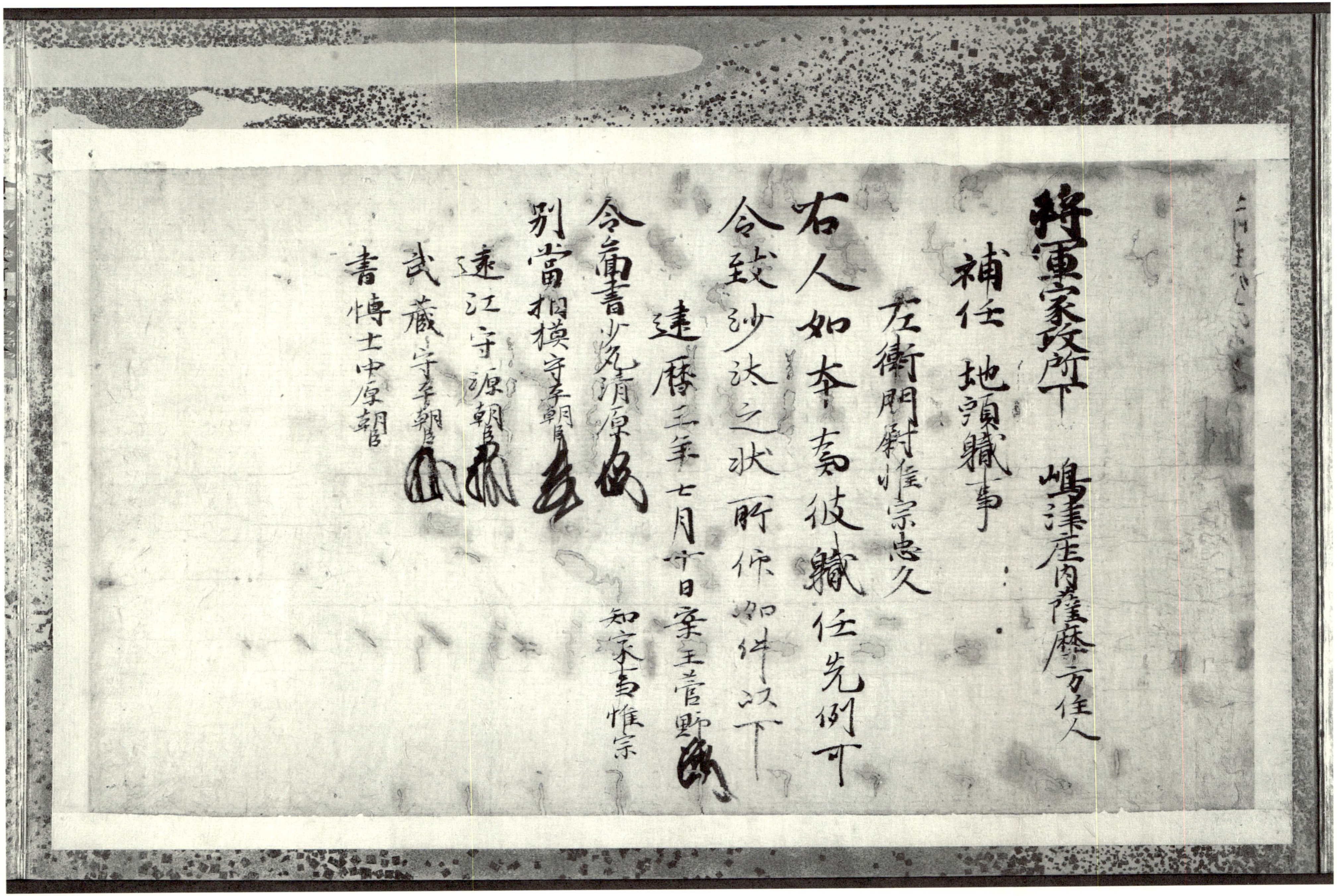
将軍家政所下　嶋津庄内薩摩方住人
補任　地頭職事
左衛門尉惟宗忠久
右人、如本為彼職、任先例可令致沙汰之状、所仰如件、以下
建暦三年七月十日　案主菅野
知家事惟宗
令図書少允清原
別当相模守平朝臣
遠江守源朝臣
武蔵守平朝臣
書博士中原朝臣

12将軍家政所下文　建暦三年七月十日

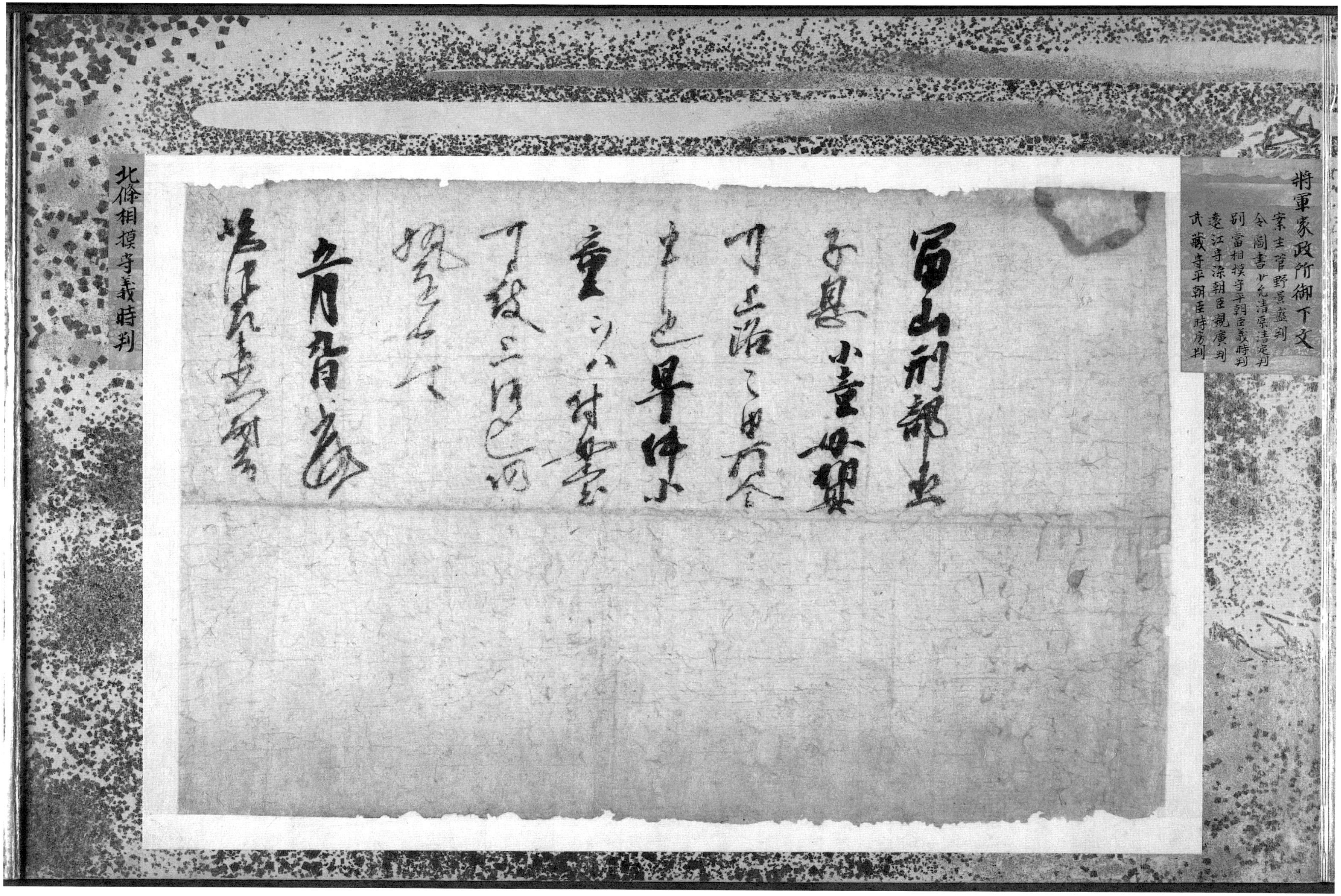
将軍家政所御下文
案主菅野景盛判
令図書少允清原清定判
別当相模守平朝臣義時判
遠江守源朝臣親広判
武蔵守平朝臣時房判
北條相模守義時判

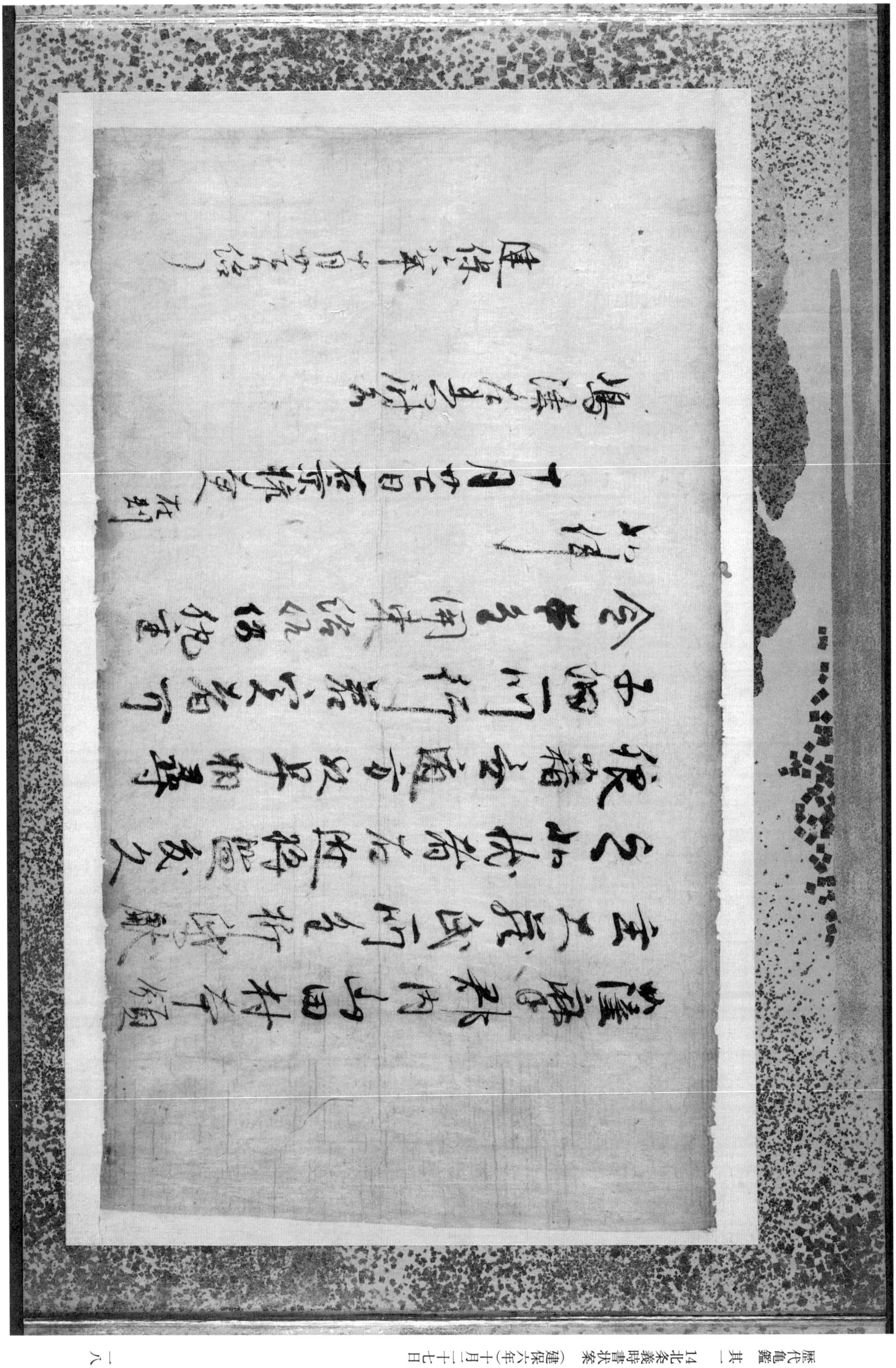

14 北条義時書状案（建保六年十月二十七日）

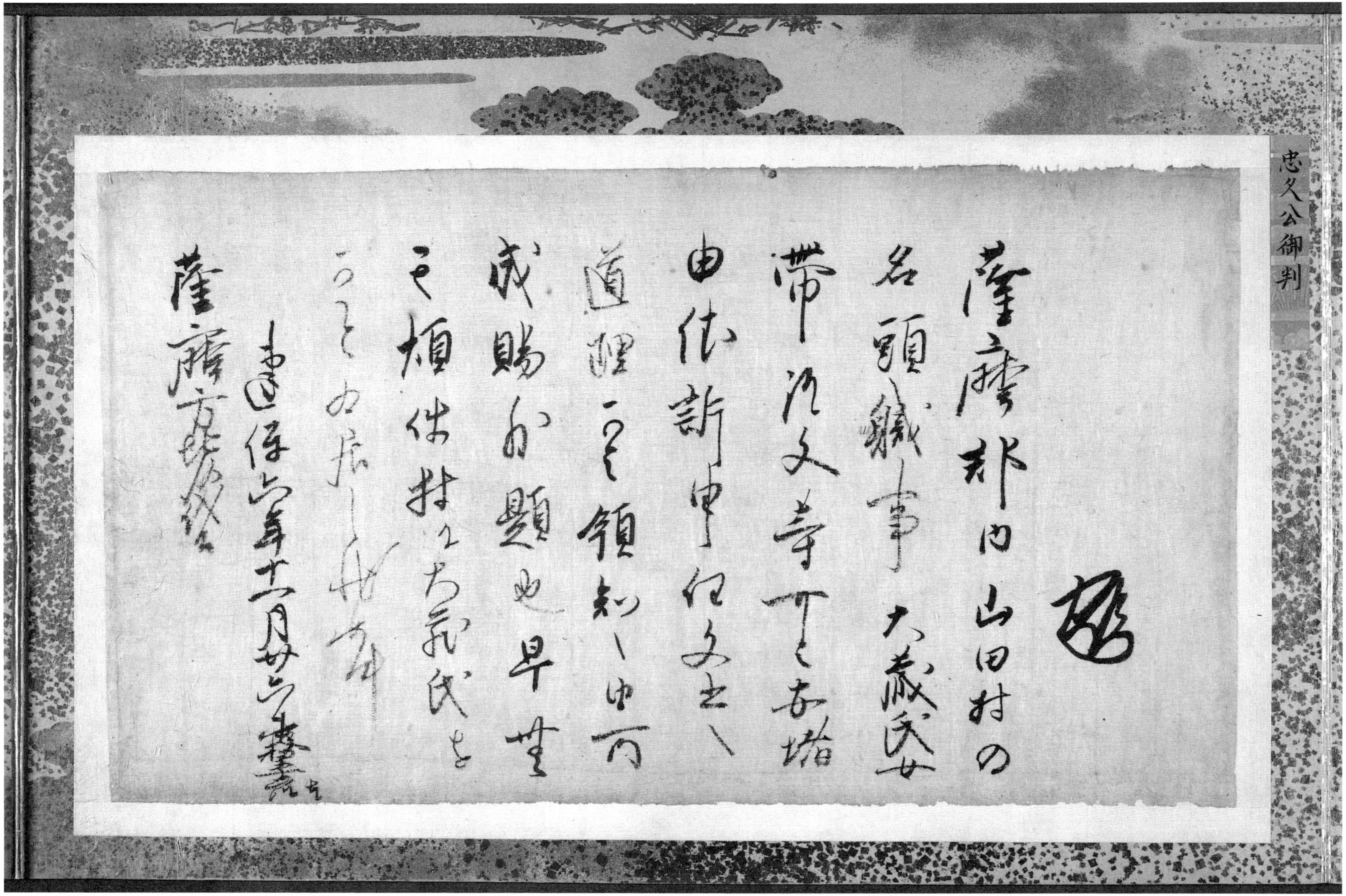

15島津忠久安堵状　建保六年十一月二十六日

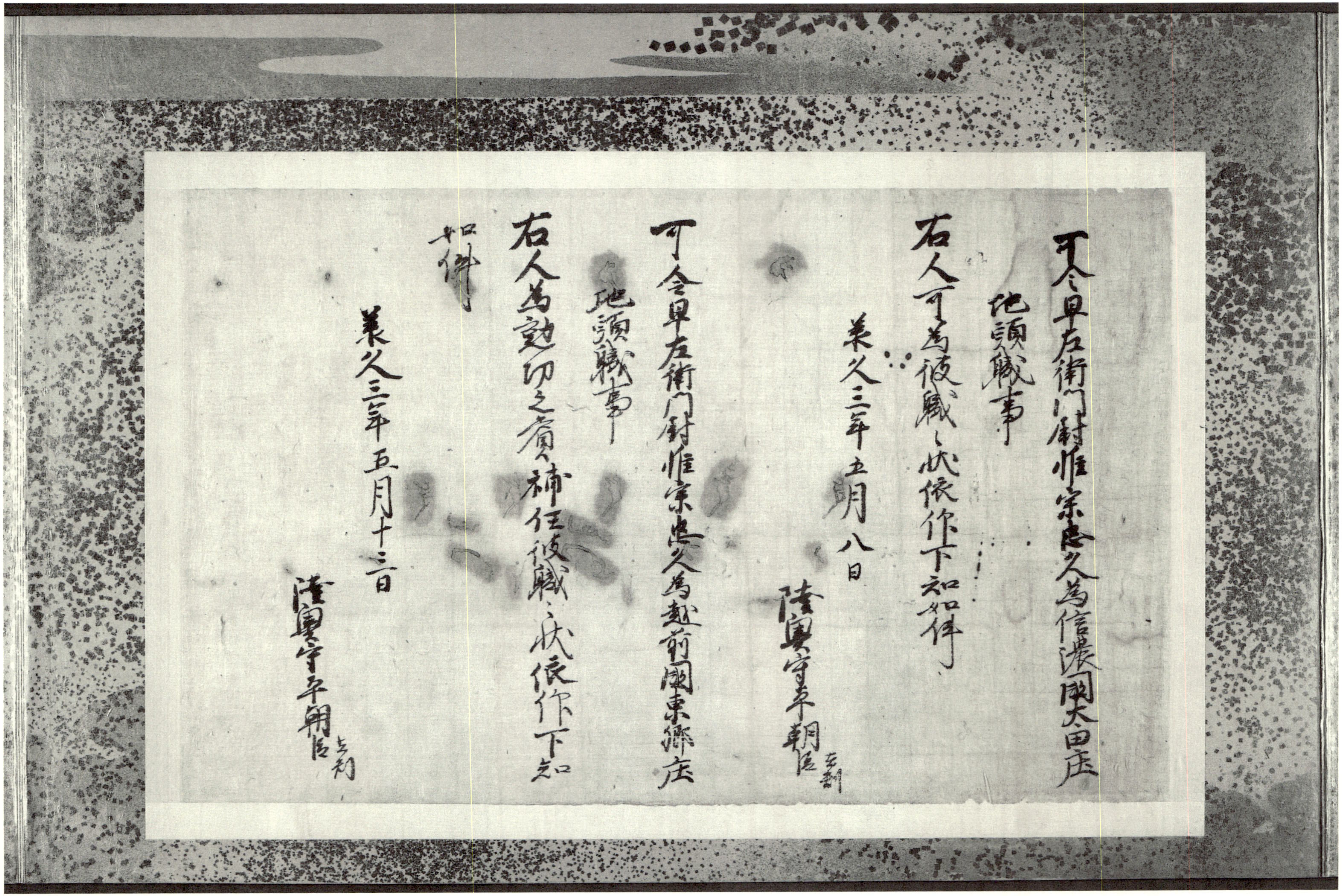
可令早左衛門尉惟宗忠久為信濃国太田庄
地頭職事
右人可為彼職之状、依仰下知如件
承久三年五月八日
陸奥守平朝臣 在判

可令早左衛門尉惟宗忠久為越前国東郷庄
地頭職事
右人為勲功之賞、補任彼職之状、依仰下知如件
承久三年五月十三日
陸奥守平朝臣 在判

16関東下知状案　承久三年五月八日・関東下知状案　承久三年五月十三日

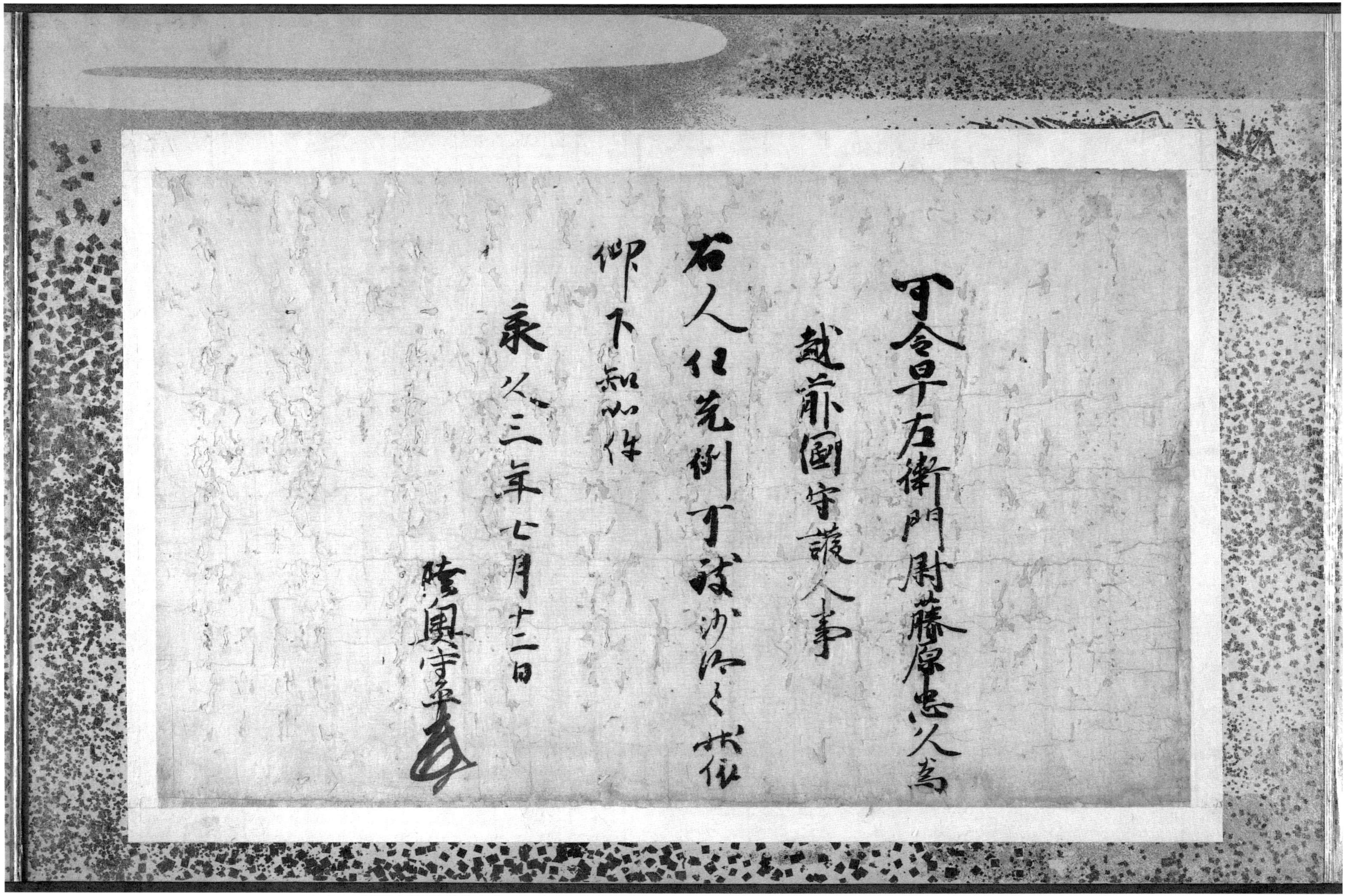

歴代亀鑑　其一　17関東下知状　承久三年七月十二日

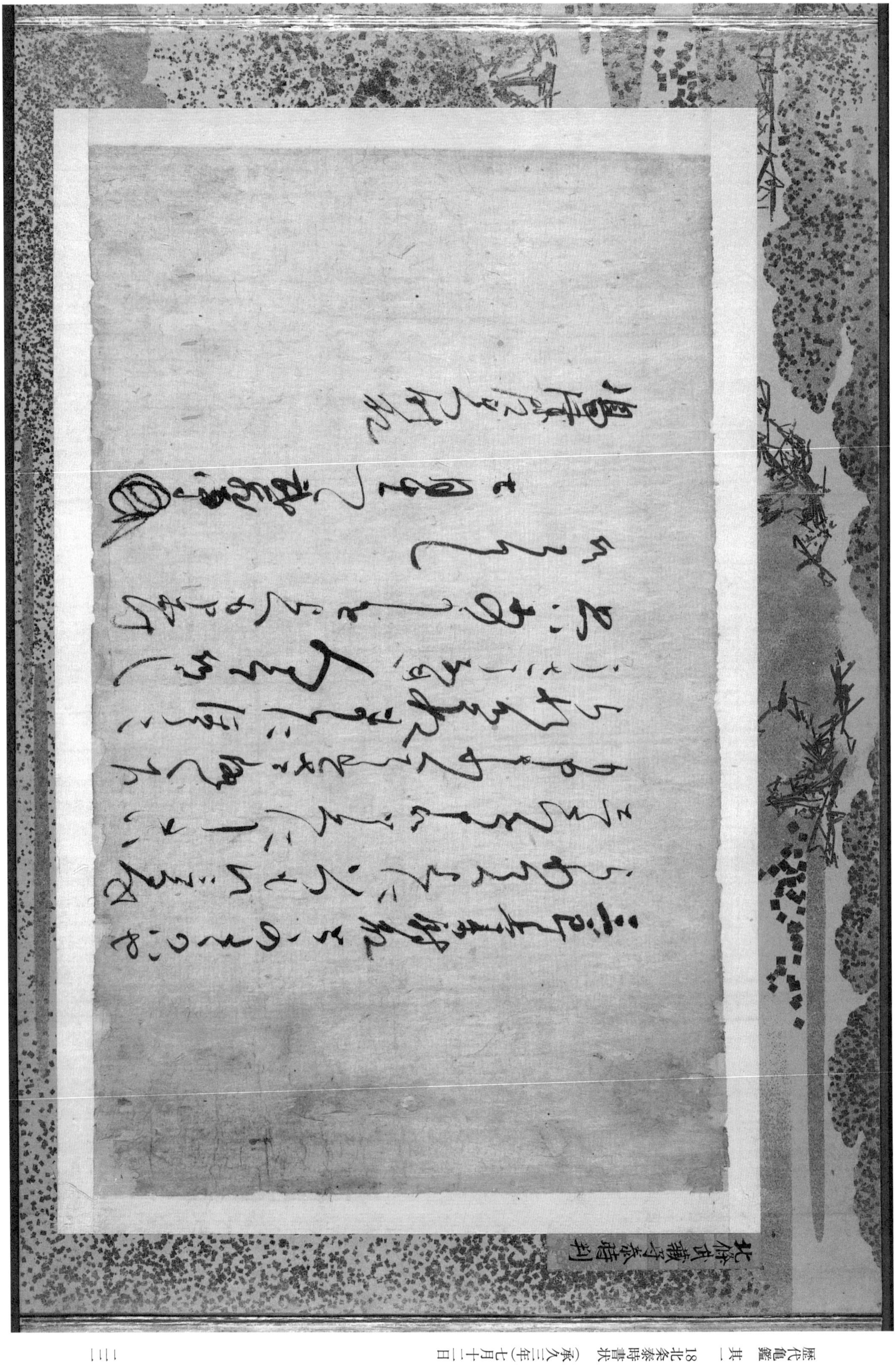

歴代亀鑑　其一

18 北条泰時書状

（承久三年）七月十二日

*赤外

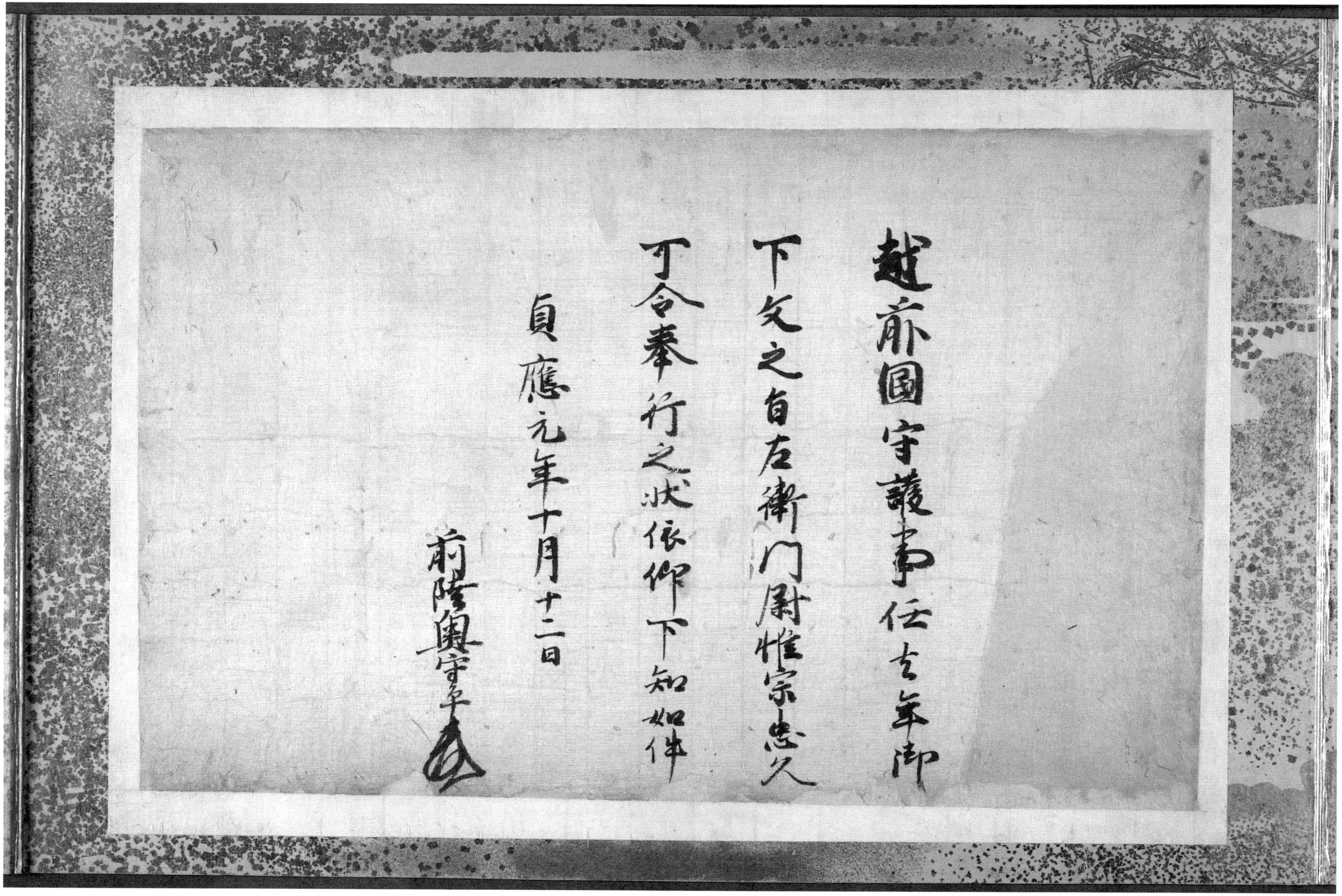
越前國守護事任去年御
下文之旨右衛門尉惟宗忠久
可令奉行之状依仰下知如件
貞應元年十月十二日
前陸奥守

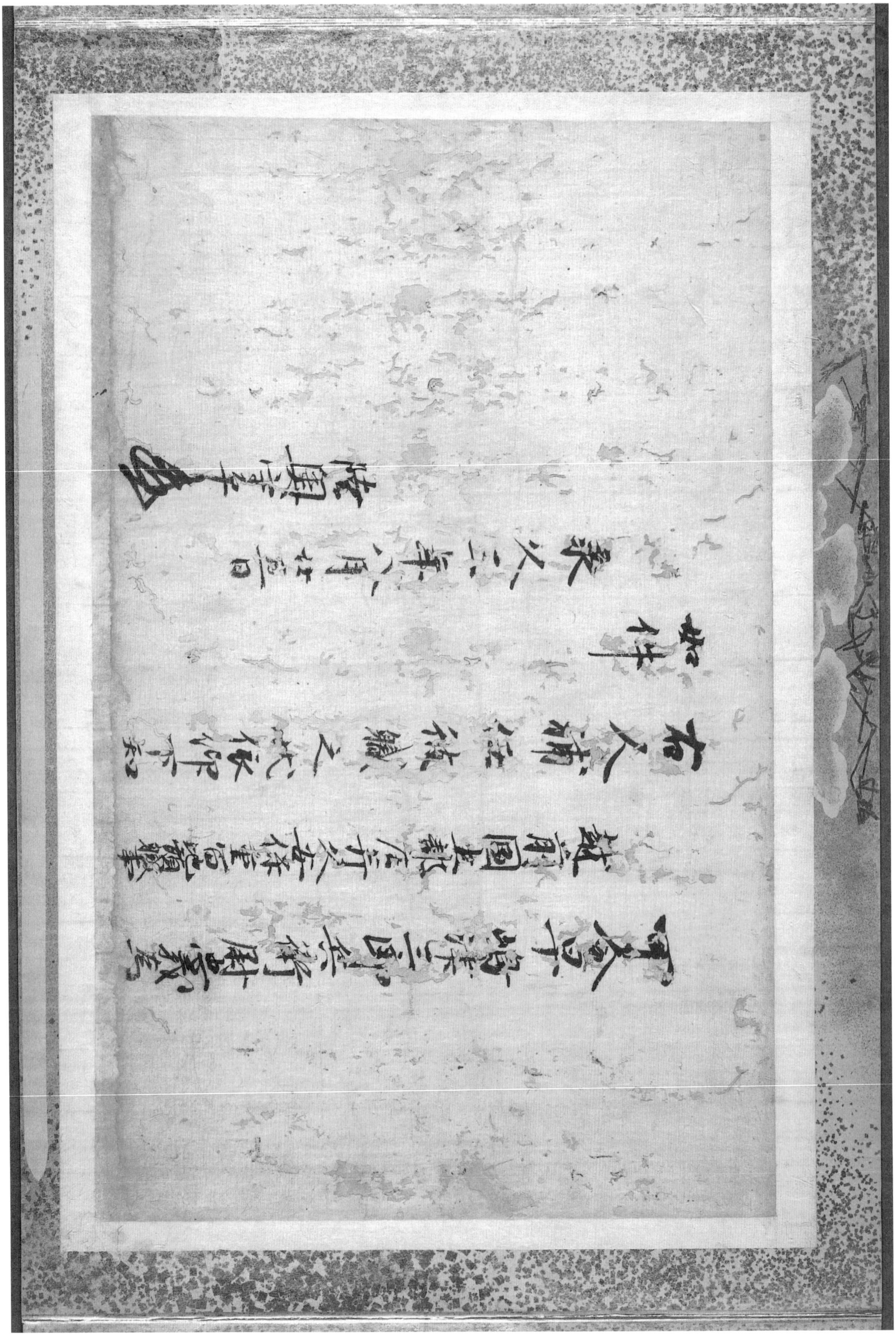

＊赤外

歴代亀鑑　其一

20 関東下知状　承久三年八月二十五日

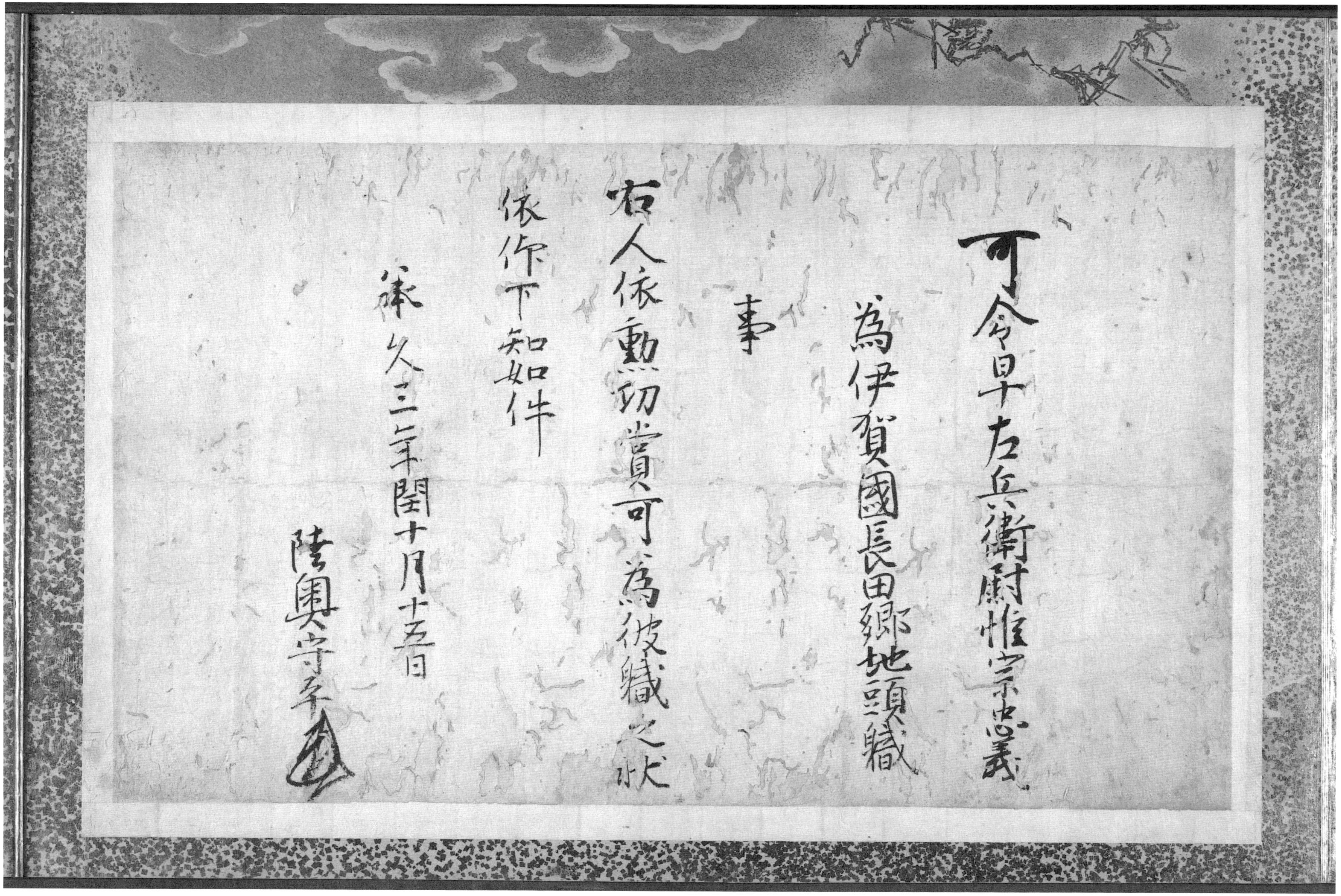

21関東下知状　承久三年閏十月十五日

歴代亀鑑　其一　22関東下知状　貞応二年六月六日

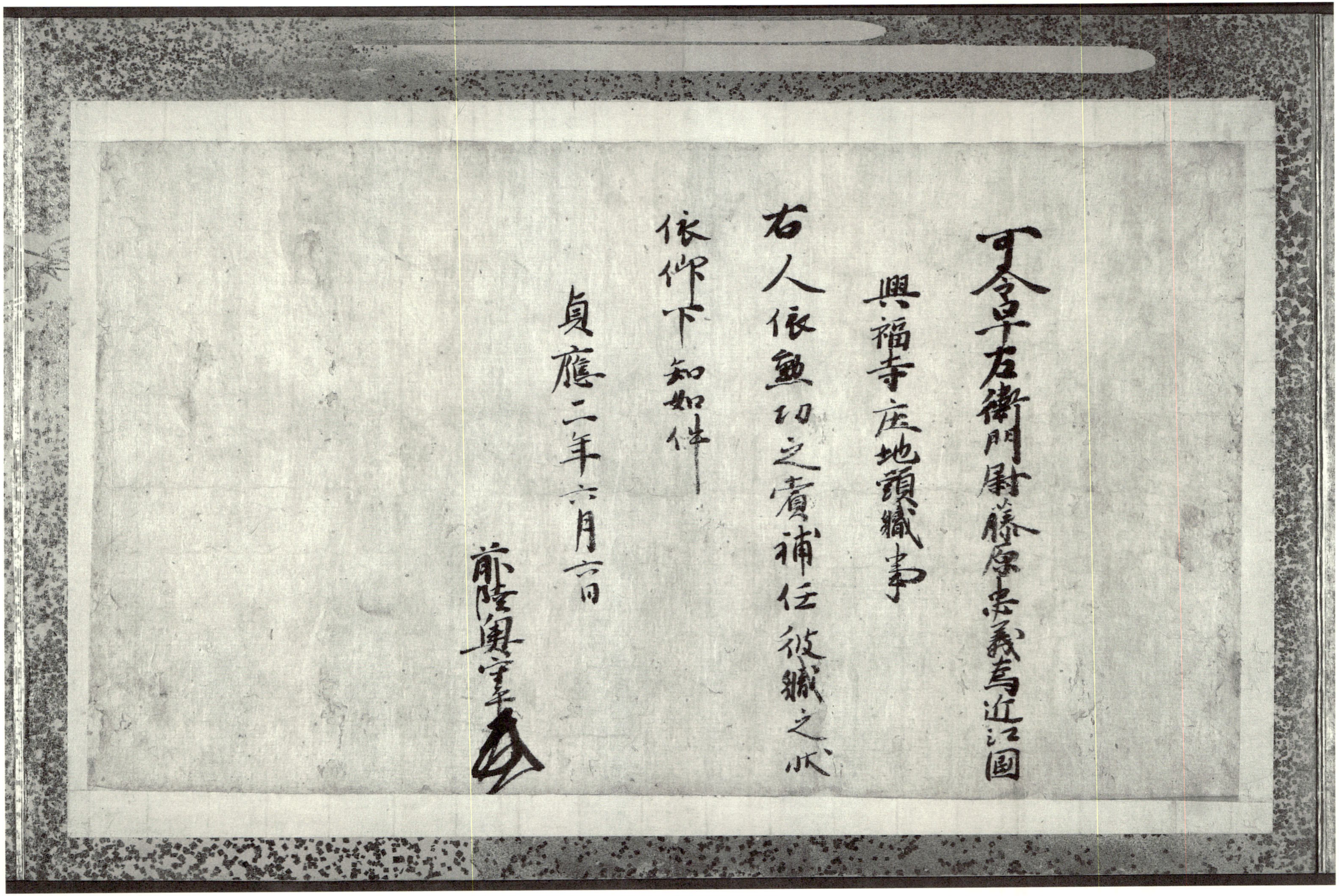
可令早右衛門尉藤原忠義為近江國
興福寺庄地頭職事
右人依勲功之賞補任彼職之状
依仰下知如件
貞應二年六月六日
前陸奥守

*赤外

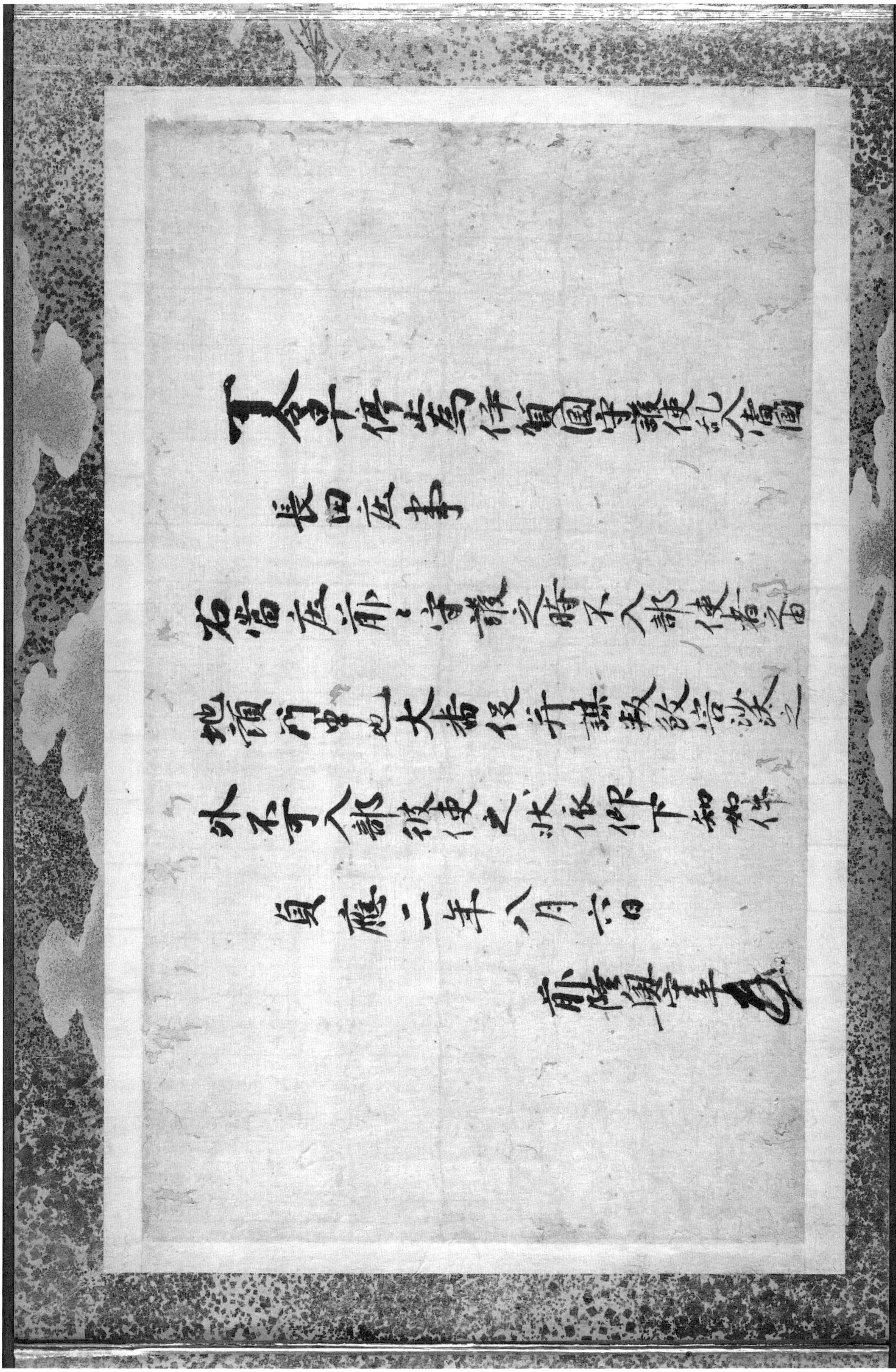
可令早停止伯耆国守護使入部伯耆国
長田庄事
右当庄者守護之時不入部候者也
地頭乃事也大番役并謀叛殺害之
外不可入部被使之状依仰下知如件
貞応二年八月六日
前陸奥守（花押）

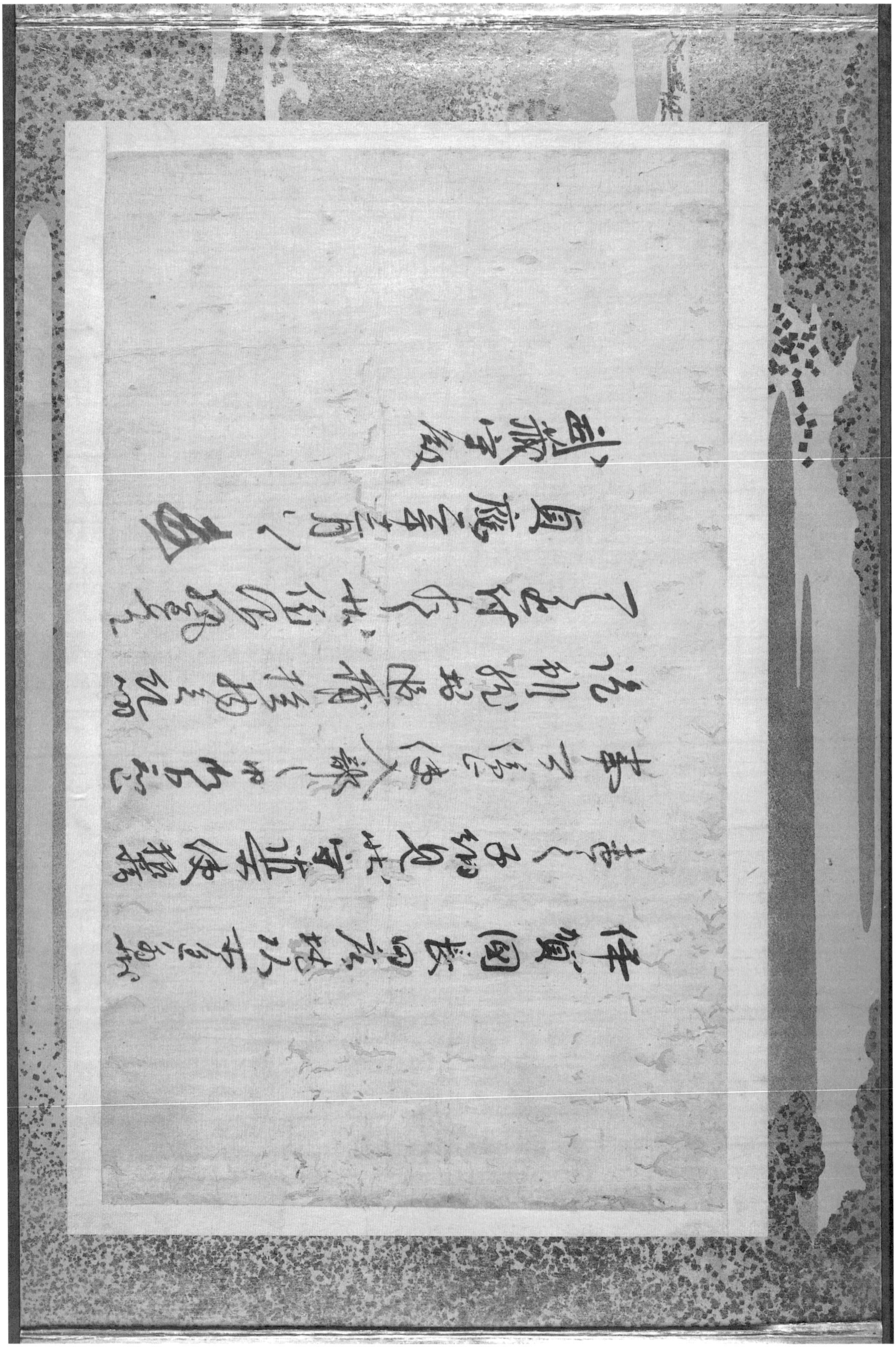

*赤外

歴代亀鑑　其二
24　関東御教書　貞応二年十二月八日

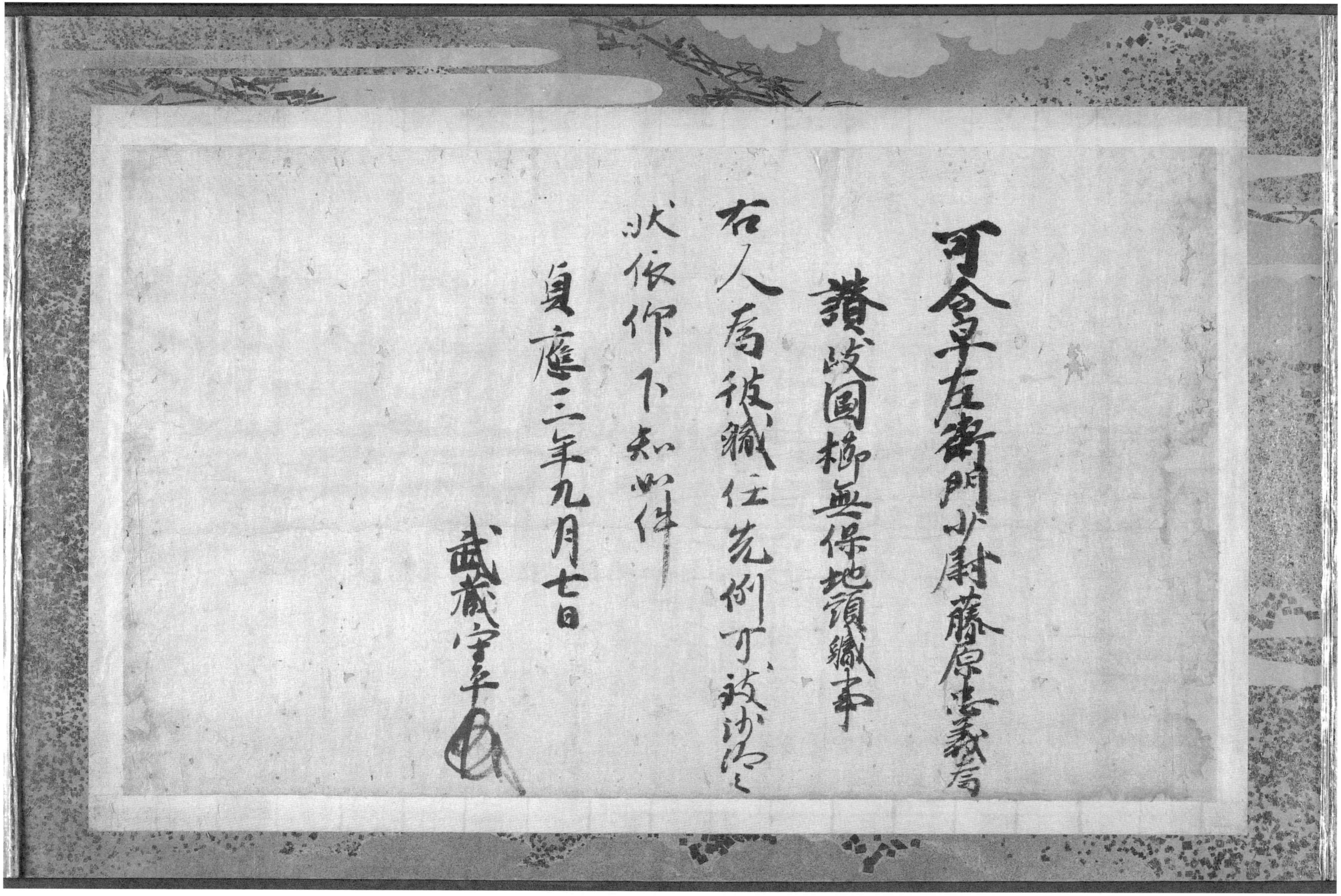

可令早左衛門少尉藤原忠義為
讃岐国櫛無保地頭職事
右人為彼職任先例可致沙汰之
状依仰下知如件
貞応三年九月七日
武蔵守平（花押）

歴代亀鑑　其一　25関東下知状　貞応三年九月七日

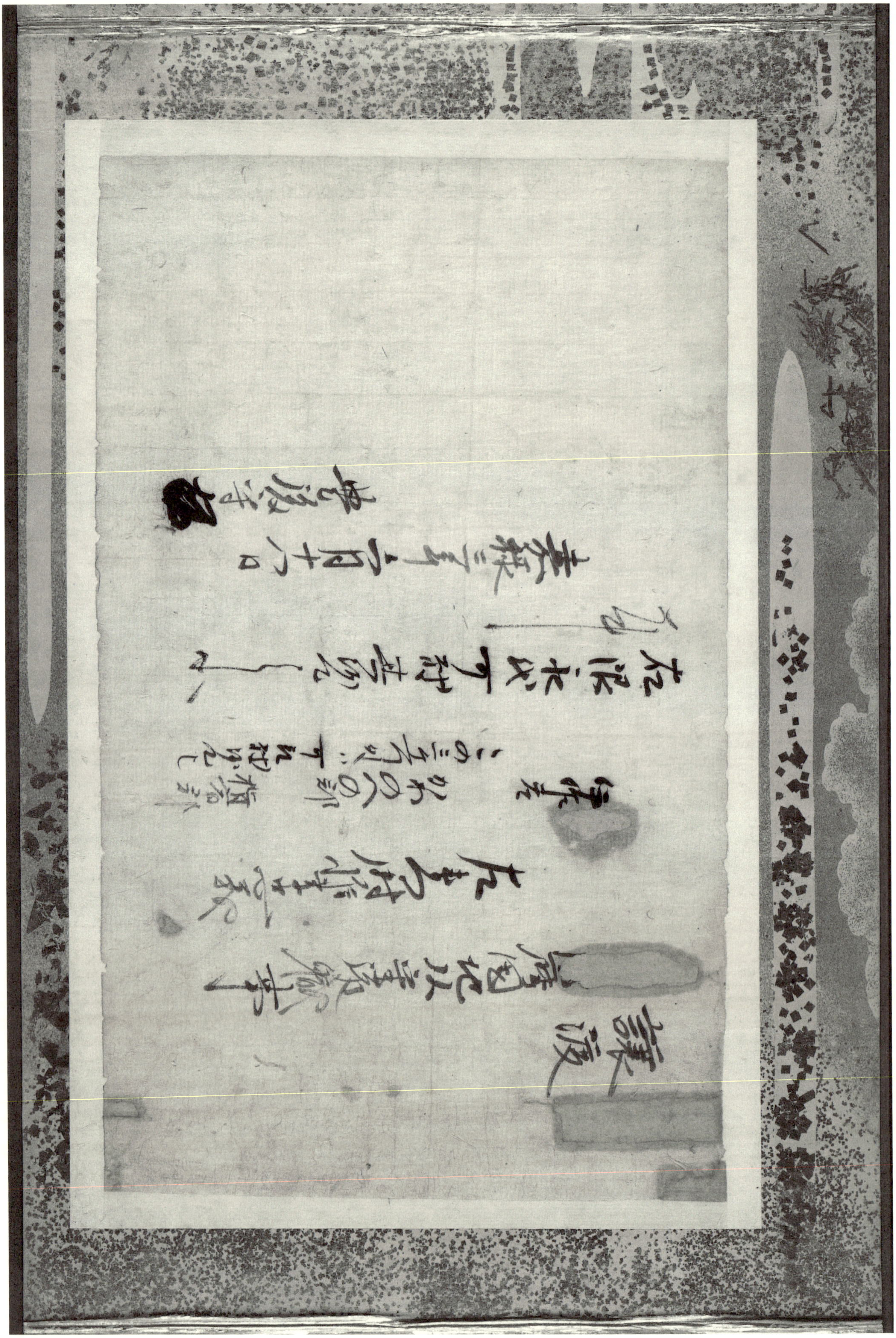

26 島津忠久譲状　嘉禄三年六月十八日

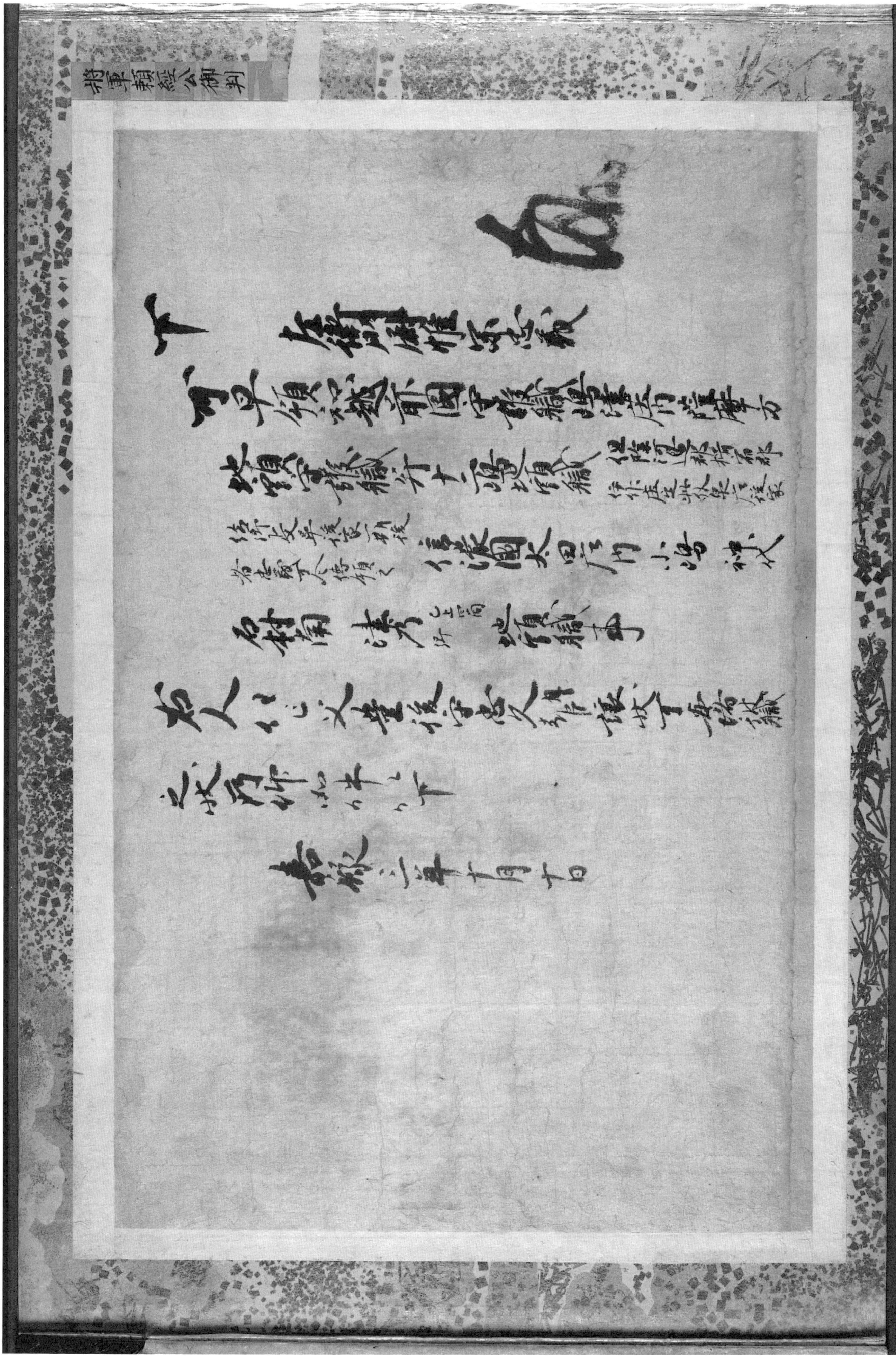

歴代亀鑑　其一　27藤原頼経下文　嘉禄三年十月十日

歴代亀鑑　其一　裏表紙

歴代亀鑑　其一　裏表紙見返し

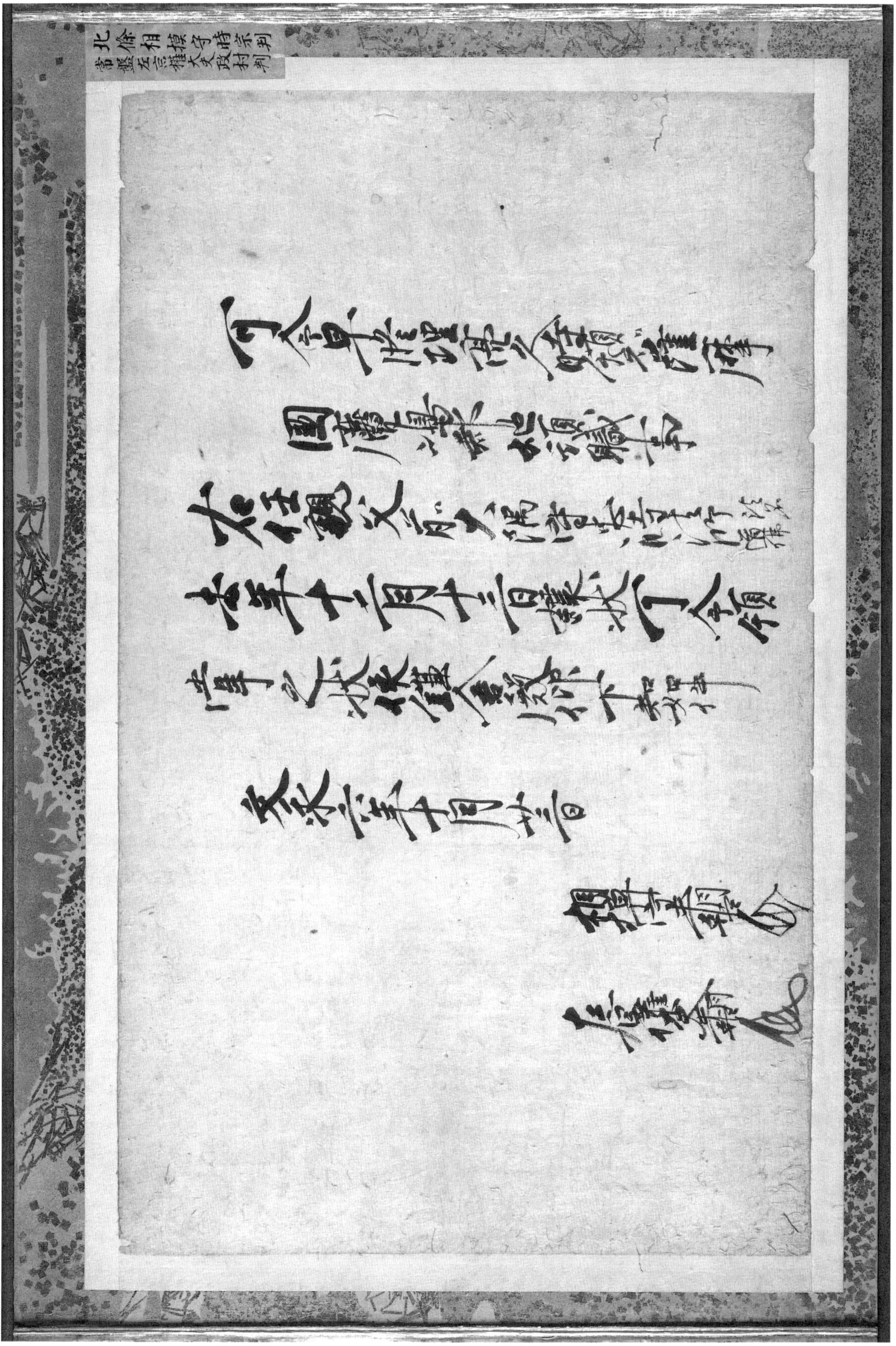
北條相模守時宗判
常盤左京権大夫政村判
文永六年十月廿三日

可令早修理亮藤原久時領知伊賀
国長田庄事
右、任親父前大隅守忠時法師法名道仏今年
九月十五日譲状、可令領掌之状、依鎌倉殿仰、
下知如件、
文永八年十二月廿四日
相模守平朝臣（花押）
左京権大夫平朝臣（花押）

29 関東下知状　文永八年十二月二十四日

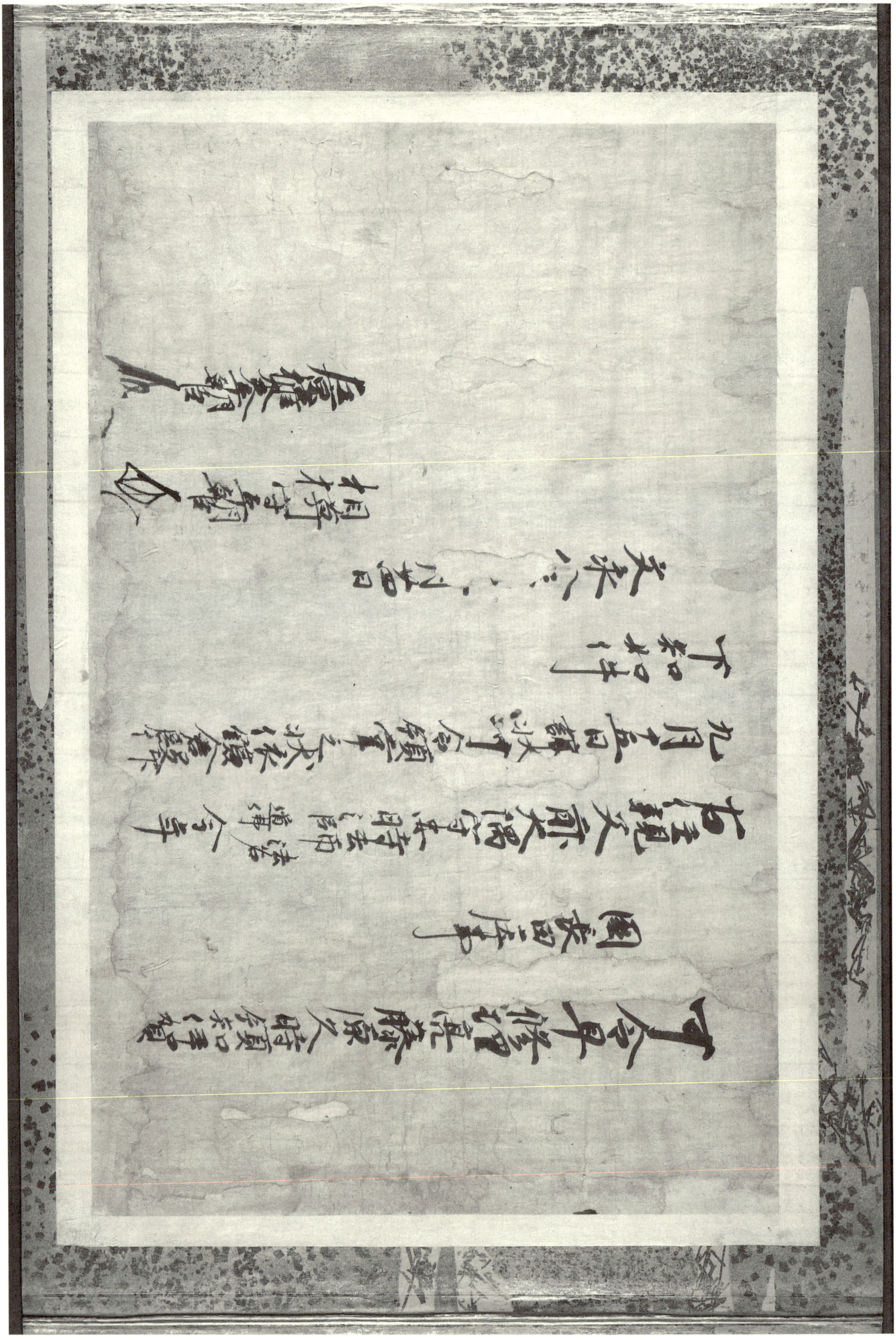

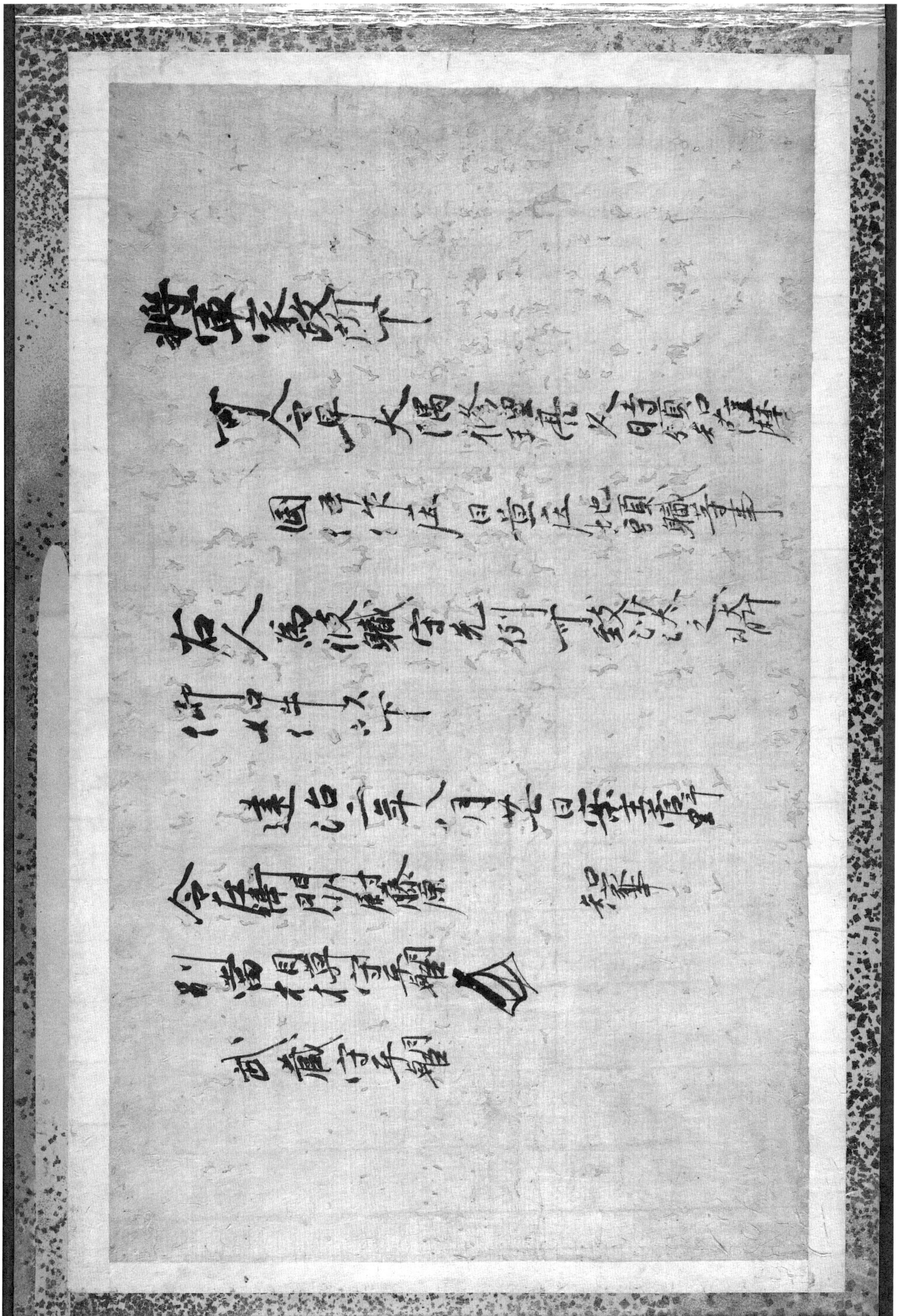
将軍家政所下
可令早大隅修理亮久時領知薩摩
国伊作庄日置北郷[illegible]職事
右人為彼職守先例可致沙汰之状所仰
如件以下
建治二年八月廿七日　案主菅野
知家事
令左衛門尉藤原
別当相模守平朝臣（花押）
武蔵守平朝臣

歴代亀鑑　其一　30将軍家政所下文　建治二年八月二十七日

歴代亀鑑　其一

31　安達泰盛副状

（建治二年）八月二十八日

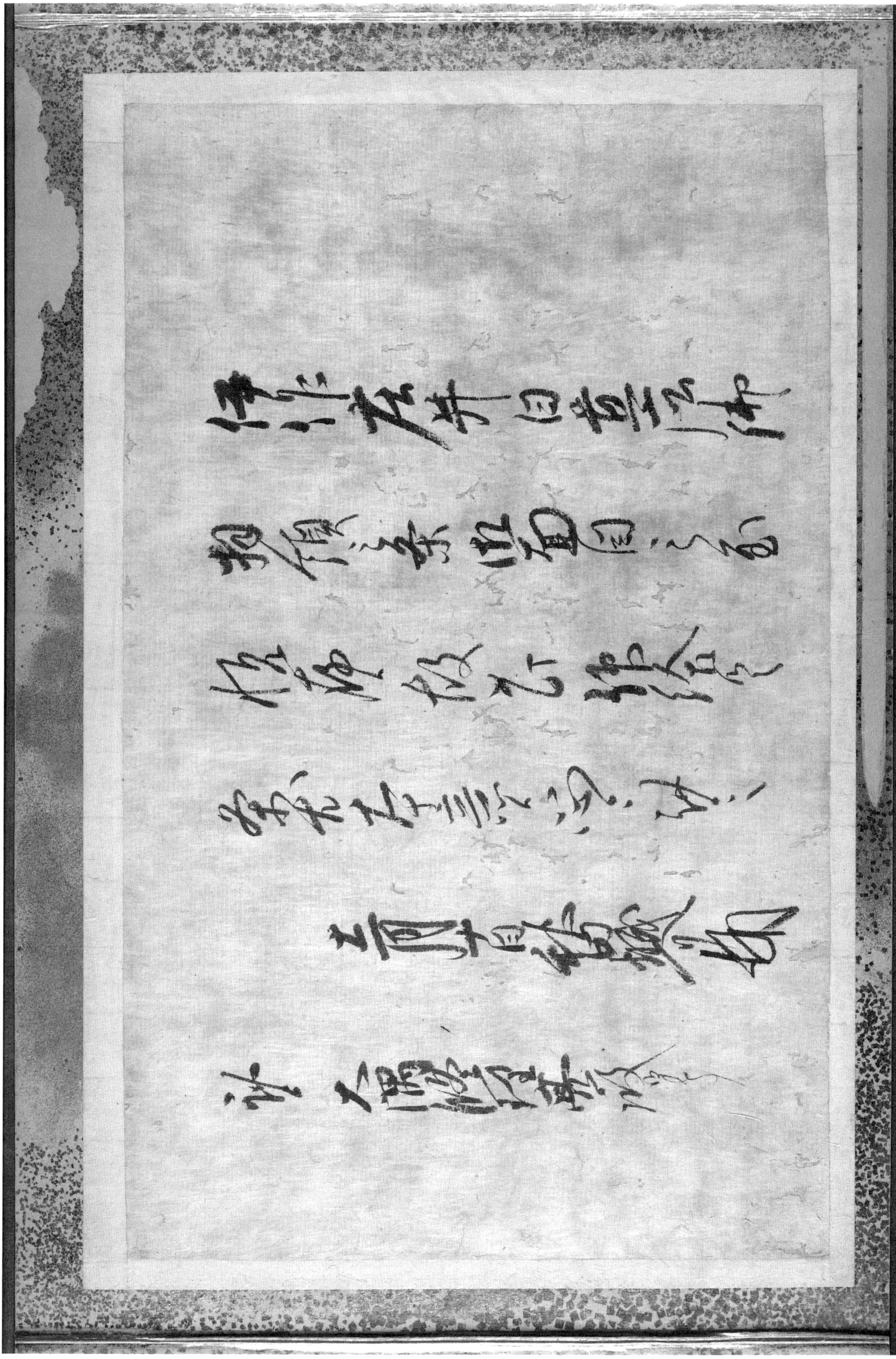

歴代亀鑑　其一　32安達泰盛書状　（建治二年）十二月十日

歴代亀鑑　其一

33 関東御教書　正応六年三月七日

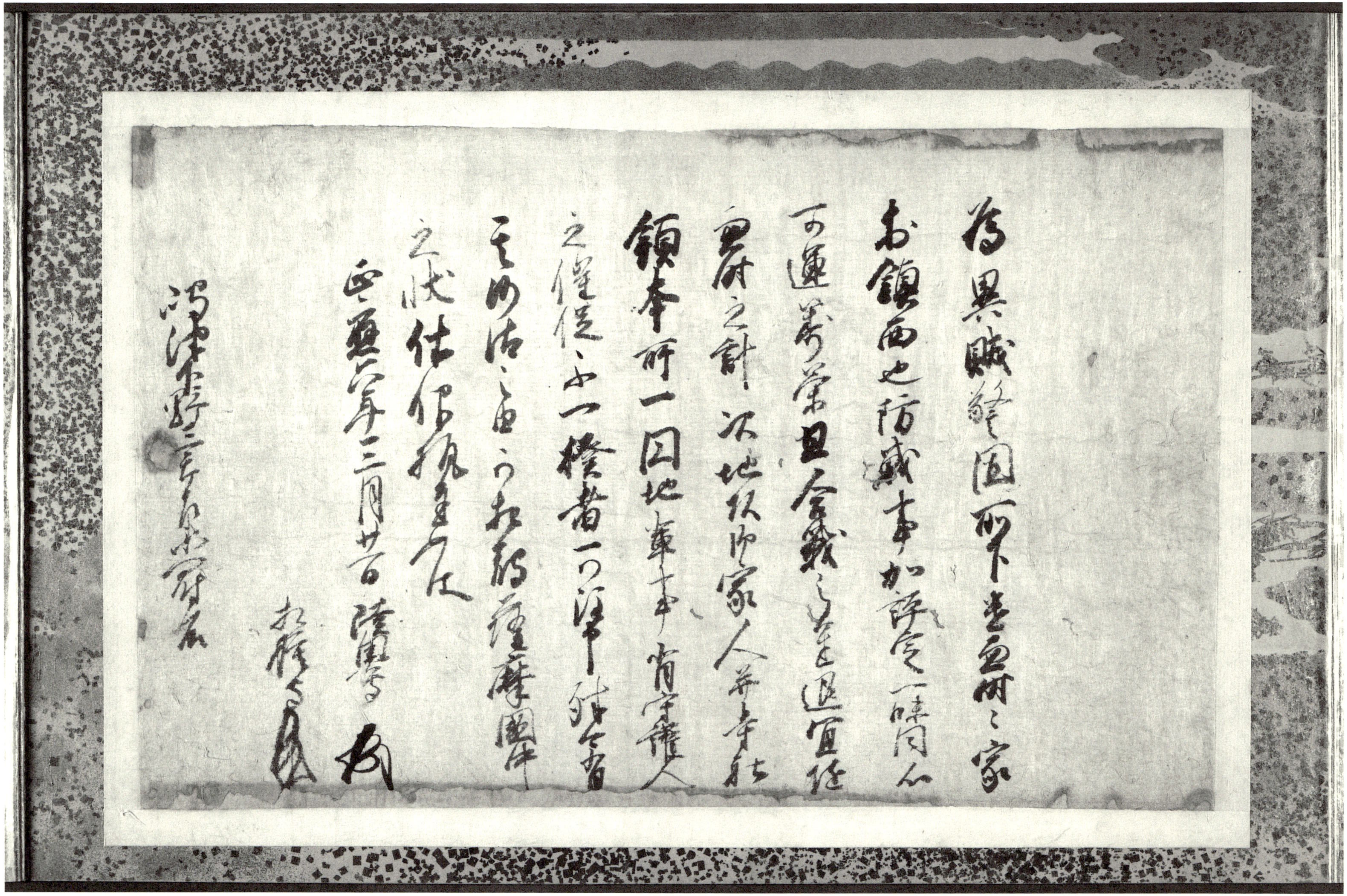

歴代亀鑑　其一　34関東御教書　正応六年三月二十一日

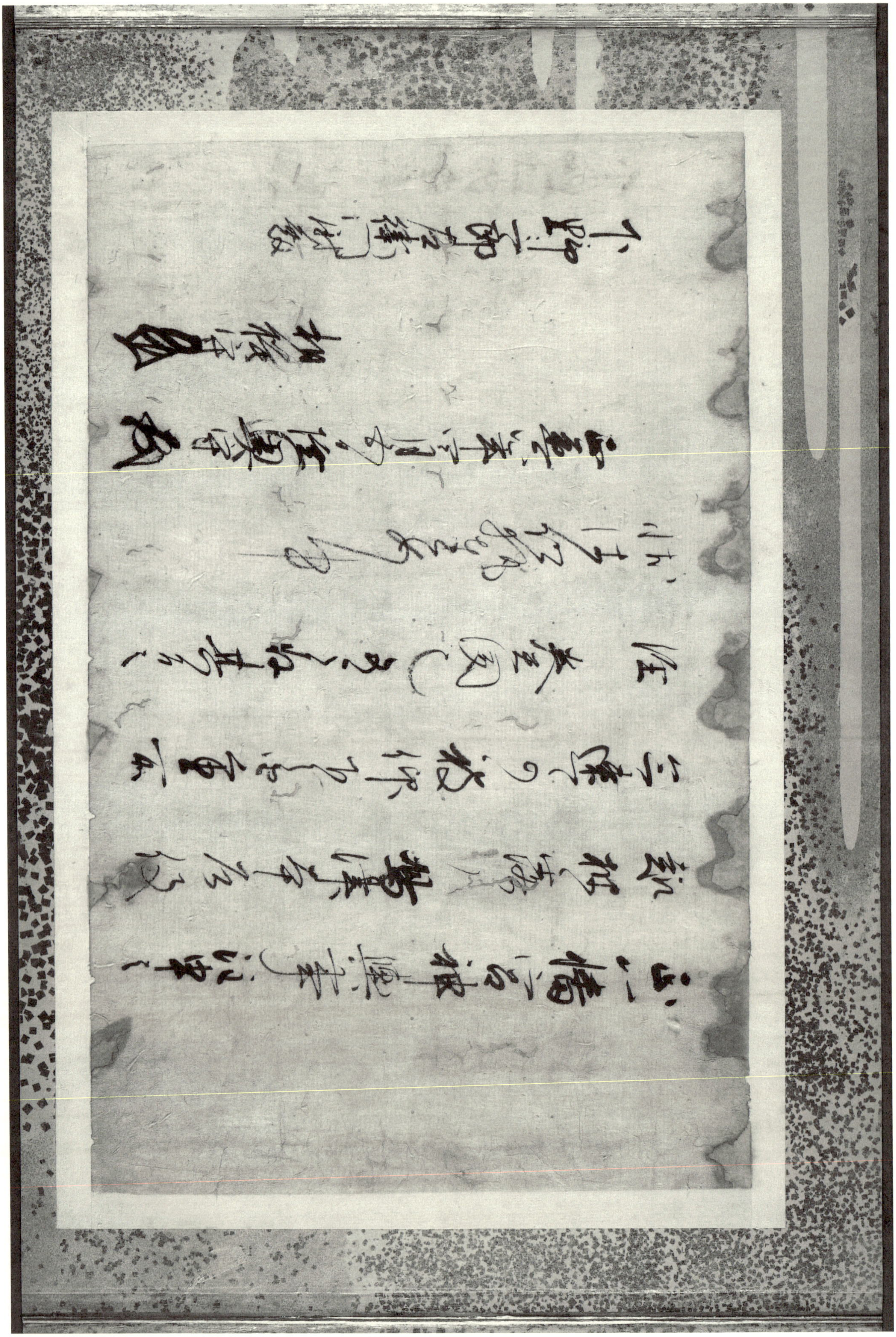

＊赤外

歴代亀鑑　其一

35　関東御教書　正応六年四月五日

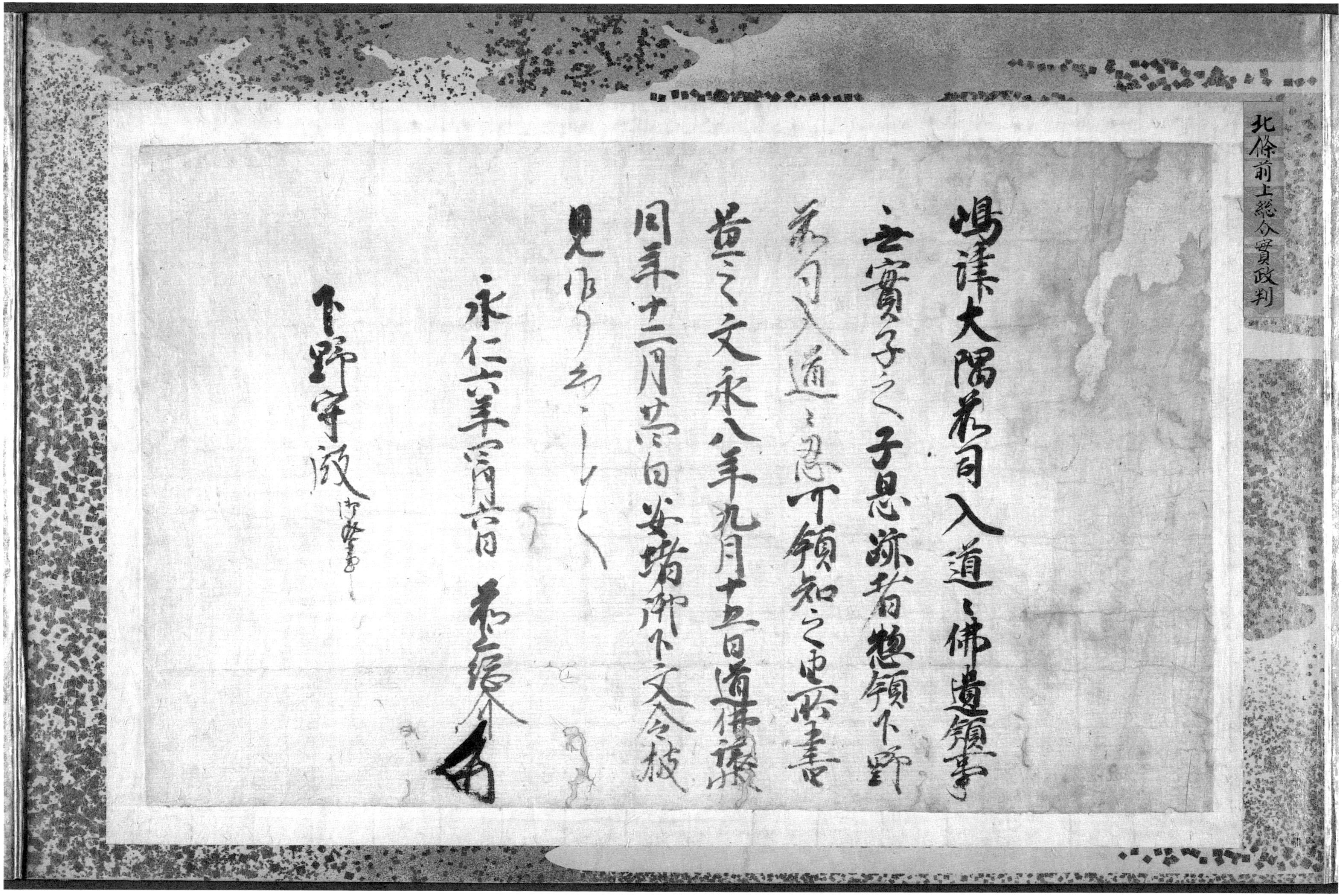
北條前上総介實政判

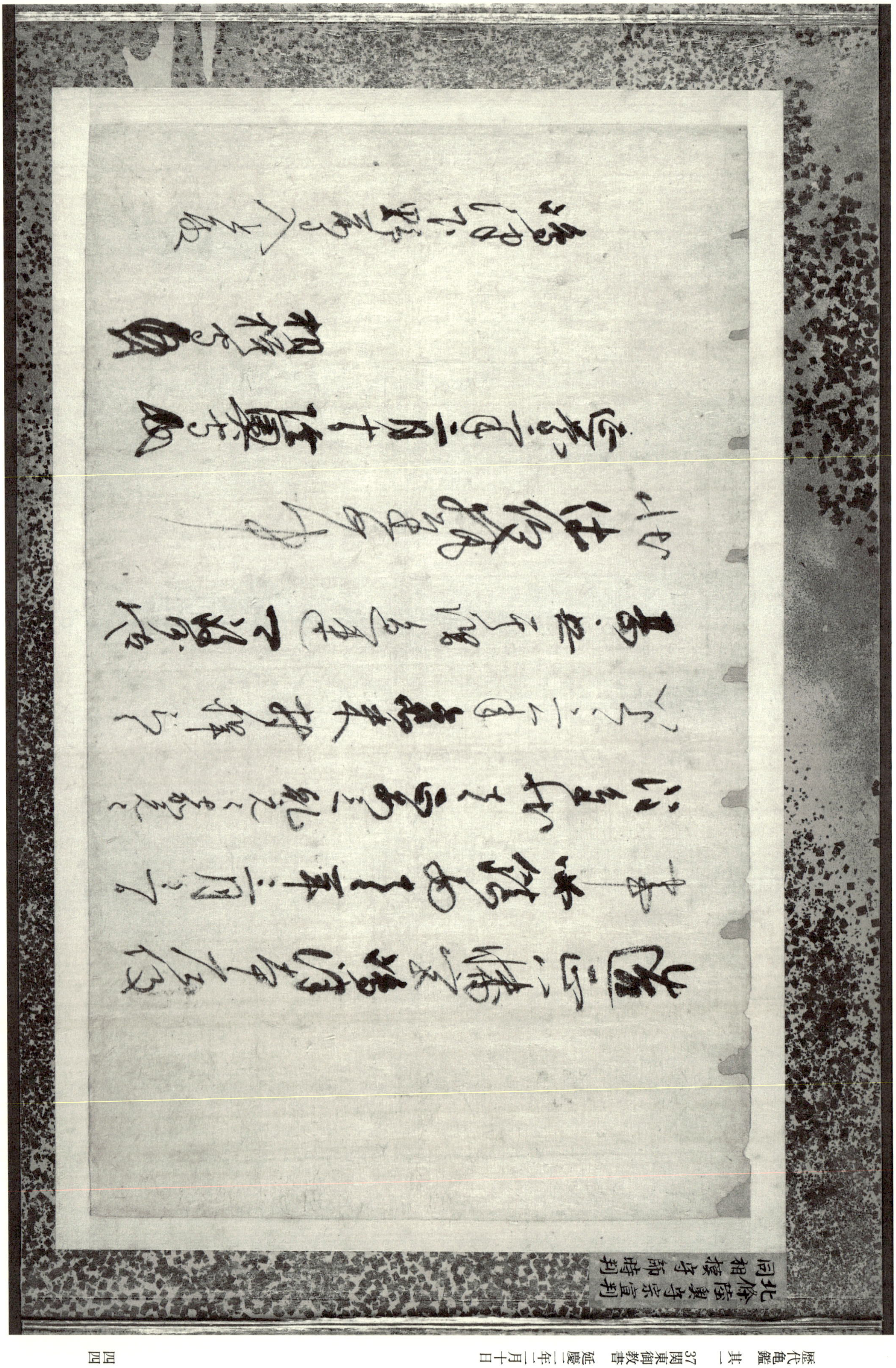

37　関東御教書　延慶二年二月十日

歴代亀鑑　其一　38北条貞時書状　（嘉元三年）三月二十九日

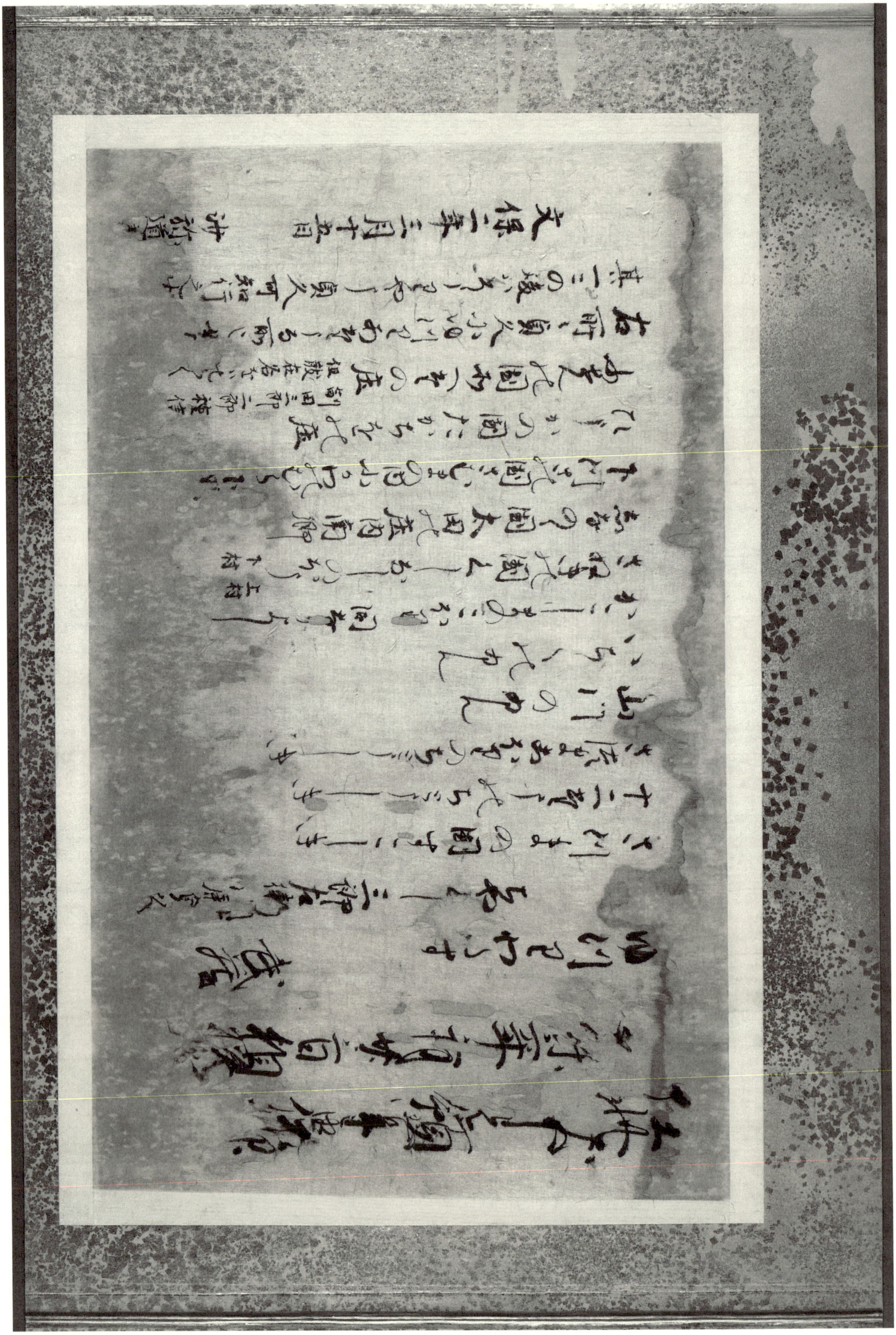

歴代亀鑑　其一

39 島津道義〈忠宗〉譲状并関東安堵外題

文保二年三月十五日・文保二年三月二十三日

*赤外

*赤外

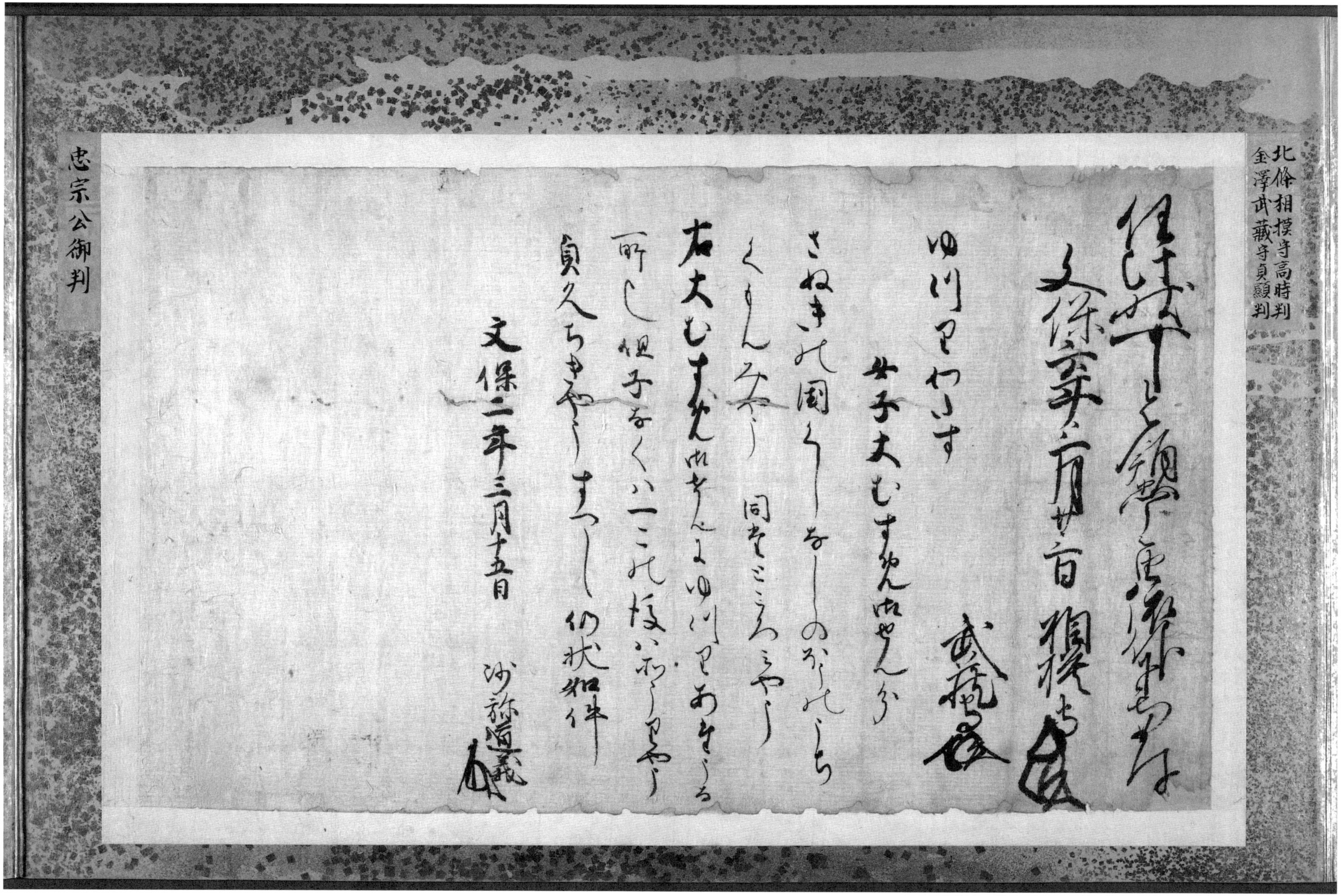

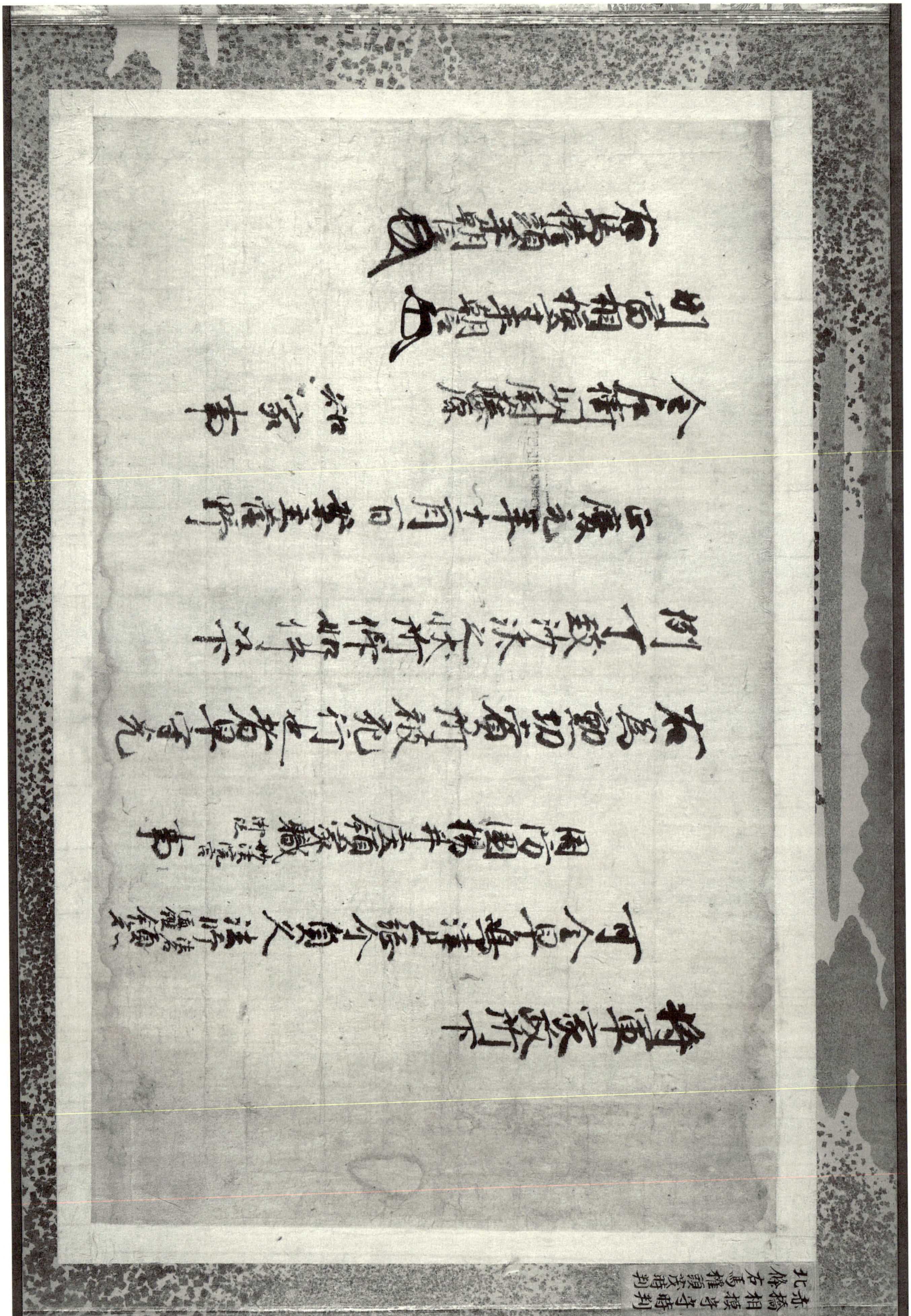

歴代亀鑑　其一

41　将軍家政所下文

正慶元年十二月一日

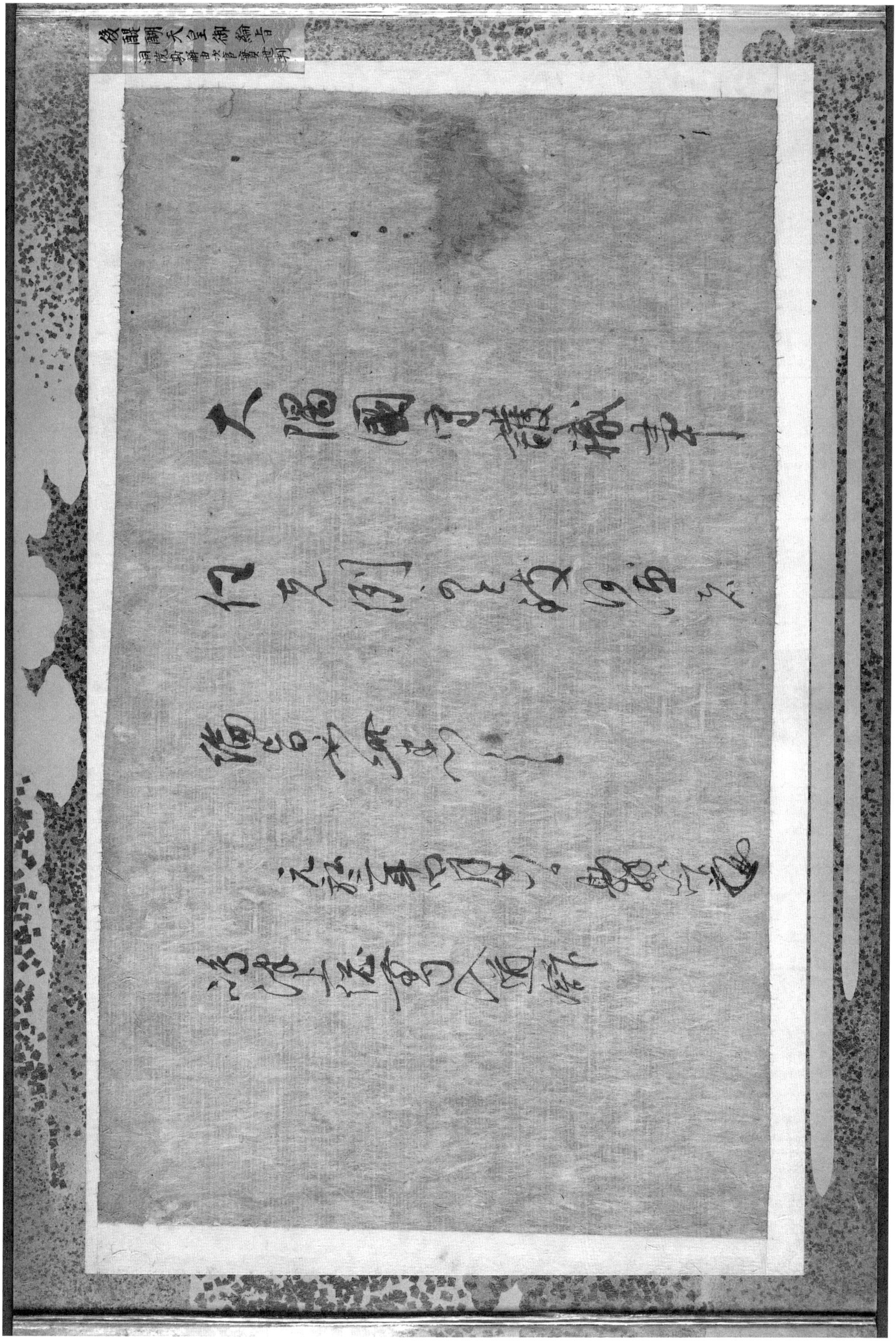

42 後醍醐天皇綸旨　元弘三年四月二十八日

＊模写

歴代亀鑑　其一

43 足利高氏〈尊氏〉書状

（元弘三年）四月二十九日

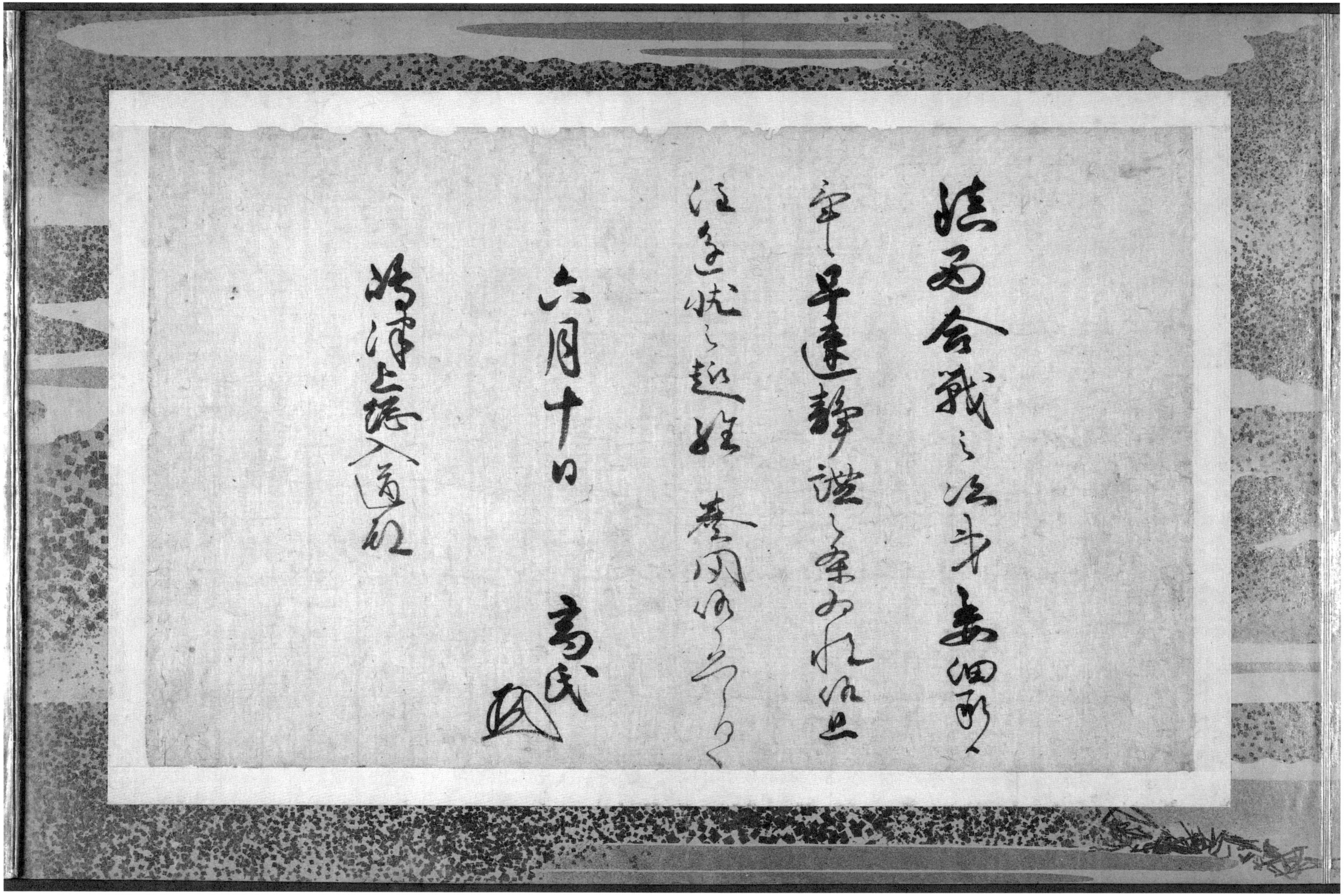

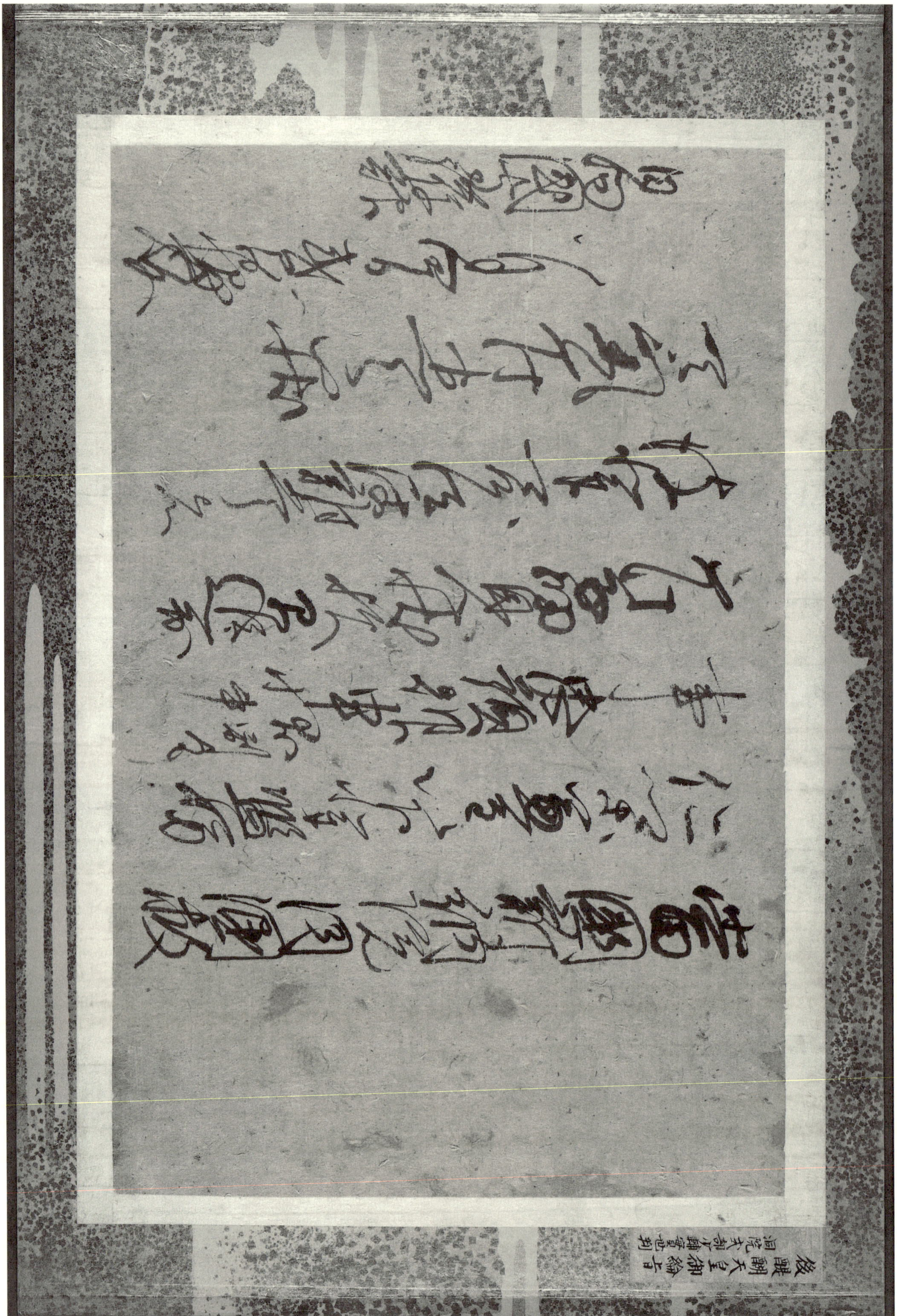

歴代亀鑑　其一

45 後醍醐天皇綸旨（元弘三年八月四日）

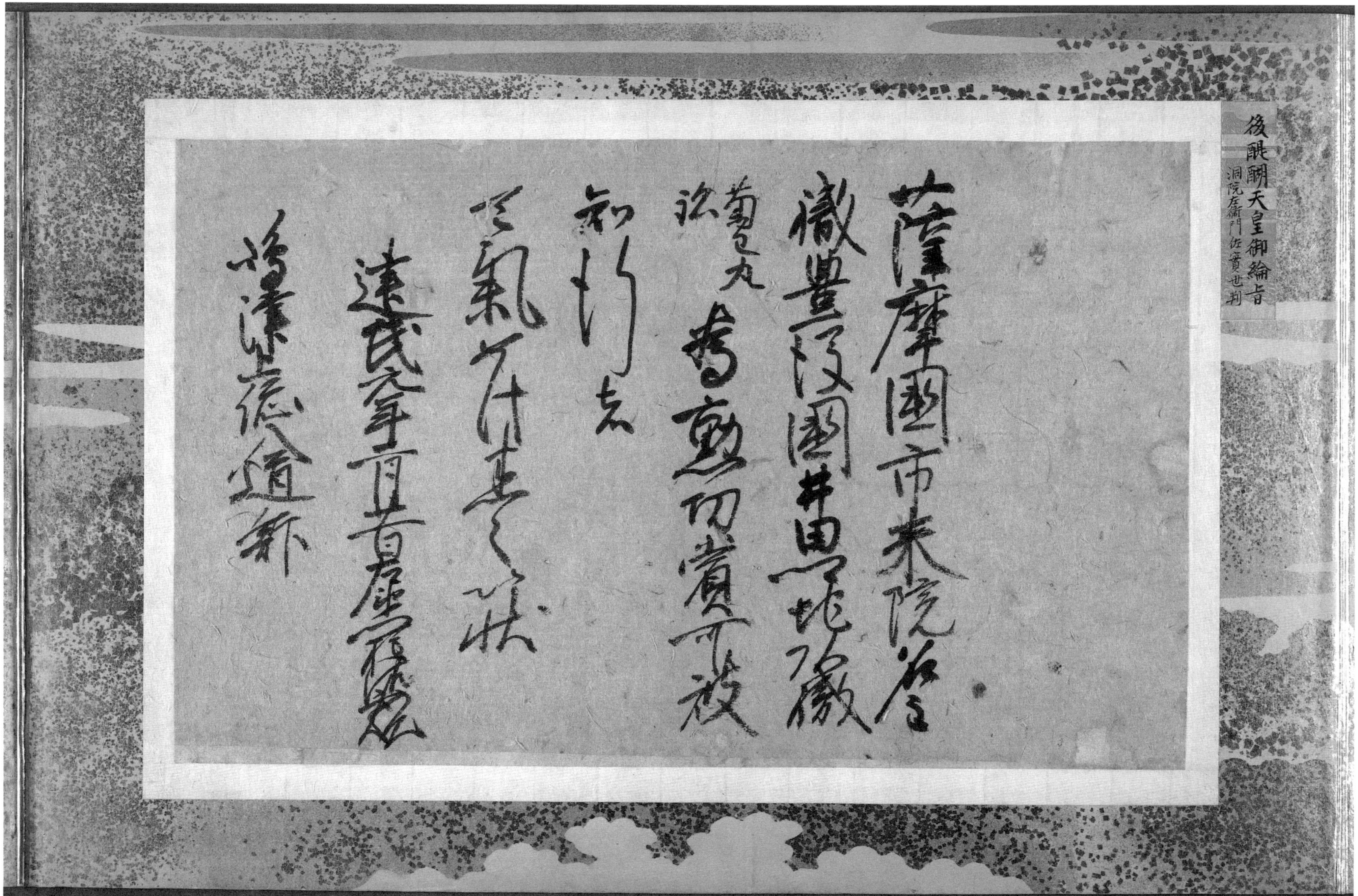

歴代亀鑑　其一　46後醍醐天皇綸旨　建武元年二月二十一日

歴代亀鑑　其一

47　後醍醐天皇綸旨（建武元年九月十日）

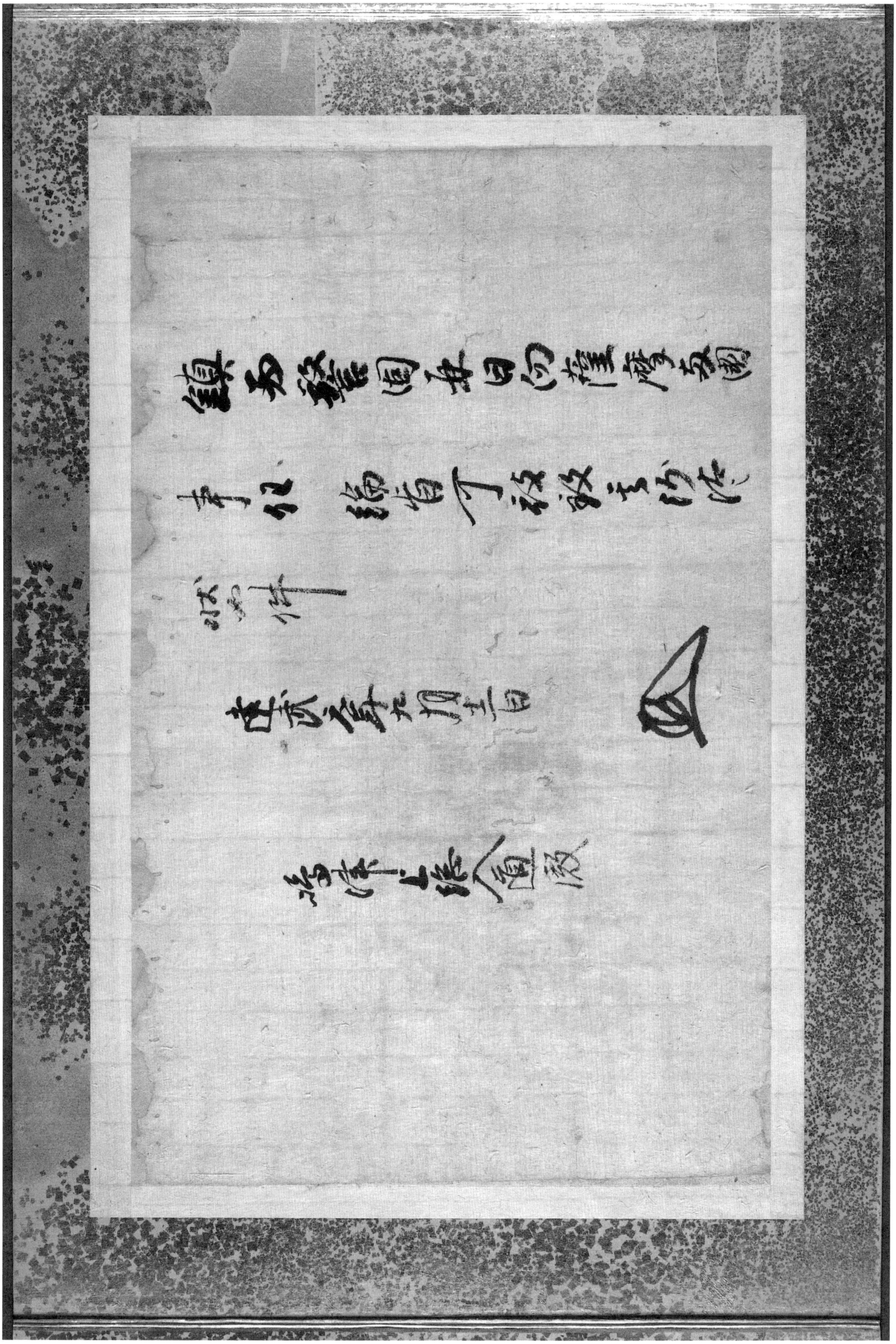

歴代亀鑑　其一　48足利尊氏施行状　建武元年九月十二日

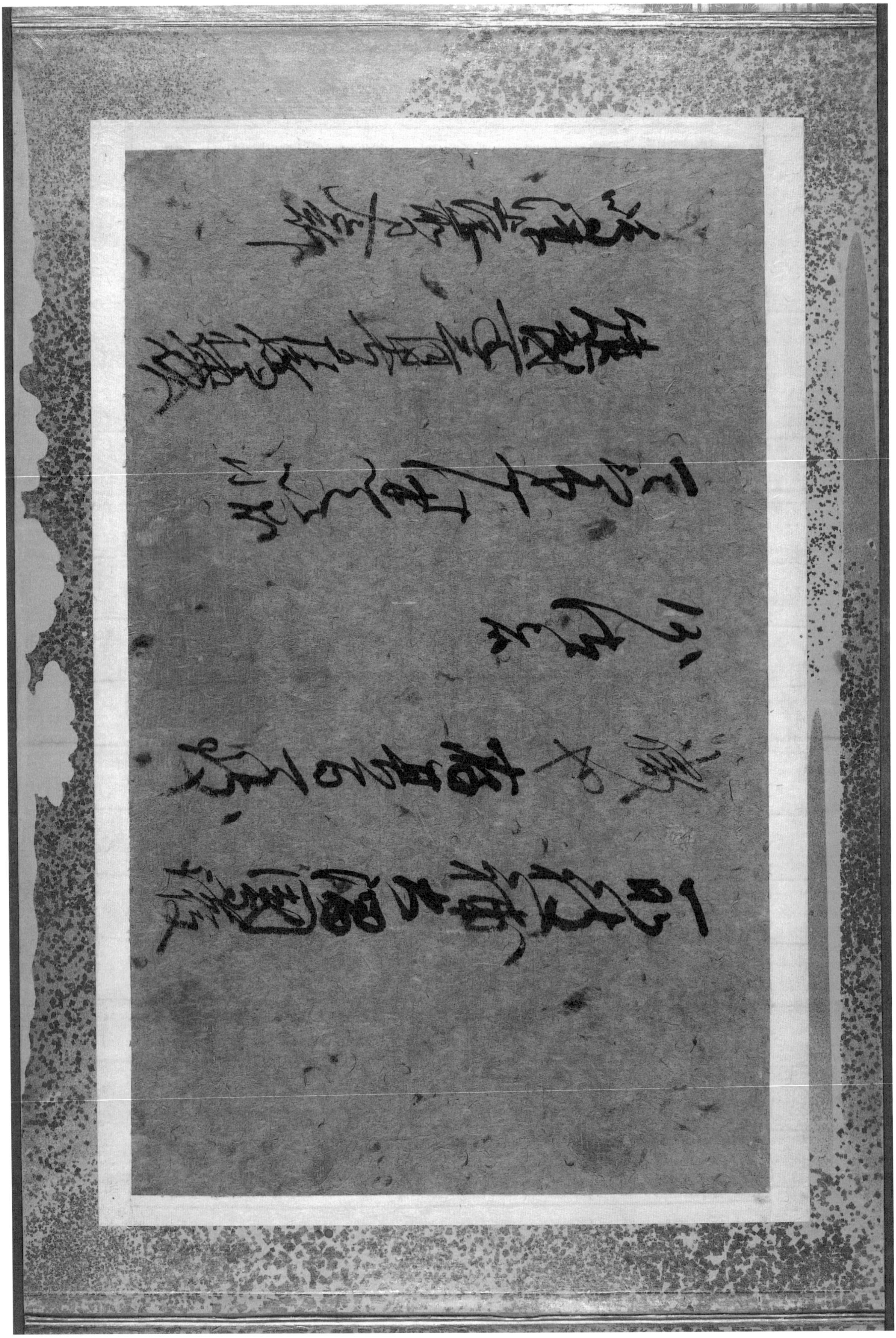

歴代亀鑑　其一

49 後醍醐天皇綸旨　建武二年三月十七日

*赤外

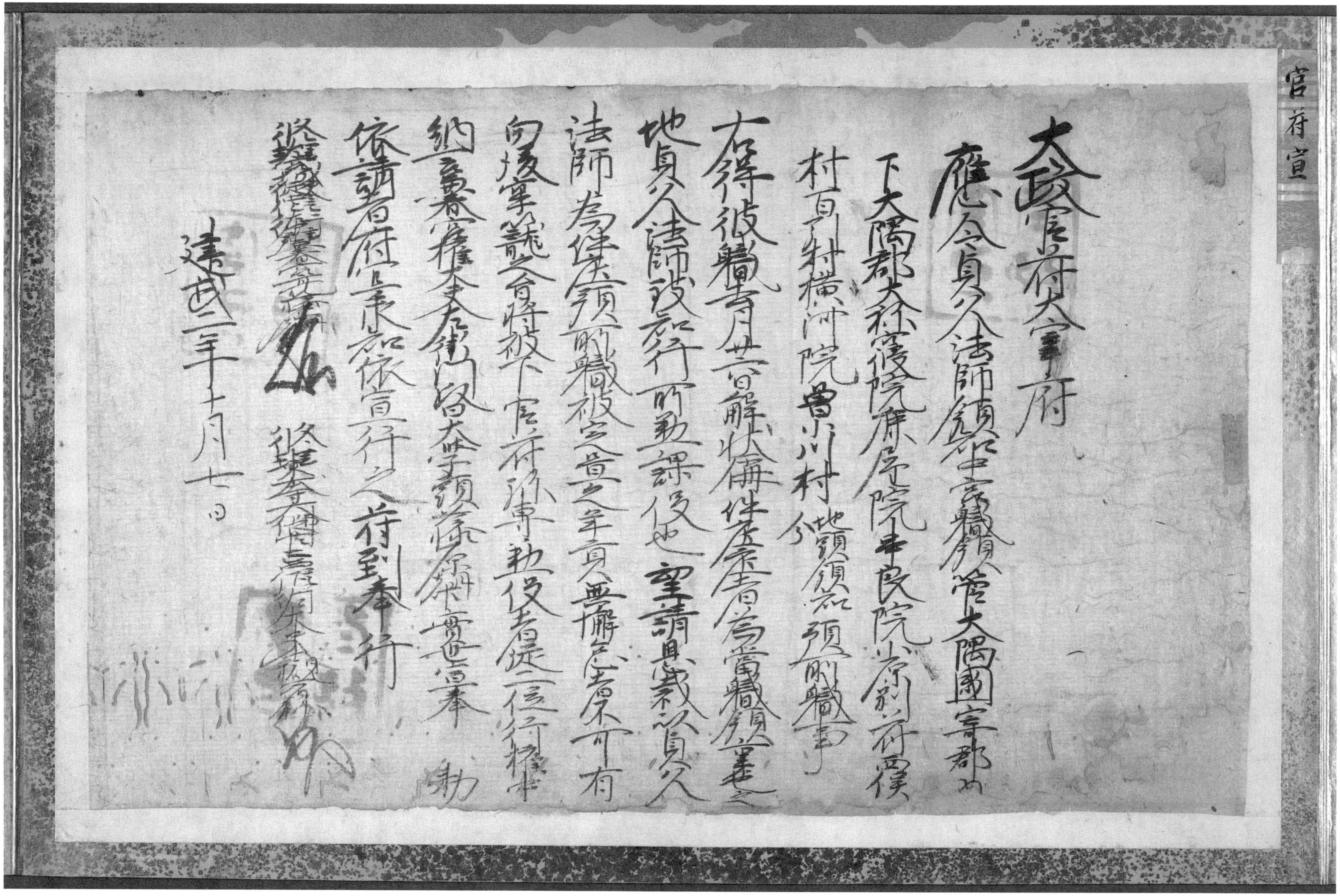

歴代亀鑑　其一　50太政官符　建武二年十月七日

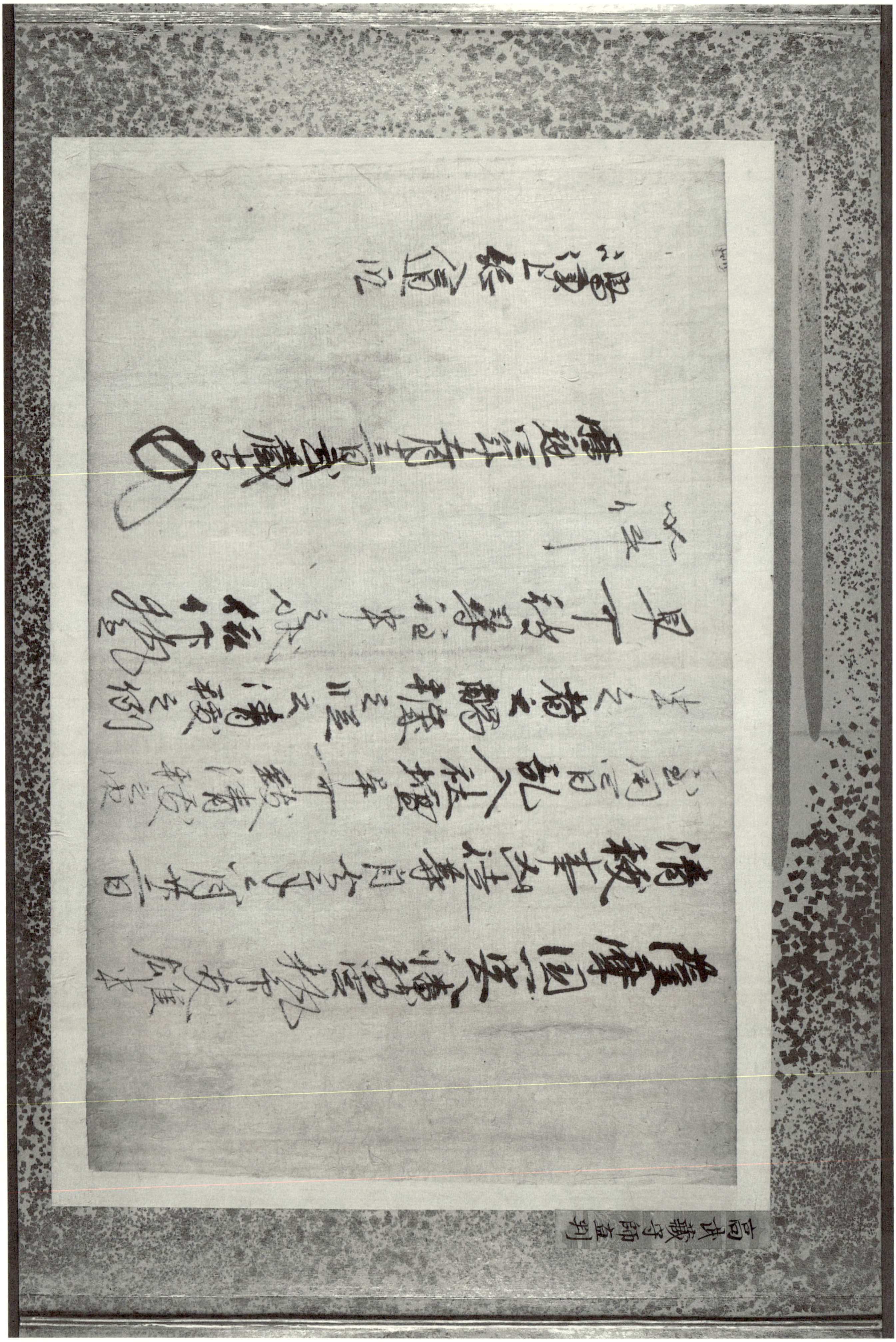

*赤外

歴代亀鑑　其一

51　室町幕府執事高師直奉書　暦応四年十二月十三日

*赤外

依三條殿御違例事、諸人
不可馳集、上既御減氣
間、御心安也、存其旨、
可被相觸大隅薩摩兩國
地頭御家人等之状、依仰
執達如件
暦應五年二月五日　武藏守（花押）
嶋津上総入道殿

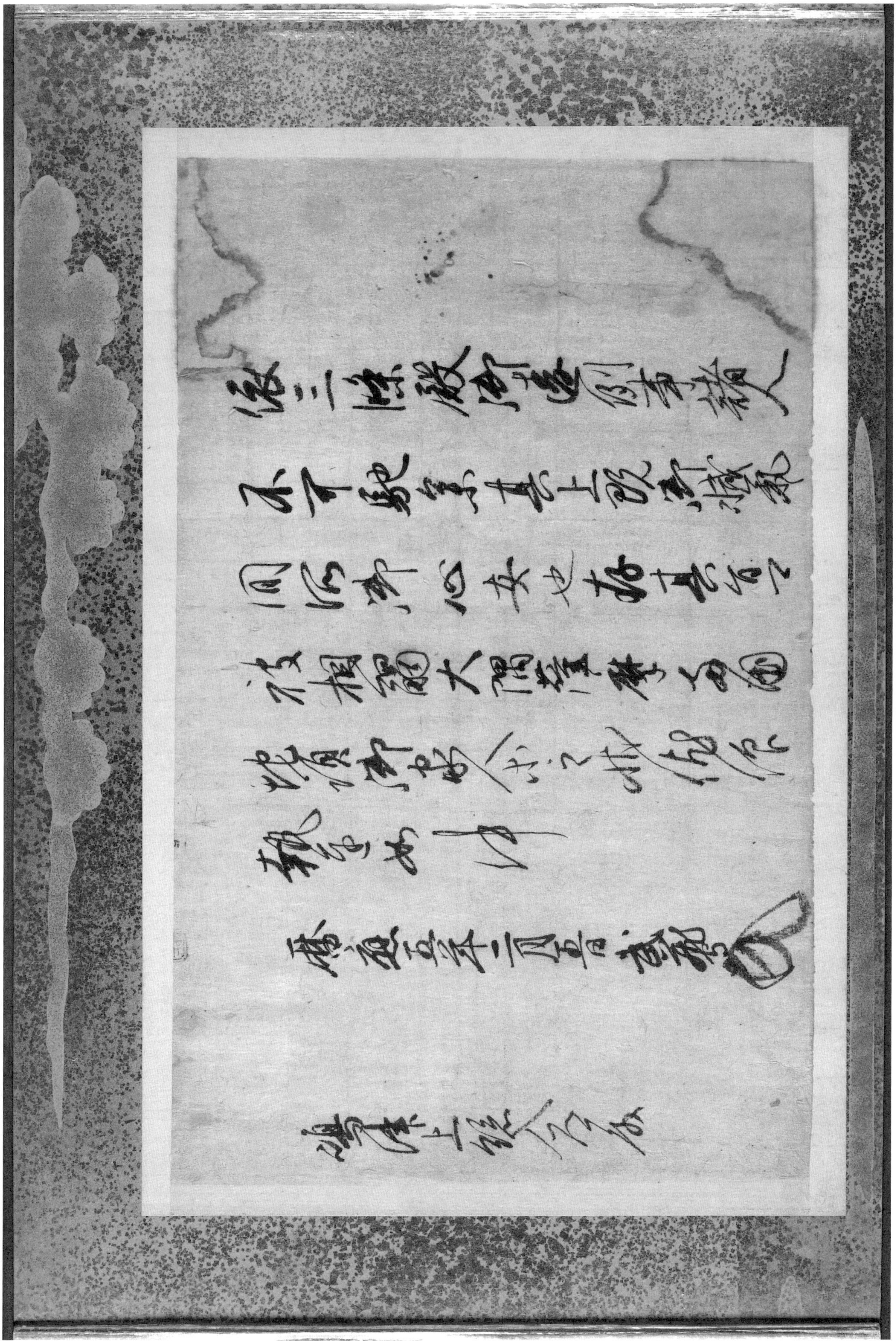

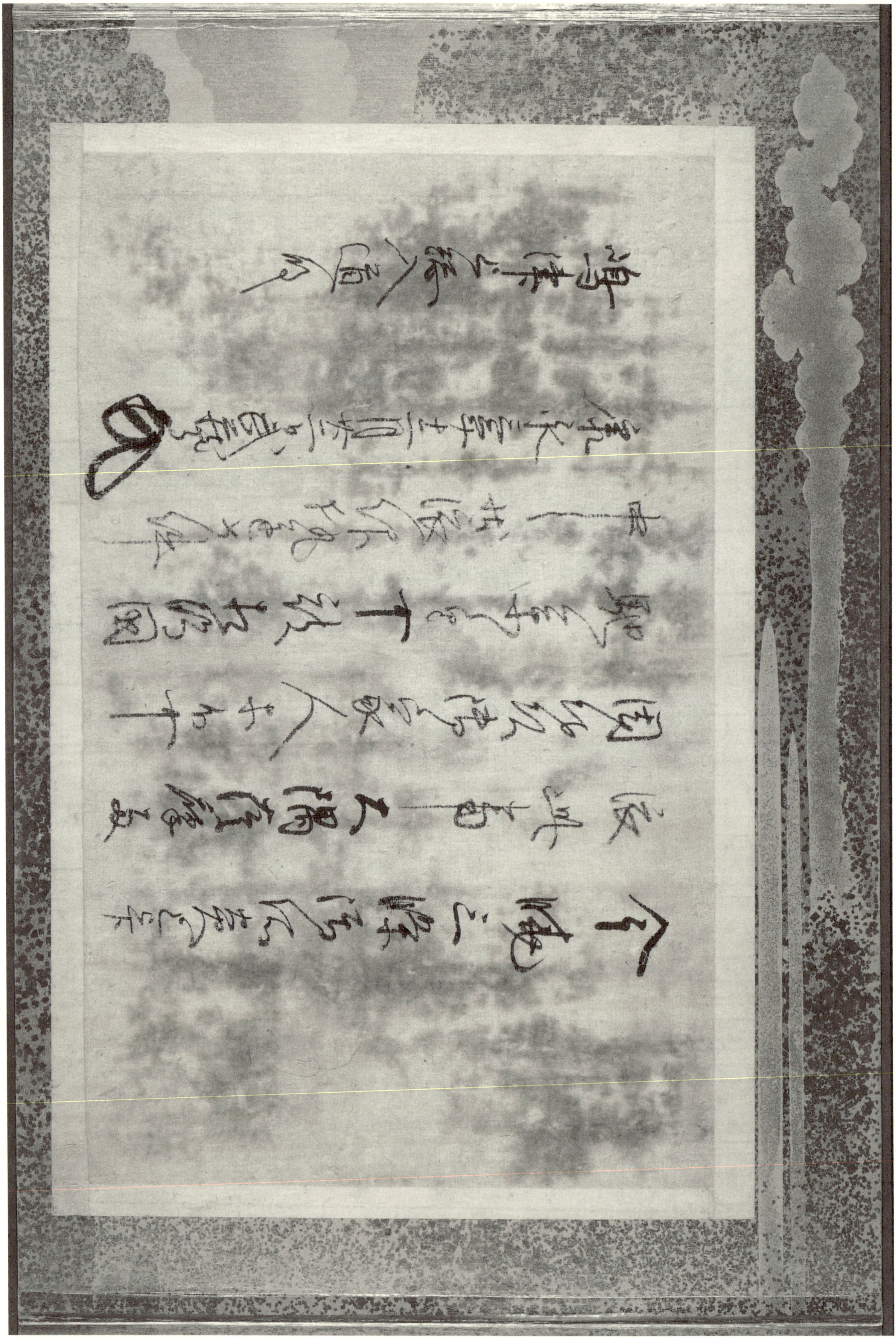

53 室町幕府執事高師直奉書　康永三年十一月二十二日

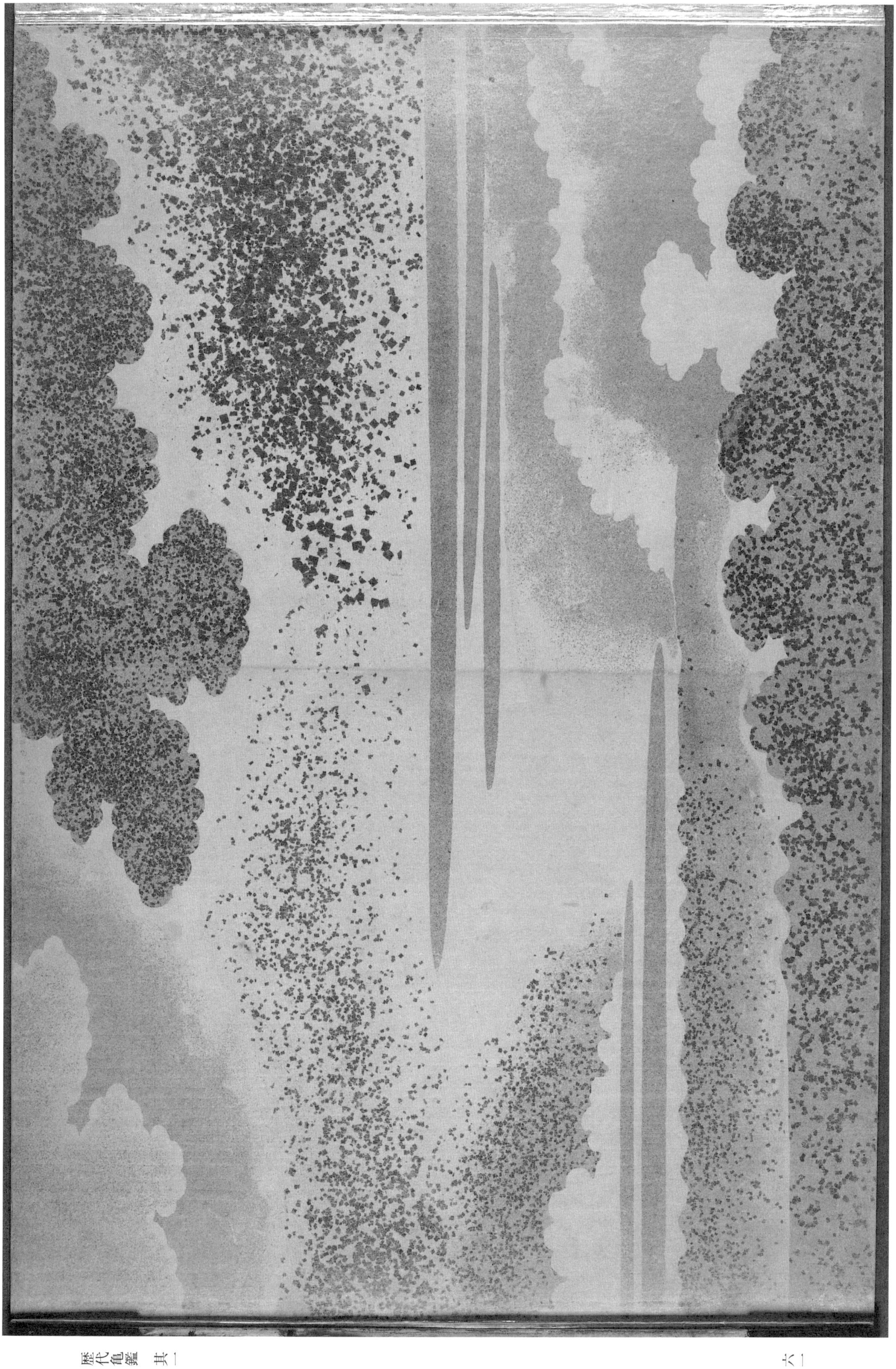

歴代亀鑑　其一

歴代亀鑑　其二

歴代亀鑑　其二　表紙

歴代亀鑑　其二　表紙見返し

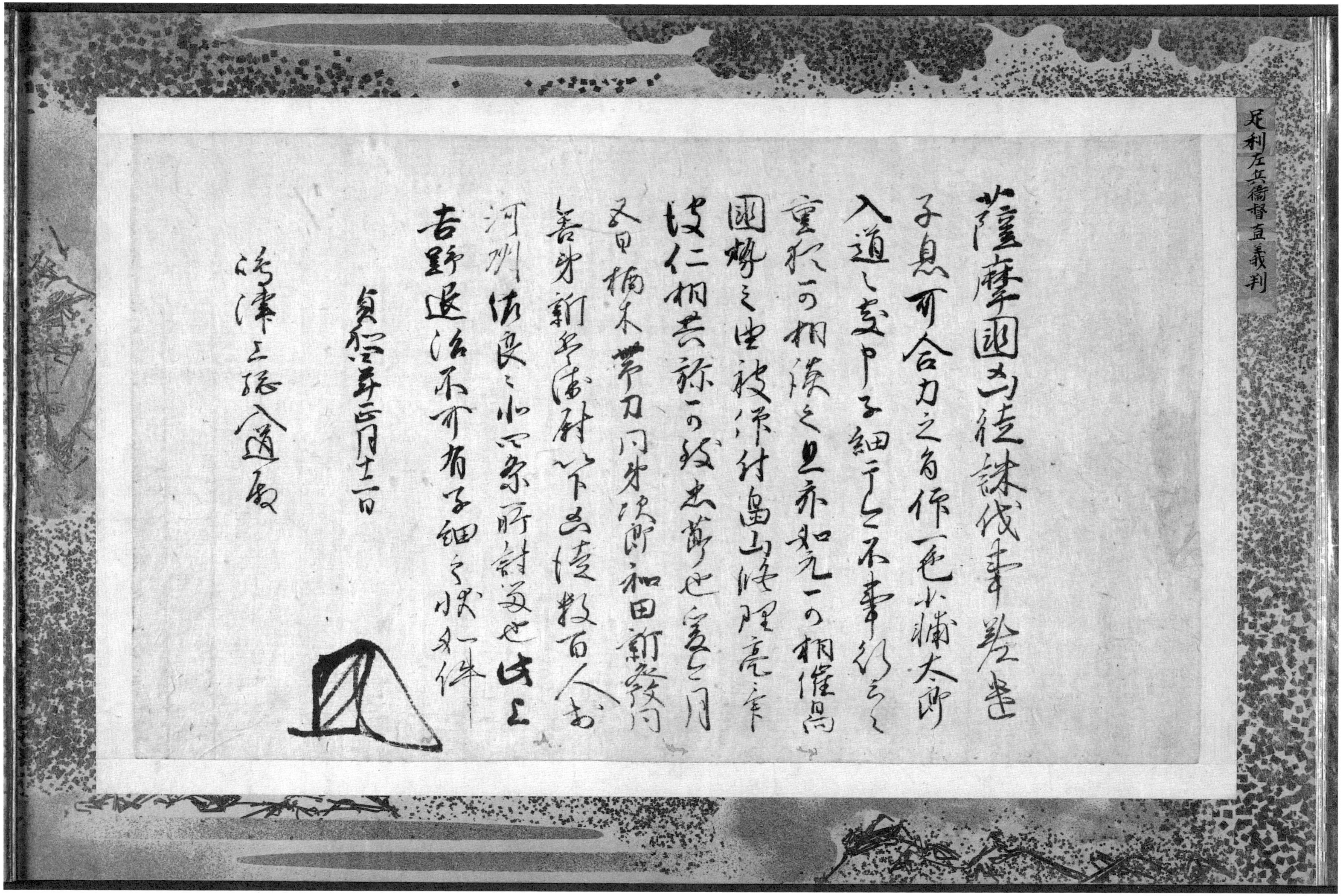

歴代亀鑑　其二　1足利直義御判御教書　貞和四年正月十二日

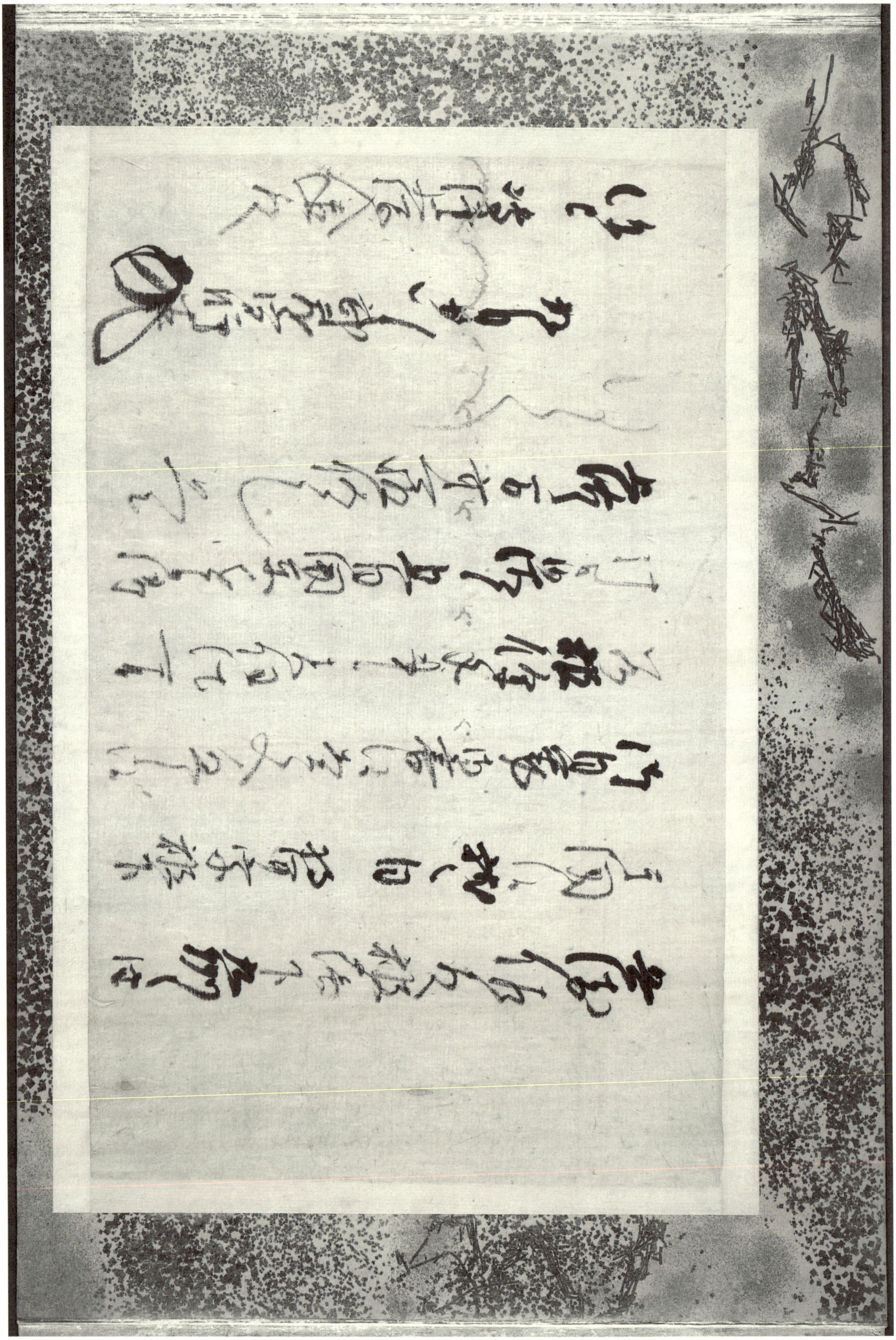

歴代亀鑑　其二

2　高師直書状

（貞和五年）九月二十八日

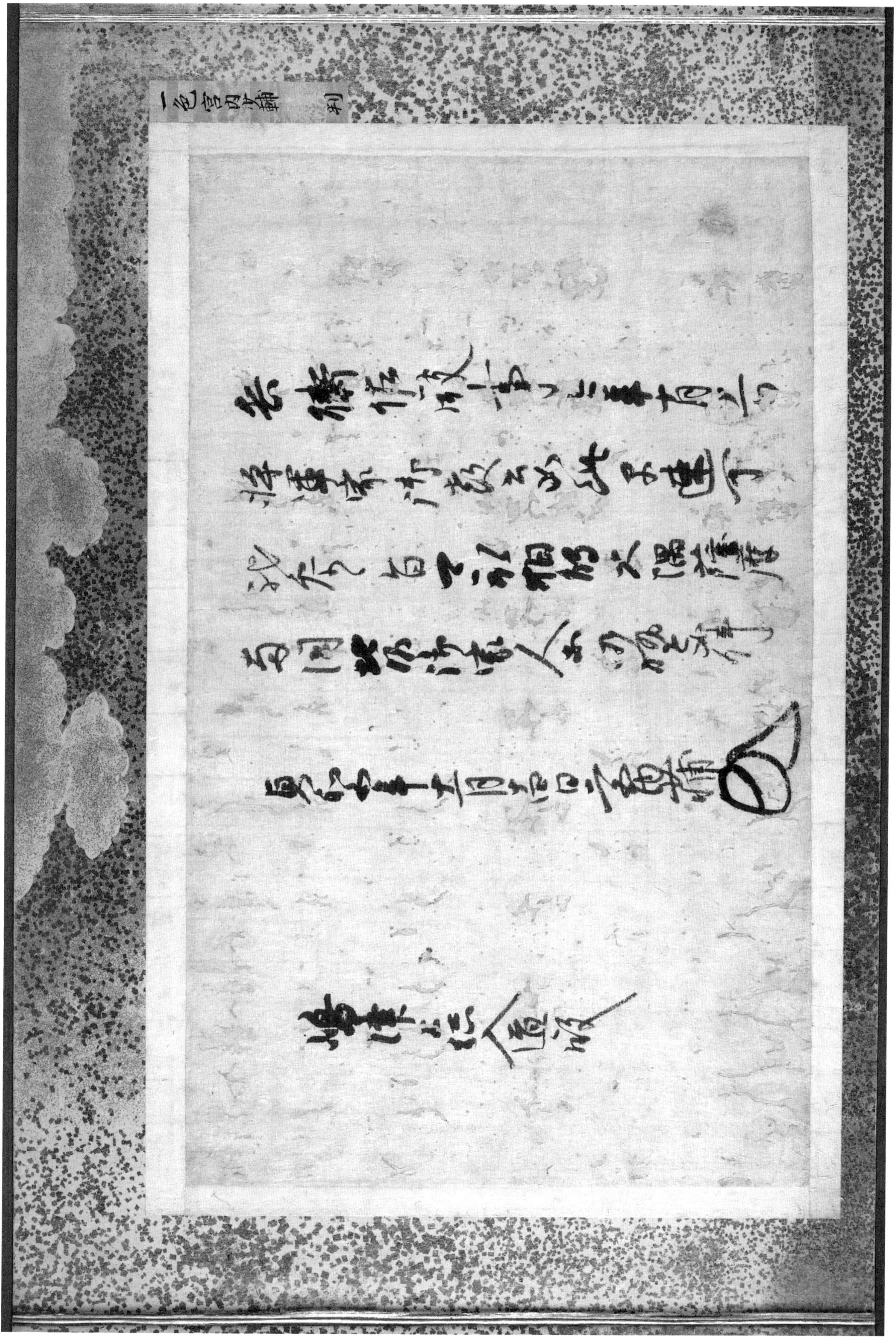

歴代亀鑑　其二　3　一色直氏施行状　貞和五年十一月十四日

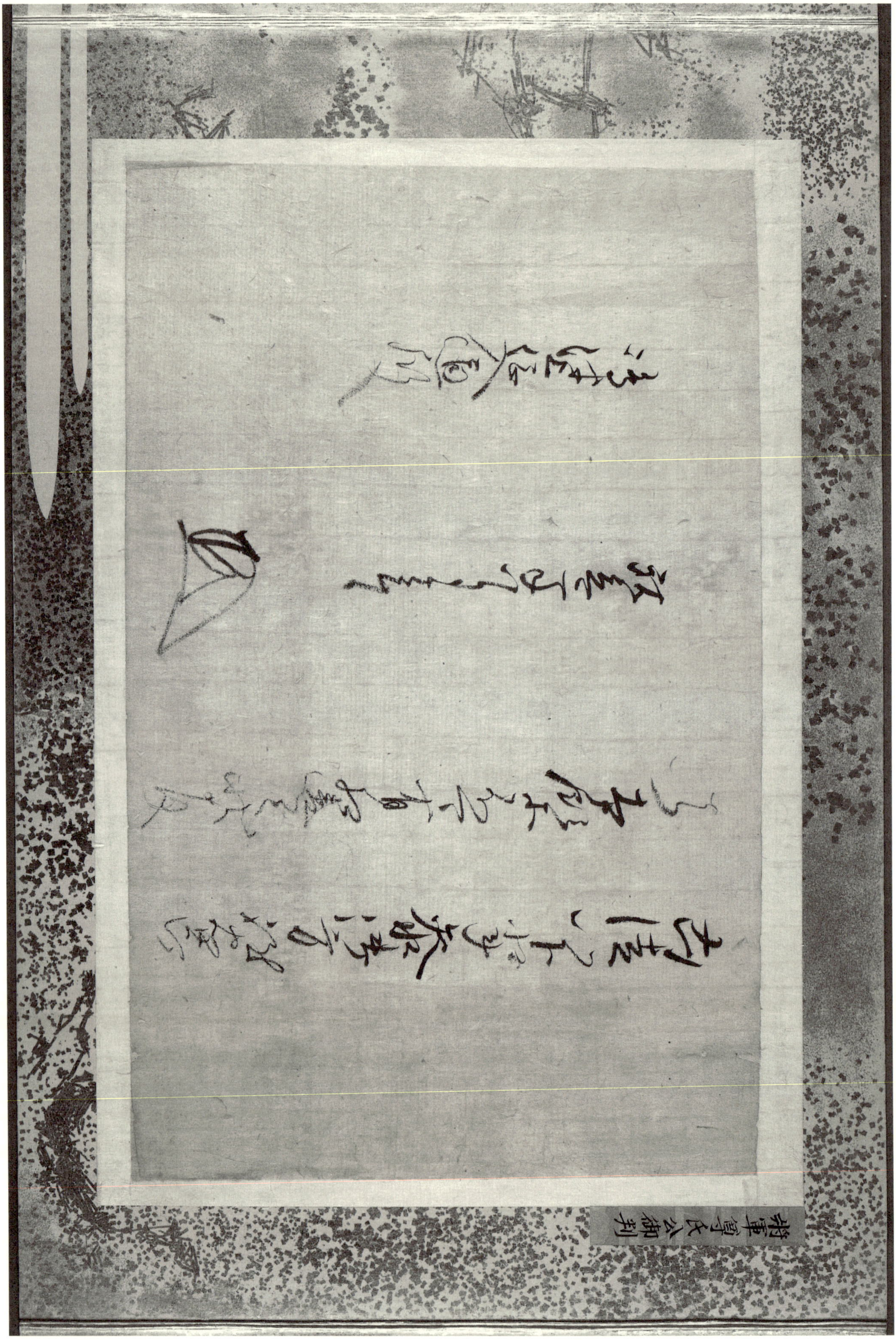

歴代亀鑑　其二

4 足利尊氏御判御教書

観応二年八月十三日

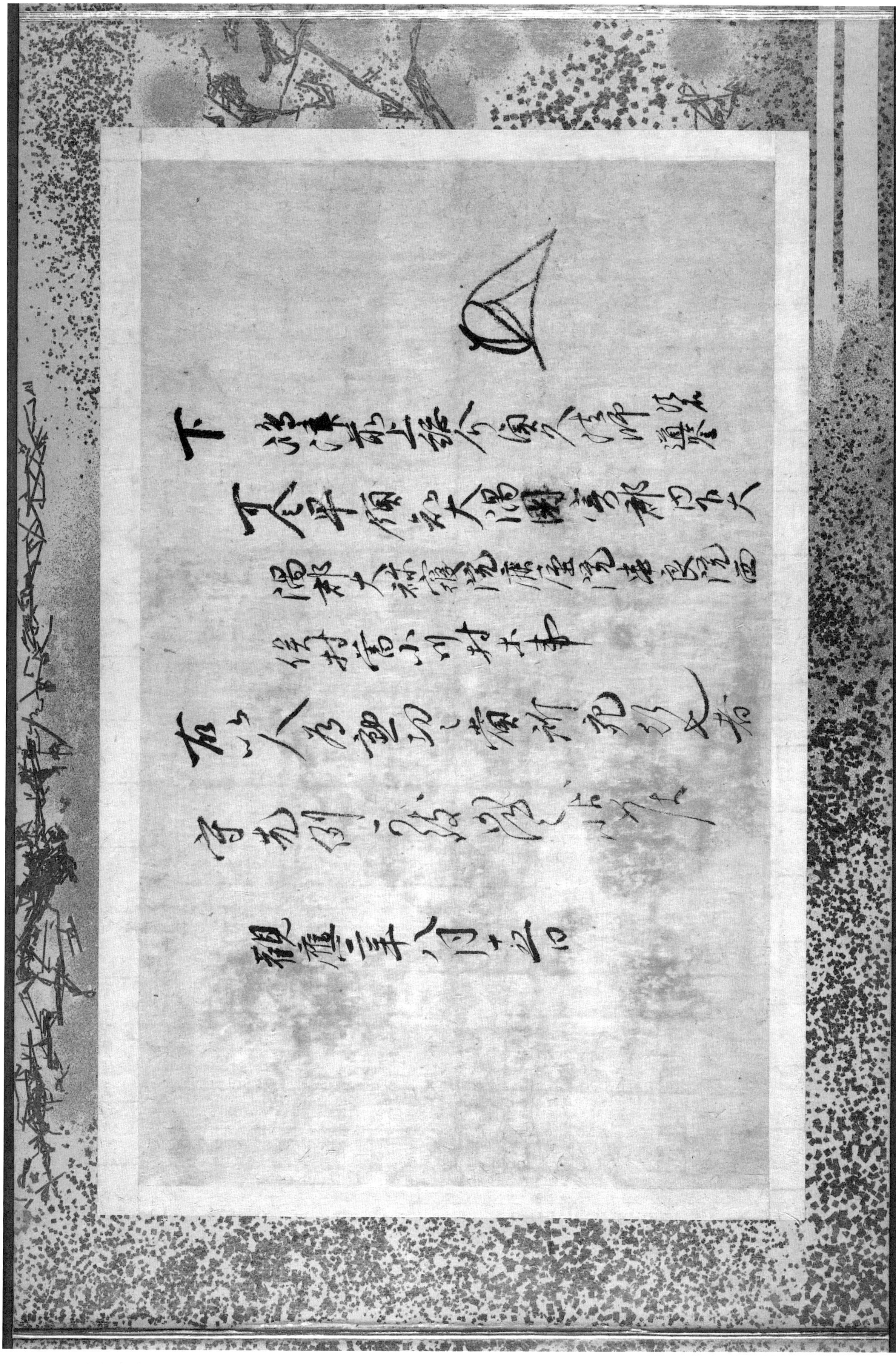

歴代亀鑑　其二　5足利尊氏下文　観応二年八月十五日

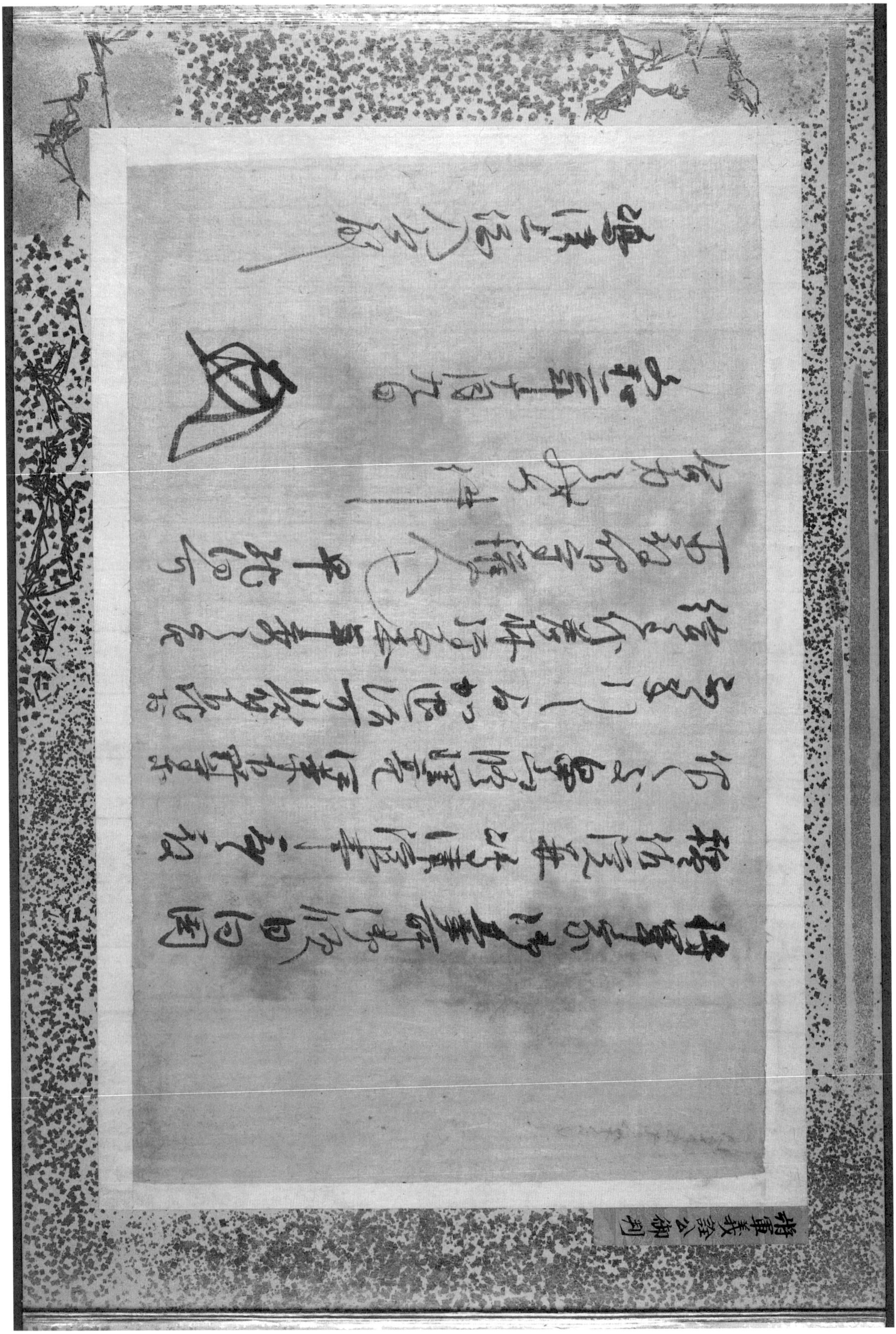

＊赤外

歴代亀鑑　其二
6　足利義詮御判御教書　文和二年十月九日

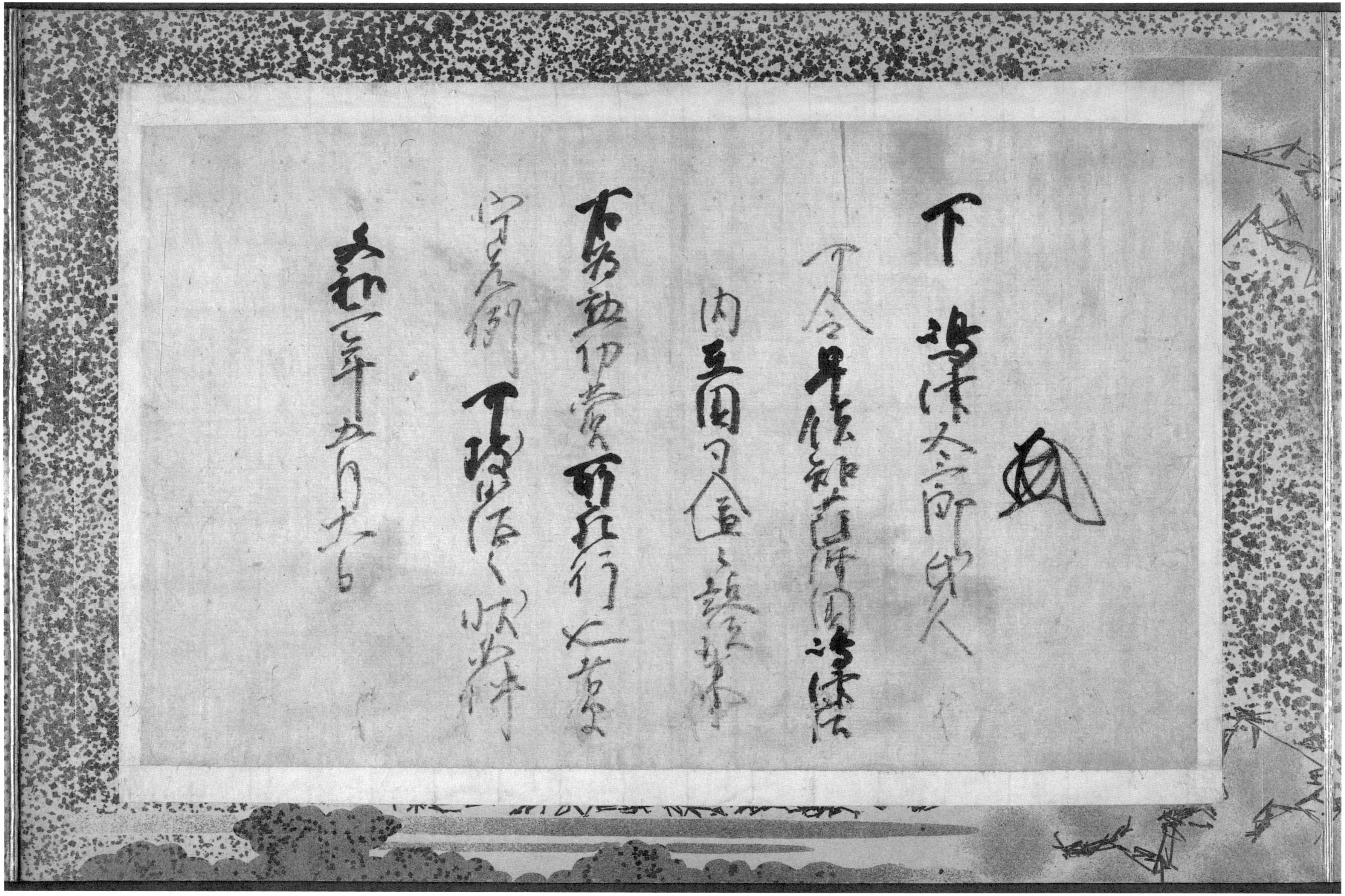

歴代亀鑑　其二　7足利義詮下文　文和二年五月十一日

歴代亀鑑　其二
8　足利義詮書状
（文和四年十一月二日）

歴代亀鑑　其二　9足利尊氏書状　(年未詳)八月二日

10　足利尊氏下文　建武五年正月二十四日

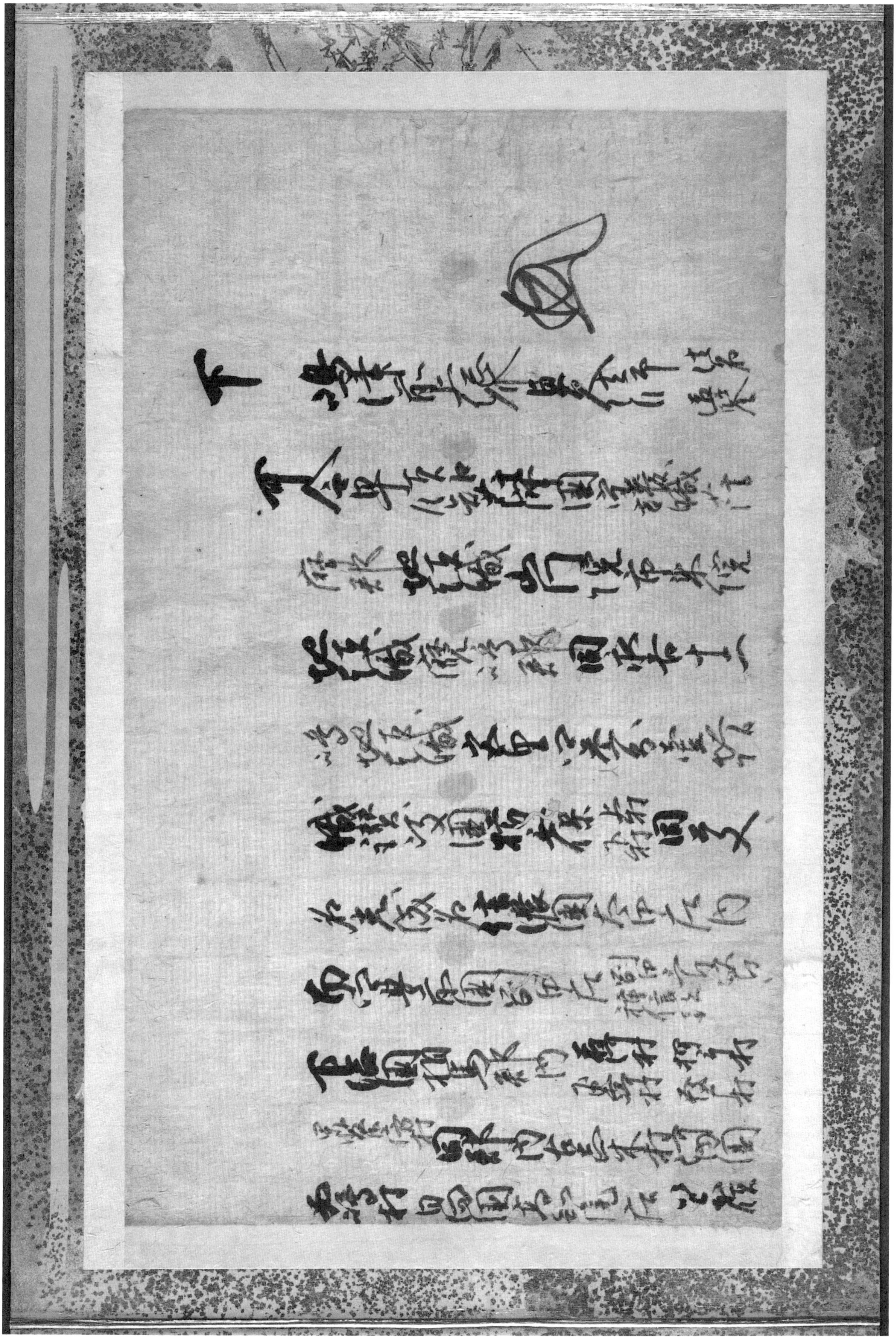

歴代亀鑑　其二　11足利義詮下文　延文元年八月六日

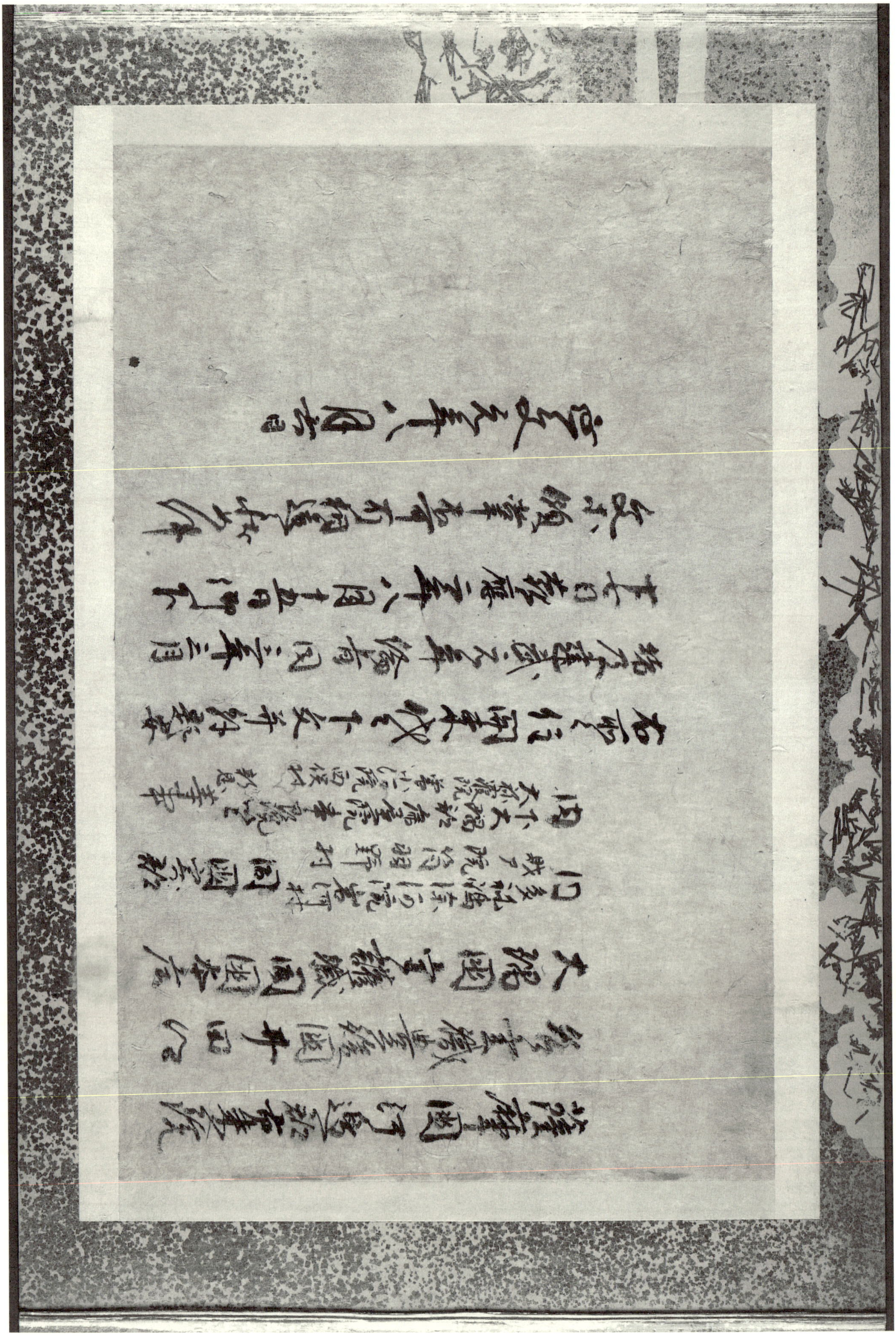

歴代亀鑑　其二
11 足利義詮下文　延文元年八月六日

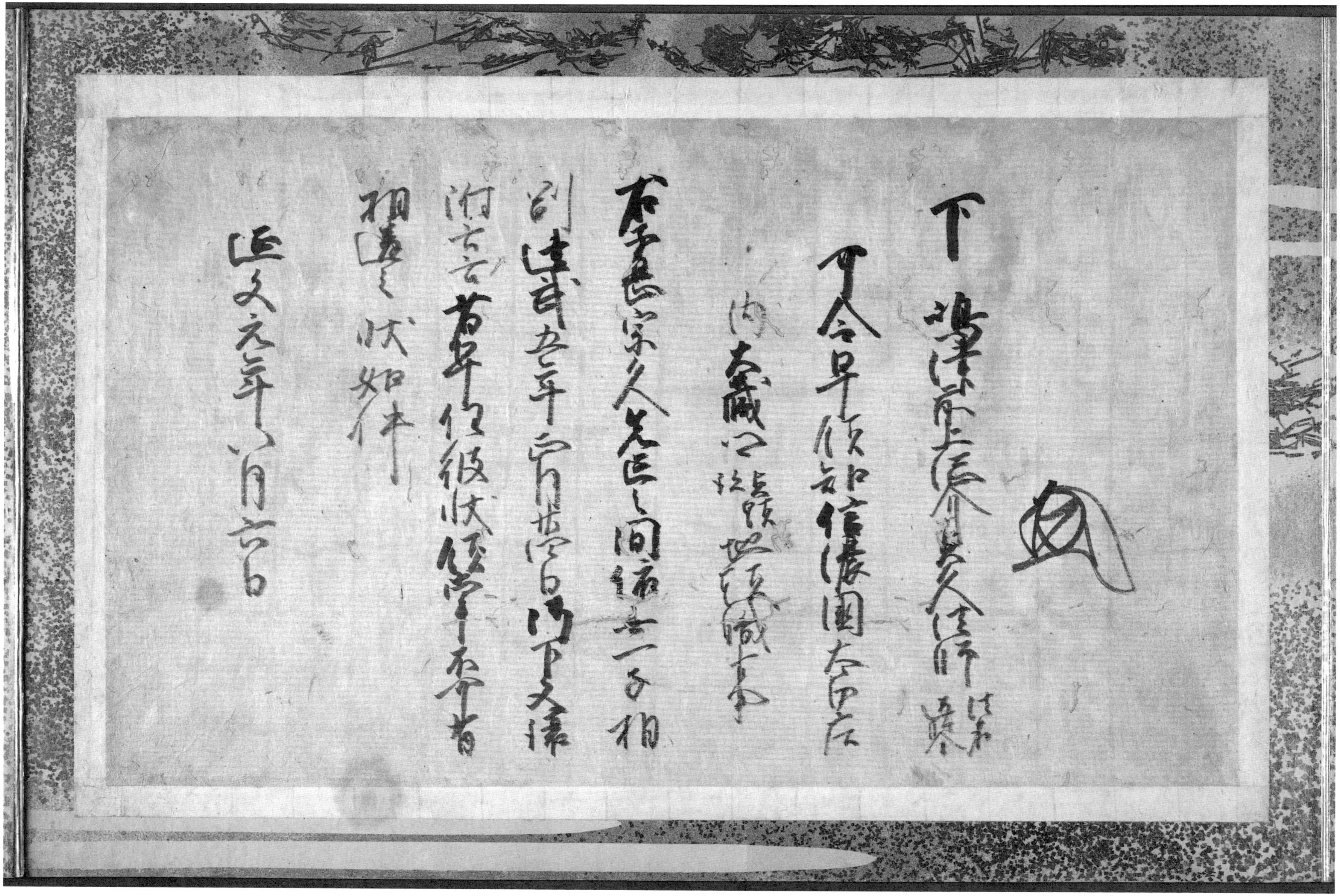
下　[illegible]
可令早領知信濃国太田庄
内大蔵郷 [illegible]地頭職事
右、[illegible]
[illegible]建武五年六月廿日[illegible]下文寄
附云々者、早任彼状、領掌不可有
相違之状如件
延文元年八月六日

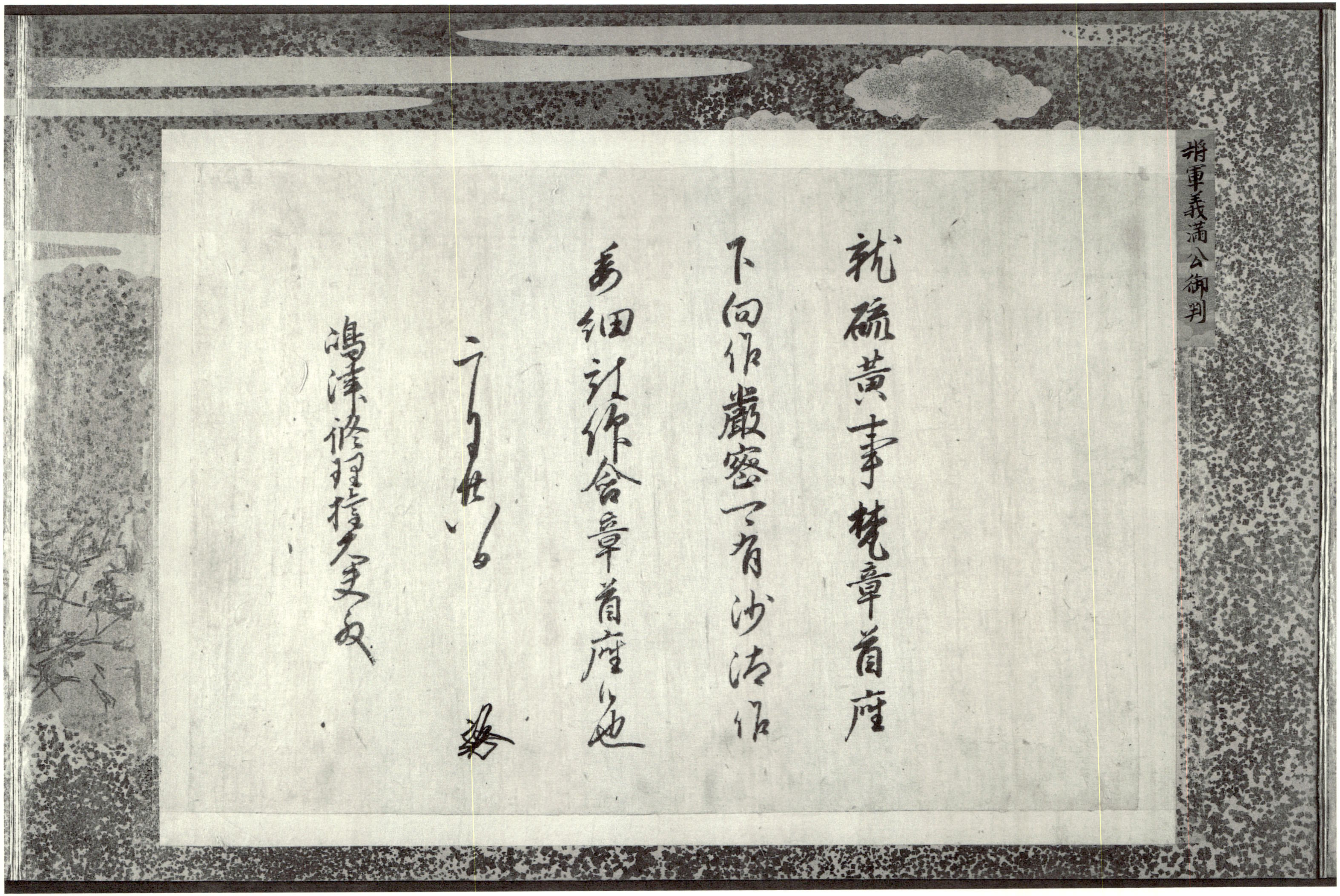

歴代亀鑑　其二　13足利義満御内書　(年未詳)二月二十八日

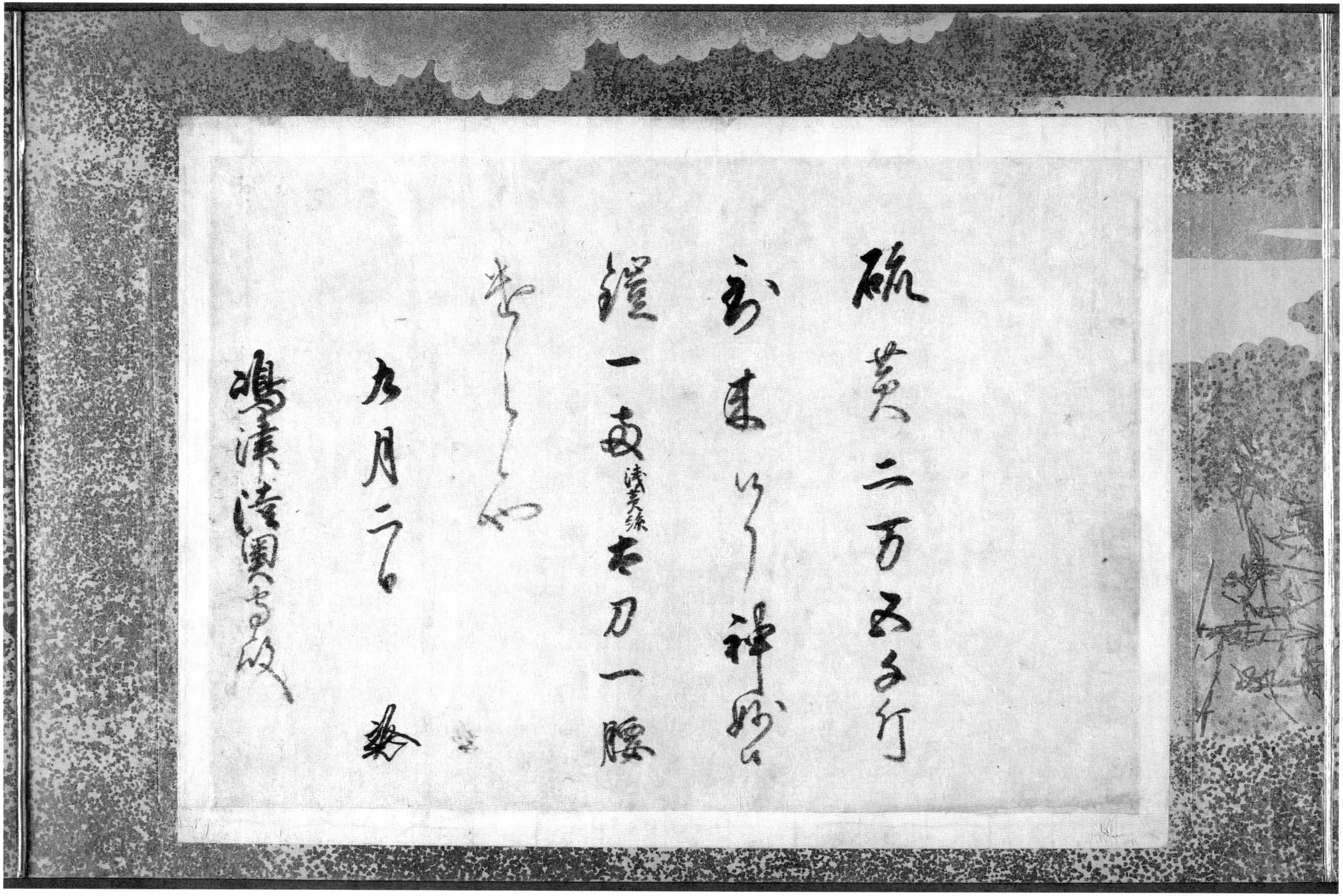

歴代亀鑑　其二　14足利義満御内書　（年未詳）九月二日

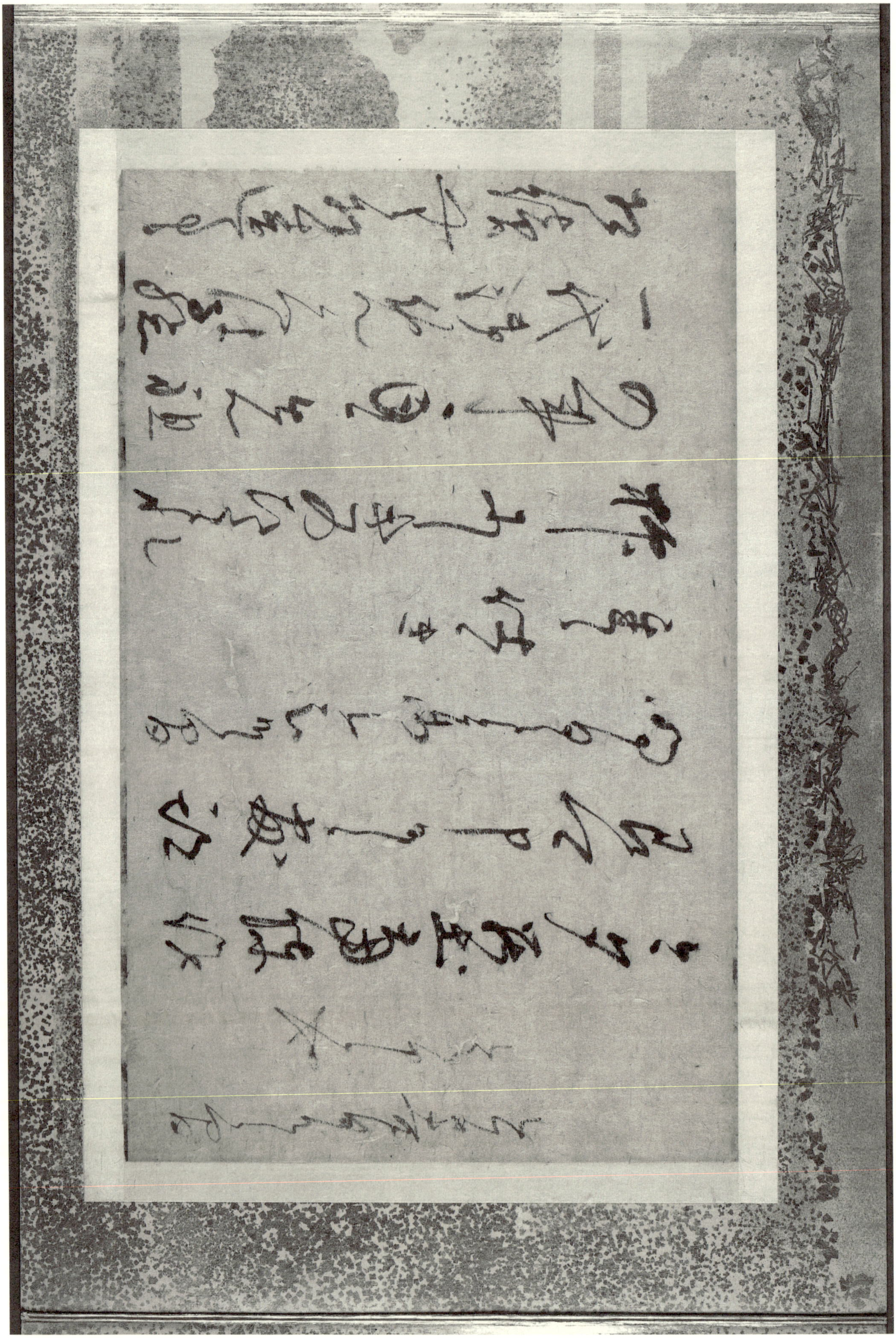

15　今川了俊〈貞世〉書状　（年未詳）八月十日

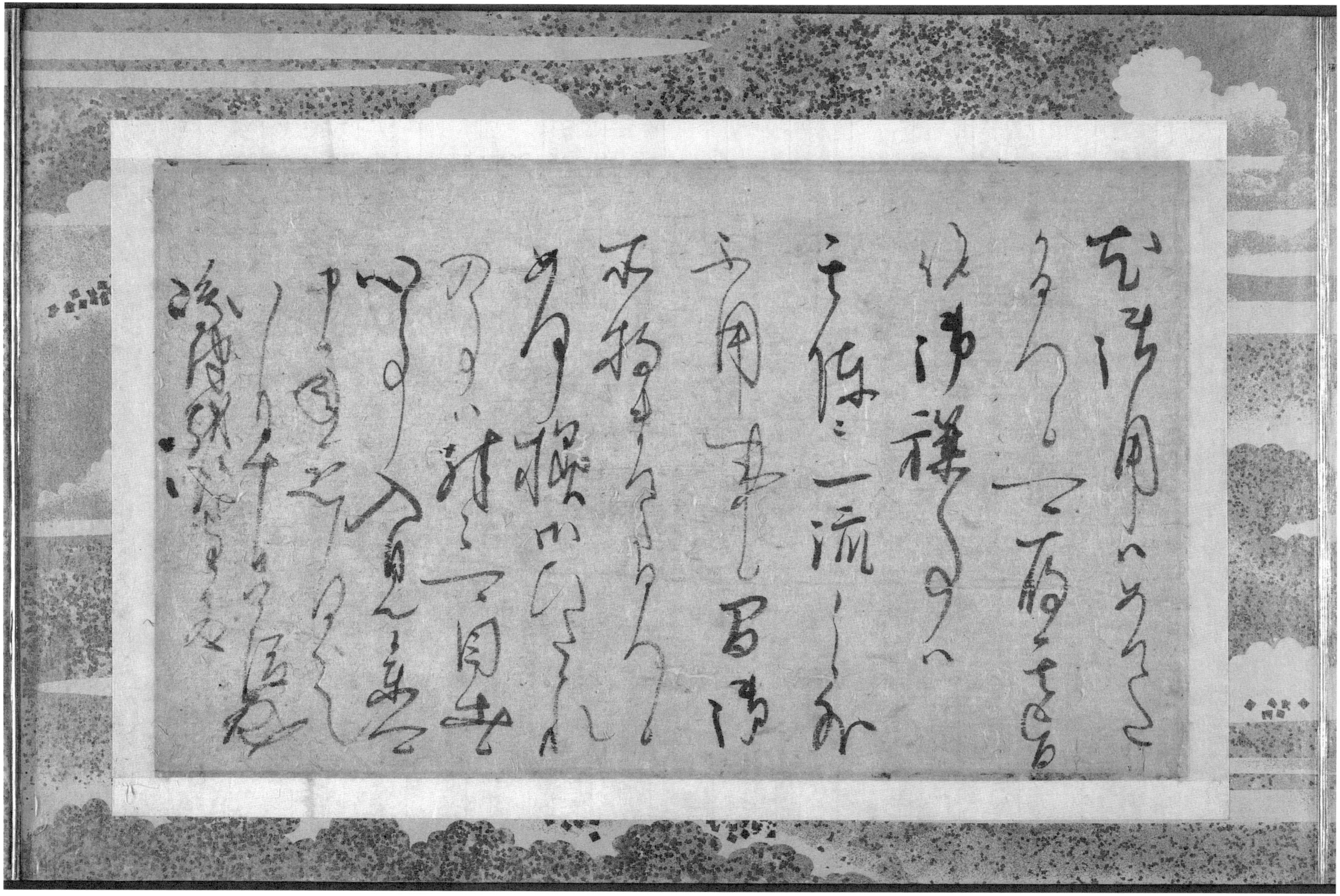

歴代亀鑑　其二　15今川了俊〈貞世〉書状　（年未詳）八月十日

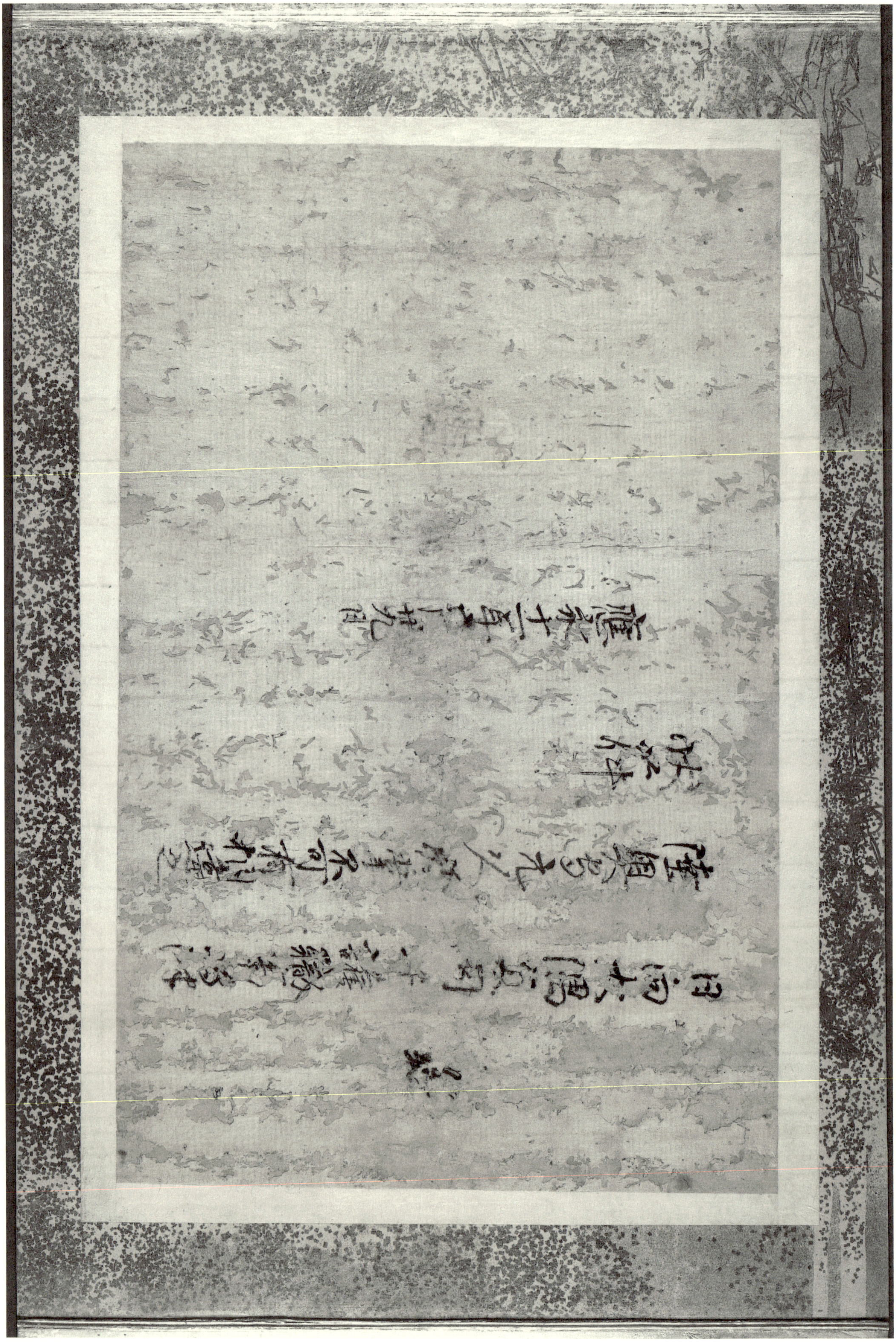

*赤外

歴代亀鑑 其二
16 足利義満御判御教書 応永十一年六月二十九日

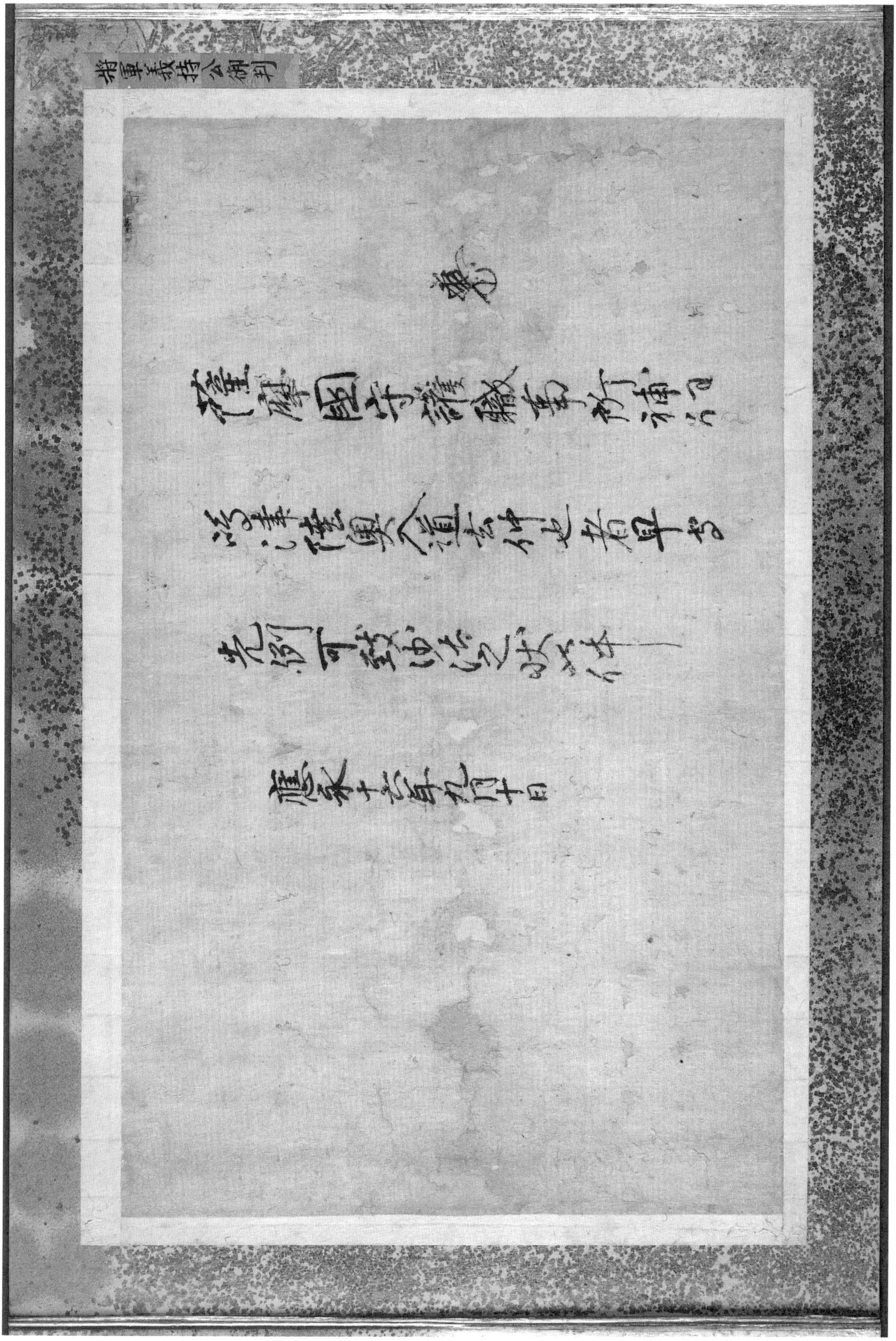

歴代亀鑑　其二　17足利義持御判御教書　応永十六年九月十日

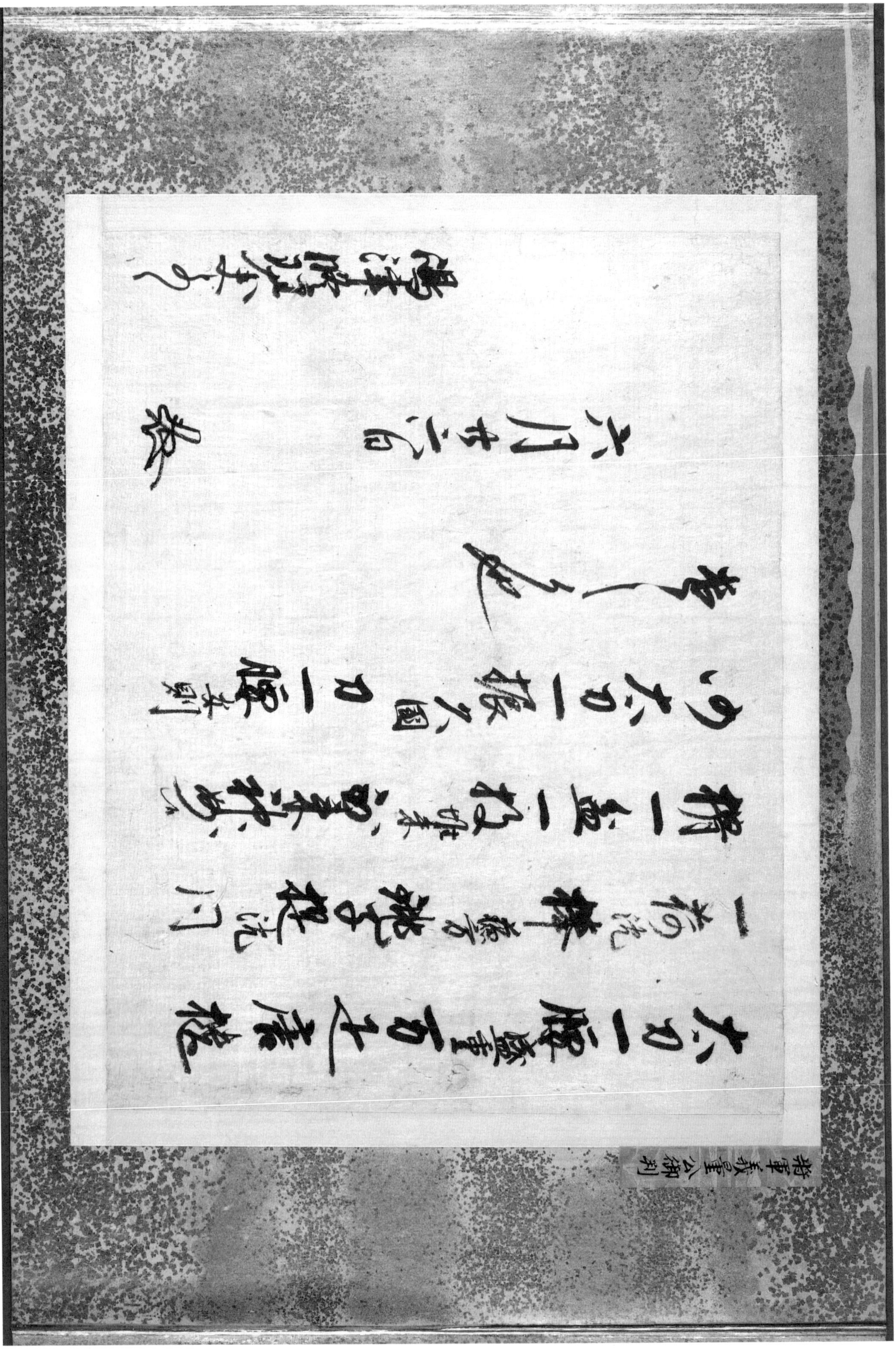

歴代亀鑑　其二

18　足利義稙御内書　(年未詳)六月二十六日

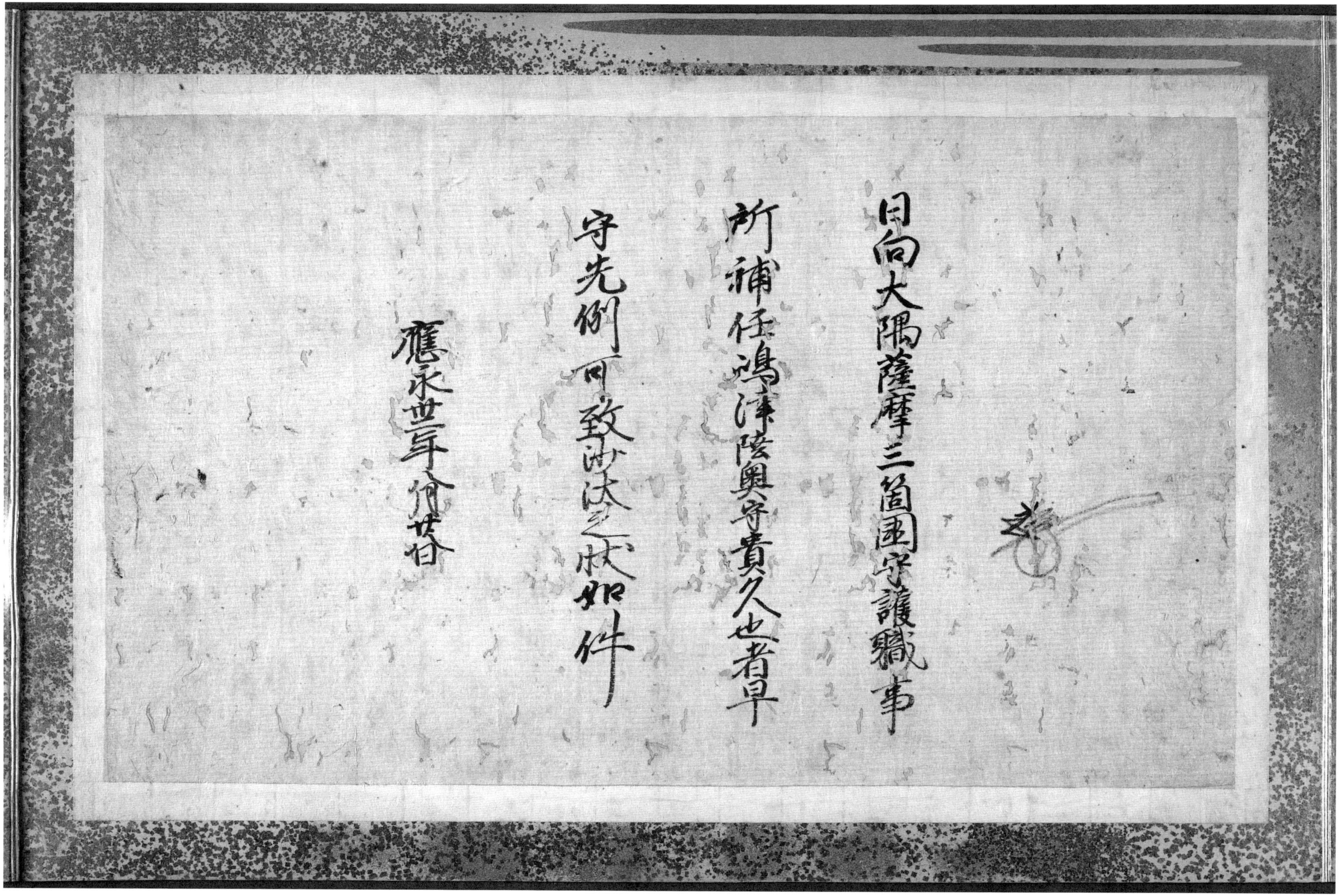

日向大隅薩摩三箇国守護職事
所補任嶋津陸奥守貴久也者早
守先例可致沙汰之状如件
應永卅二年八月廿八日

歴代亀鑑　其二　19足利義持御判御教書　応永三十二年八月二十八日

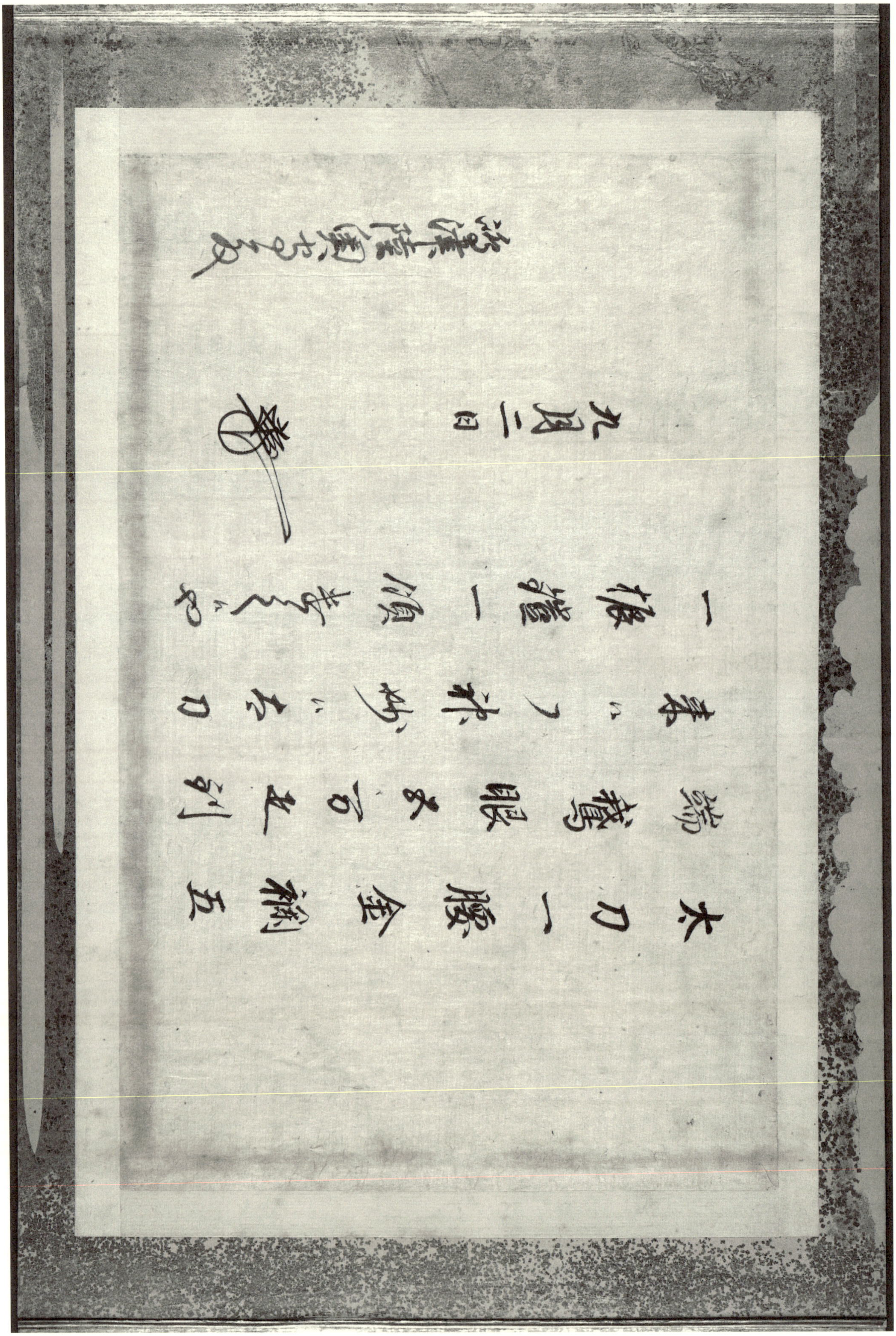

歴代亀鑑　其二

20　足利義持御内書　（年未詳）九月二日

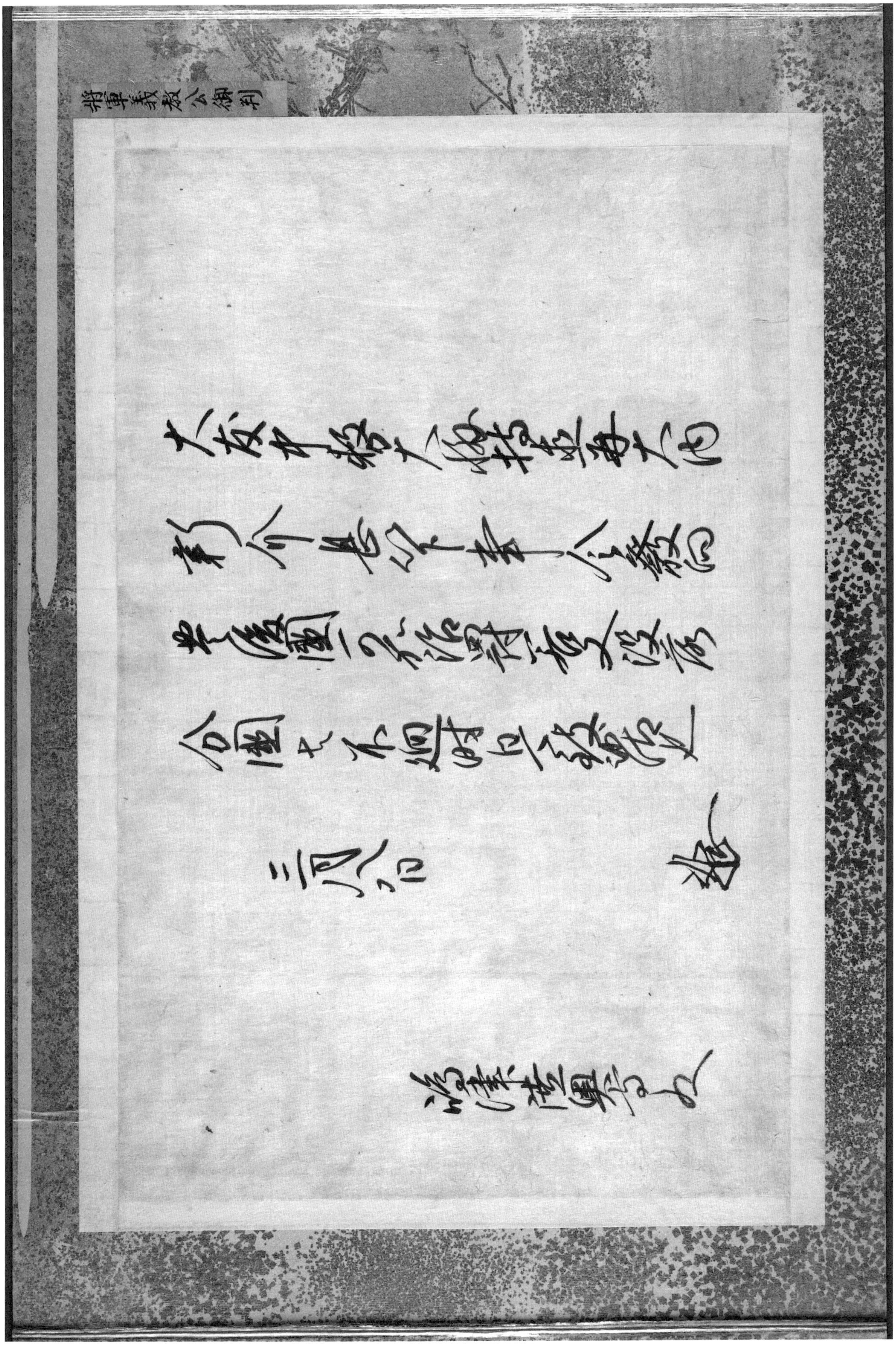

歴代亀鑑　其二　21足利義教御内書　(年未詳)三月八日

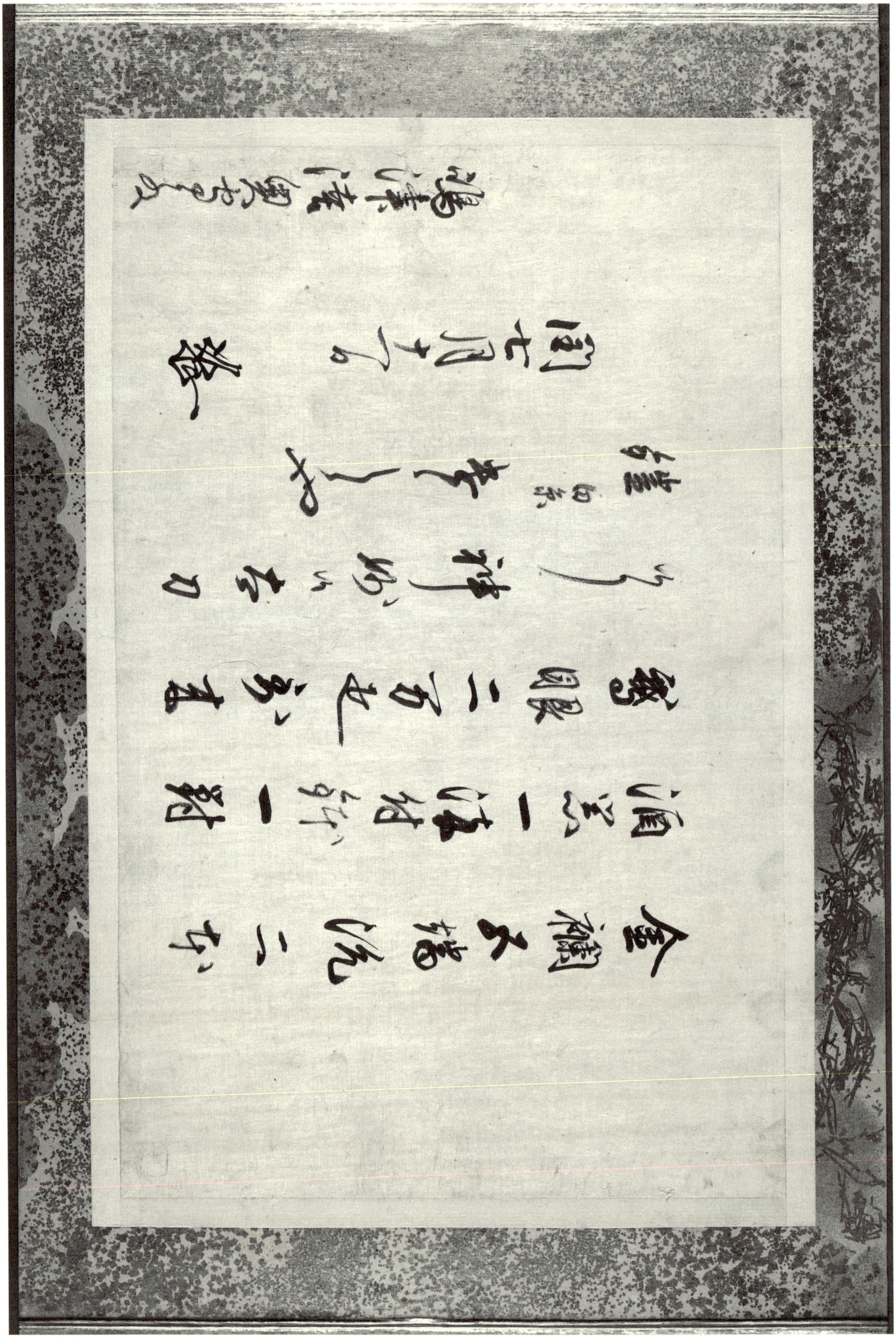

＊赤外

歴代亀鑑　其二
22　足利義教御内書
（永享五年）閏七月十一日

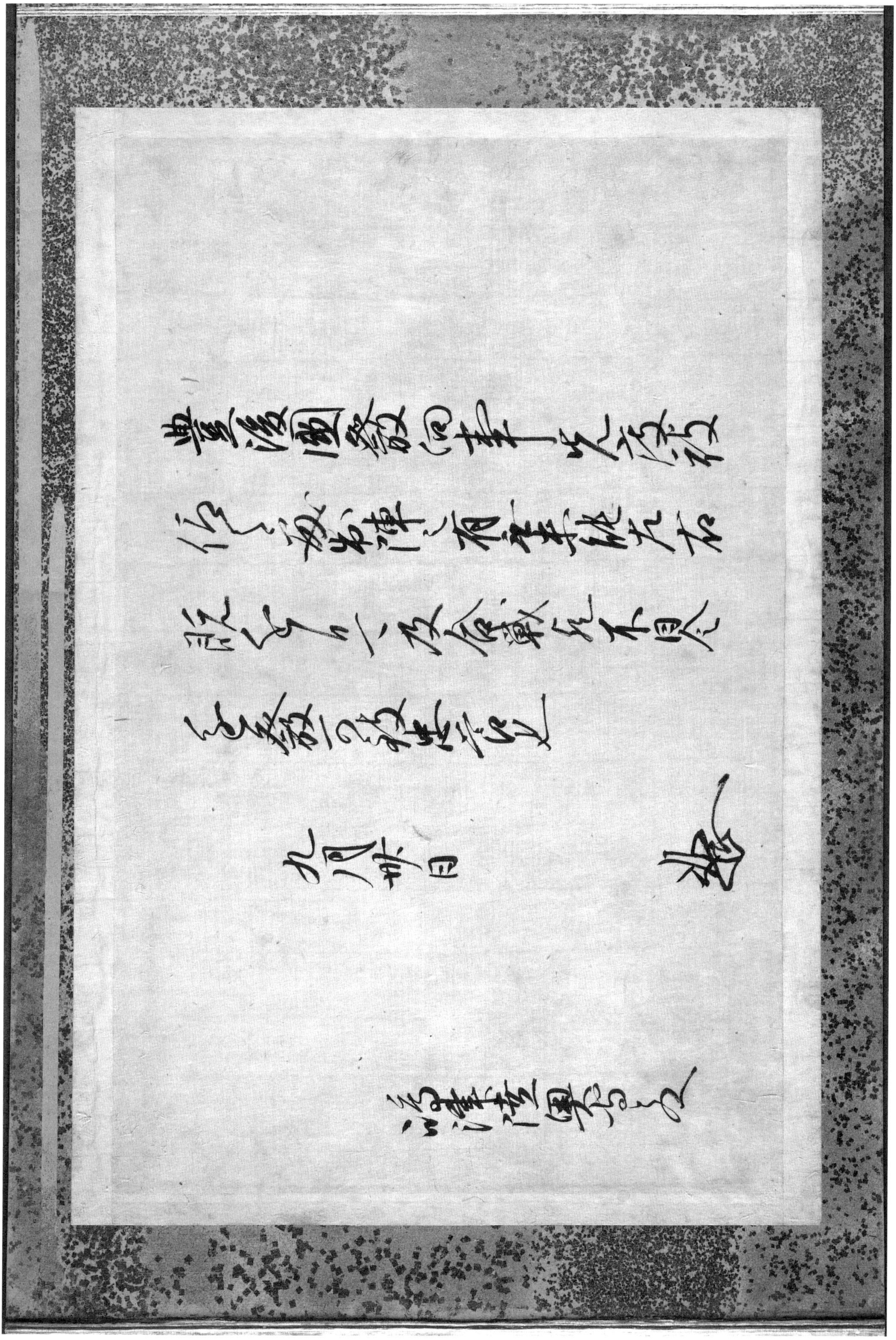

歴代亀鑑　其二　23足利義教御内書　(年未詳)九月三十日

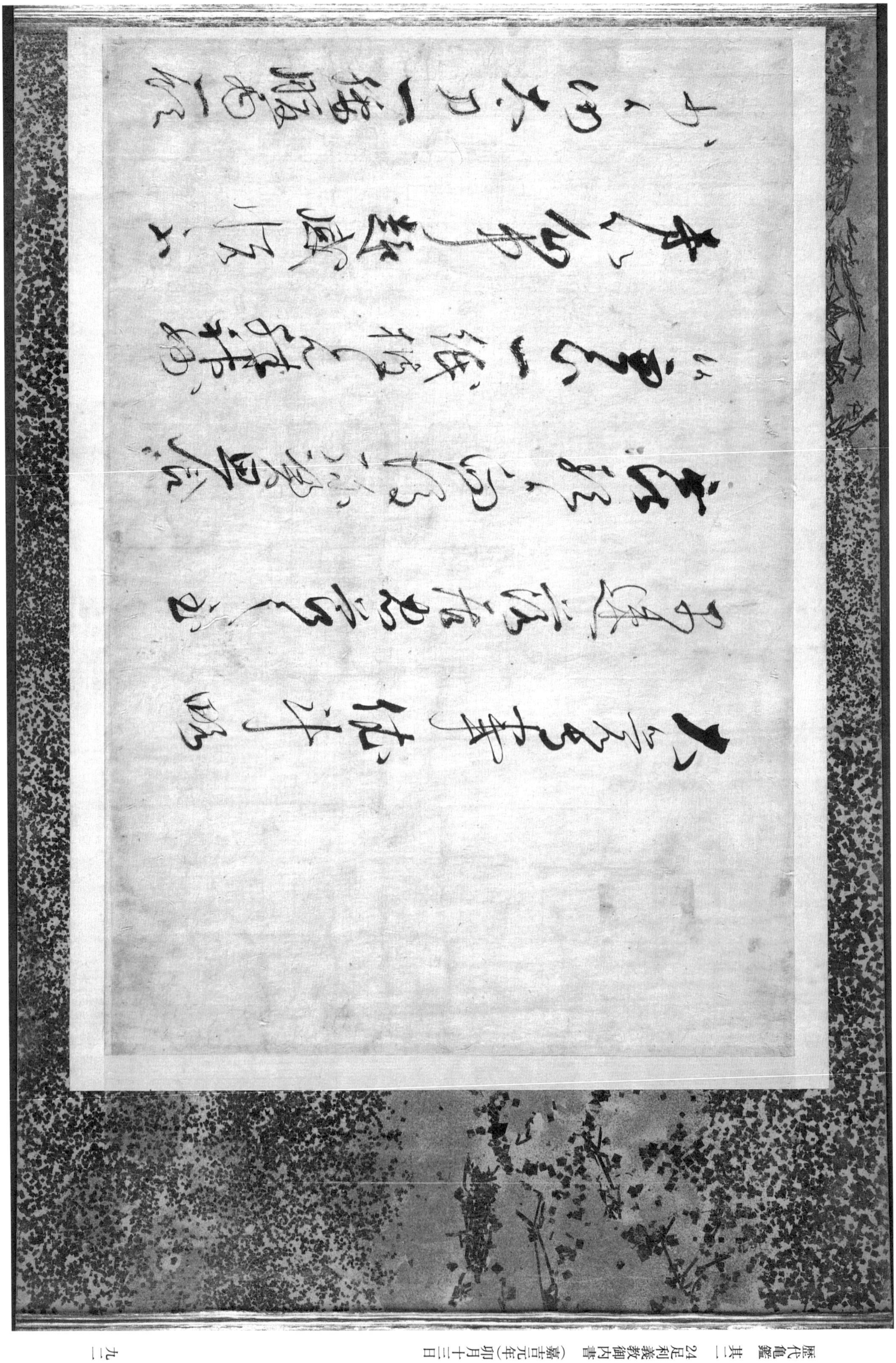

24　足利義教御内書
（嘉吉元年）卯月十三日

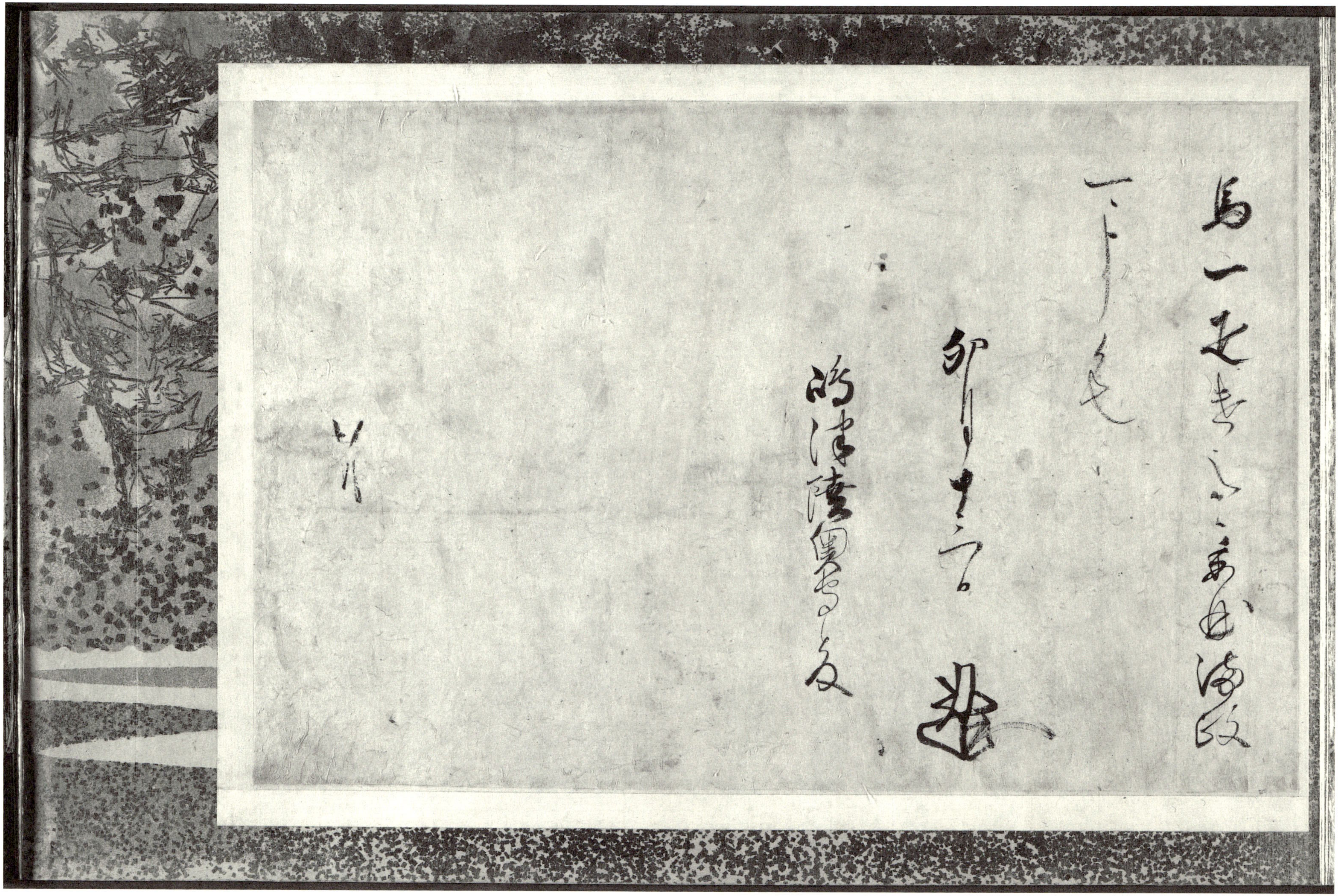

歴代亀鑑　其二　24足利義教御内書　(嘉吉元年)卯月十三日

歴代亀鑑　其二　裏表紙

歴代亀鑑　其二　裏表紙見返し

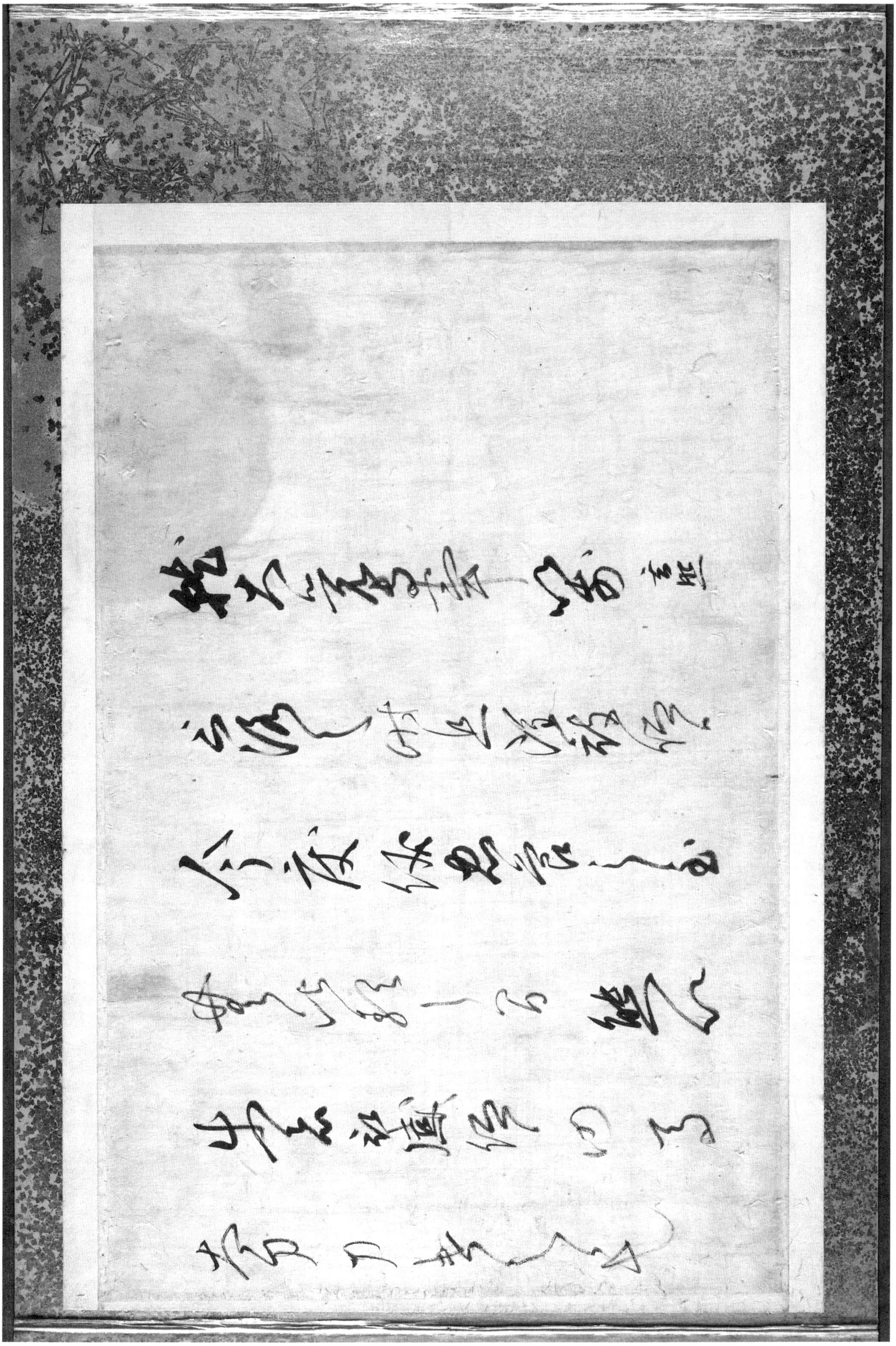

歴代亀鑑　其二　25足利義教御内書　（嘉吉元年）六月十七日

歴代亀鑑　其二
25 足利義教御内書
（嘉吉元年）六月十七日

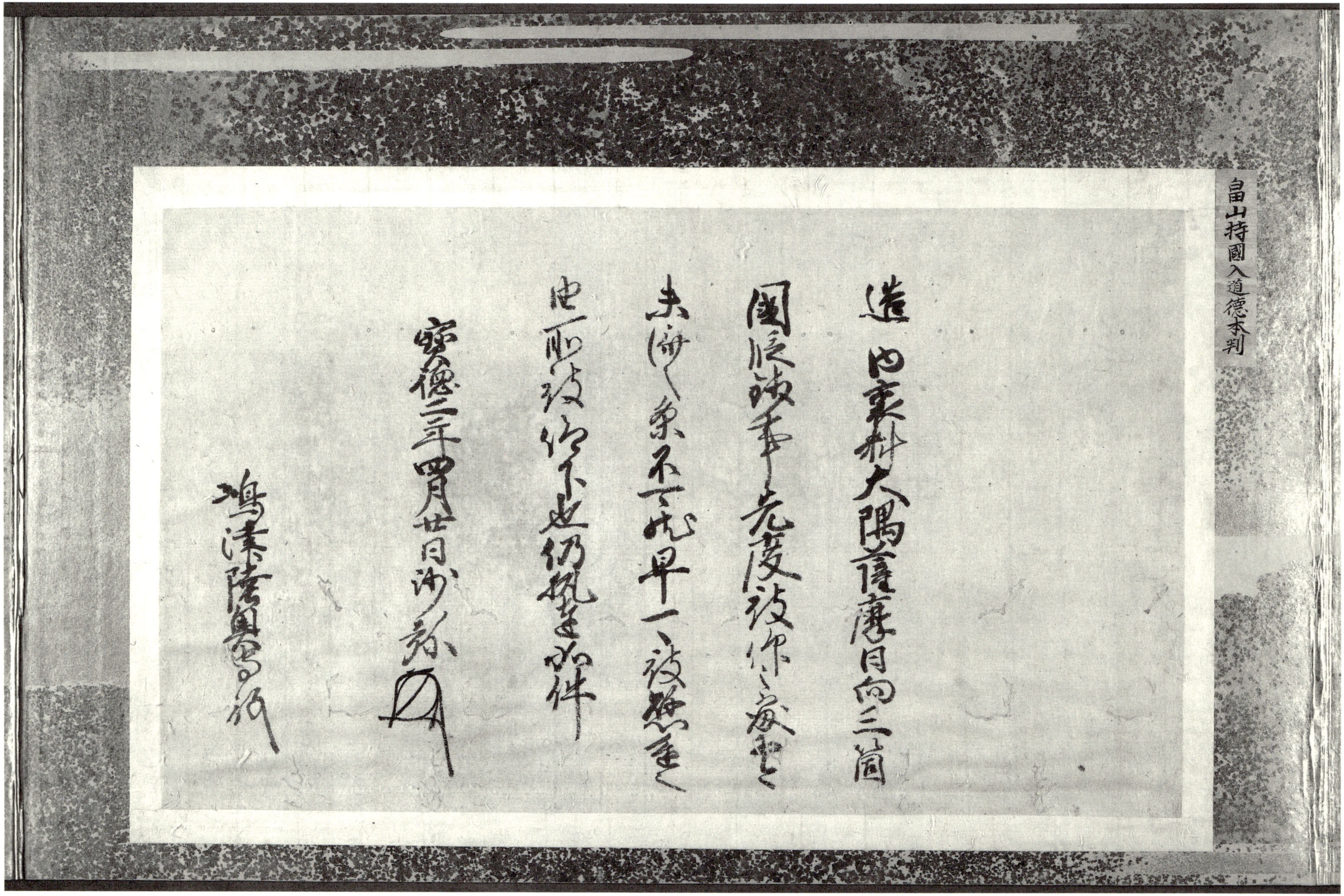

歴代亀鑑　其二　26室町幕府管領畠山徳本〈持国〉奉書　宝徳二年四月二十日

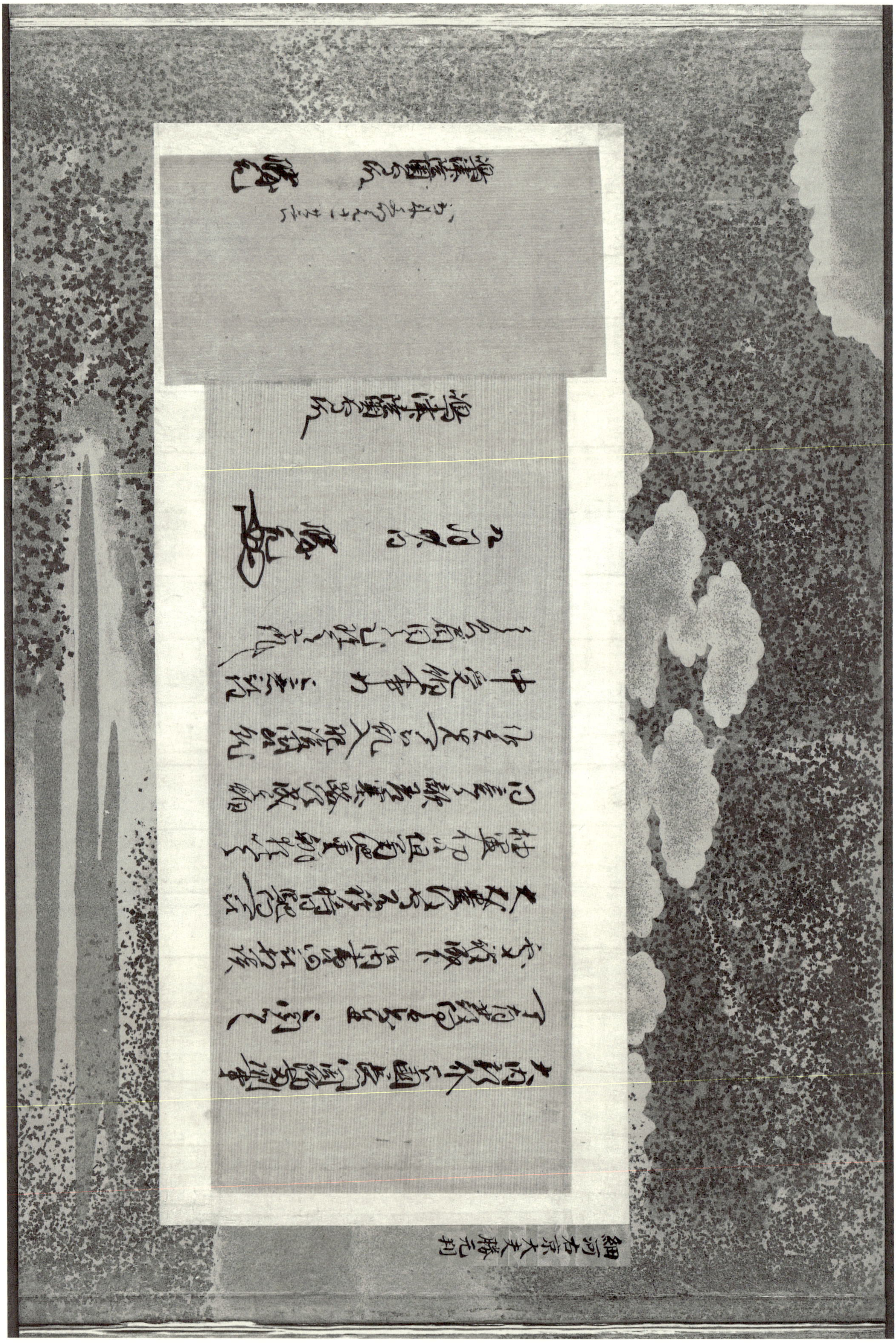

27 細川勝元書状（文明元年九月二十日）

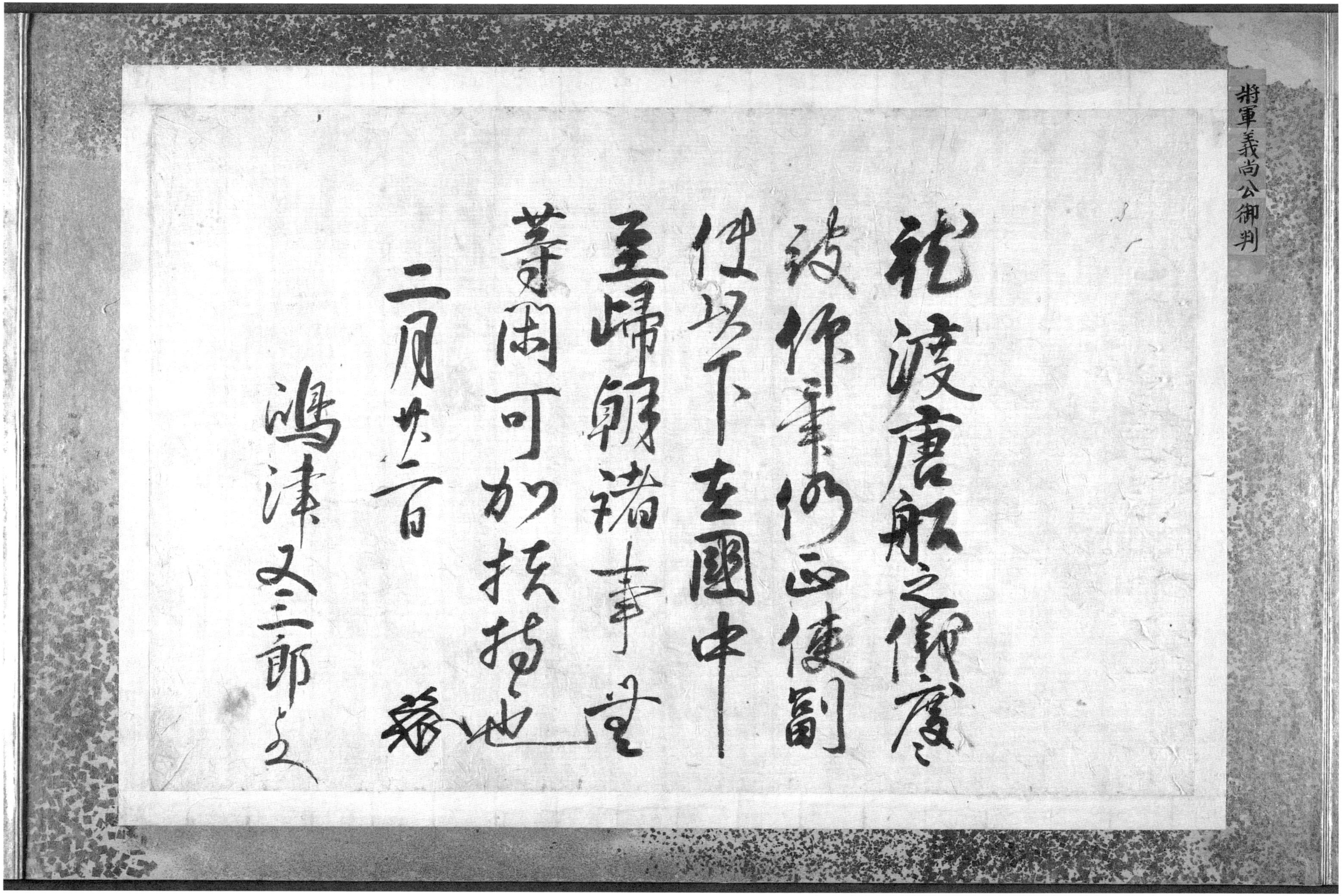
将軍義尚公御判
就渡唐船之儀度々
被仰含候正使副
使以下在國中
至帰朝諸事
無等閑可加扶持也
二月廿二日 (花押)
嶋津又三郎とのへ

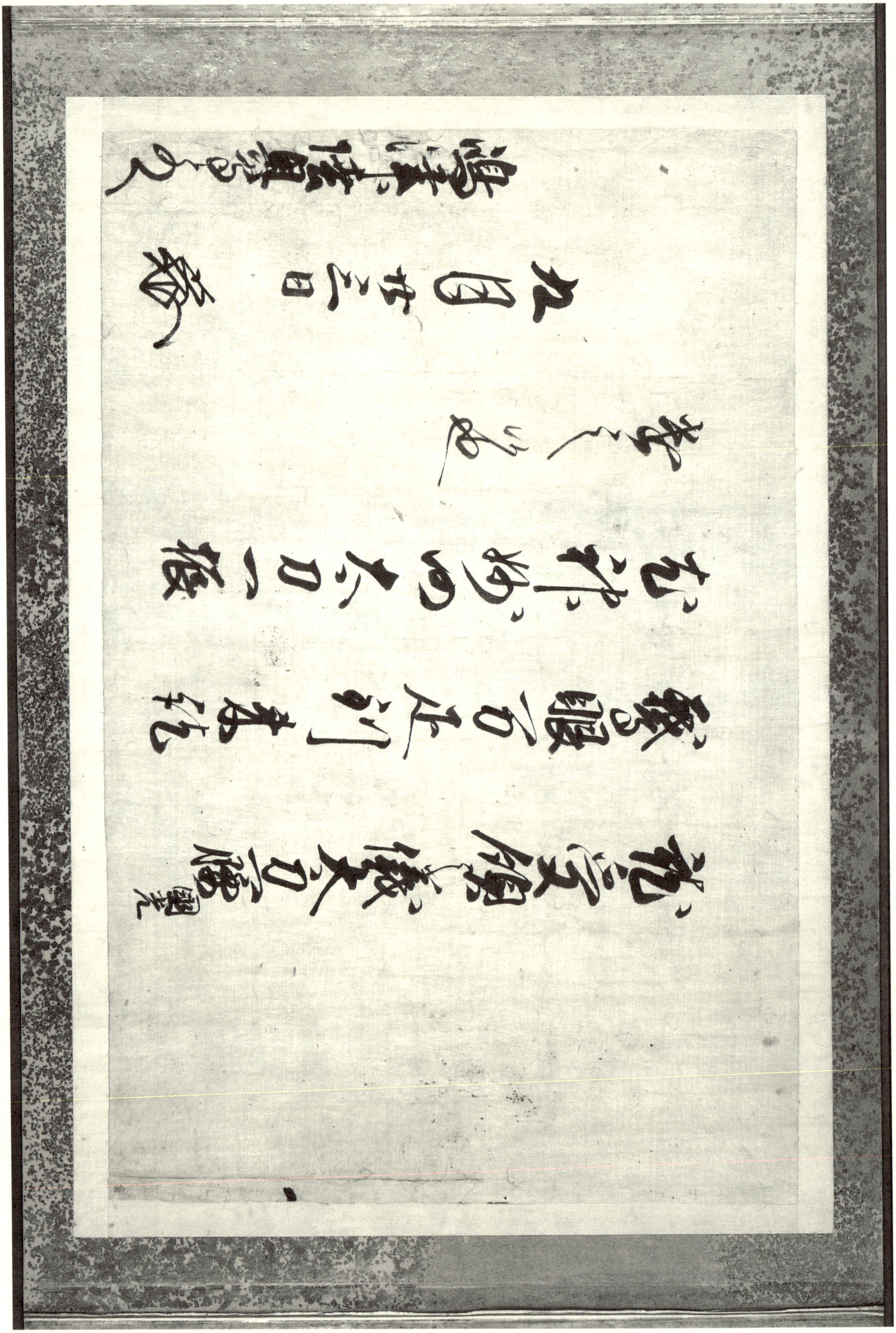

歴代亀鑑 其二

29 足利義政御内書 (年未詳)九月二十三日

為代始之礼太刀一腰行安・
鳥目貳万疋到来候、祝
着候、仍太刀一腰光忠遣之
候也

十二月十五日（花押）

嶋津陸奥守とのへ

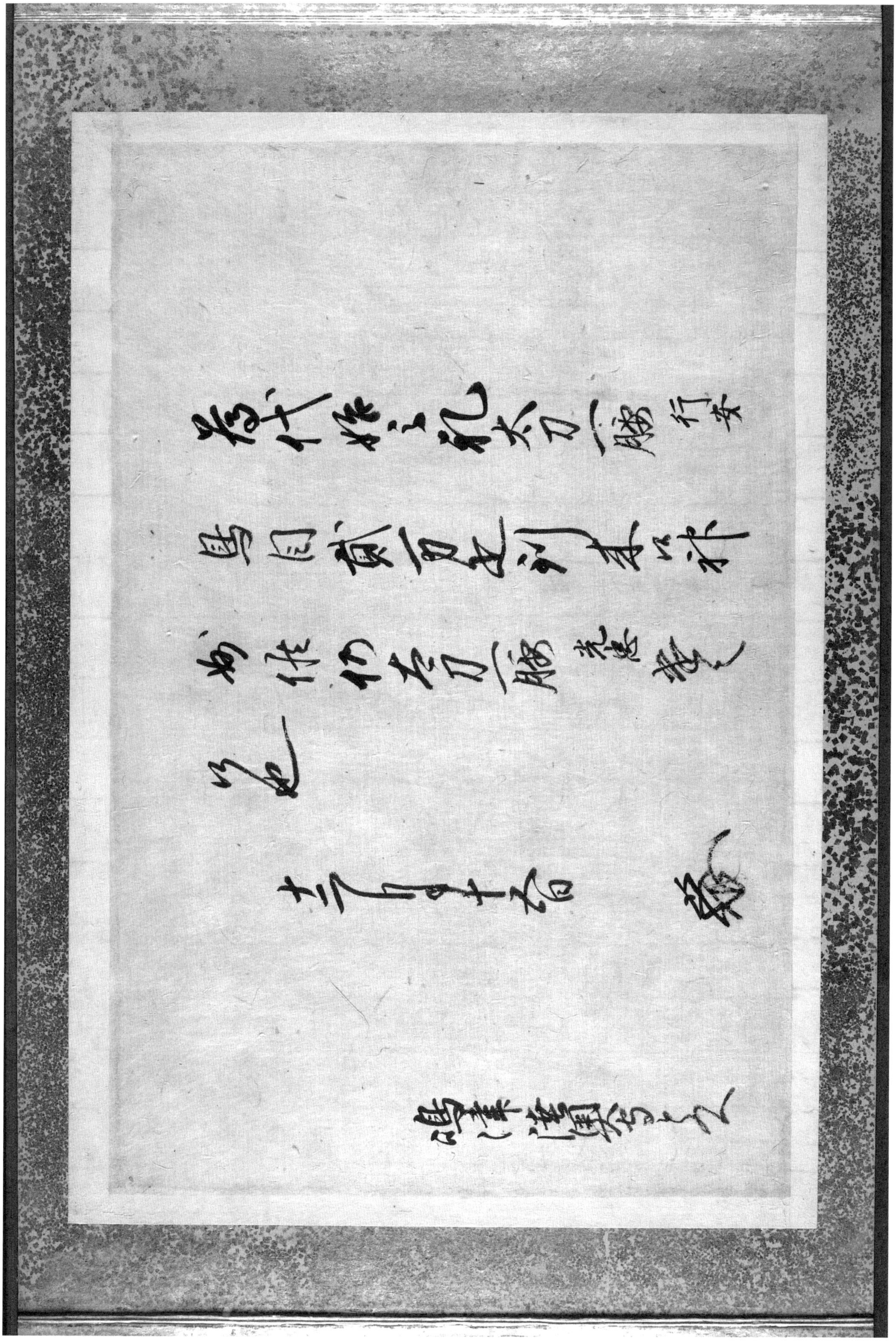

歴代亀鑑　其二　30足利義政御内書　（文明十一年）十二月十五日

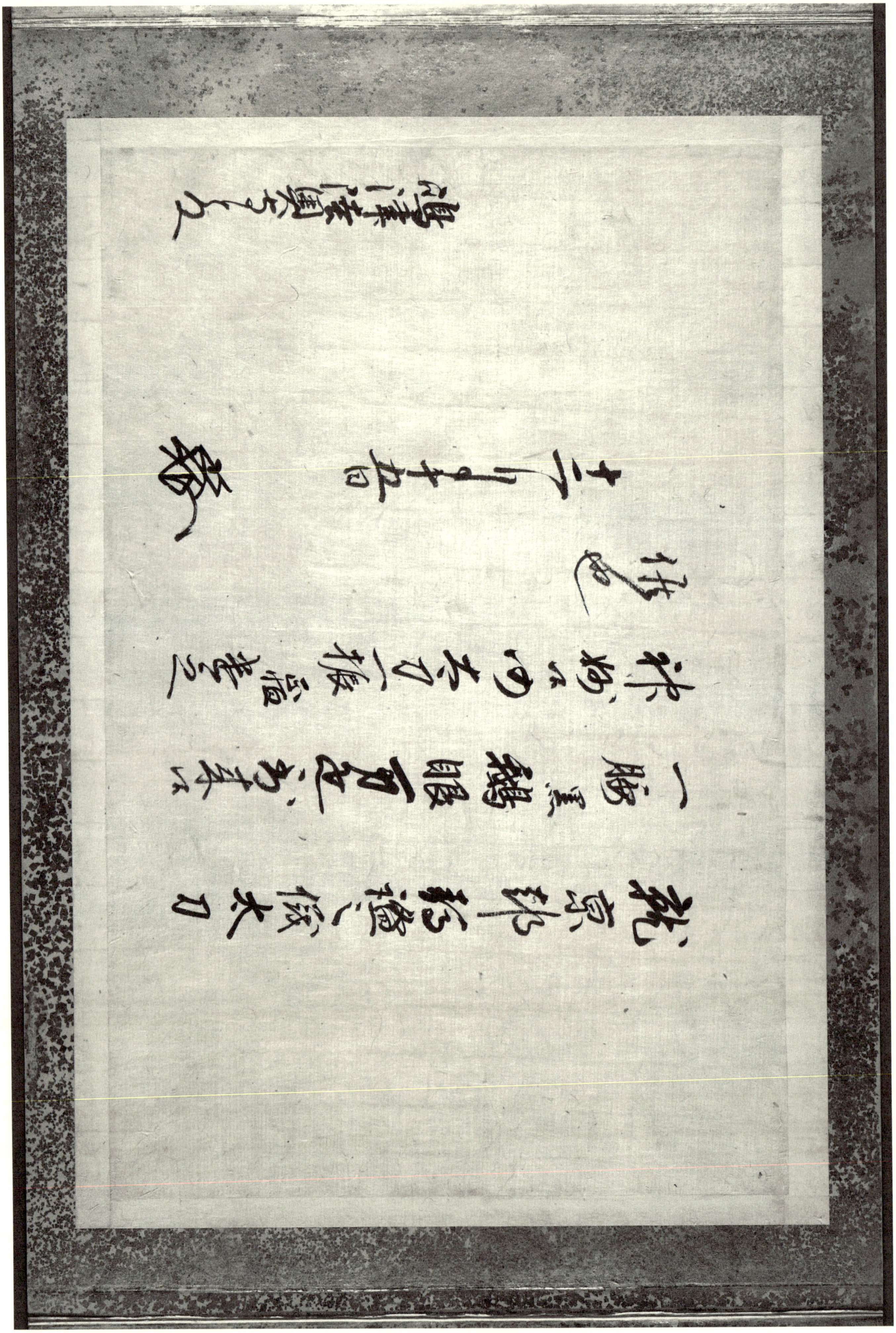

31　足利義政御内書（文明十一年十二月十五日）

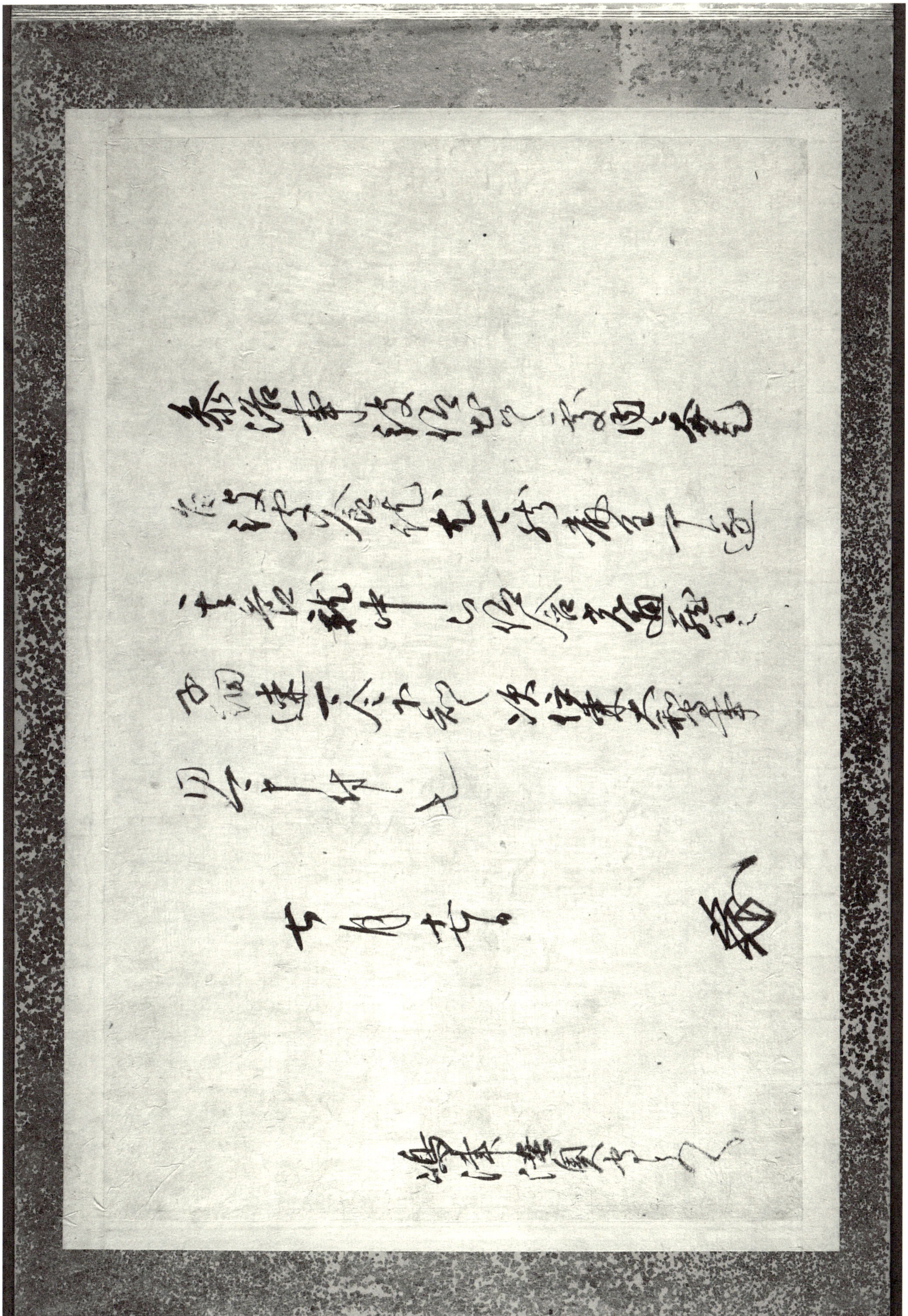

歴代亀鑑　其二　32足利義政御内書　(年未詳)七月十七日

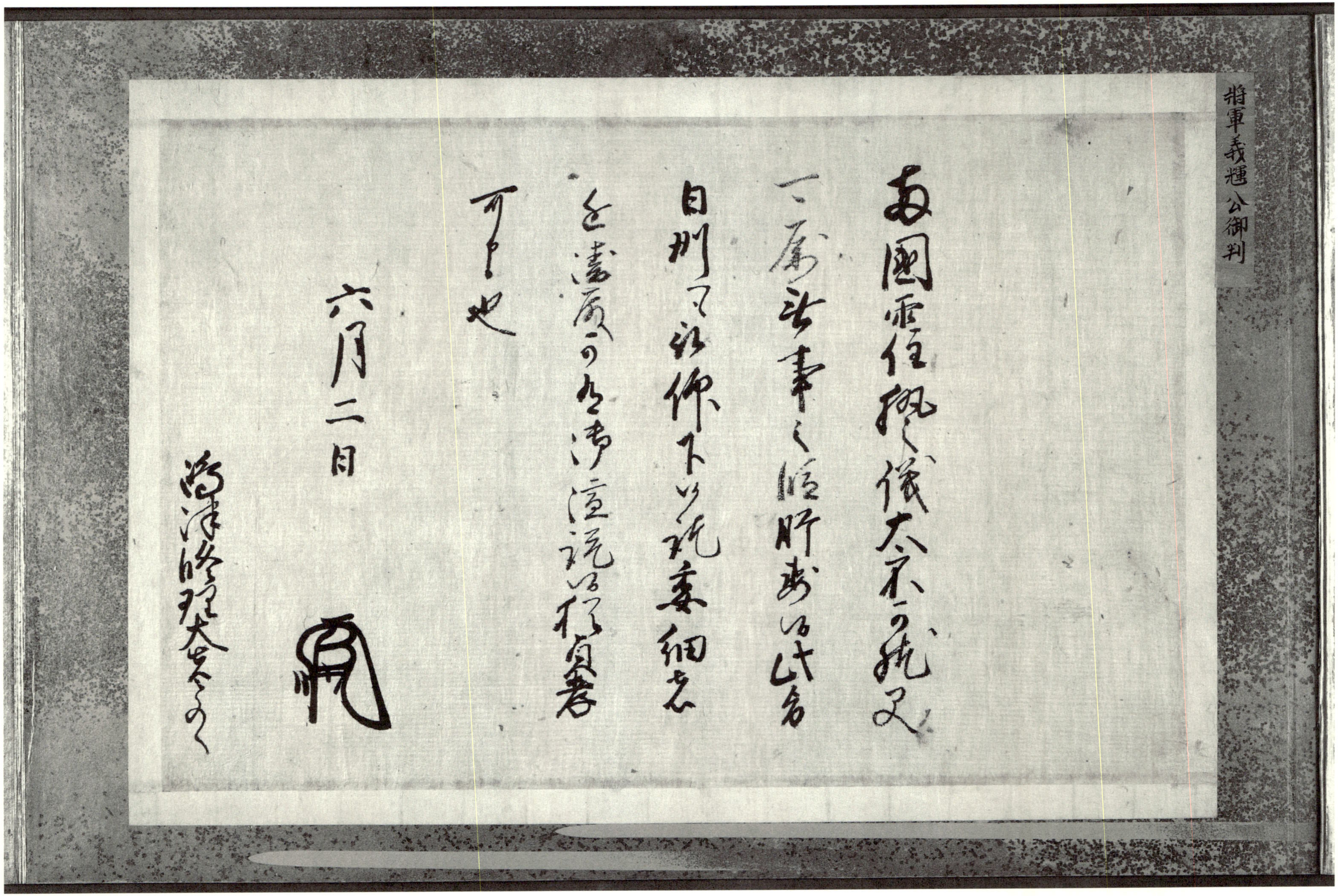
将軍義輝公御判

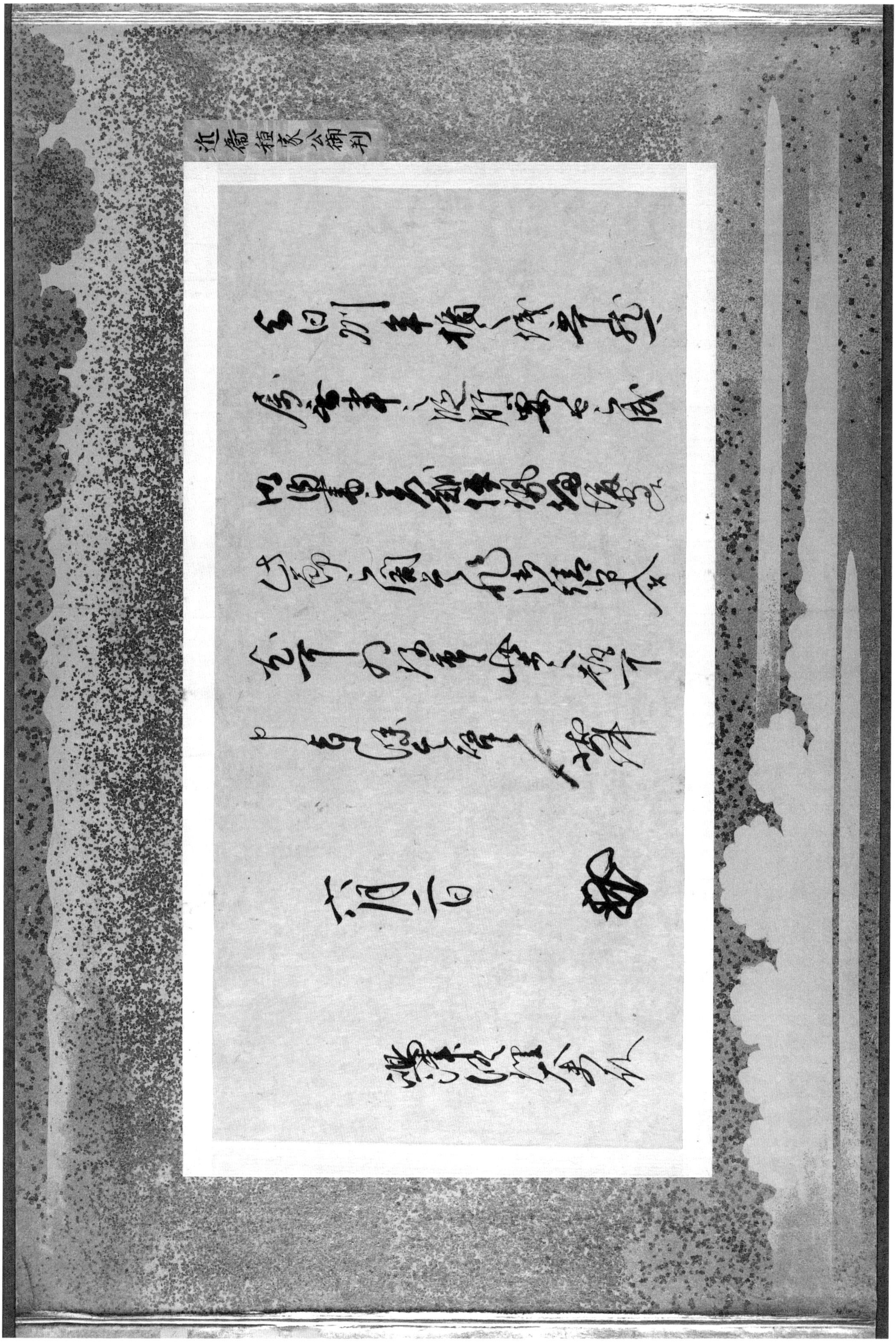

歴代亀鑑　其二　34近衛稙家副状　（永禄三年）六月二日

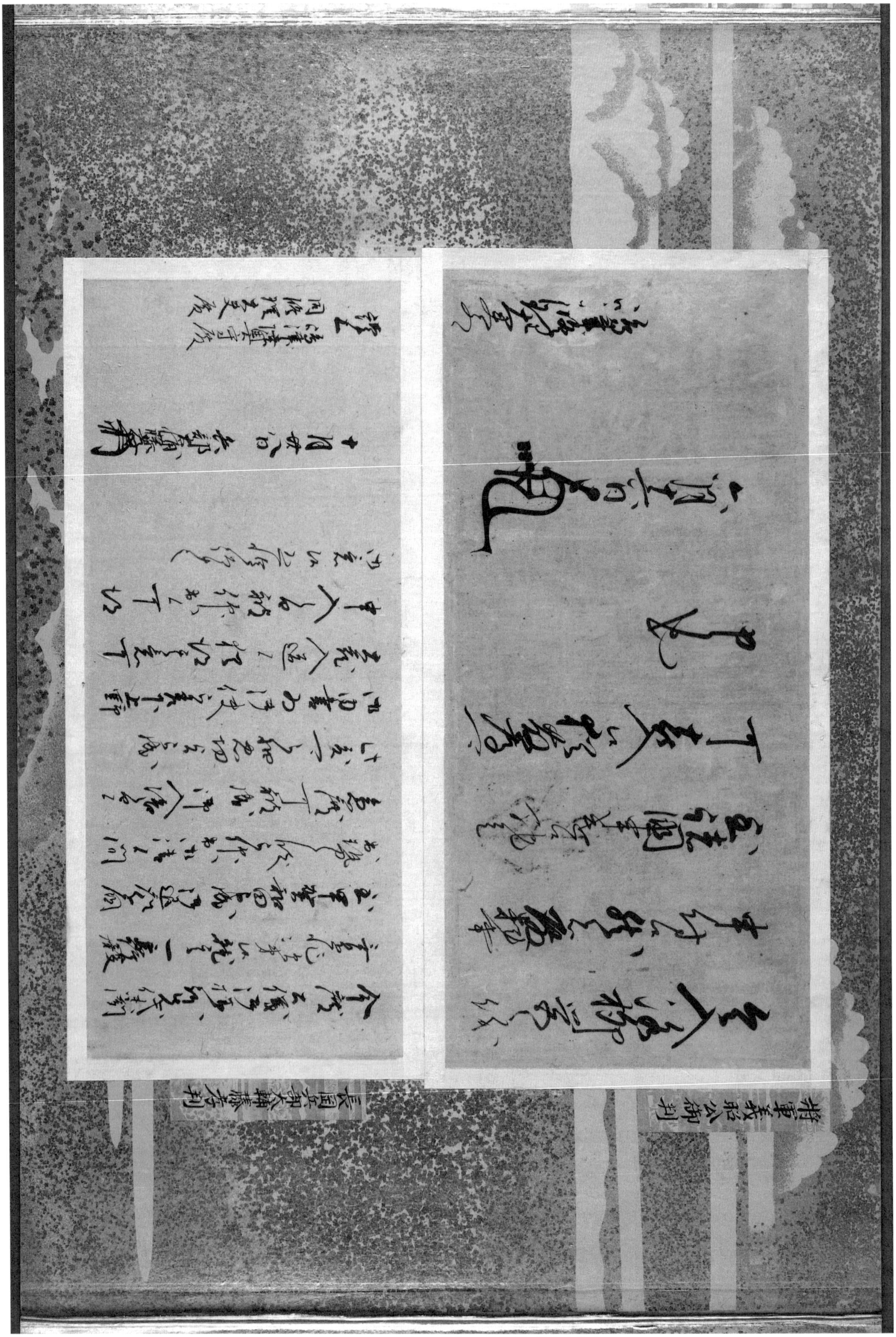

3635　足利義昭御内書（永禄十二年）六月十六日
細川藤孝副状（永禄八年）十二月十八日

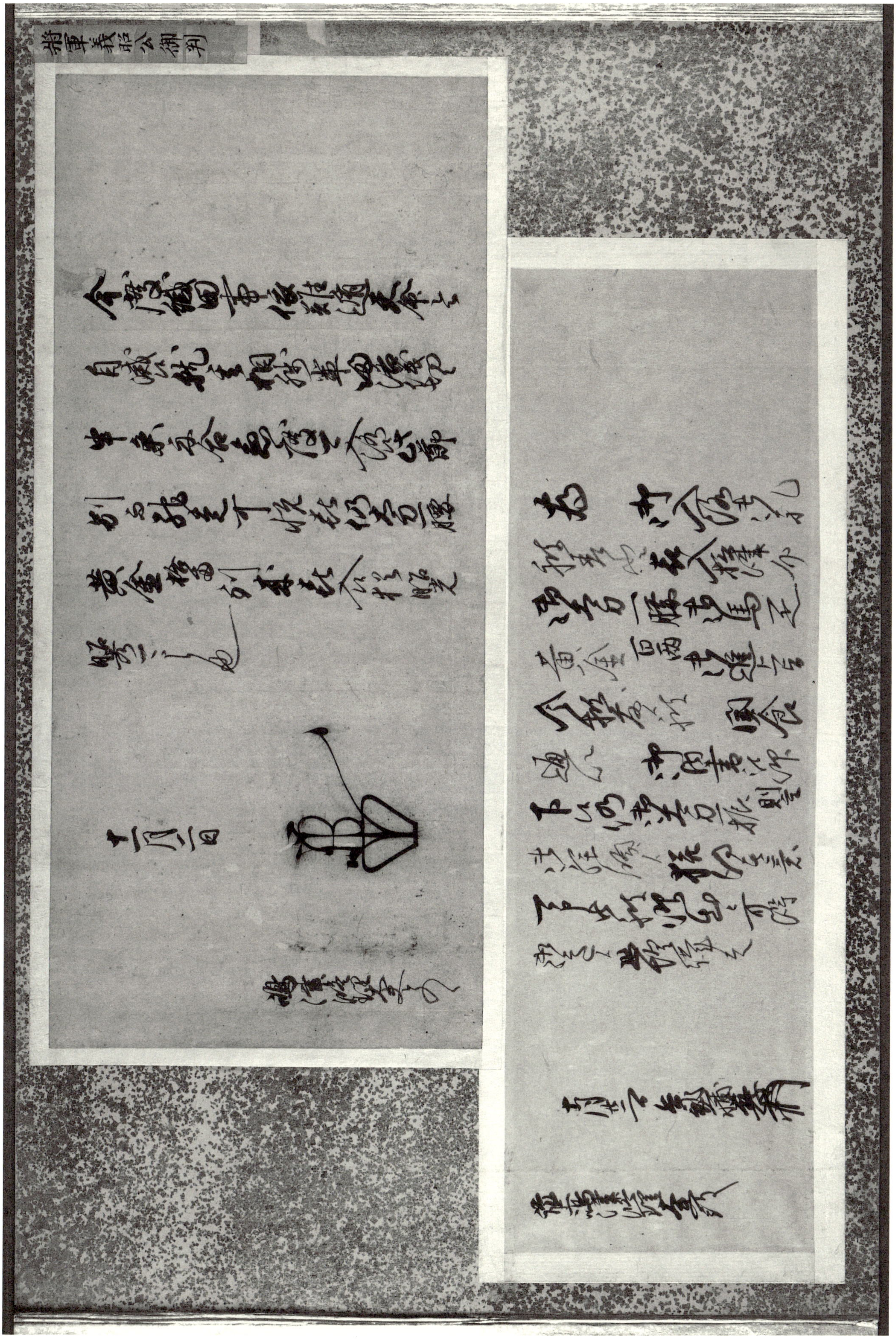

3837 足利義昭御内書（天正十年）十一月二日
細川藤孝副状（永禄十一年）十月二十二日

*赤外

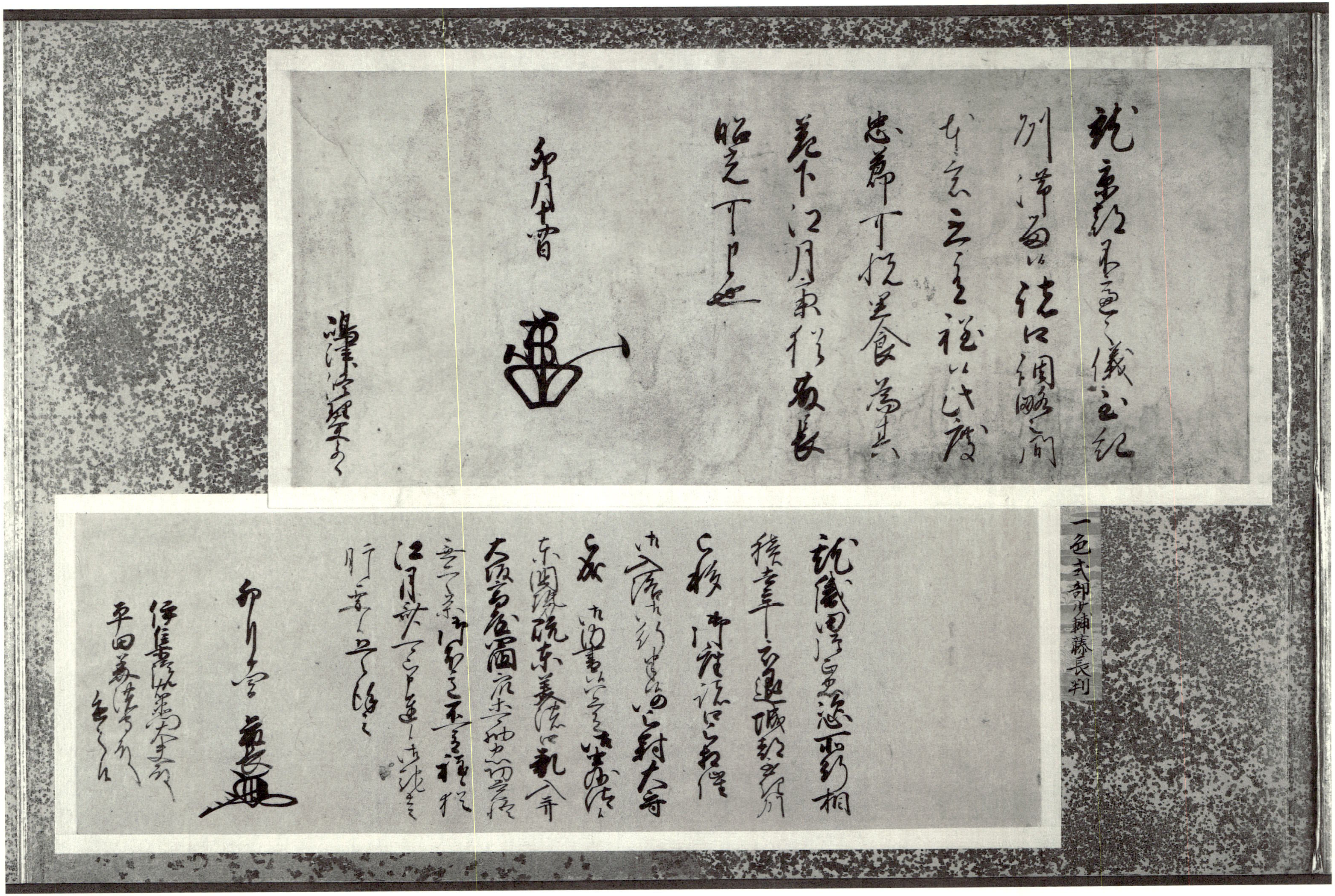

歴代亀鑑　其二

39 足利義昭御内書　(天正二年)卯月十四日
40 一色藤長副状　(天正二年)卯月十四日

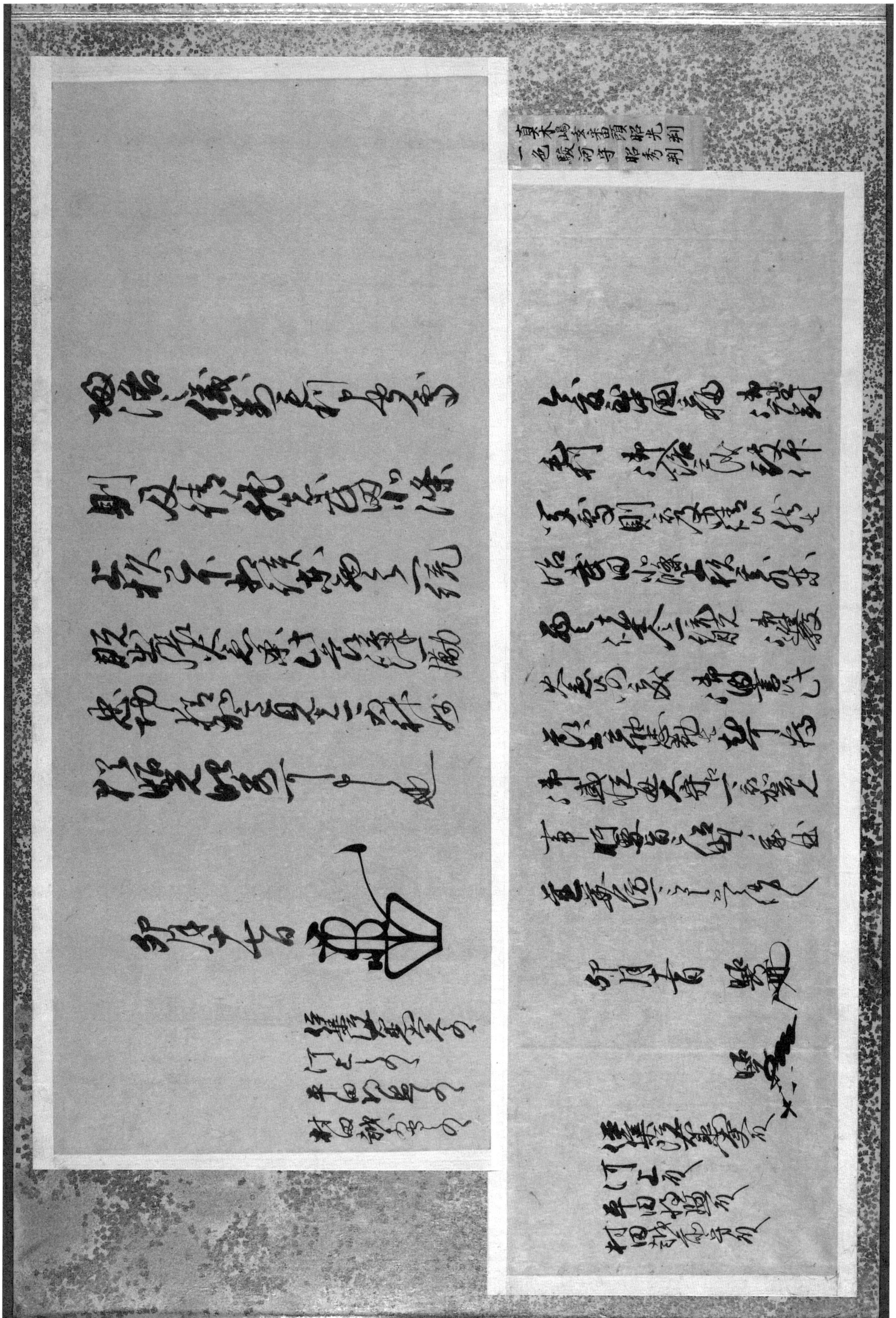

歴代亀鑑　其二

41足利義昭御内書　(天正五年カ)卯月十七日
42真木島昭光・一色昭秀連署副状　(天正五年カ)卯月十七日

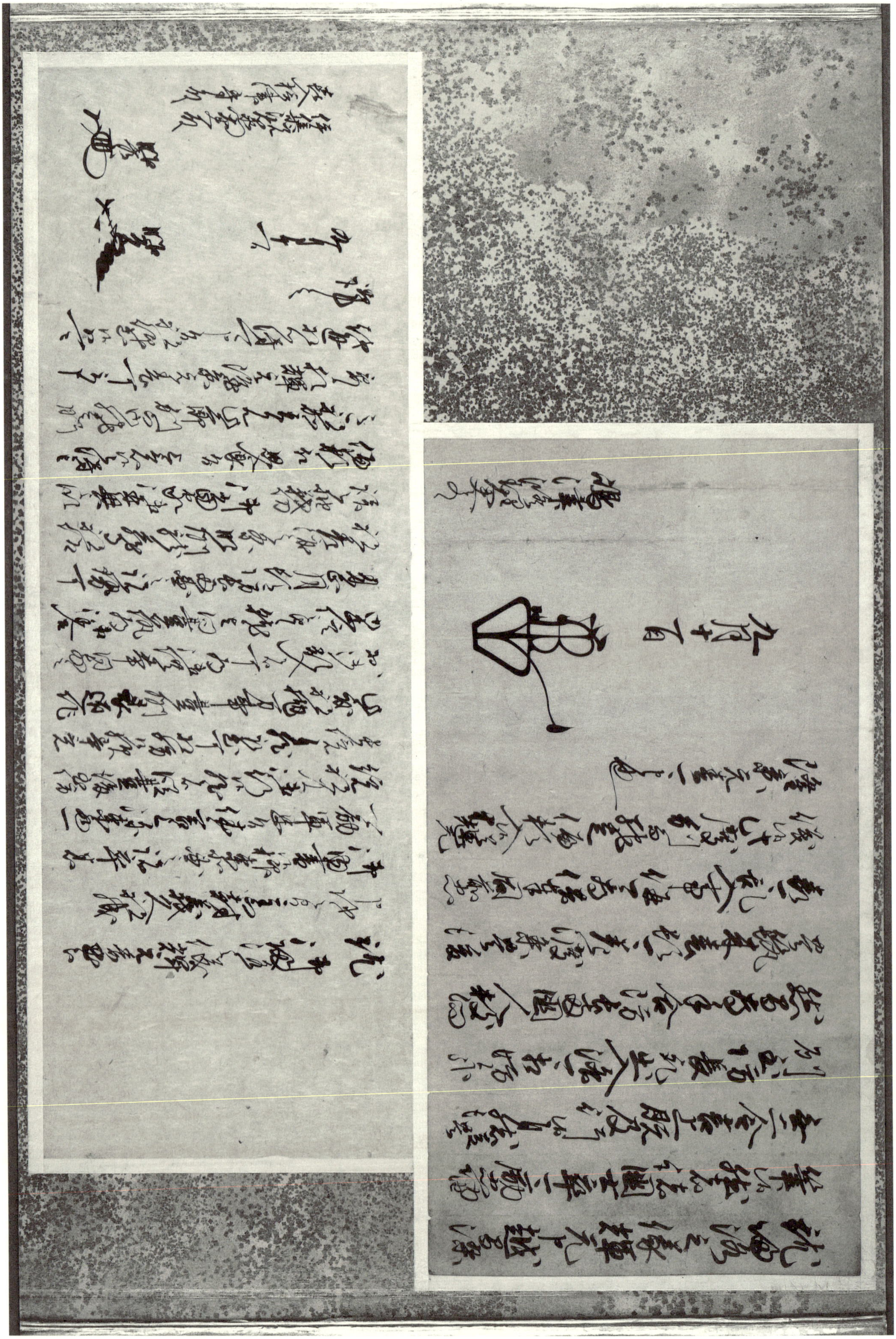

歴代亀鑑　其二

4443　足利義昭御内書（天正六年）九月十一日
一色昭秀・真木島昭光連署副状（天正六年）九月十一日

＊赤外

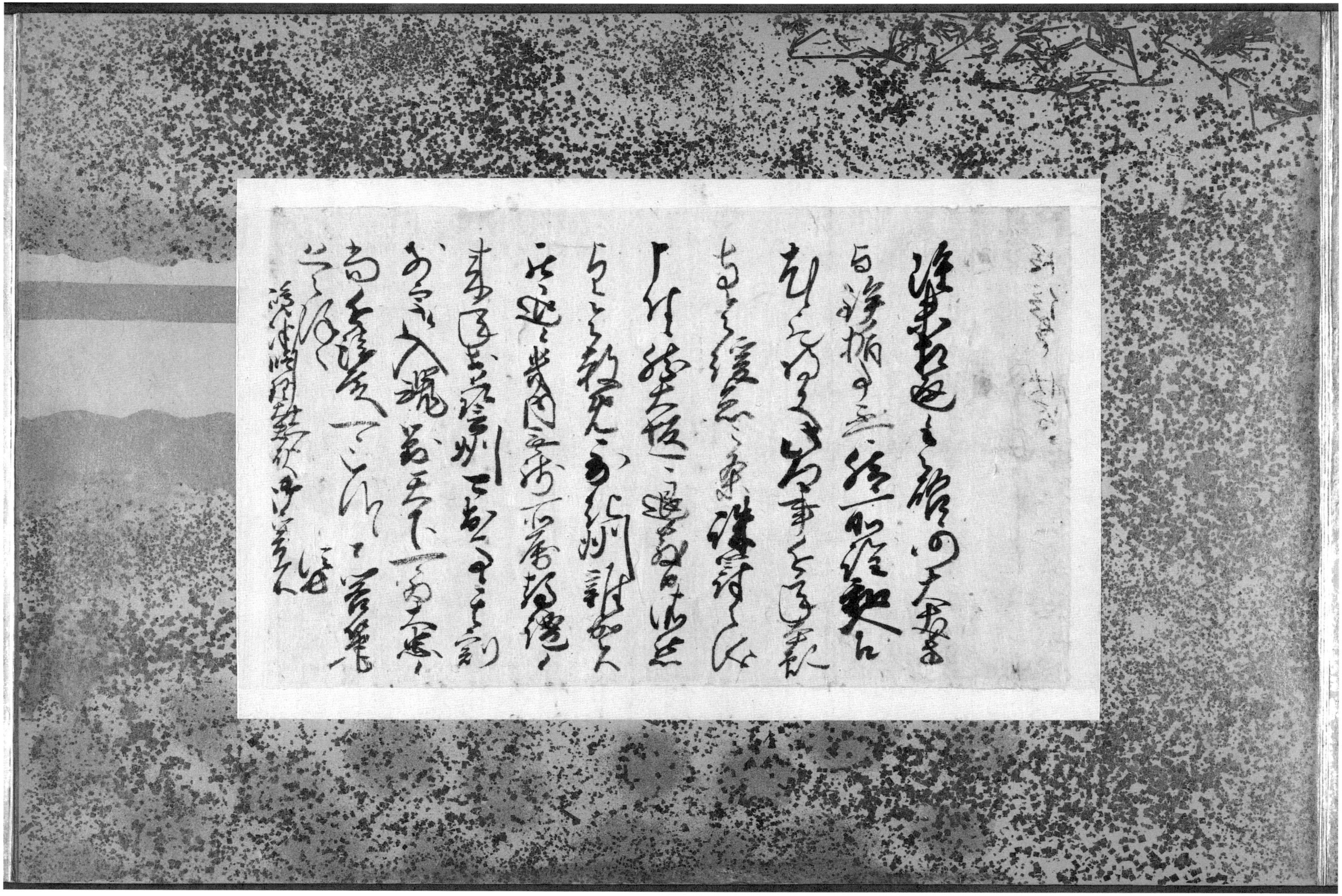

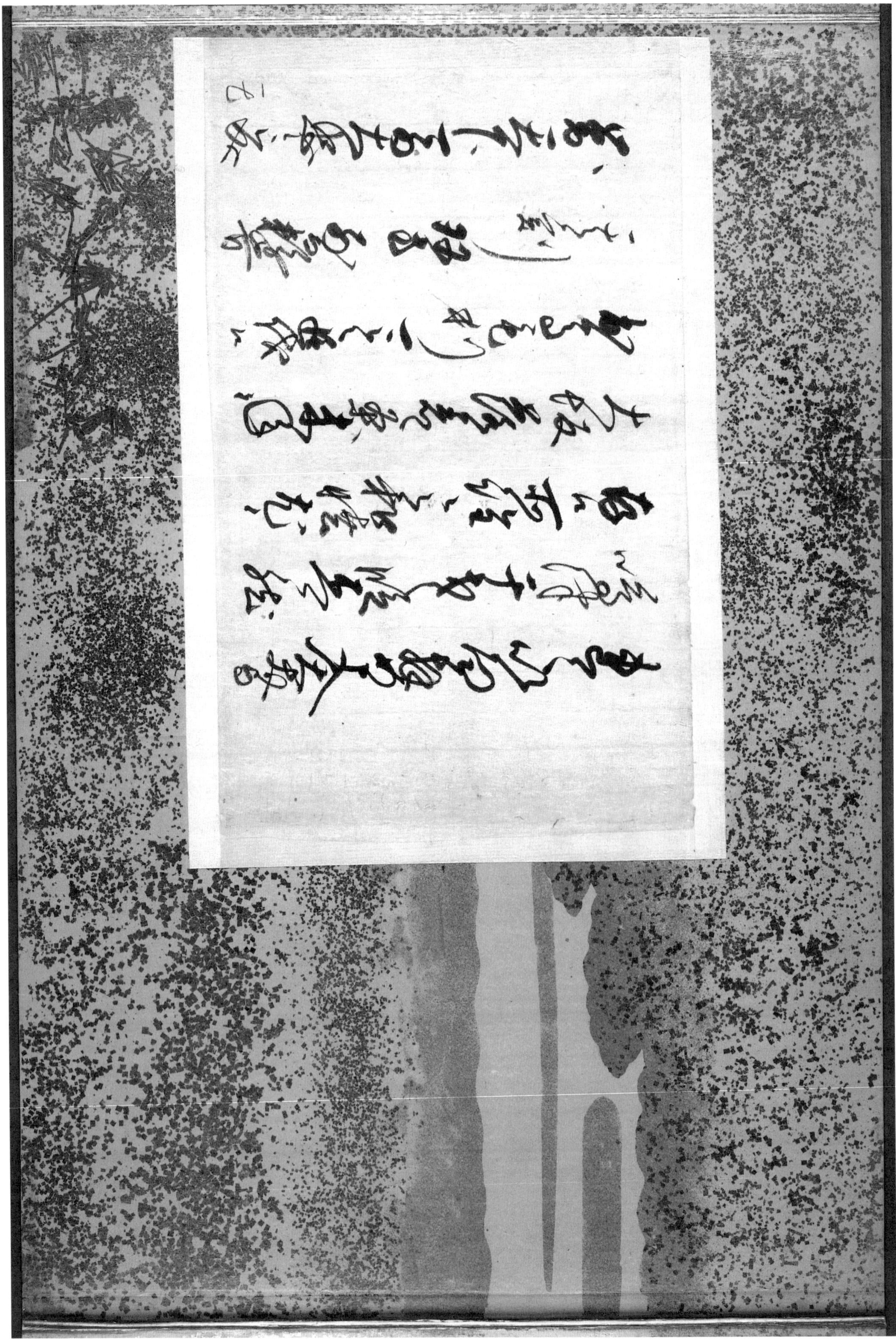

歴代亀鑑　其二

46　織田信長書状案（天正八年）八月十二日

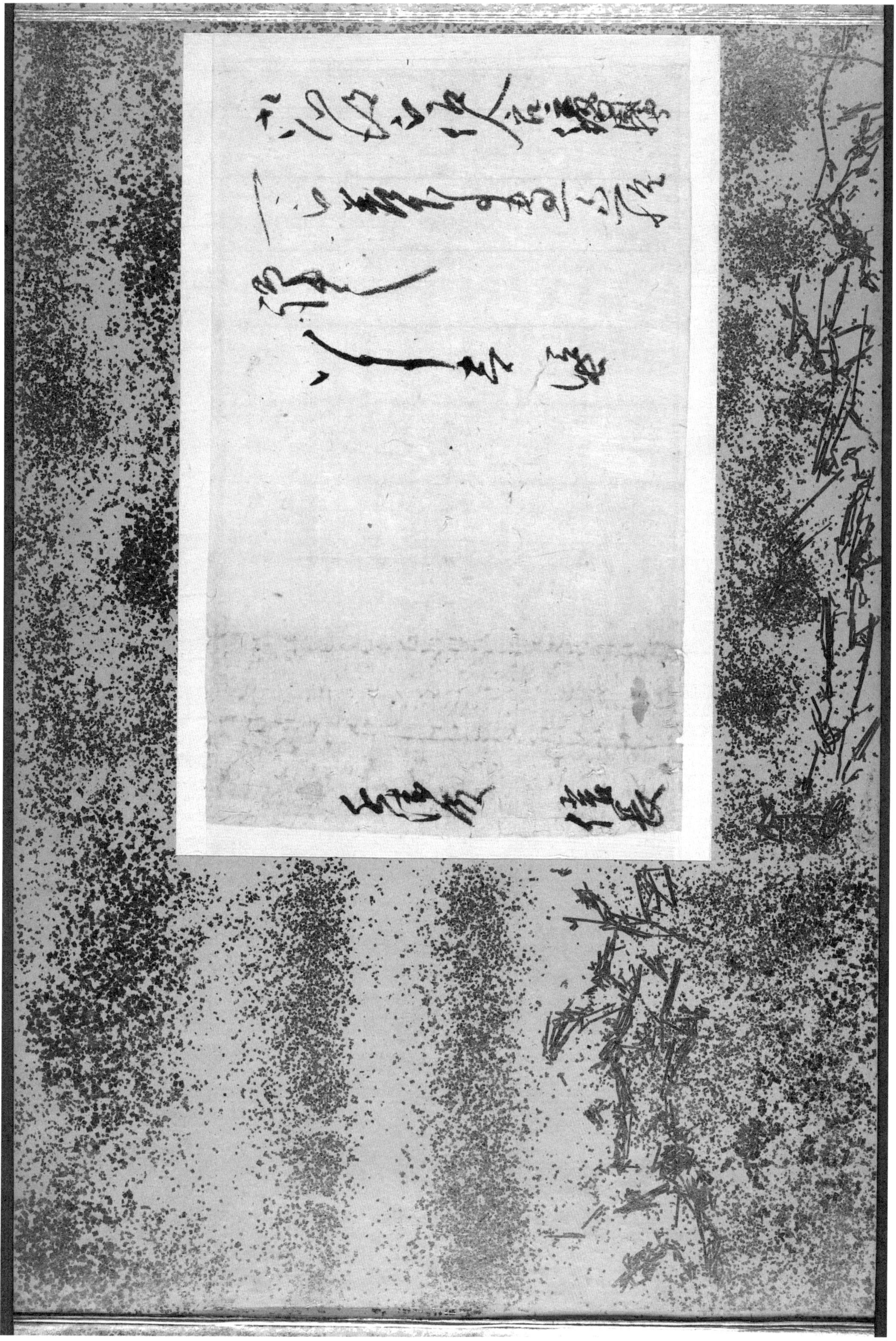

歴代亀鑑　其二　46織田信長書状案　(天正八年)八月十二日

47　近衛前久書状　(天正八年)九月十九日

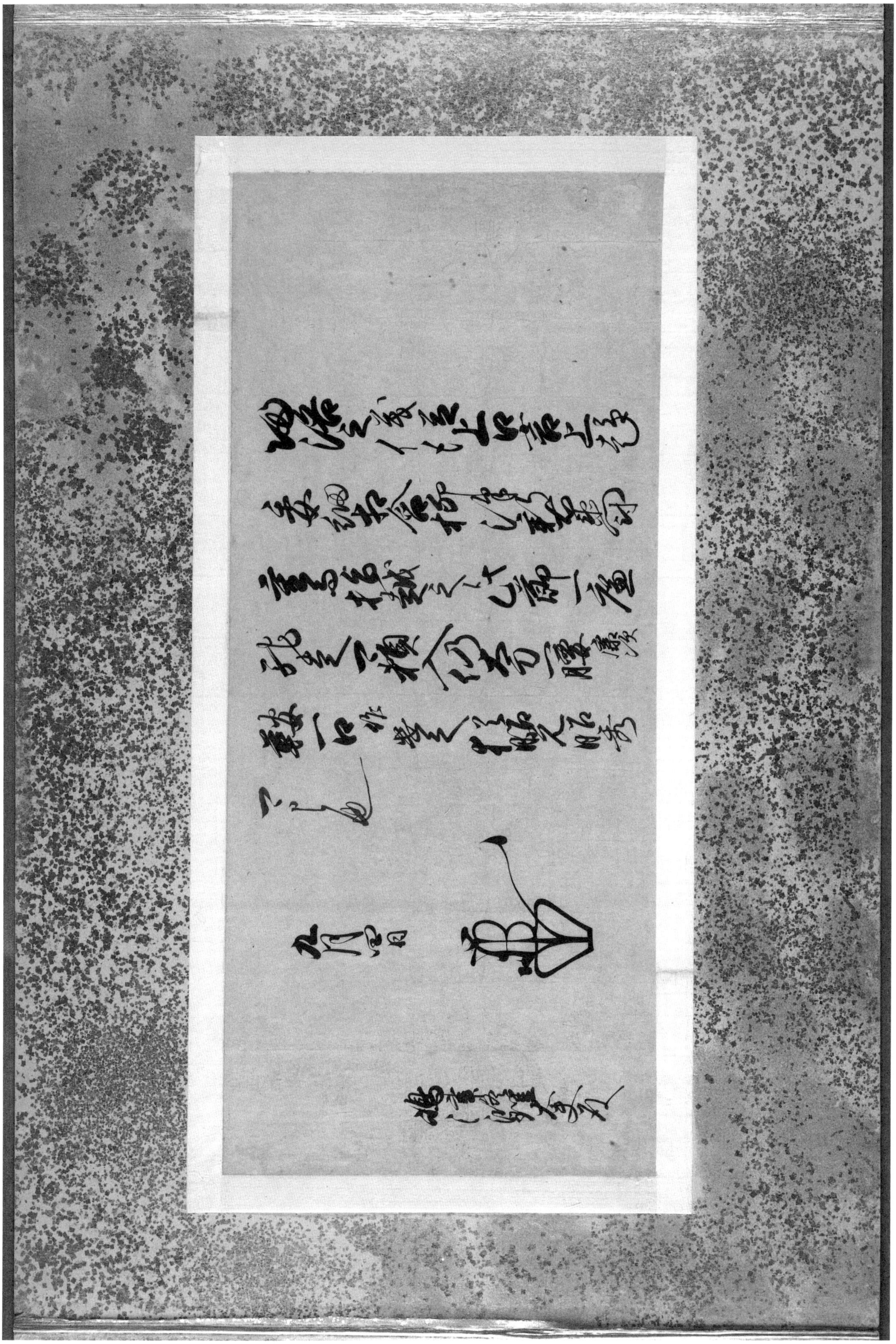

歴代亀鑑　其二　48足利義昭御内書　（天正十二年）九月四日

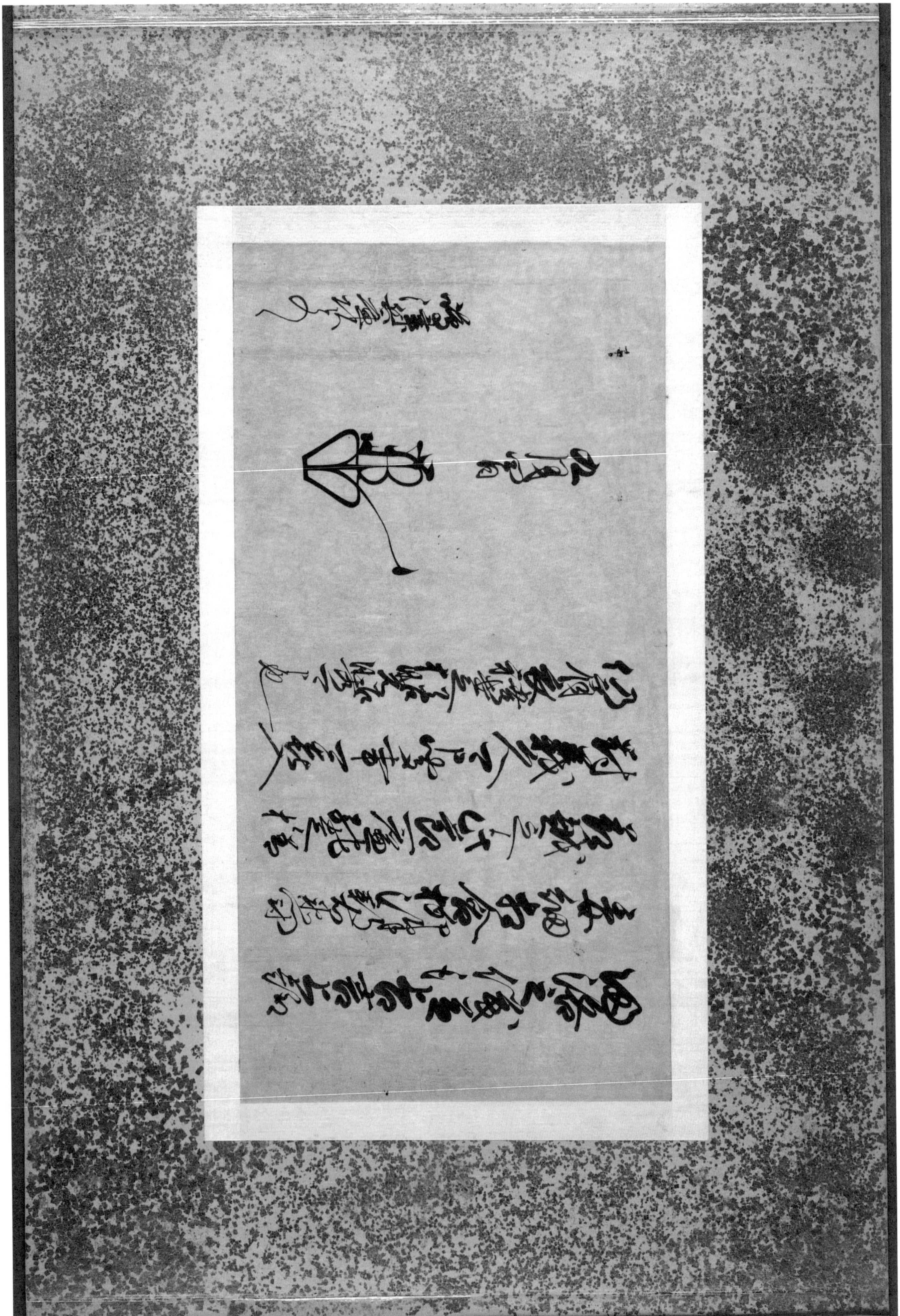

歴代亀鑑　其二

49 足利義昭御内書（天正十二年）九月四日

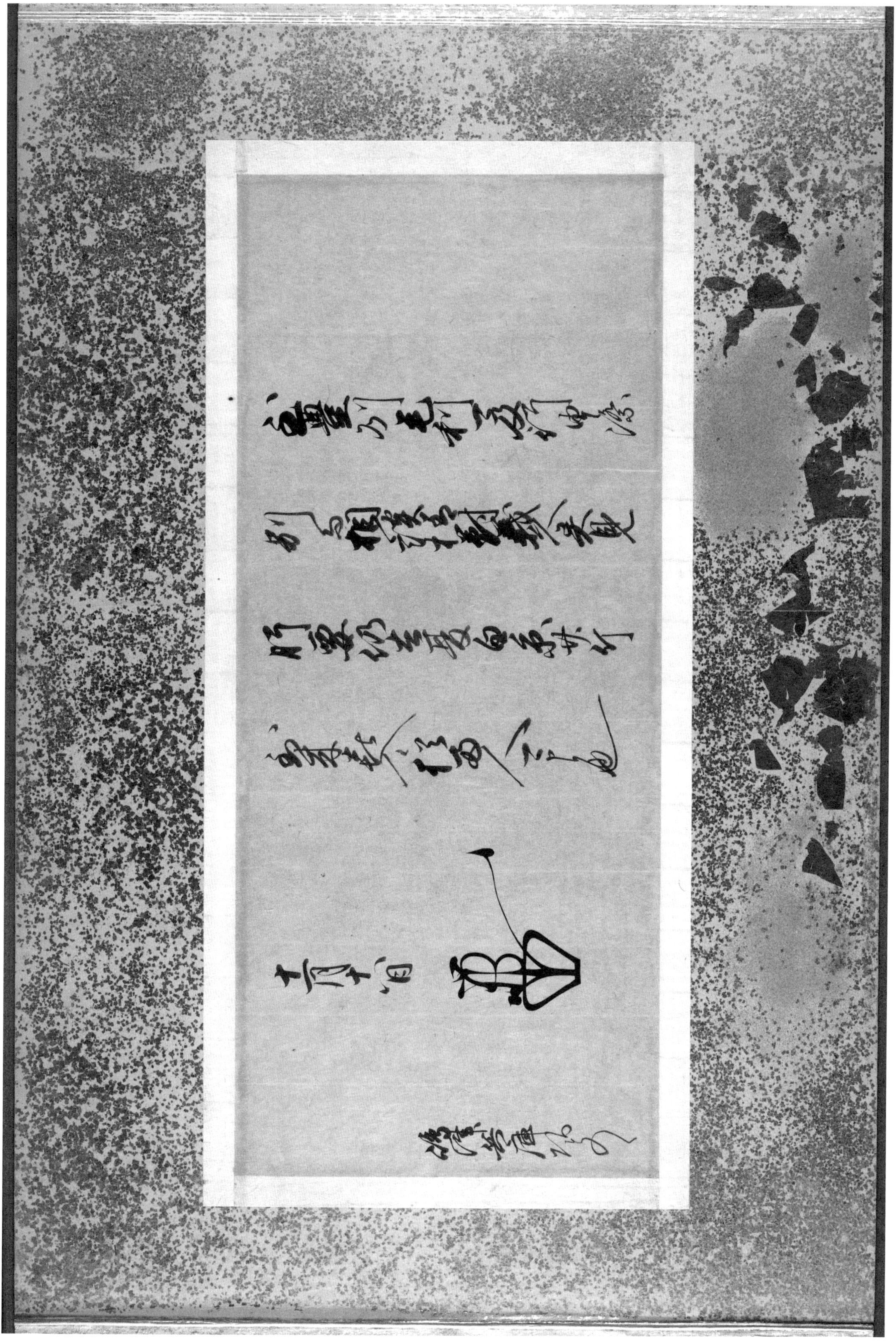

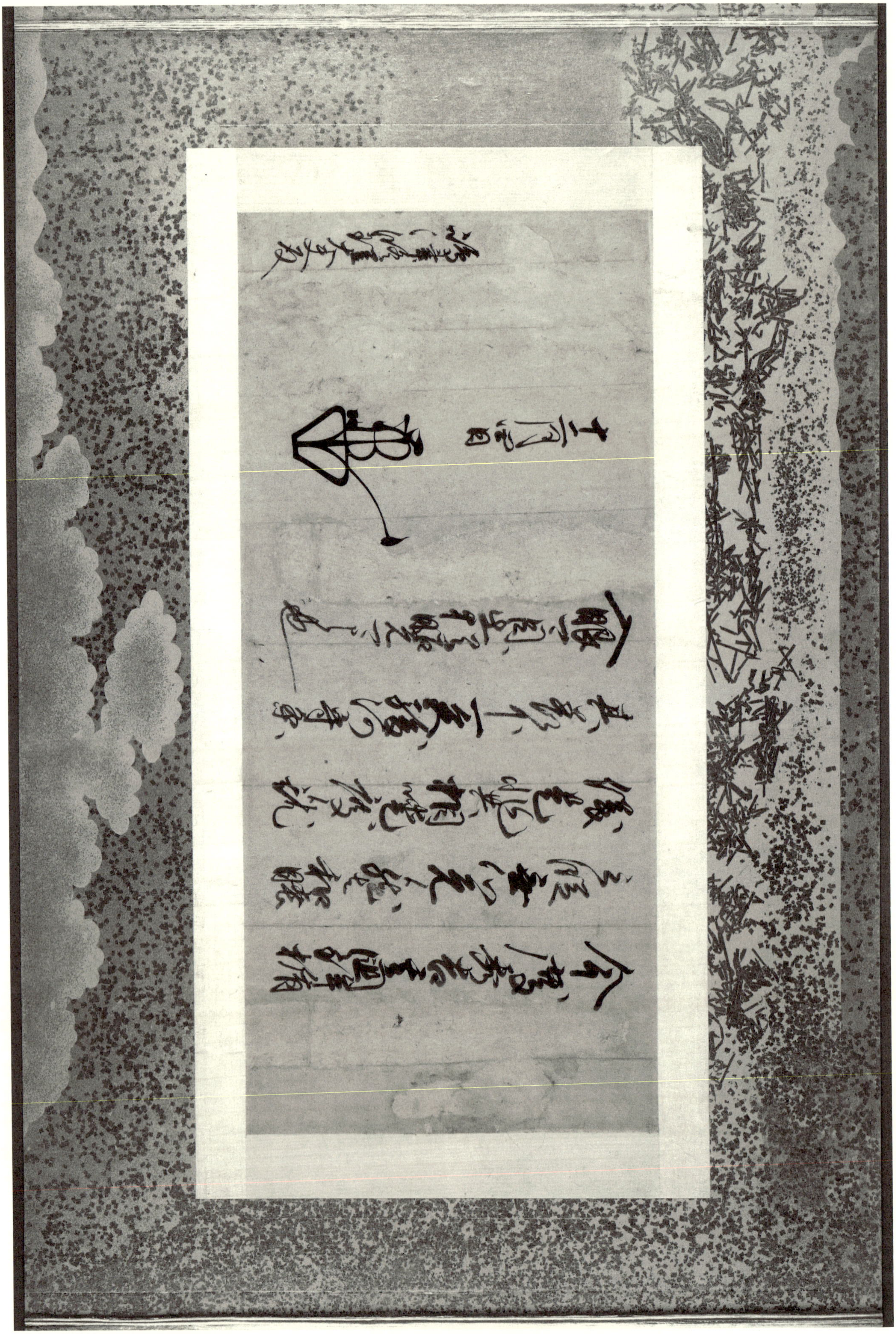

歴代亀鑑　其二
51　足利義昭御内書
（天正十四年）十二月四日

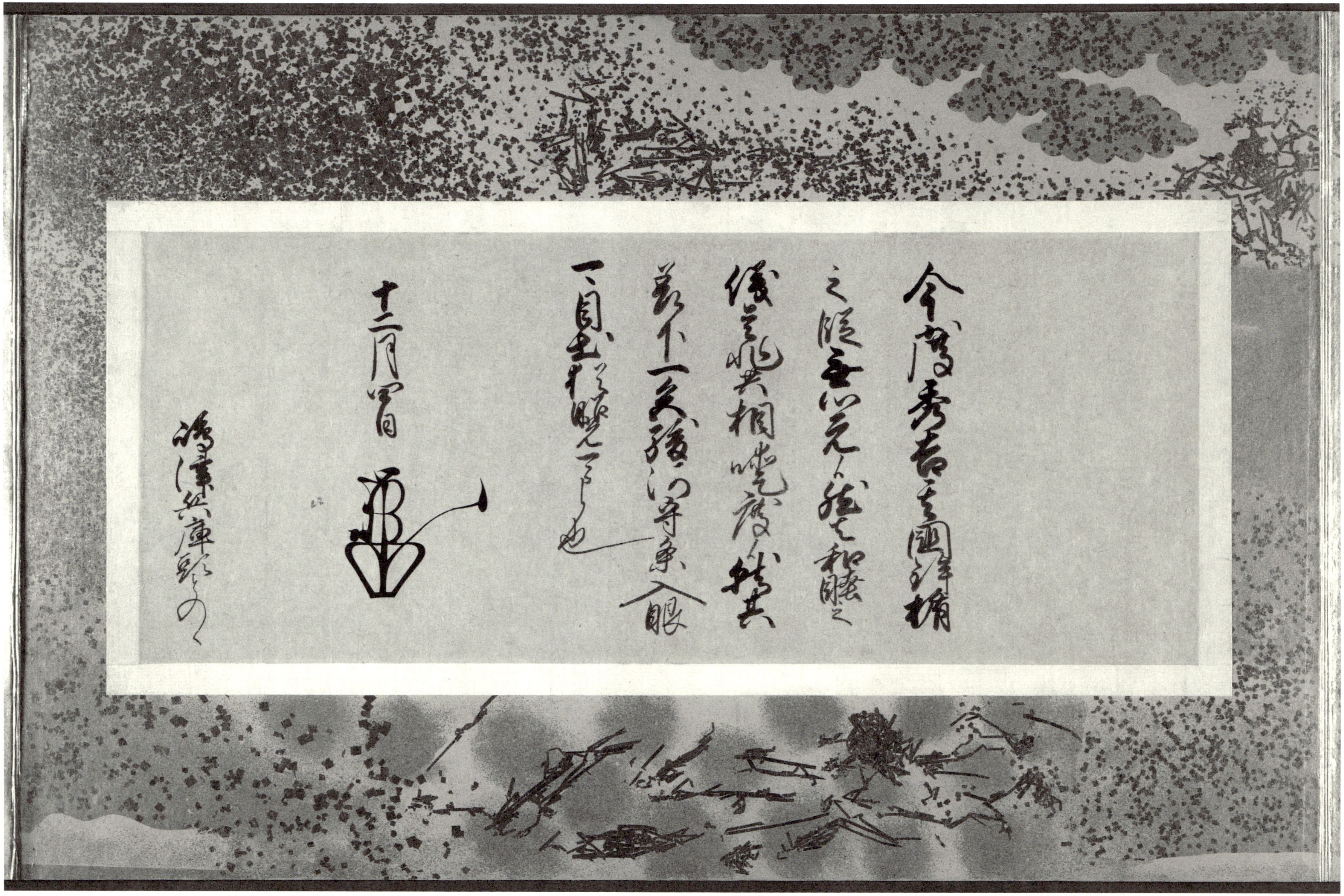

歴代亀鑑　其二　52足利義昭御内書　（天正十四年）十二月四日

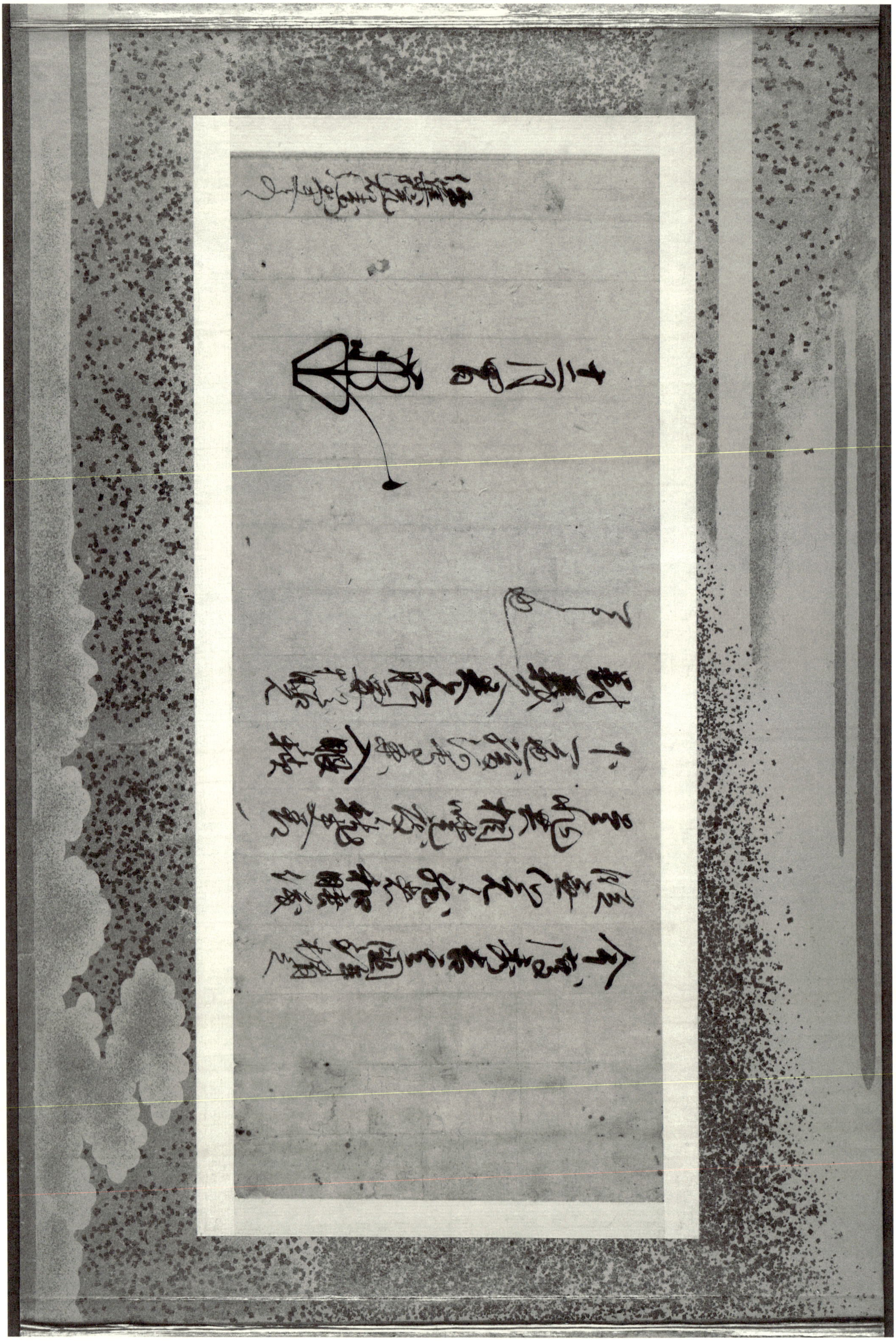

歴代亀鑑　其二
53 足利義昭御内書
（天正十四年）十二月四日

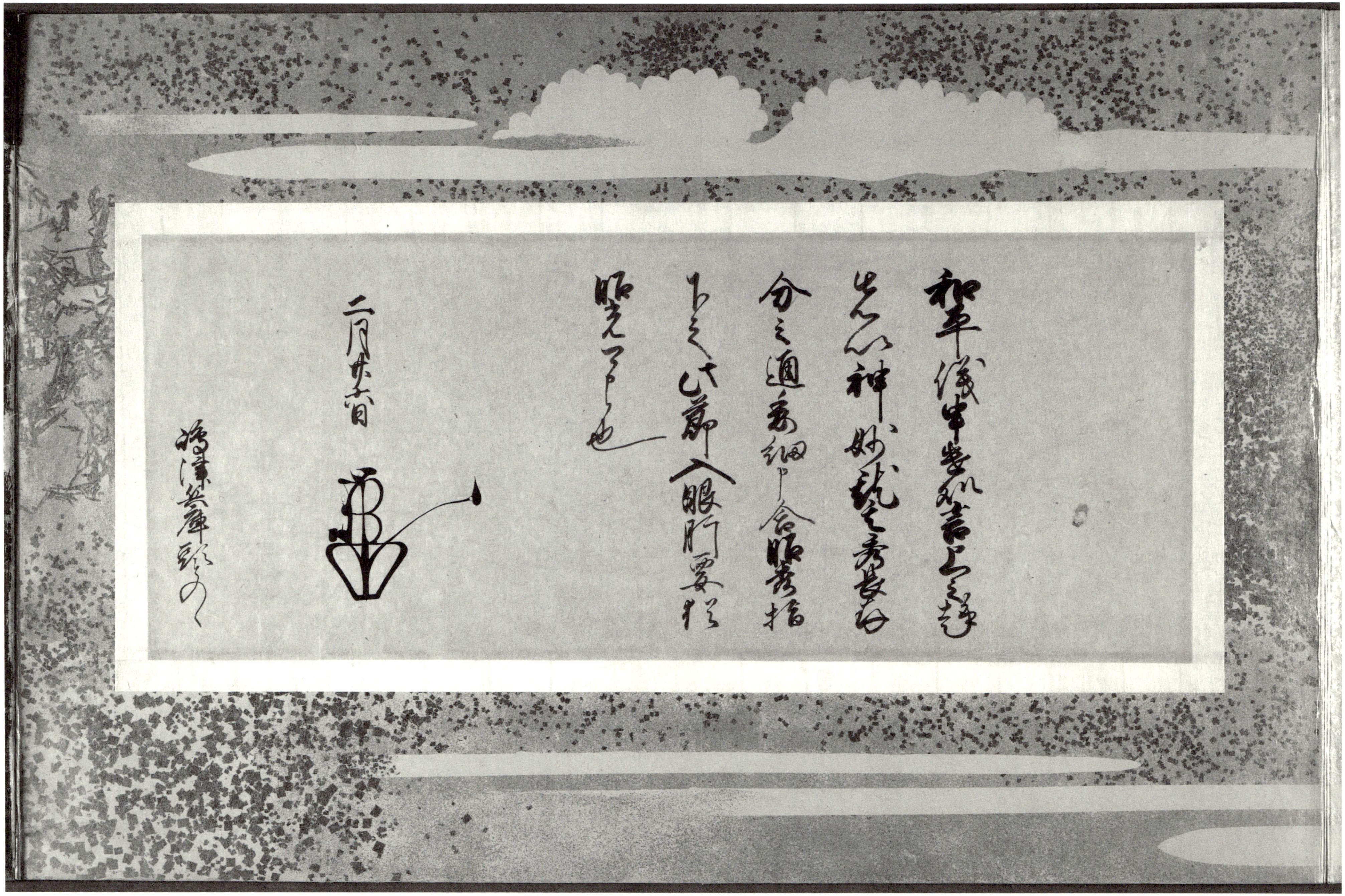

歴代亀鑑　其二　54足利義昭御内書　（天正十五年）二月二十六日

宝鑑 其一

宝鑑　其一　表紙

宝鑑　其一　表紙見返し

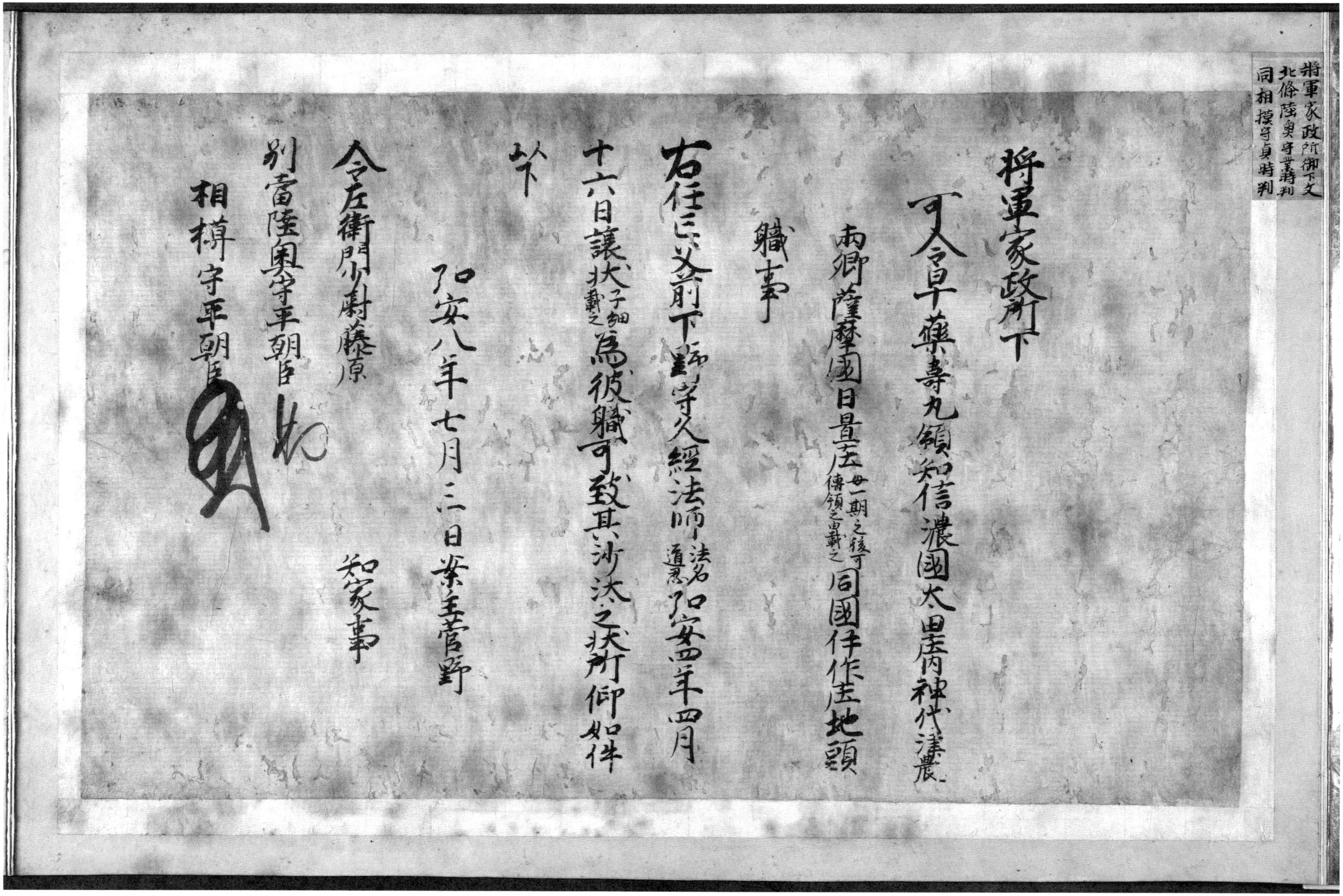

将軍家政所御下文
北條陸奥守業時判
同相模守貞時判

将軍家政所下
可令早藥壽丸領知信濃國太田庄内神代鄕
両郷薩摩國日置庄毋一期之後可傳領之由載之同國伴作庄地頭
職事
右任亡父前下野守入道法師法名道忍弘安四年四月
十六日譲状子細載之爲彼職可致其沙汰之状所仰如件
以下
弘安八年七月三日案主菅野
令左衛門少尉藤原
知家事
別當陸奥守平朝臣（花押）
相模守平朝臣（花押）

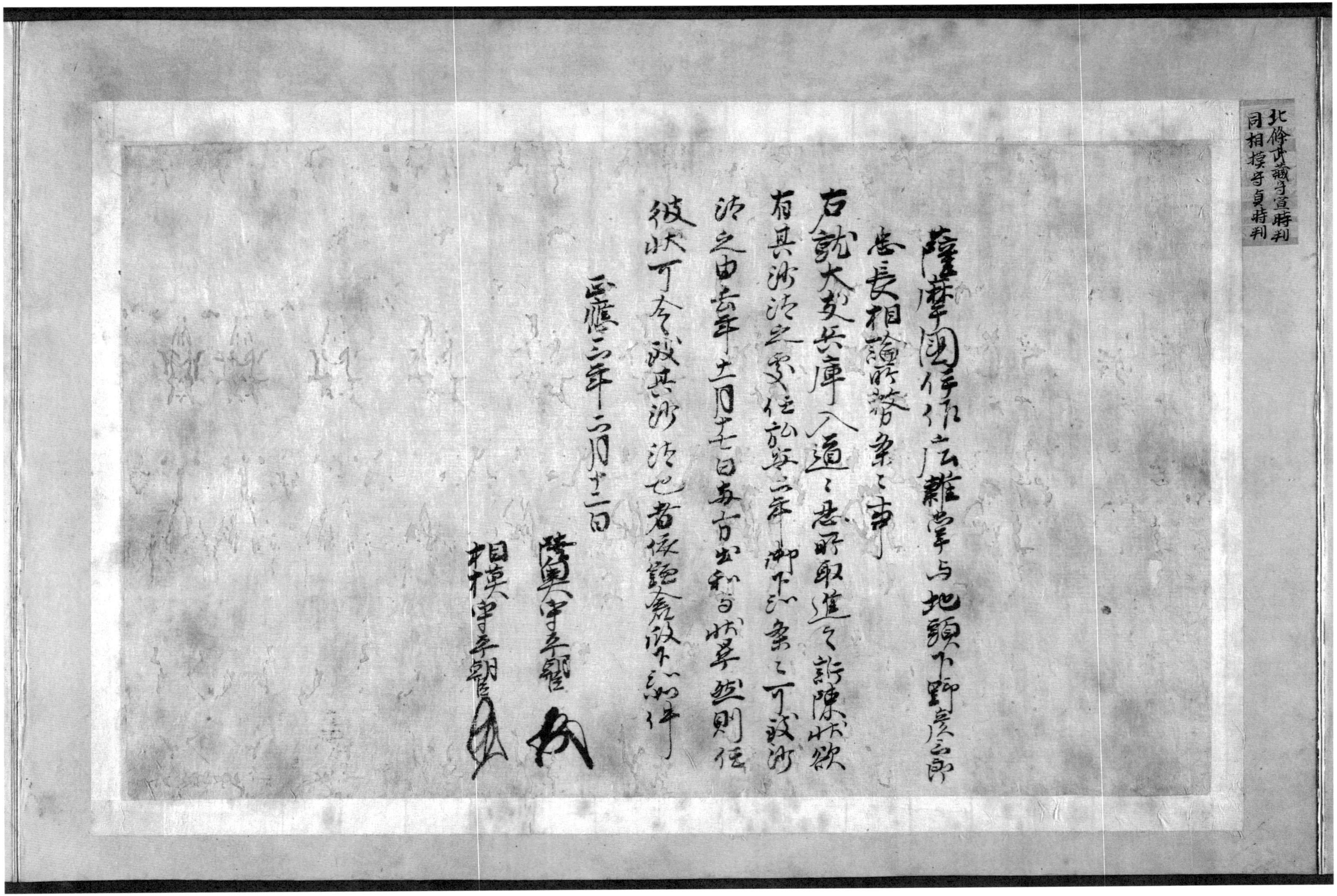
北條武蔵守宣時判
同相模守貞時判

薩摩国伊作庄雑掌与地頭下野彦三郎
忠長相論所務条々事
右、就大炊助入道々意訴陳状欲
有其沙汰之処、任弘安二年御下知、条々可致沙
汰之由、去年十月十七日両方出和与状畢、然則任
彼状、可令致其沙汰也者、依鎌倉殿仰、下知如件、
正応三年二月十二日
陸奥守平朝臣（花押）
相模守平朝臣（花押）

2関東下知状　正応三年二月十二日

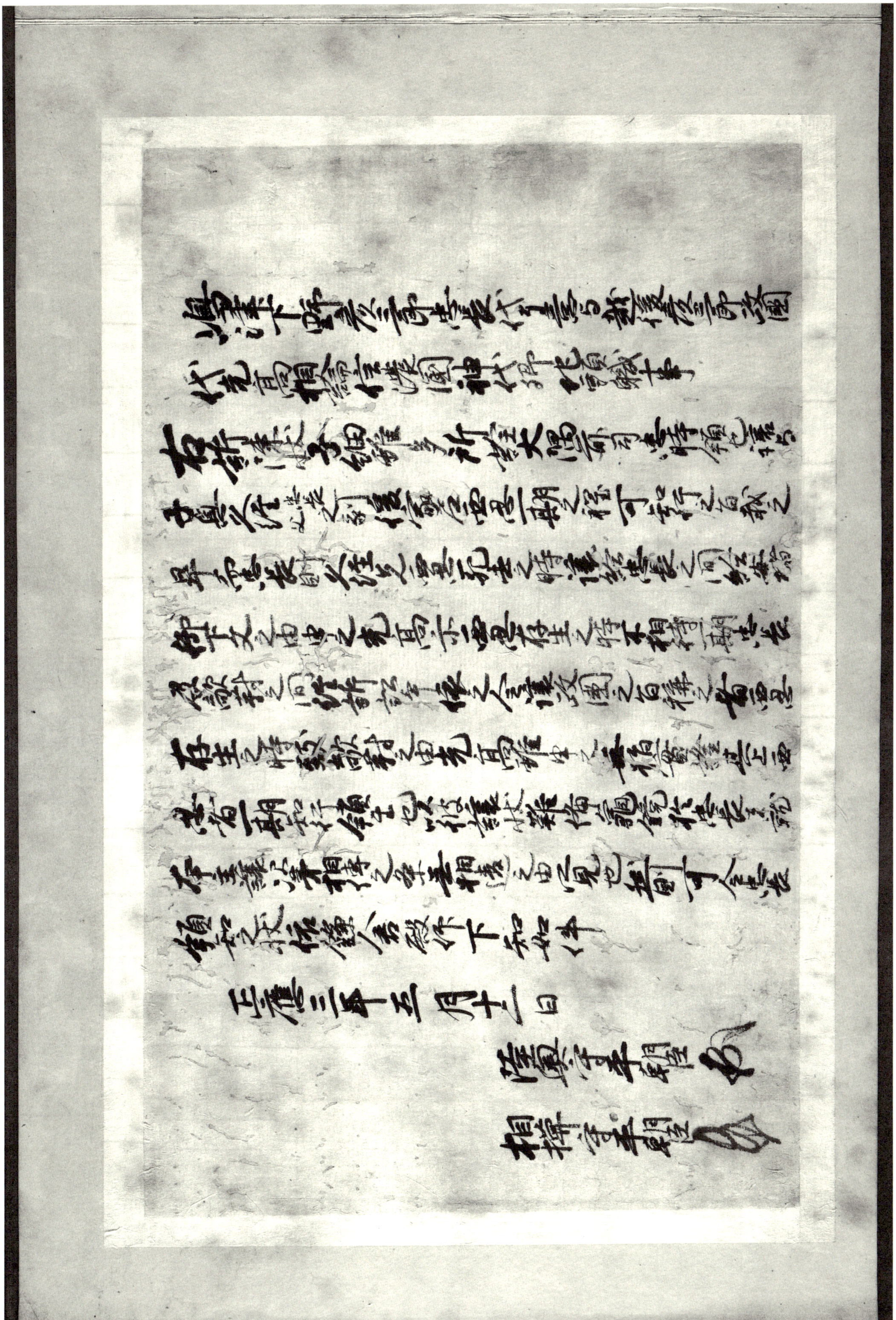
正應三年五月十二日
陸奥守平朝臣（花押）
相模守平朝臣（花押）

宝鑑　其一　3関東下知状　正応三年五月十二日

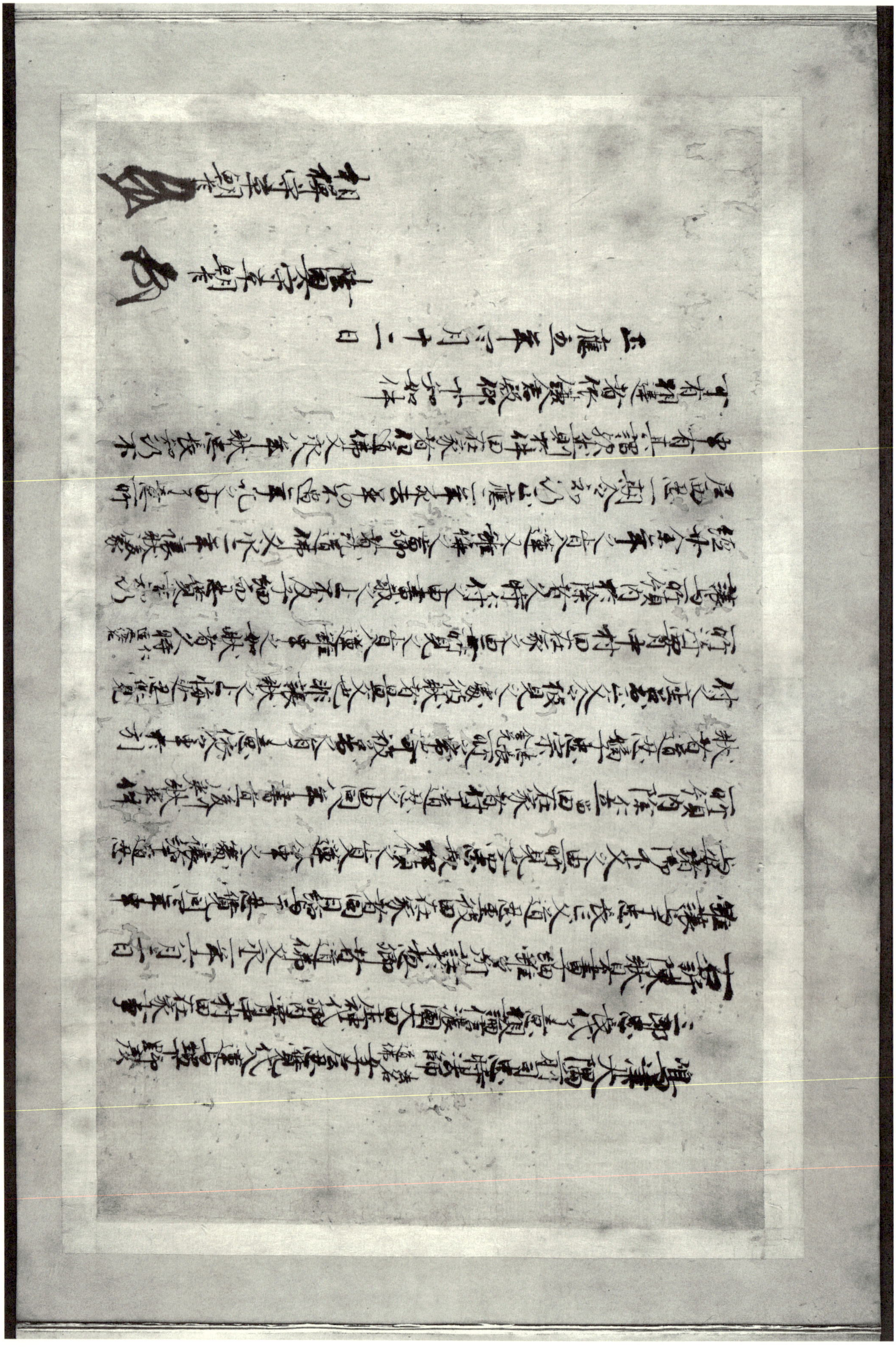

4　関東下知状　正応五年四月十二日

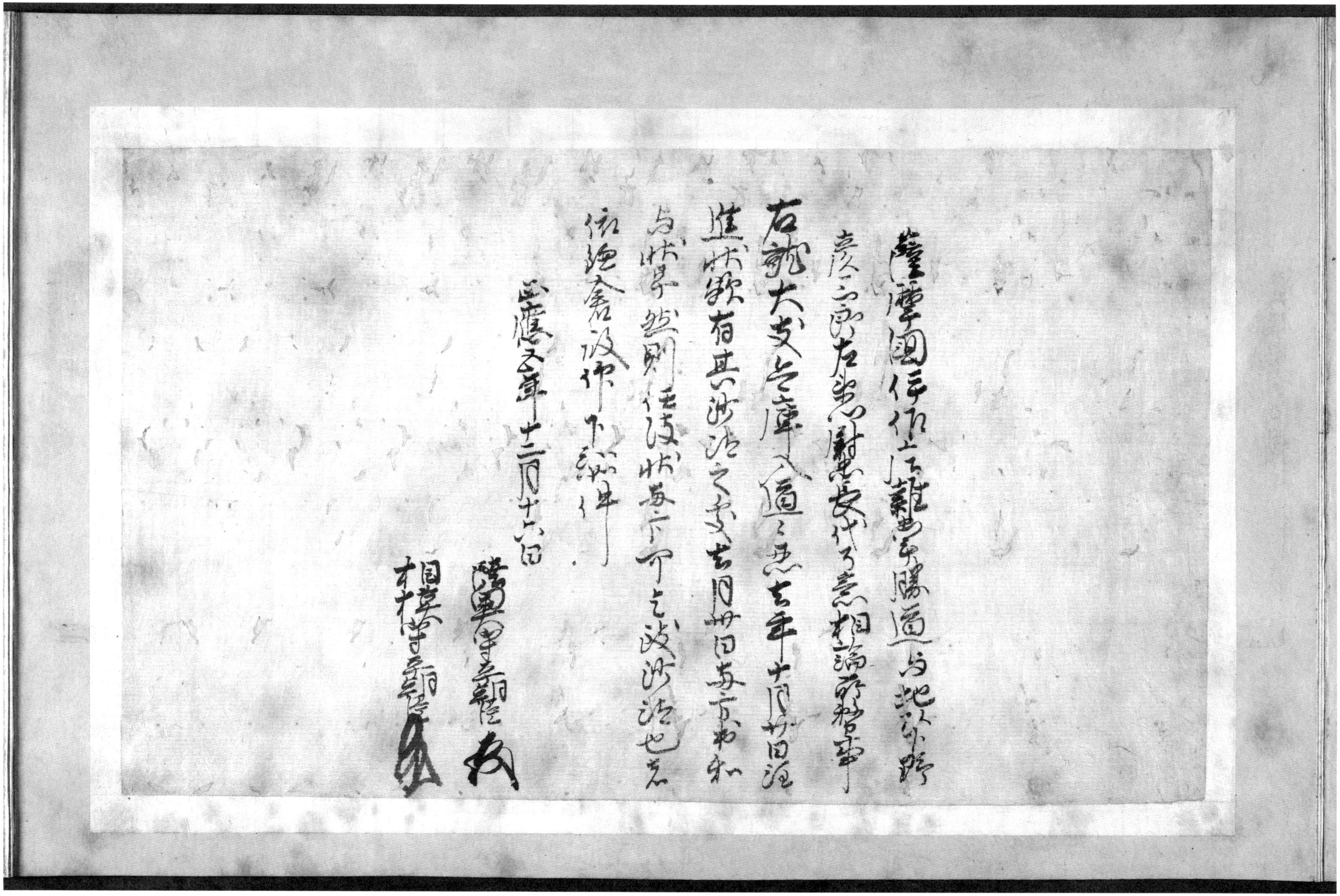

宝鑑　其一　5関東下知状　正応五年十二月十六日

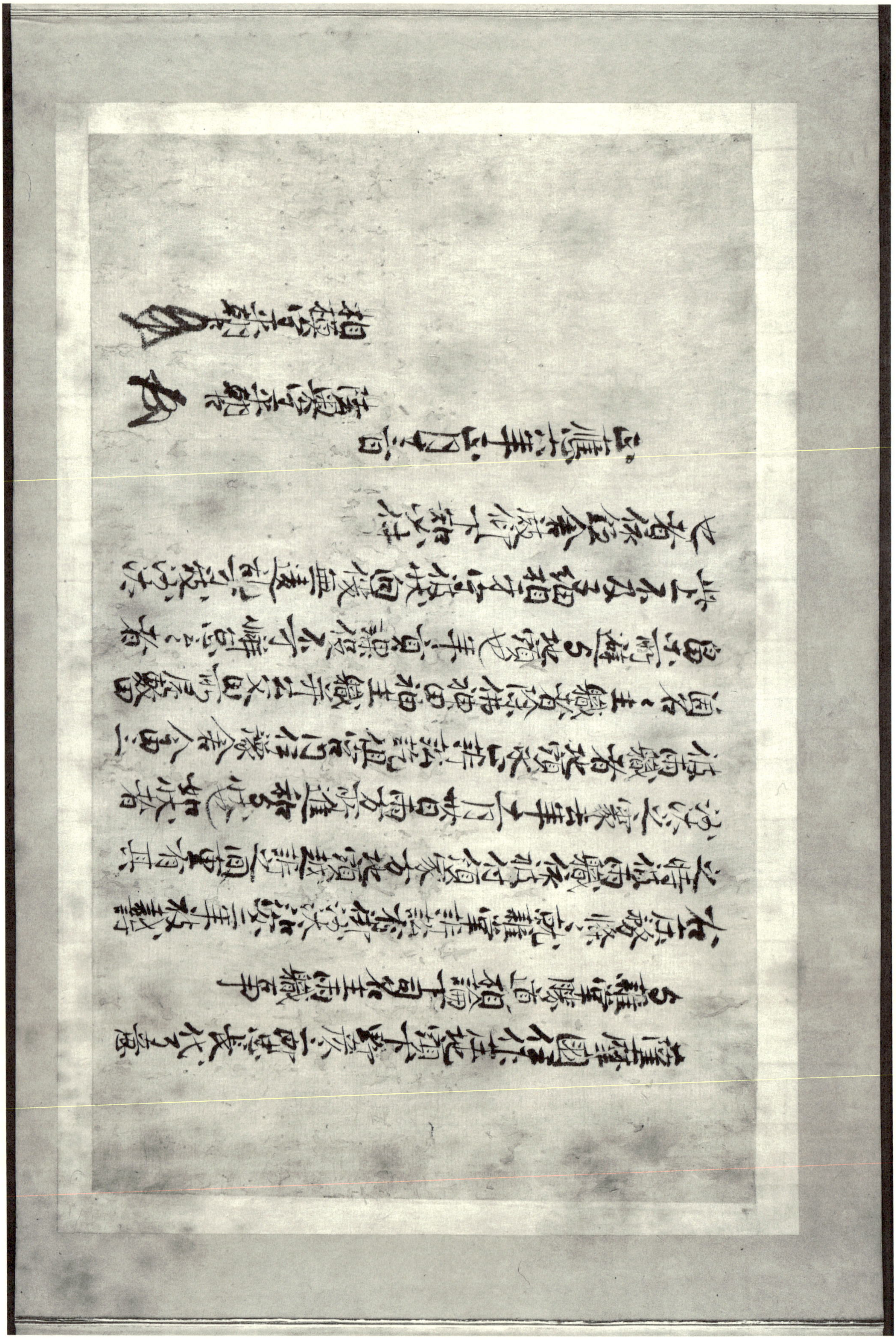

6　関東下知状　正応六年正月十三日

7　鎌倉幕府政所奉行人連署下知状　永仁三年七月二十九日

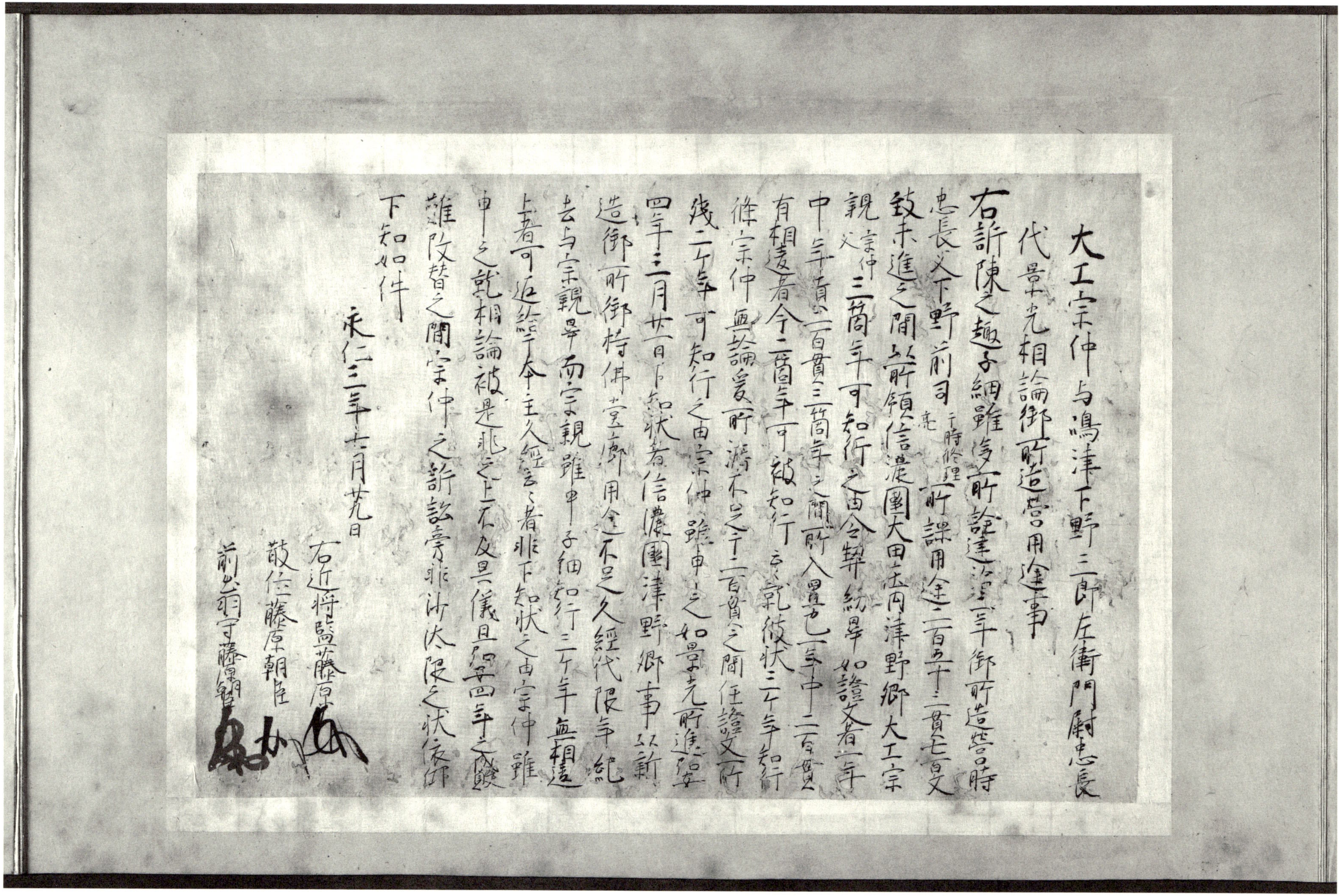
大工宗仲与鳴津下野三郎左衛門尉忠長
代景光相論御所造営用途事
右訴陳之趣子細雖多、所詮、建治三年御所造営時
忠長父下野前司（于時修理亮）所課用途三百五十三貫七百文
致未進之間、以所領信濃国太田庄内津野郷、大工宗
親（宗仲父）三箇年可知行之由令契約畢、如證文者、一年
中年貢一百貫、三箇年之間、所入員也、一年中二百貫
有相違者、今二箇年可被知行云々、就彼状三ケ年知行
條、宗仲無論、爰所済不足二百貫之間、任證文所
残二ケ年可知行之由、宗仲雖申之、如景光所進弘安
四年三月廿日下知状者、信濃国津野郷事、以新
造御所御持佛堂御用途不足之、久経代限年紀
去与宗親畢、而宗親雖申子細、知行三ケ年無相違
上者、可返給本主久経云々者、非下知状之由、宗仲雖
申之、就相論被是非之上、不及異儀、且弘安四年之下
雖及皆之間、宗仲之訴訟、旁非沙汰限之状、依仰
下知如件、
永仁三年七月廿九日
右近将監藤原（花押）
散位藤原朝臣（花押）
前出羽守藤原朝臣（花押）

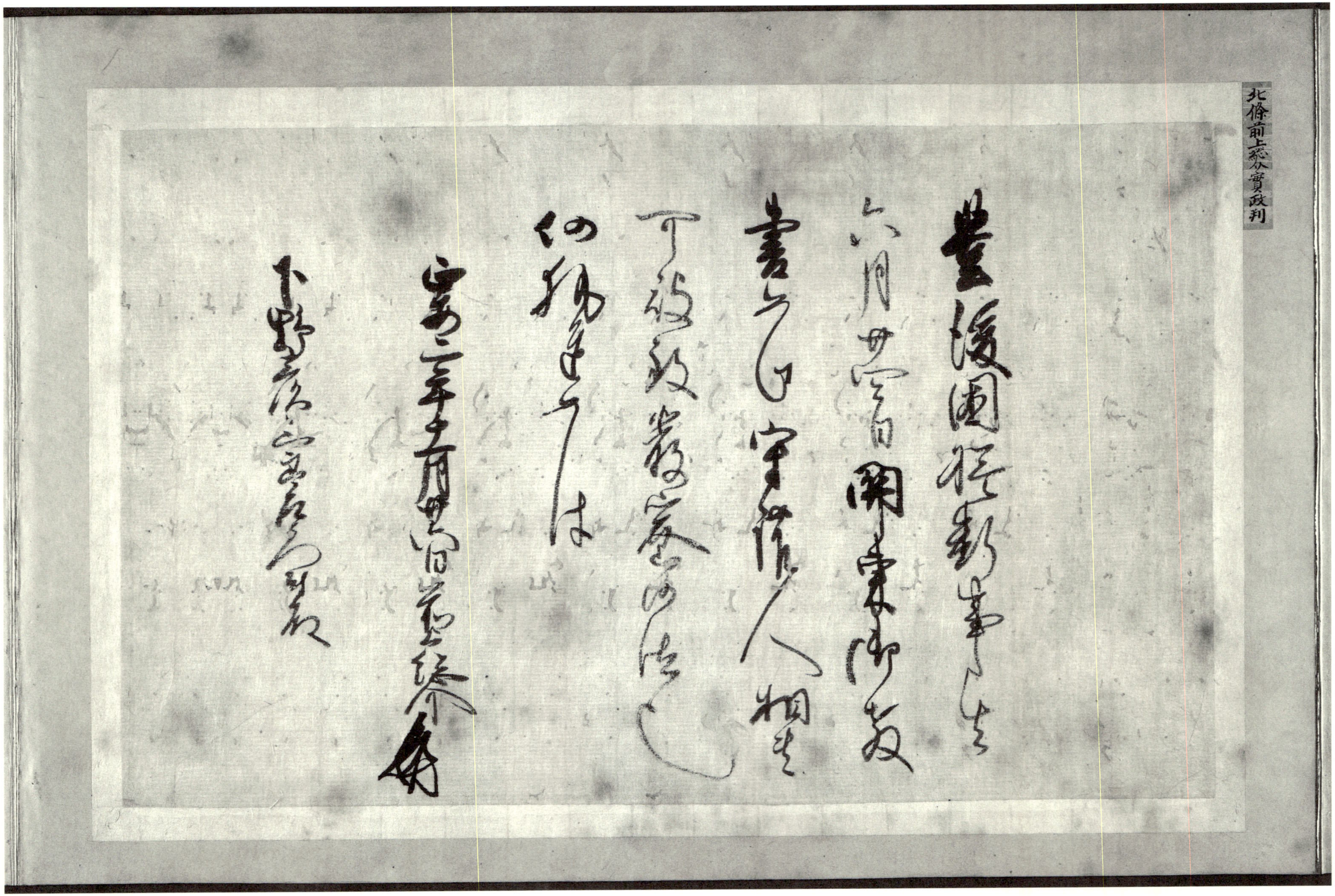

宝鑑　其一　8鎮西施行状　正安二年十一月二十六日

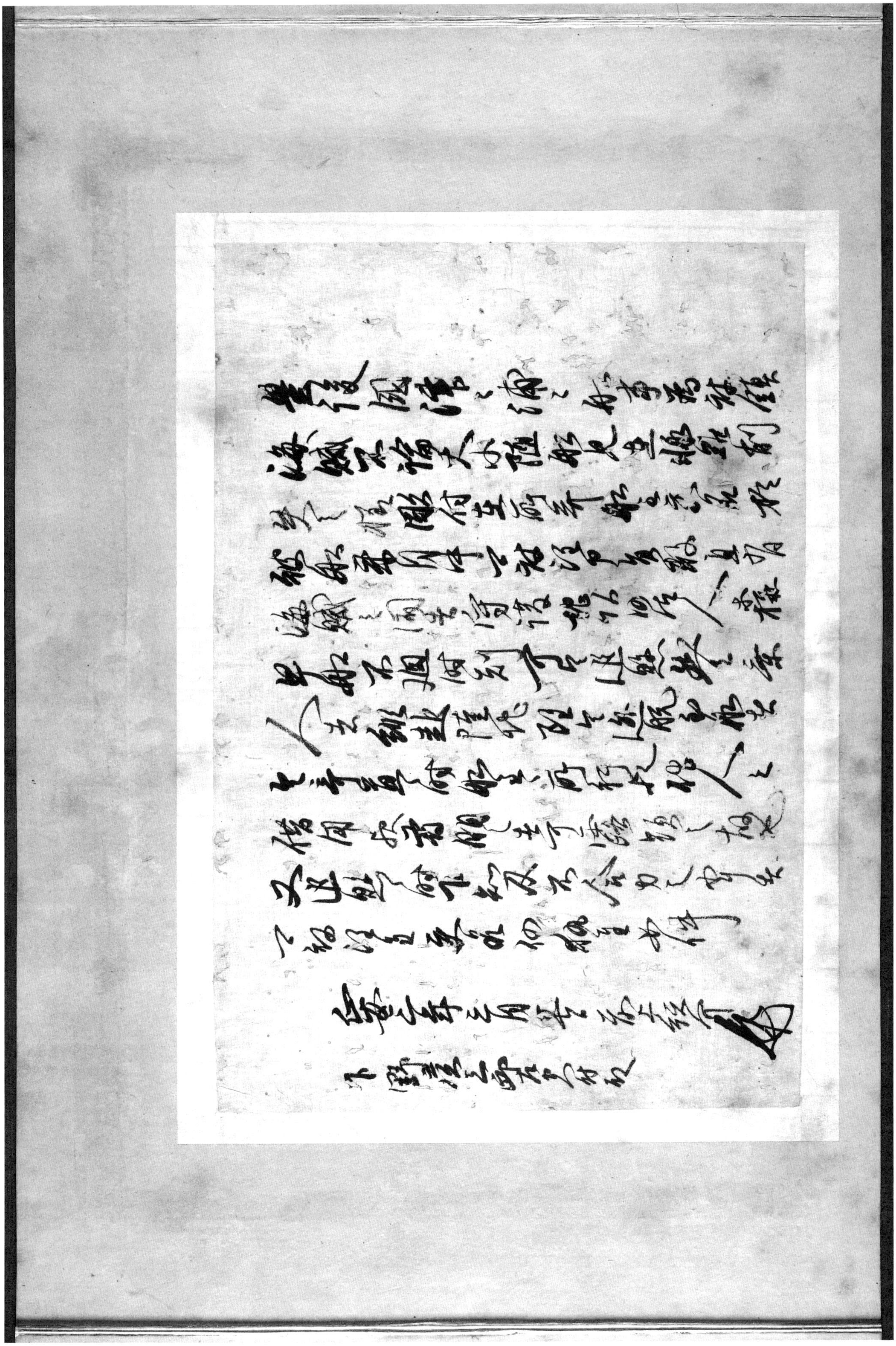

宝鑑　其一　9鎮西御教書　正安三年三月二十七日

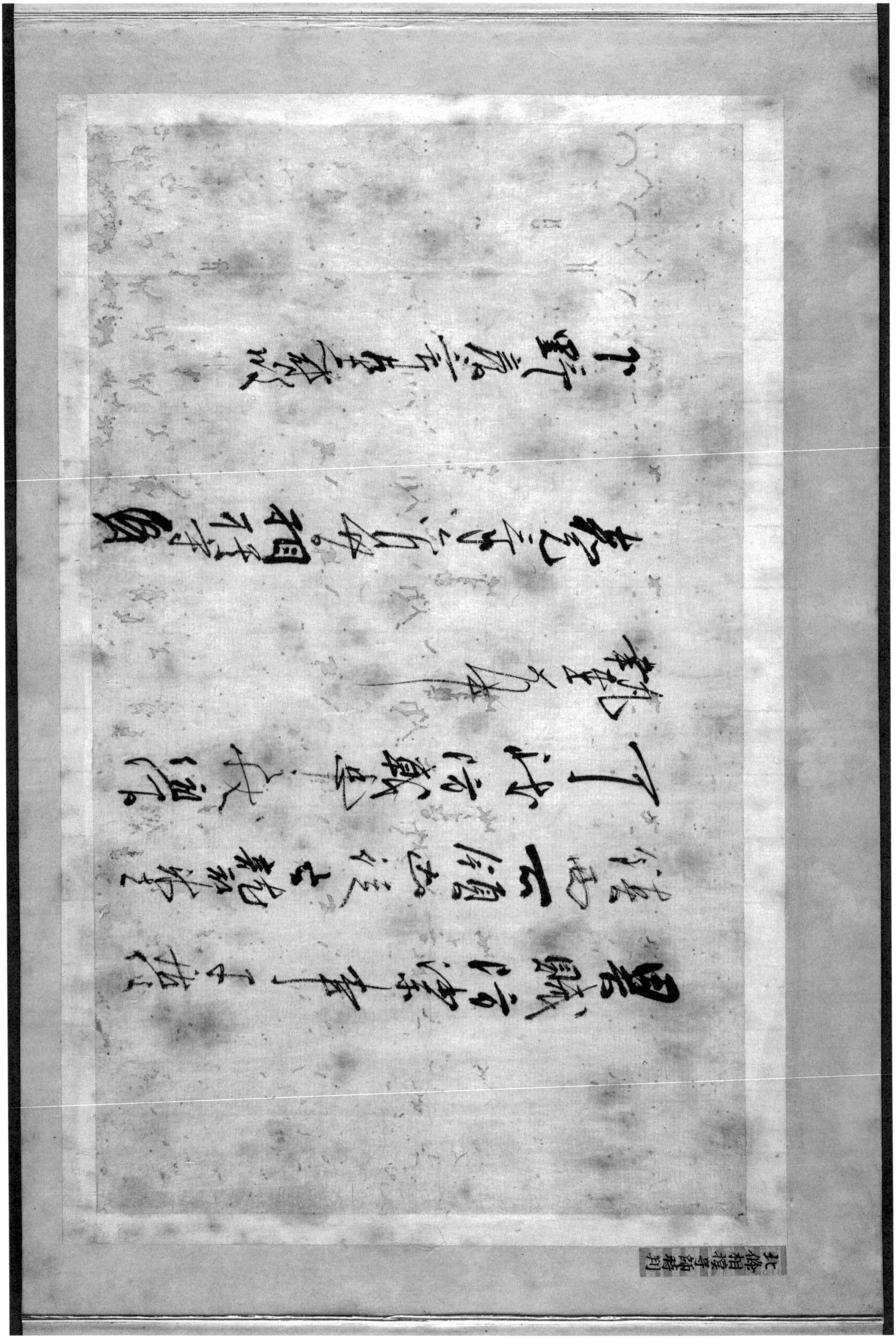

宝鑑　其一

10　関東御教書　嘉元三年六月二十日

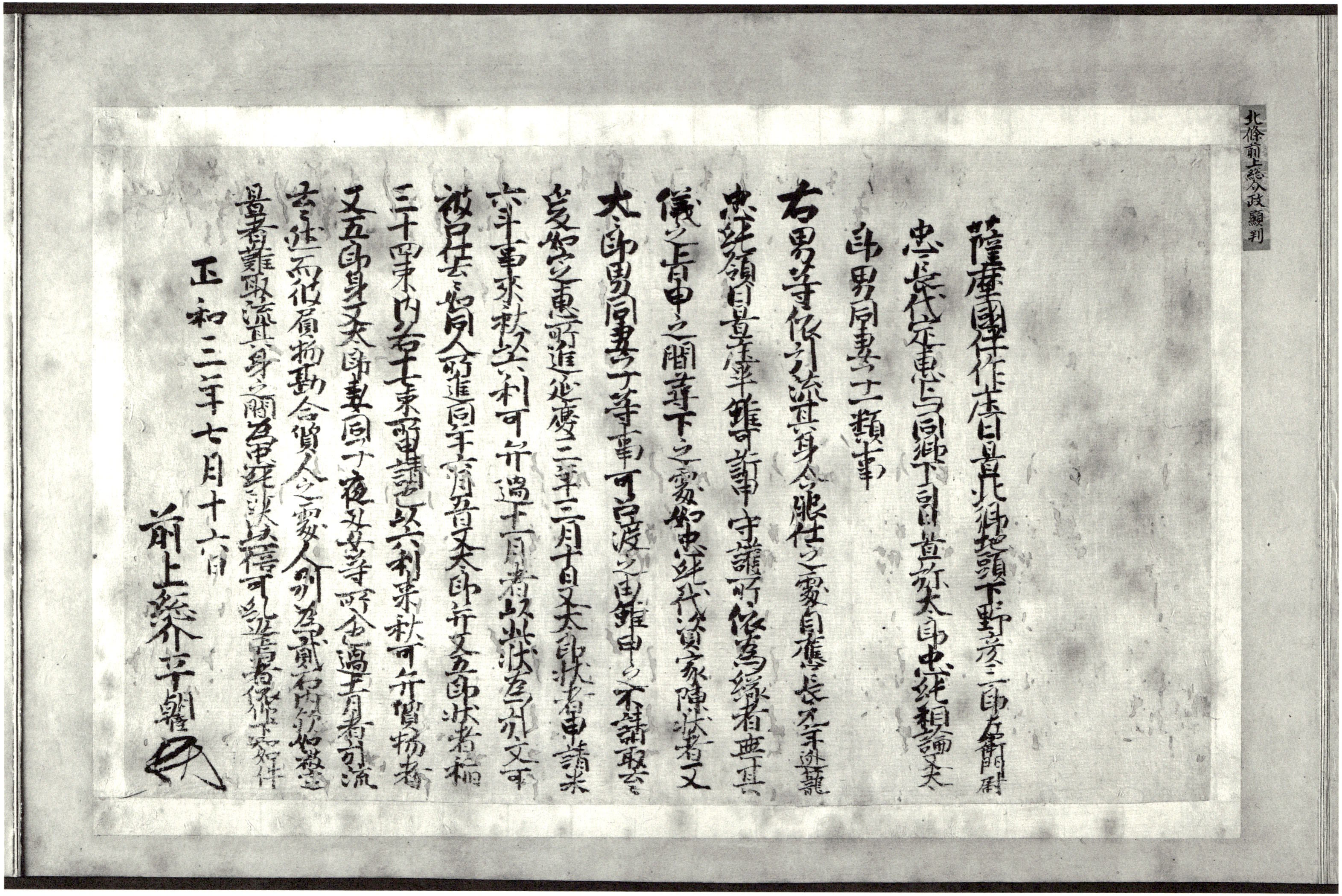
北條前上総介政顕判

正和三年七月十六日
前上総介平（花押）

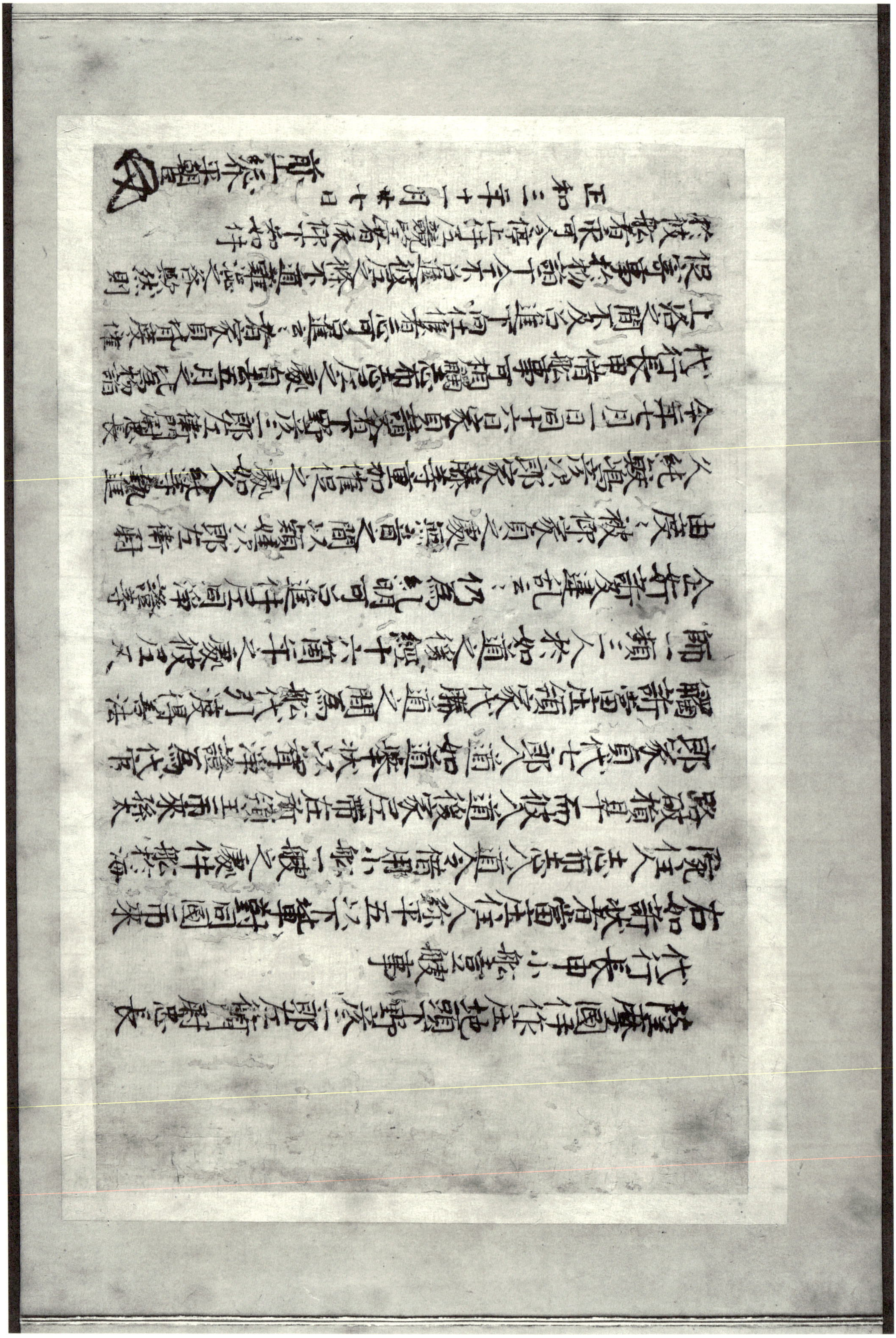

12　鎮西下知状　正和三年十一月二十七日

北條遠江守隨時判

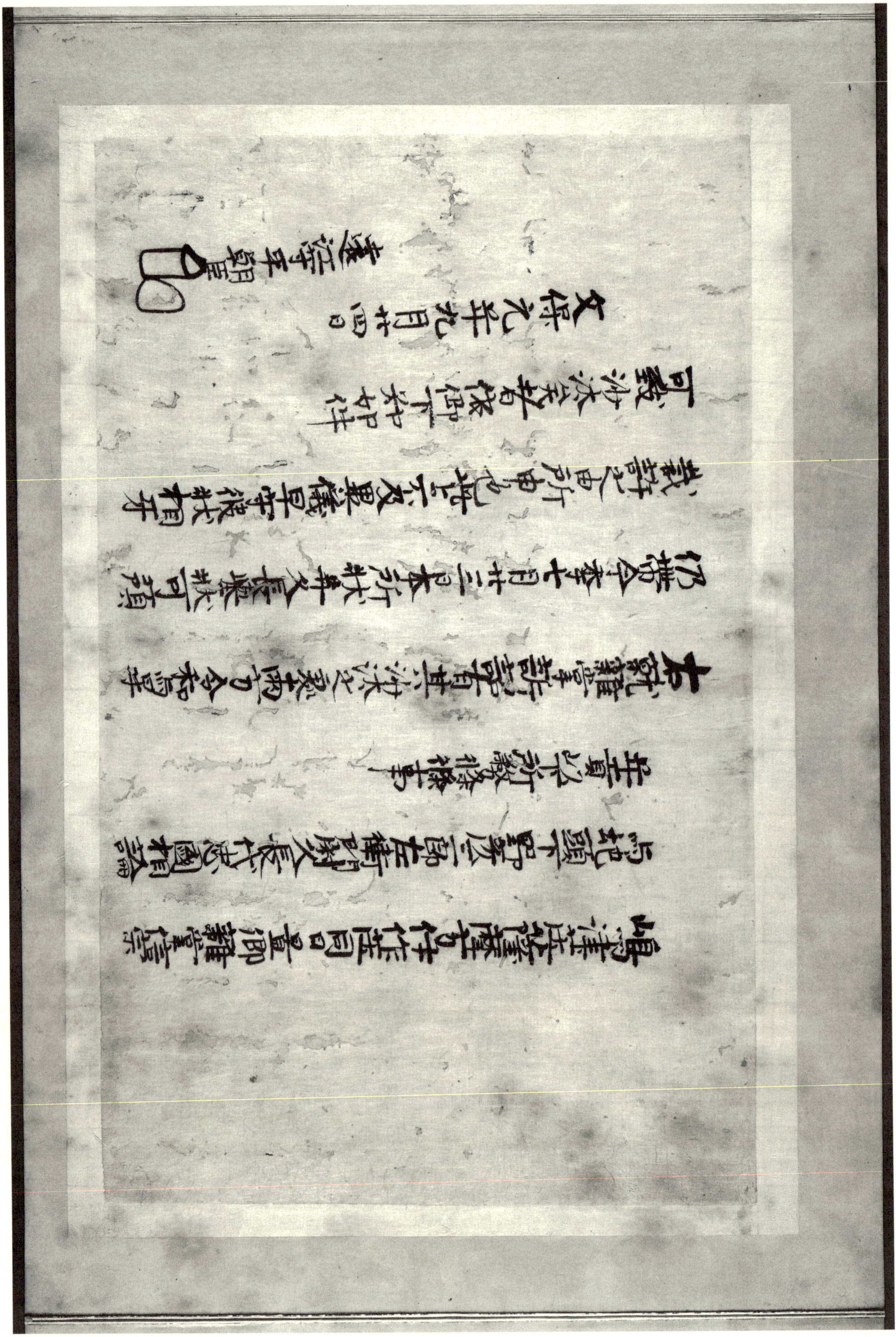
嶋津庄薩摩方伊作庄日置北郷雑掌行信
与地頭下野彦三郎左衛門尉久長代忠国相論
年貢以下所務條々事
右就雑掌訴訟有其沙汰之処両方令和与畢
仍任今年七月廿三日和与状并久長避状可預
裁許之由所申也此上不及異儀早守彼状相互
可致沙汰之状依仰下知如件
文保元年九月廿四日
遠江守平朝臣（花押）

宝鑑　其一
14 鎮西下知状　文保元年九月二十四日

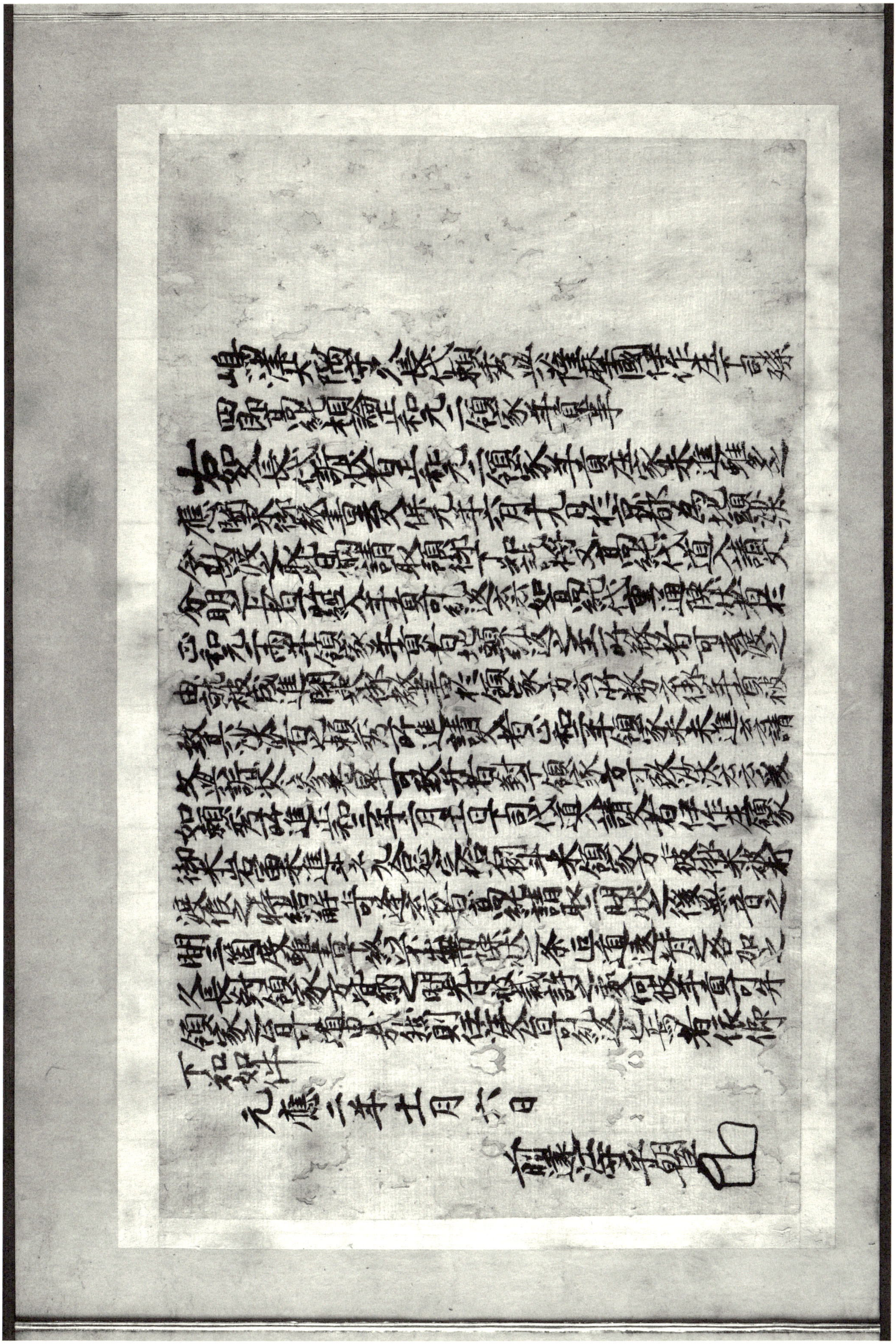

宝鑑　其一　15鎮西下知状　元応二年十一月六日

16関東御教書　元亨三年五月十日

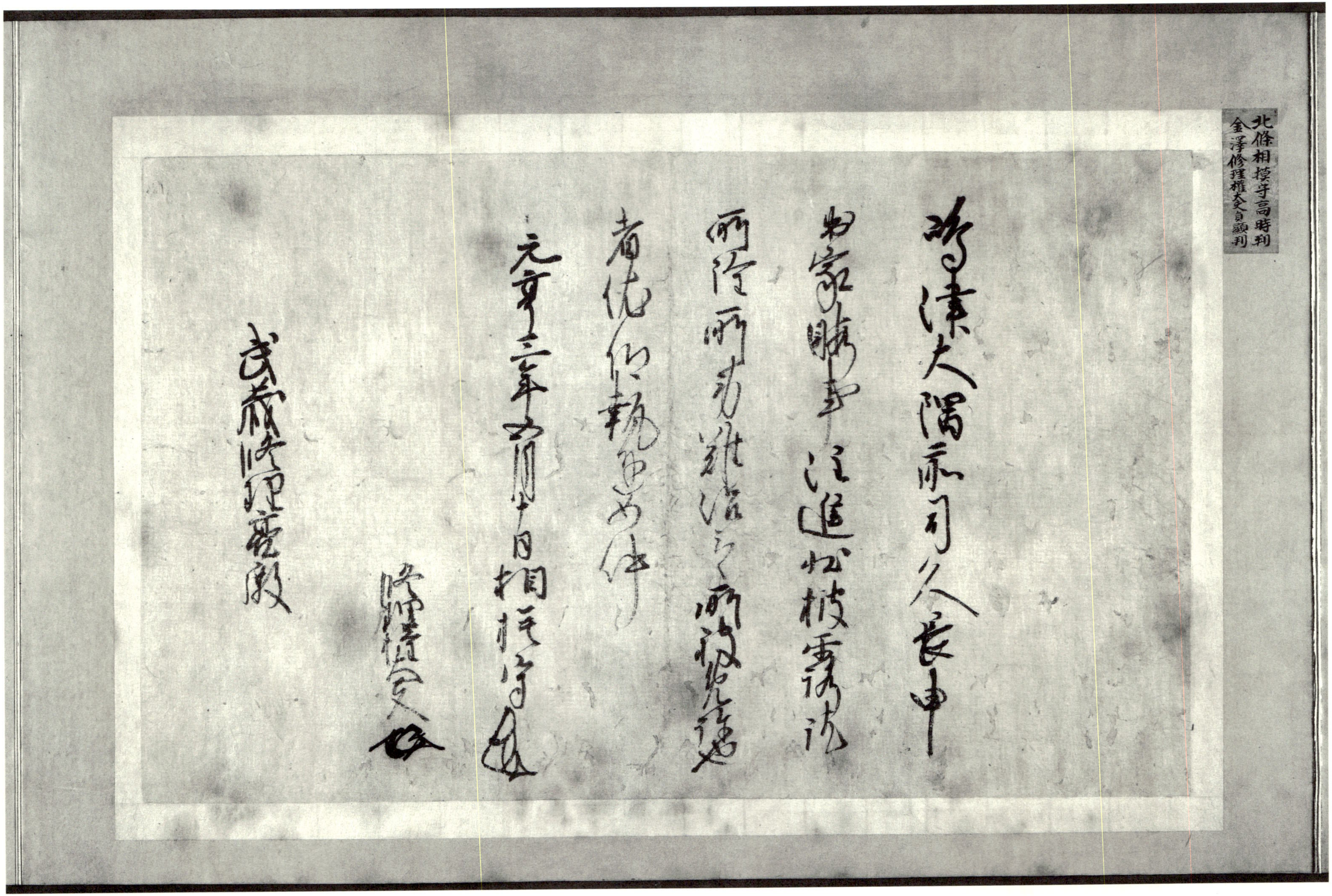

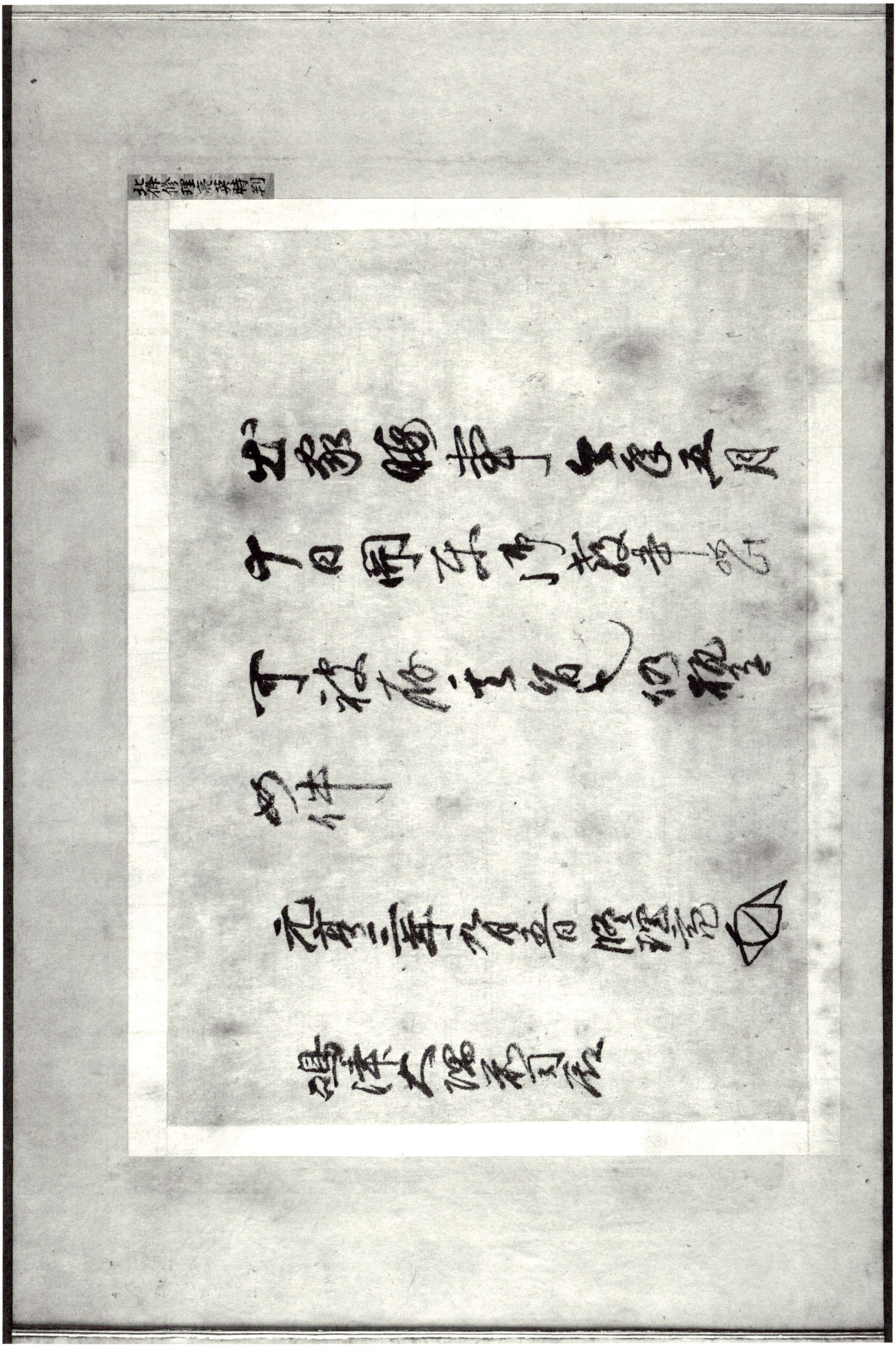
北條修理亮英時判

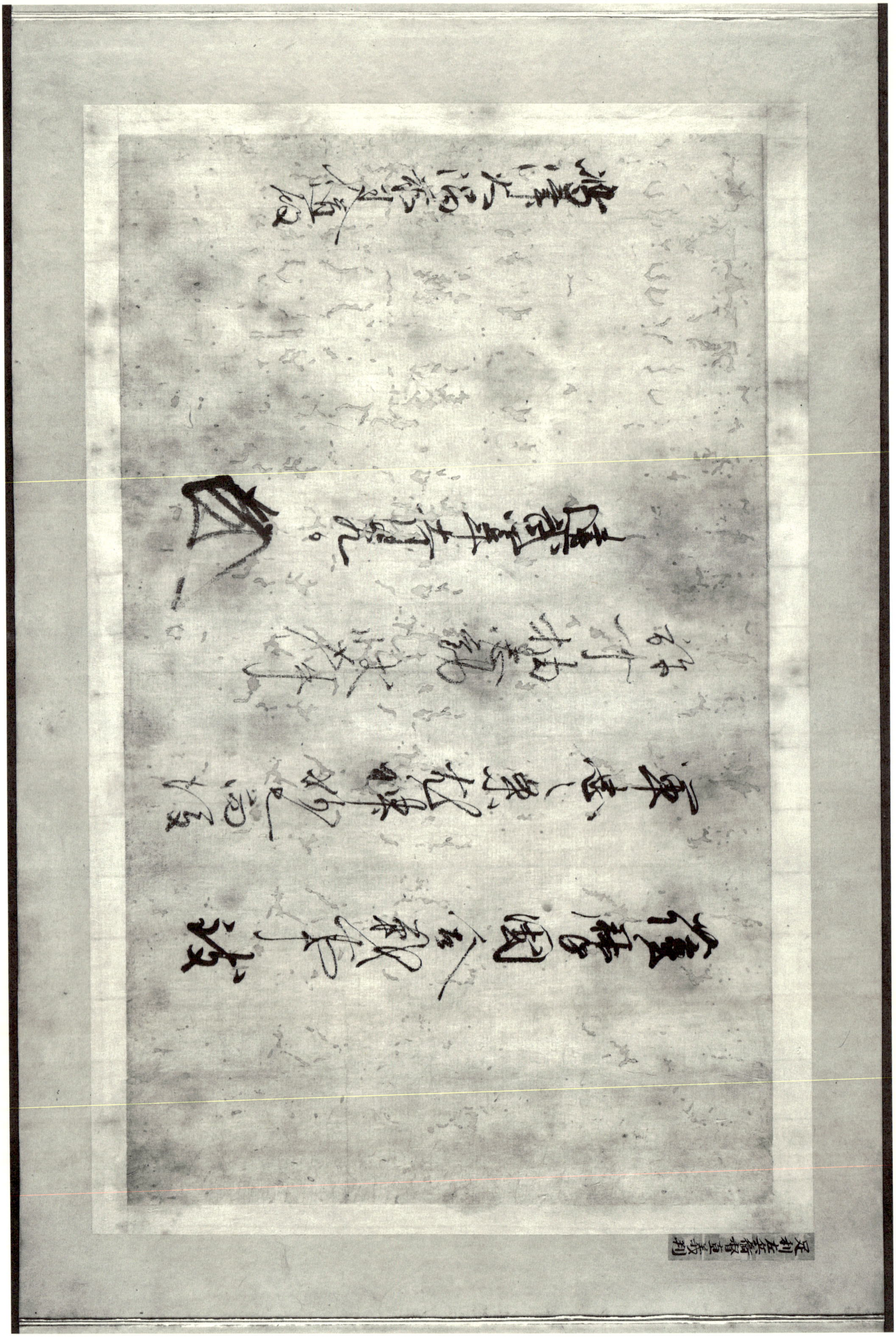

宝鑑　其一

18　足利直義御判御教書　建武四年十一月二十九日

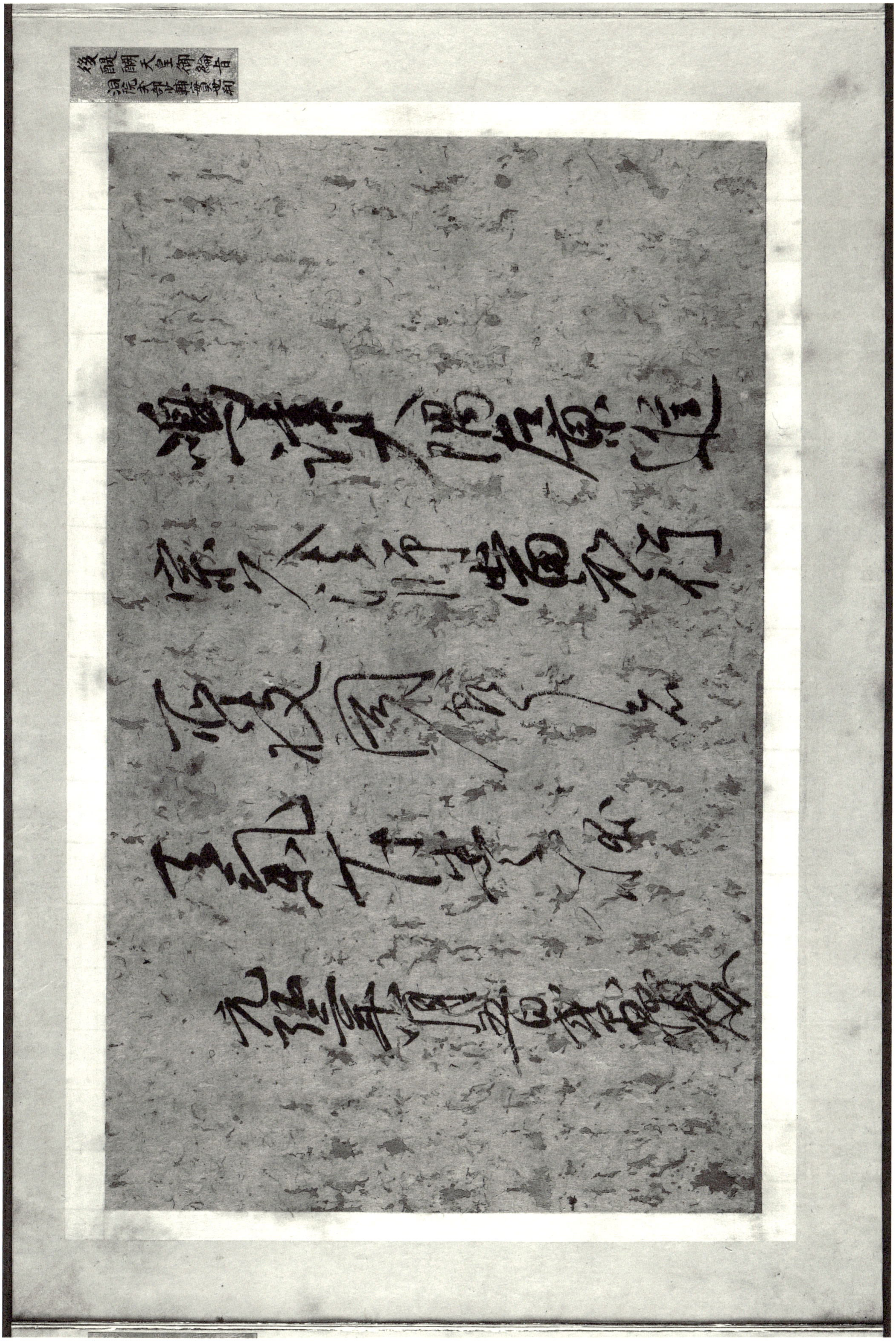

19後醍醐天皇綸旨　元弘三年八月五日

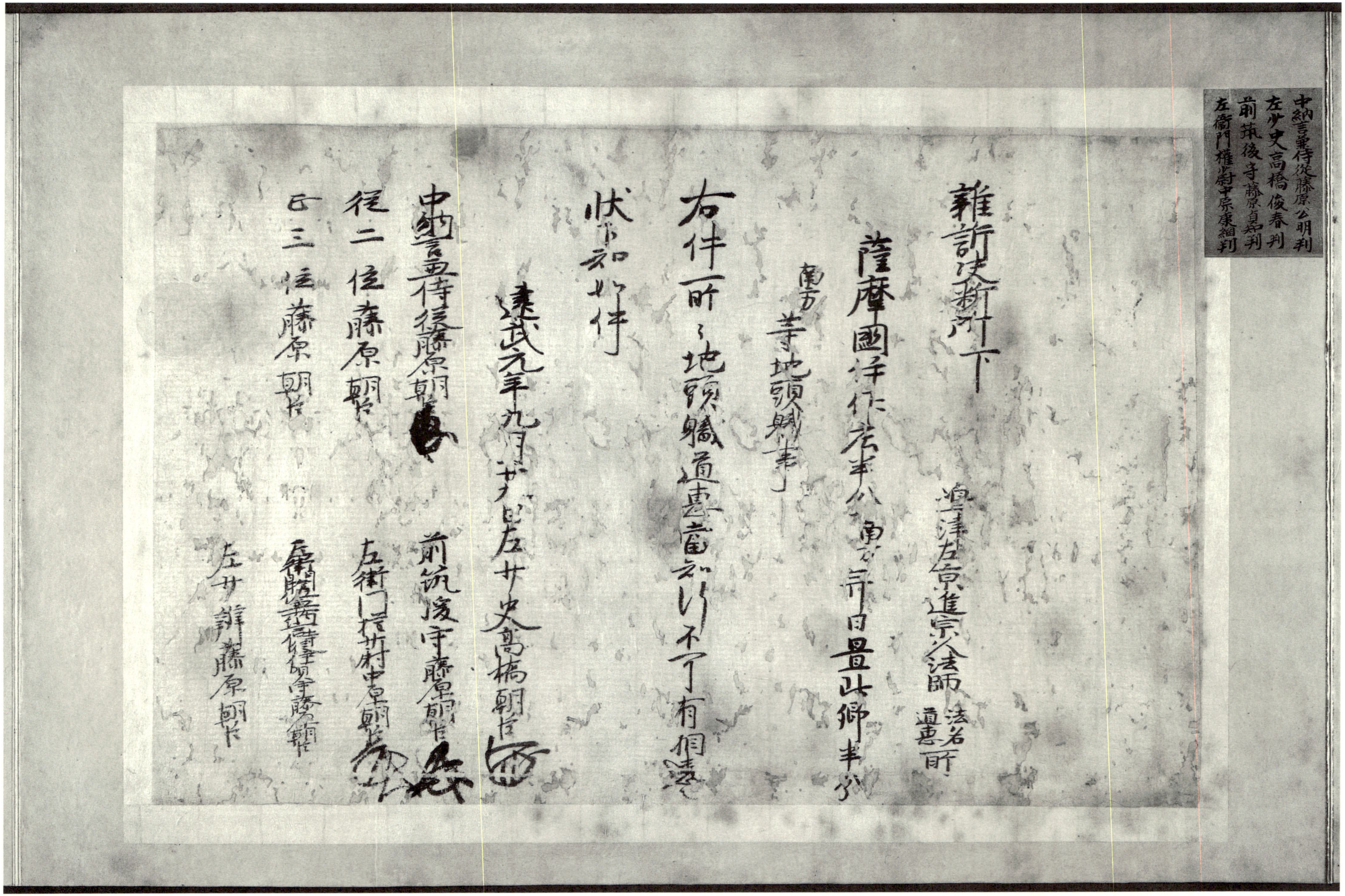
雑訴決断所下　島津左京進宗久法師 法名道恵 所
薩摩国伴作広末八郎南方并日置北郷半分
南方并地頭職事
右件所々地頭職、道恵当知行不可有相違者、
状下知如件、
建武元年九月廿九日　左少史高橋朝臣（花押）
中納言兼侍従藤原朝臣（花押）　前筑後守藤原朝臣（花押）
従二位藤原朝臣　左衛門権少尉中原朝臣（花押）
正三位藤原朝臣　[illegible]藤原朝臣
左中弁藤原朝臣

中納言兼侍従藤原公明判
左少史高橋俊春判
前筑後守藤原貞知判
左衛門権少尉中原康綱判

宝鑑　其一　20雑訴決断所下文　建武元年九月二十九日

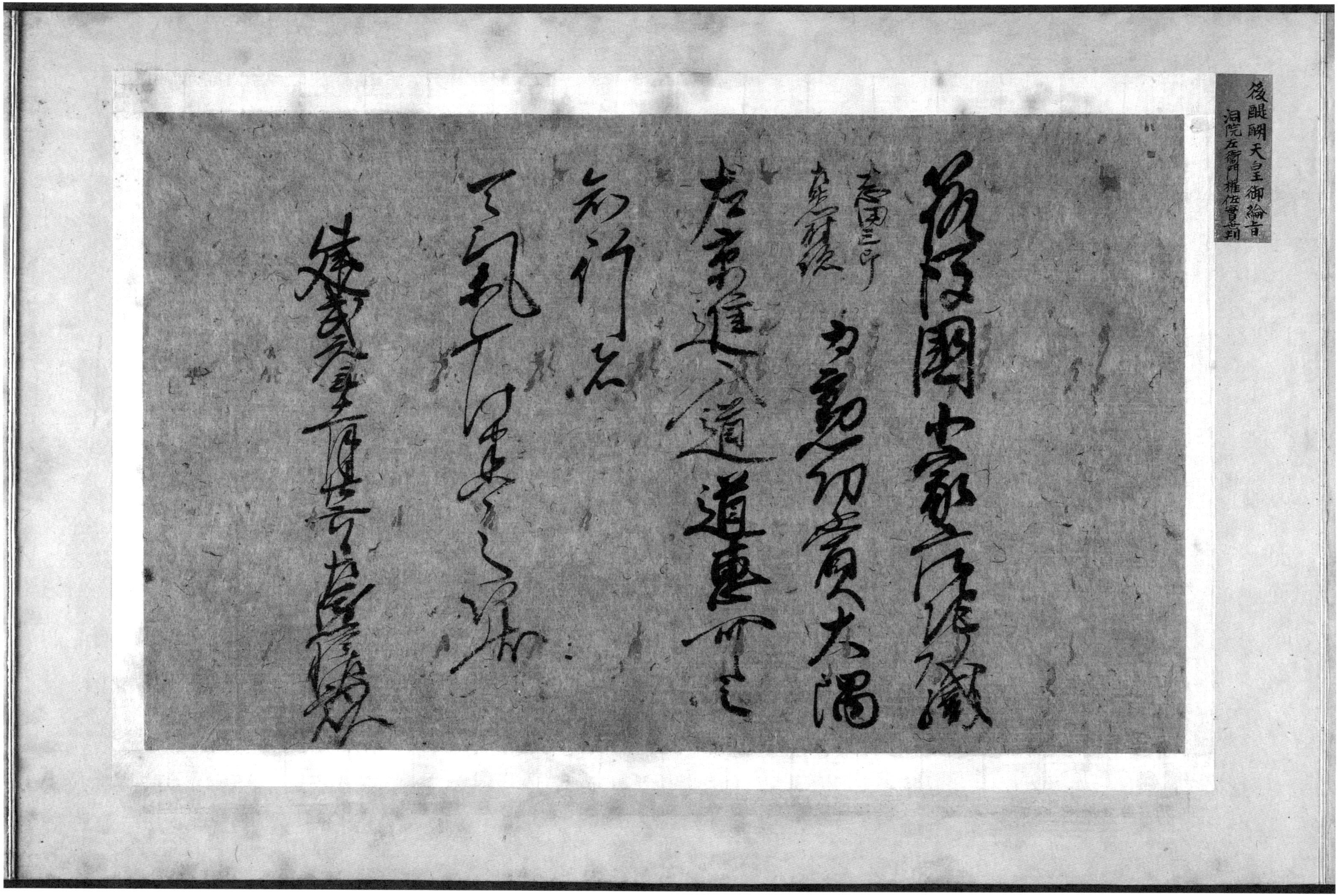

21後醍醐天皇綸旨　建武元年十一月二十六日

宝鑑　其一

22　足利尊氏御判御教書　建武三年三月二十八日

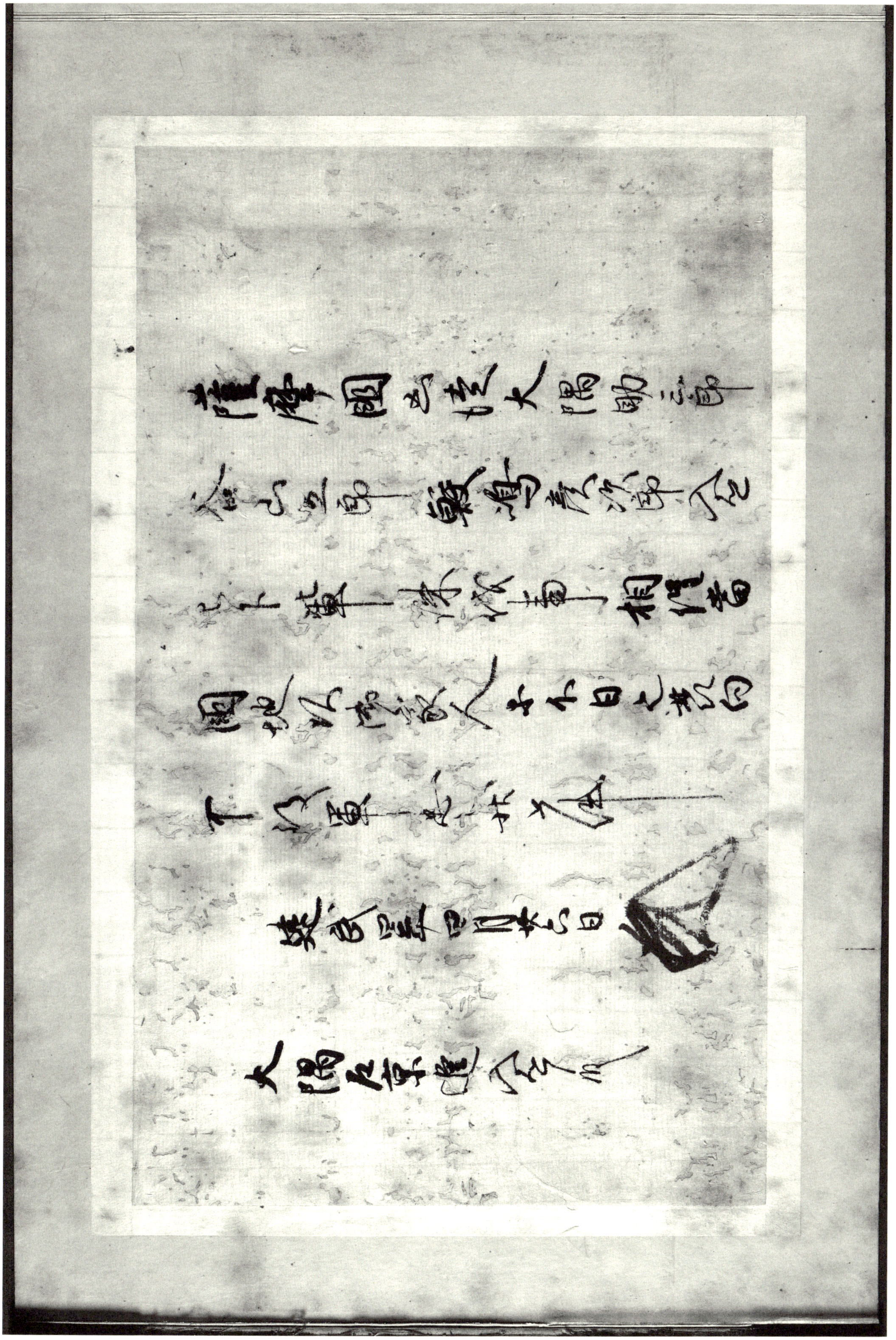

宝鑑　其一　23足利直義御判御教書　建武四年四月二十六日

宝鑑　其一　裏表紙

宝鑑　其一　裏表紙見返し

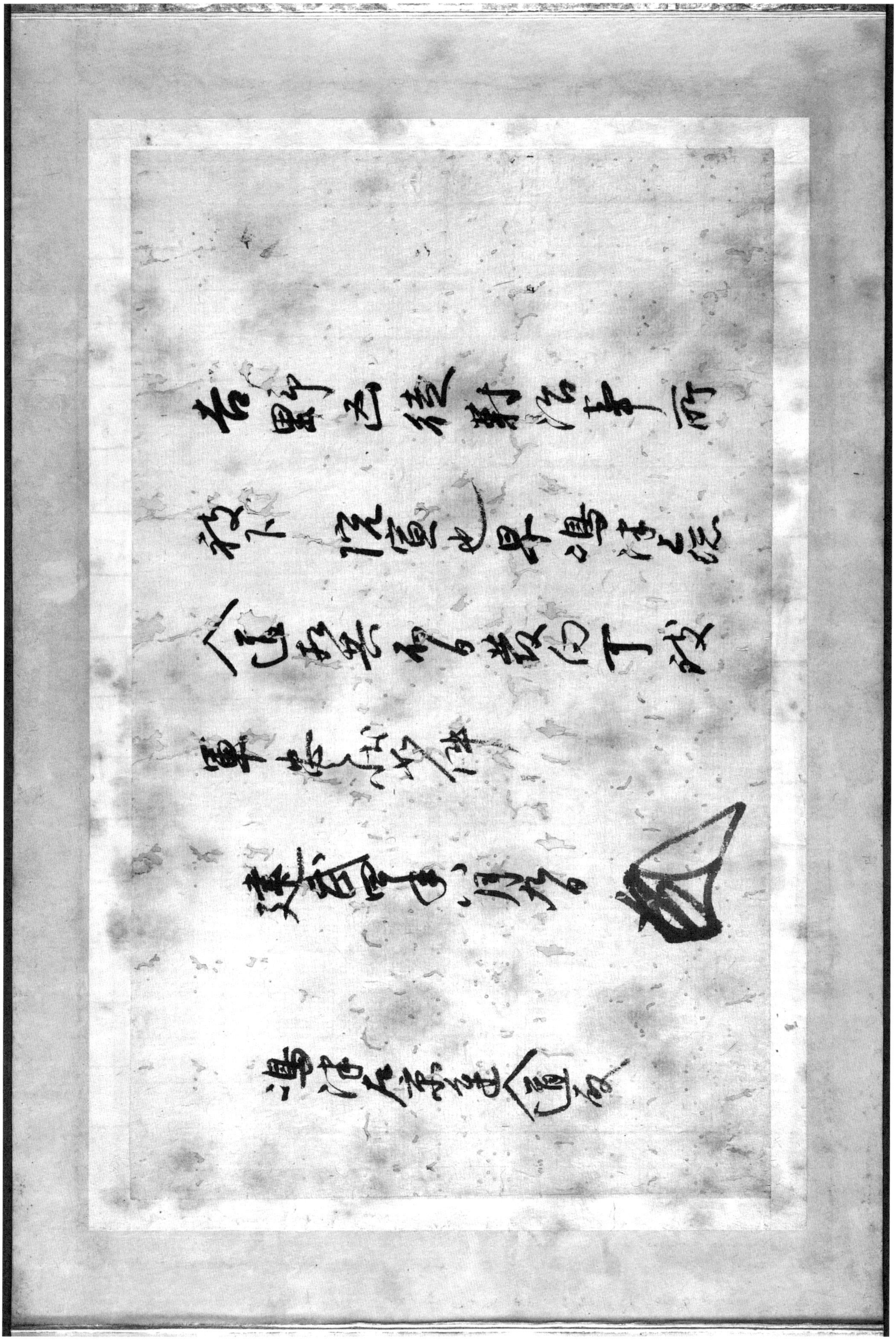

24 足利直義御判御教書　建武四年八月九日

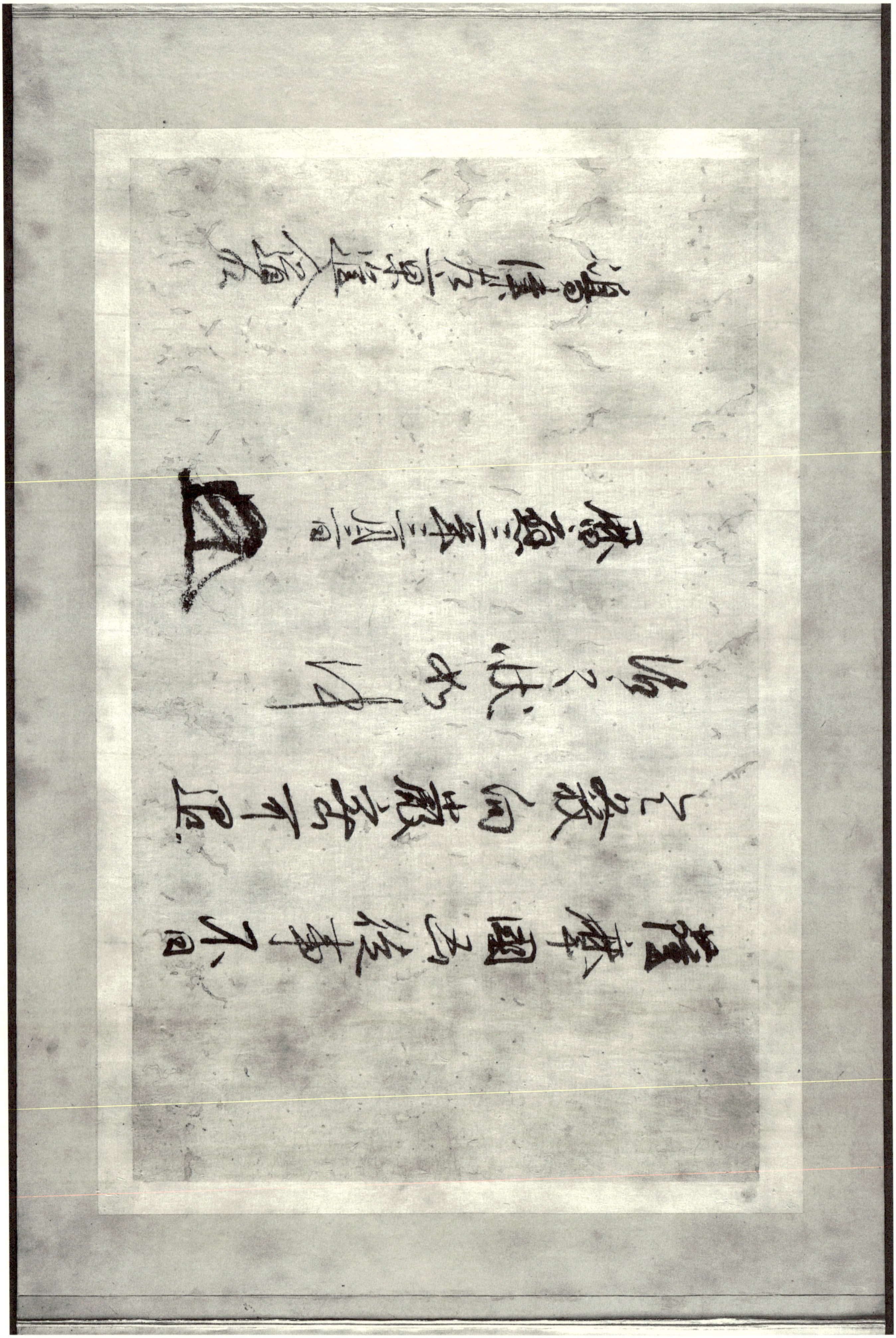

宝鑑　其一

25　足利直義御判御教書　暦応三年三月三日

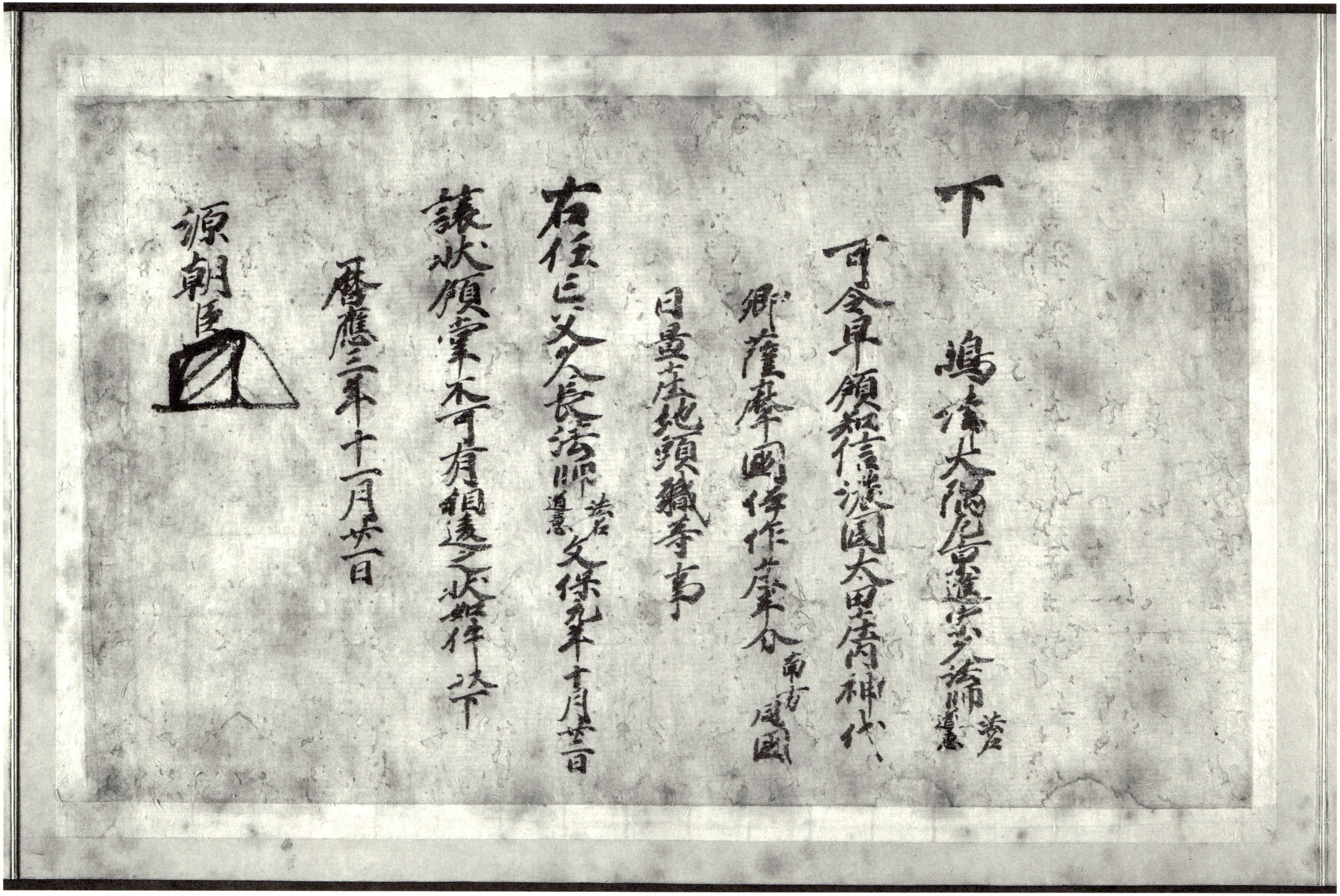
下　嶋津大隅左京進宗久法師（法名道慶）
可令早領知信濃国太田庄内神代
郷、薩摩国伊作庄半分（南方）、同国
日置庄地頭職等事
右任亡父久長法師（法名道意）文保元年十月廿一日
譲状、領掌不可有相違之状如件、以下
暦応三年十一月廿一日
源朝臣（花押）

宝鑑　其一　26足利直義下文　暦応三年十一月二十一日

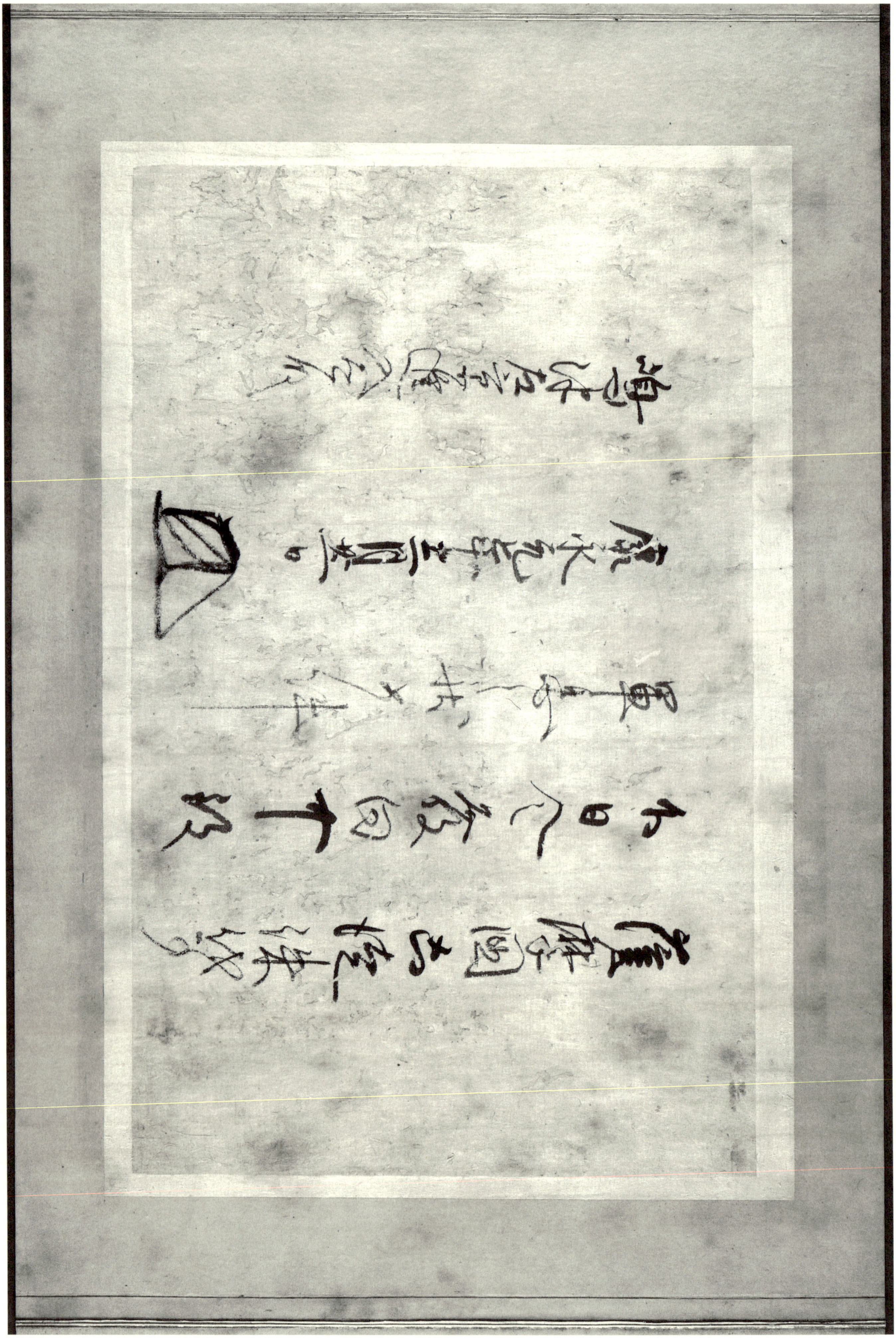

27 足利直義御判御教書　康永元年十二月二十一日

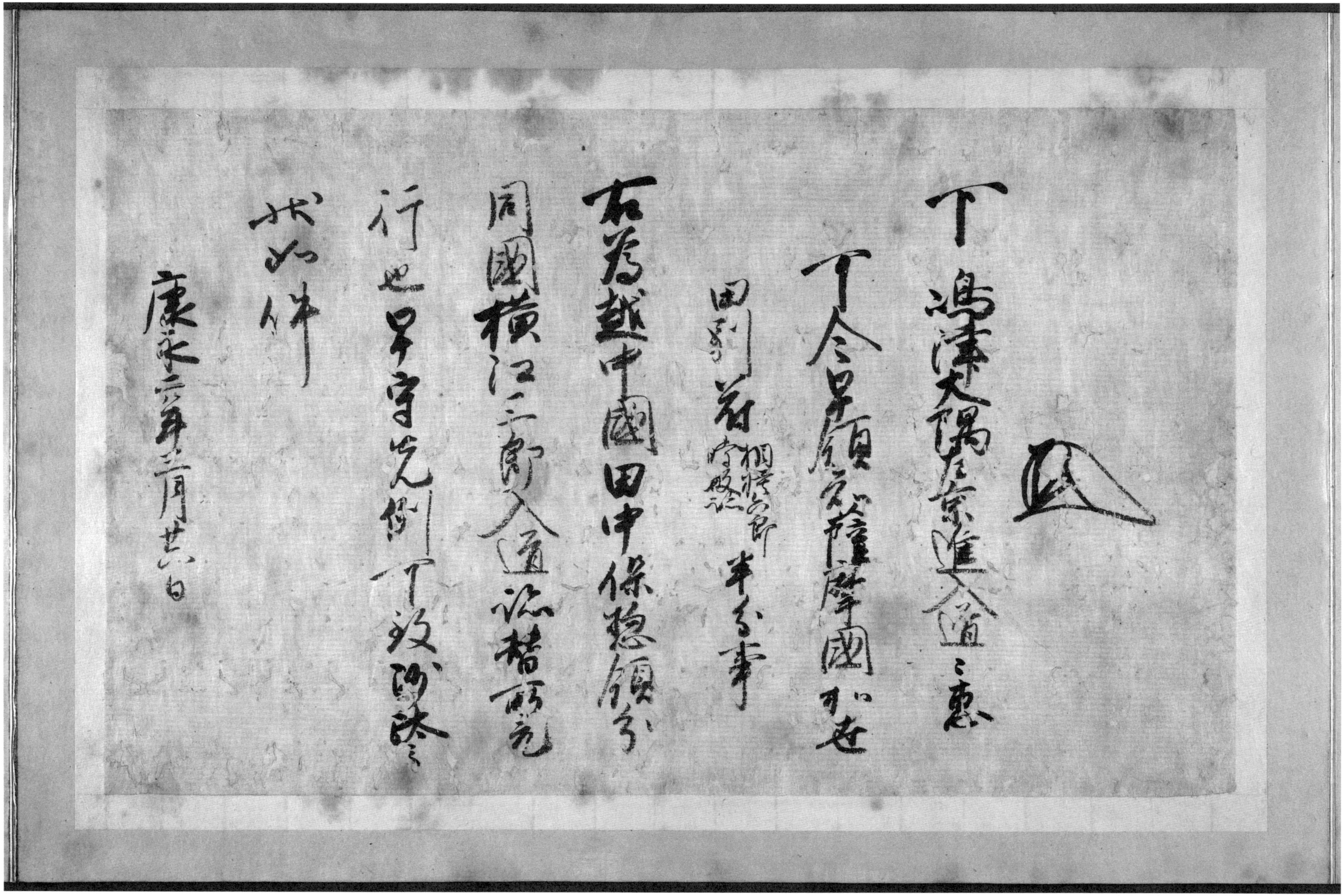
（花押）
下　島津大隅左京進入道々恵
可令早領知薩摩国
田[illegible]司名（相模六郎時敏跡）半分事
右為越中国田中保惣領分
同国横江三郎入道跡替所充
行也早守先例可致沙汰之
状如件
康永二年三月廿六日

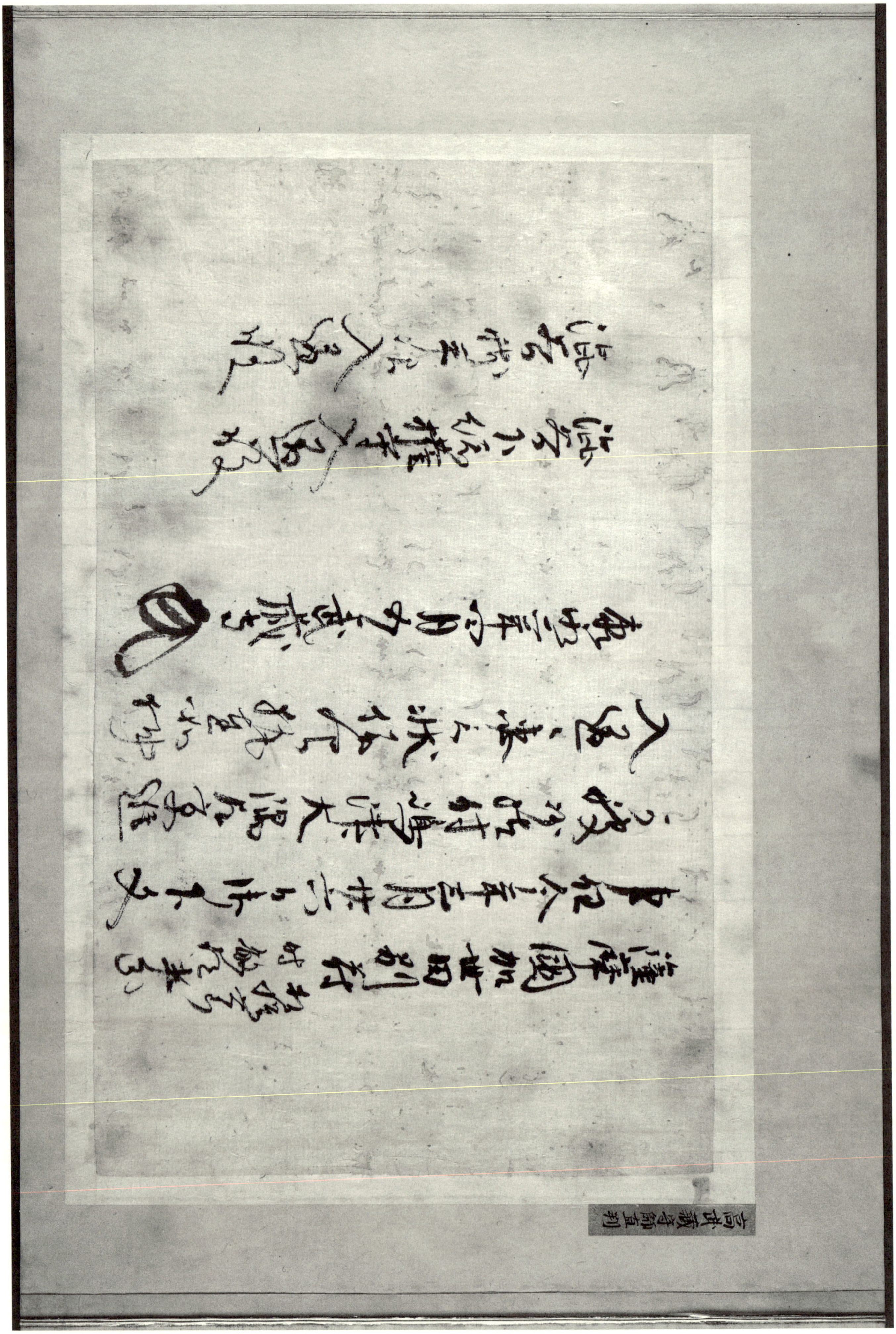

29 室町幕府執事高師直施行状 康永二年四月五日

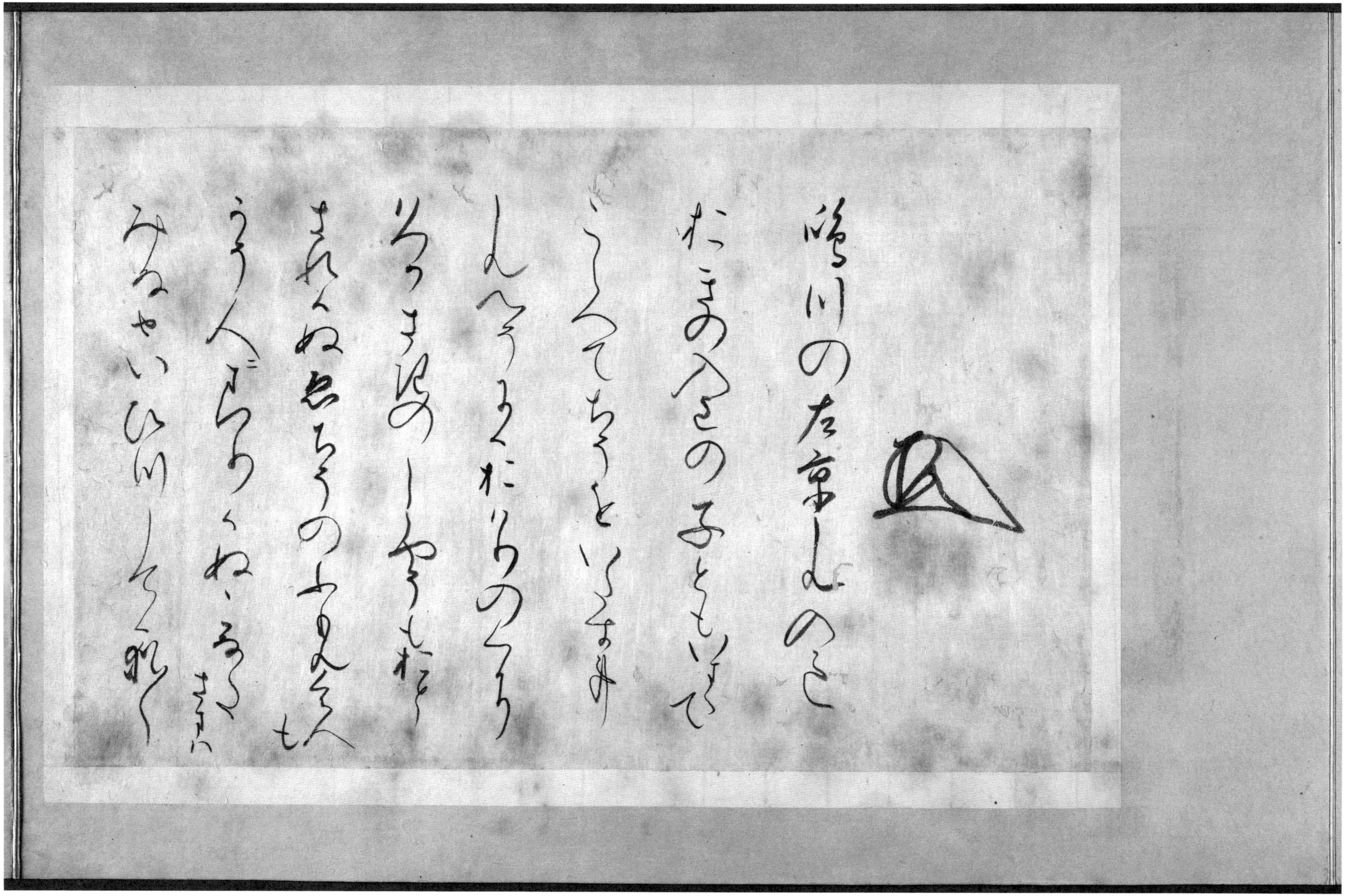

宝鑑　其一　30足利尊氏書状　（貞和二年）閏九月十四日

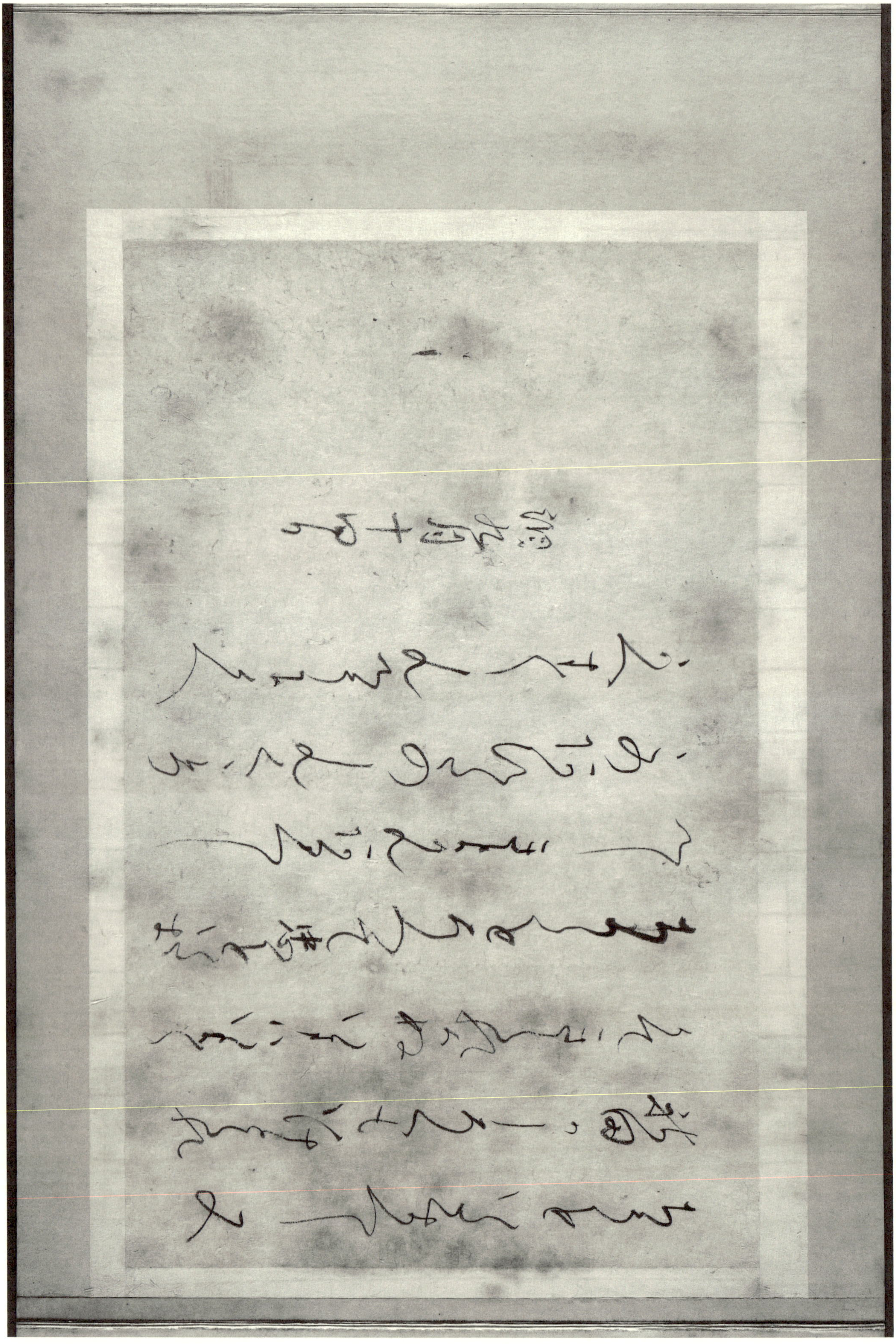

30　足利尊氏書状　（貞和二年）閏九月十四日

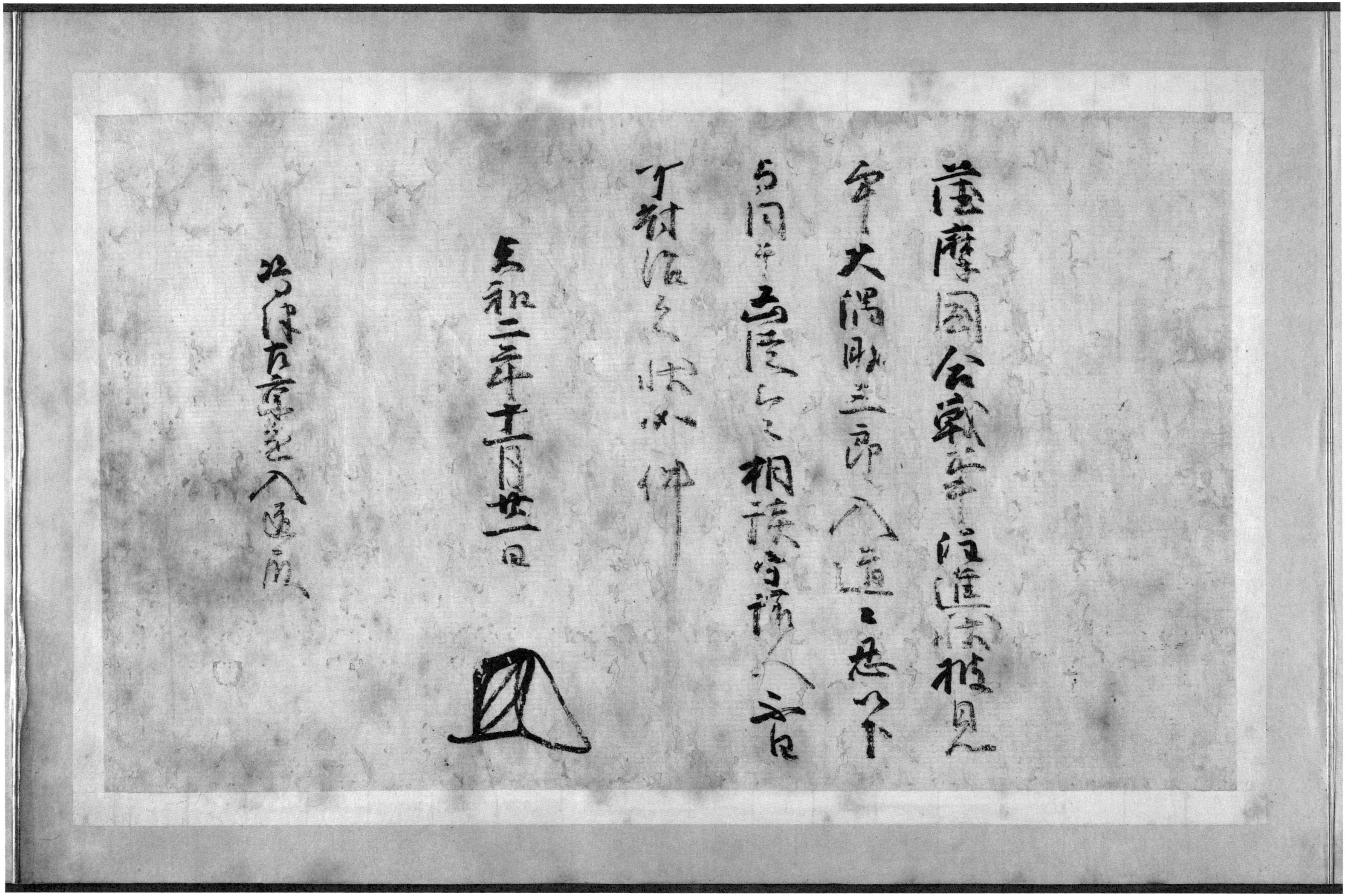

宝鑑　其一　31足利直義御判御教書　貞和二年十一月二十一日

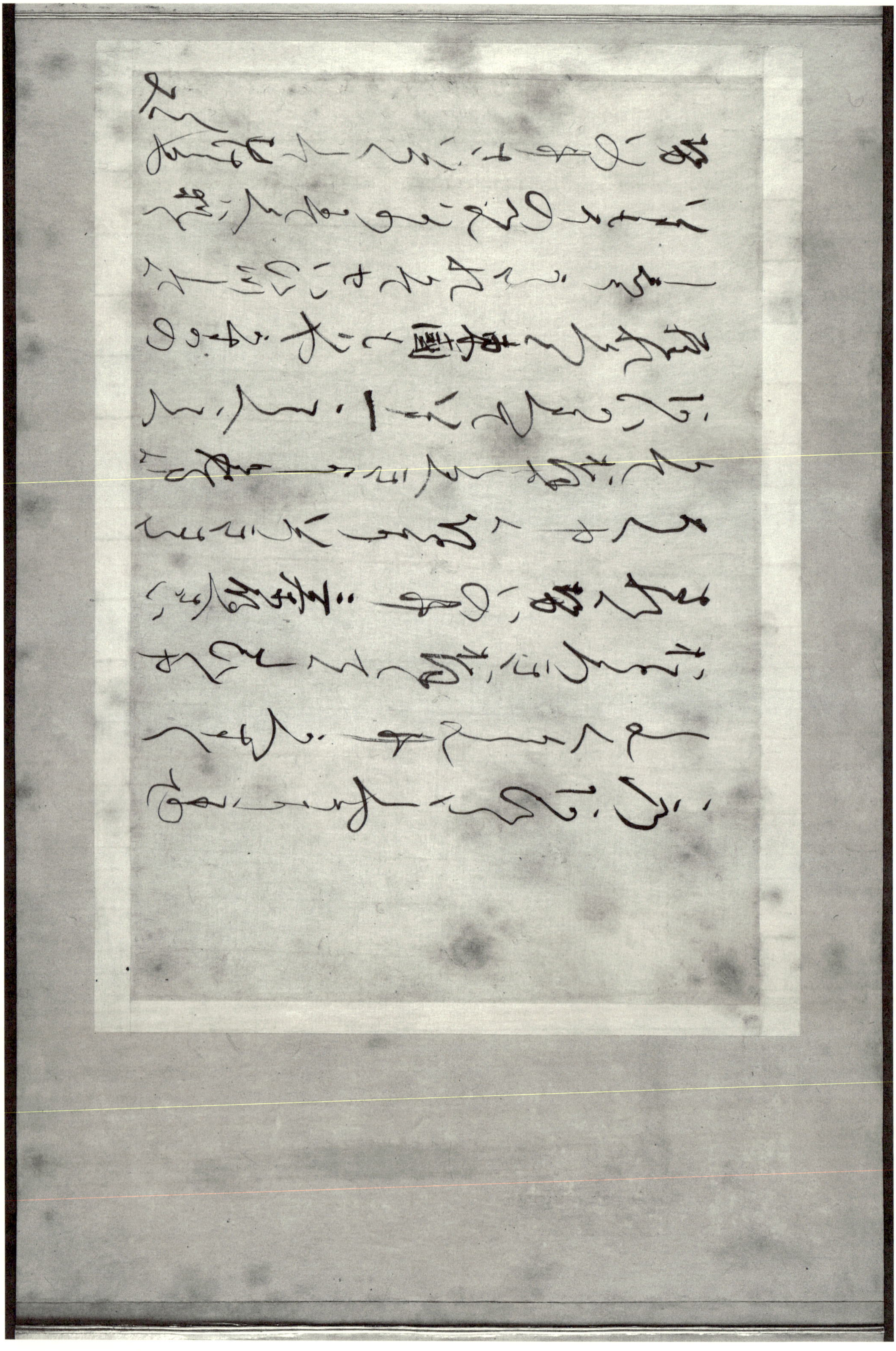

宝鑑　其一

32 足利尊氏書状 （康永三年）四月二日

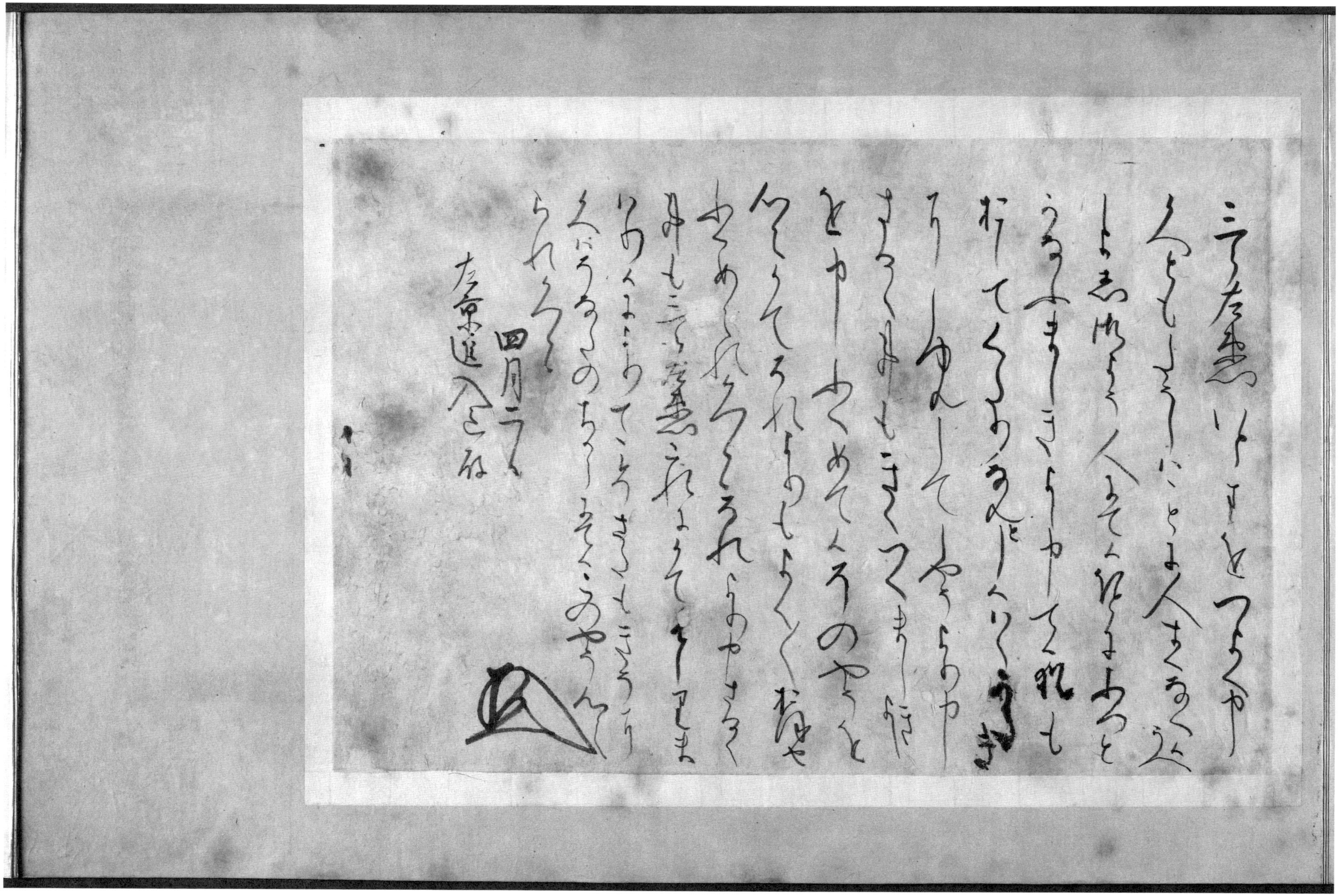

32足利尊氏書状　（康永三年）四月二日

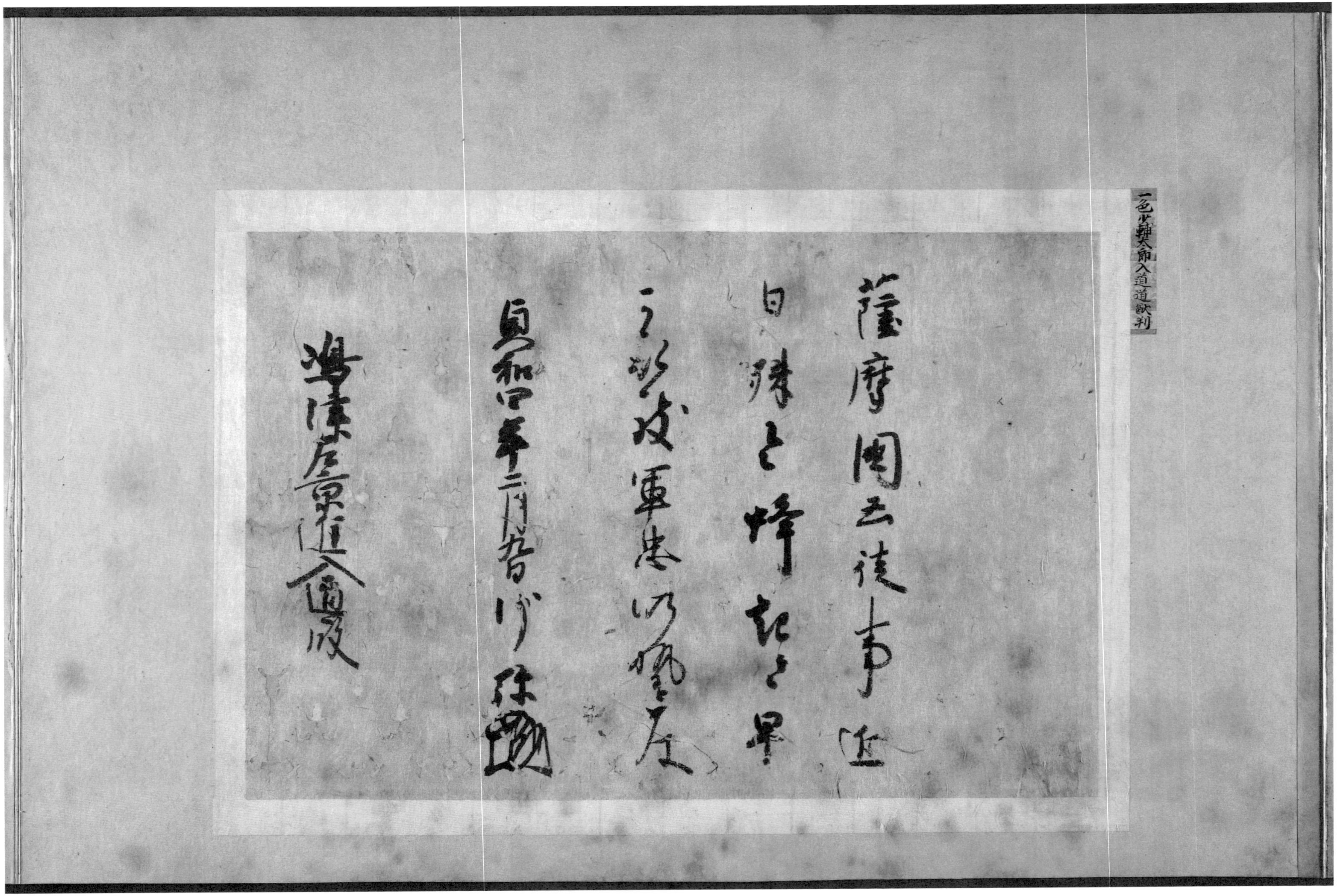

宝鑑　其一　33 一色道猷〈範氏〉軍勢催促状　貞和四年二月九日

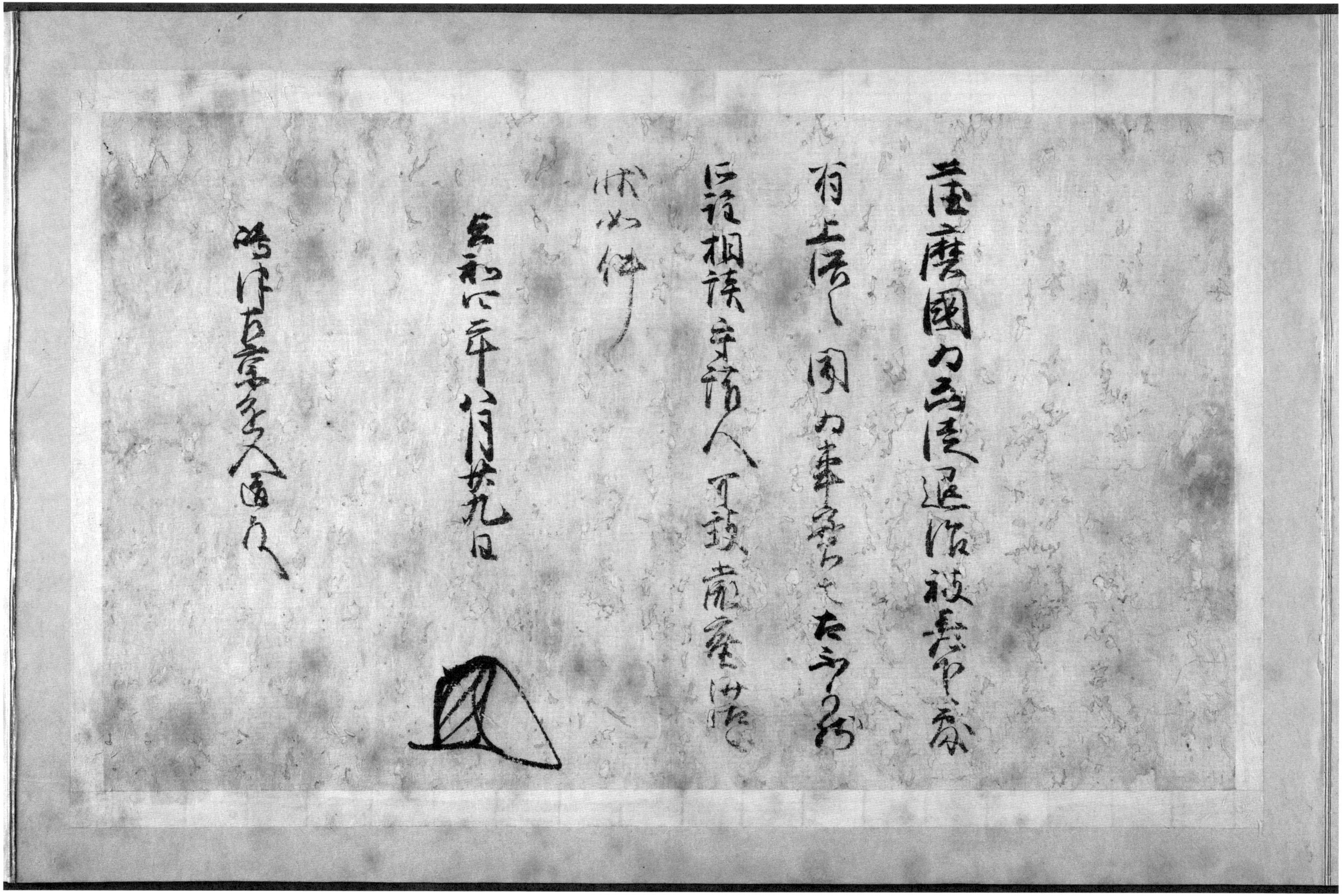

宝鑑　其一　34足利直義御判御教書　貞和四年八月二十九日

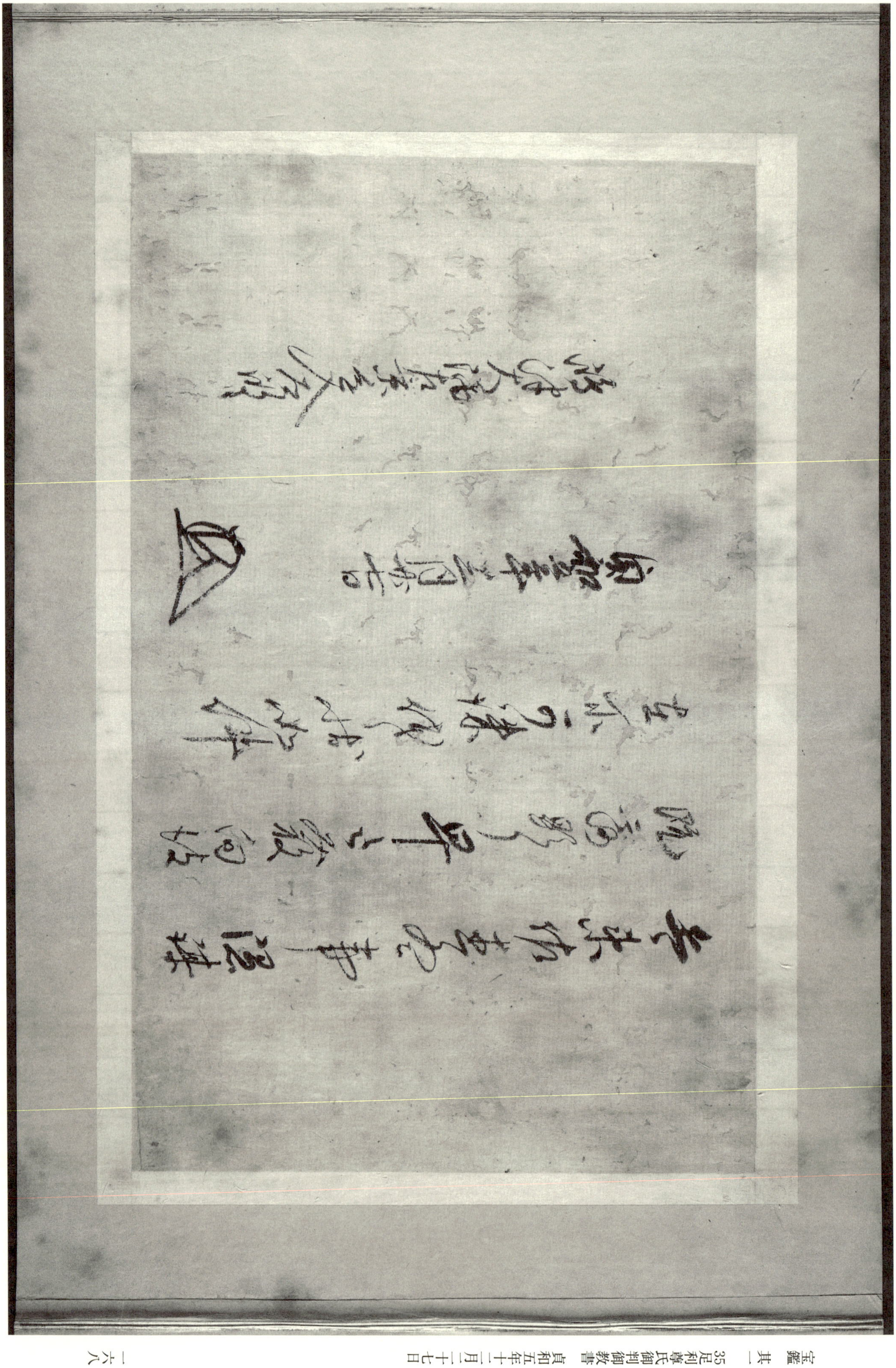

宝鑑　其一

35 足利尊氏御判御教書　貞和五年十二月二十七日

足利右兵衛佐直冬判

薩摩国伊作日置庄領家職事、為兵粮料所、当年壹作所預置也、早守先例、致沙汰、可被遂進年貢之状如件、

観応二年七月四日　（花押）

嶋津大隅左京進入道殿

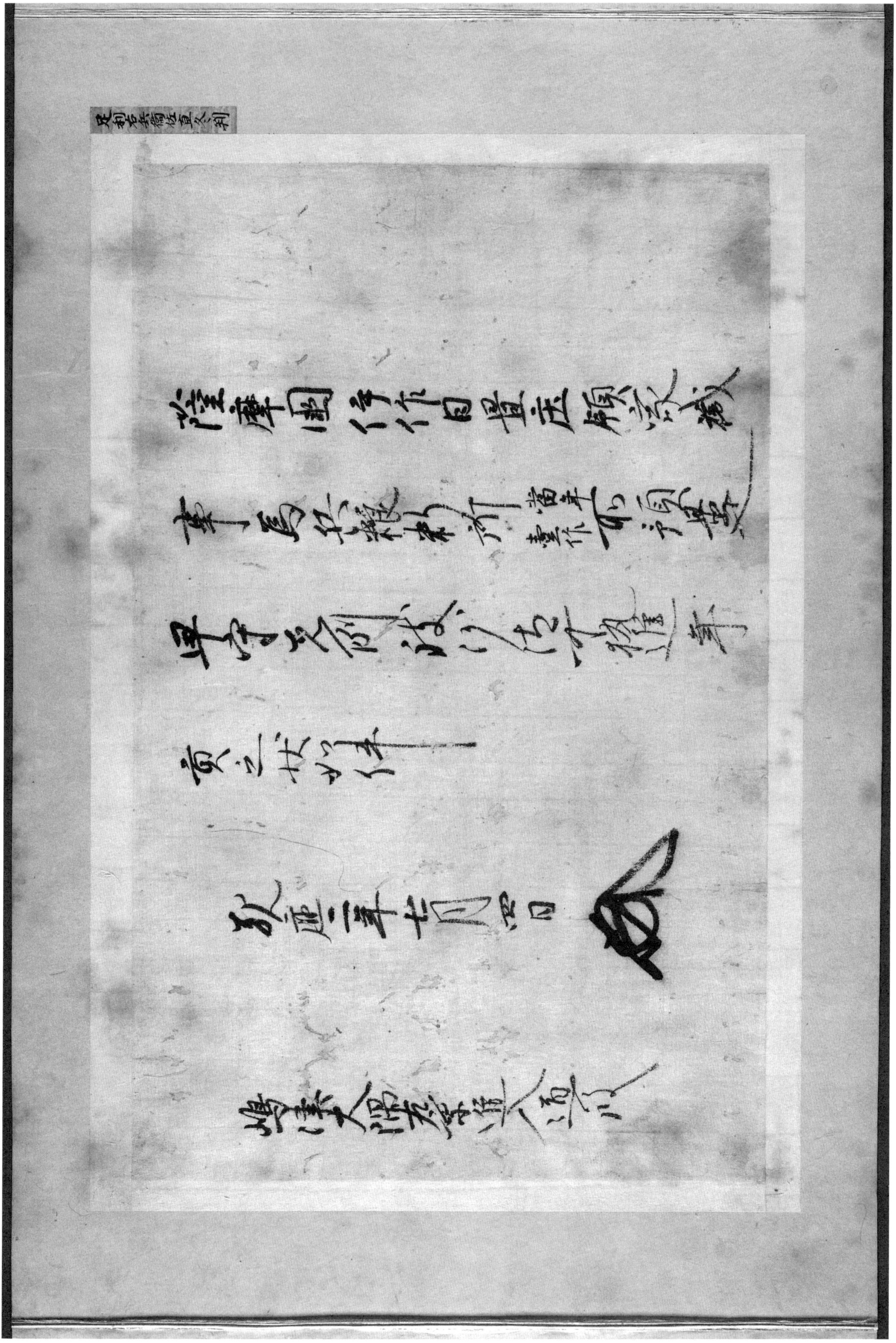

宝鑑　其一　36足利直冬御判御教書　観応二年七月四日

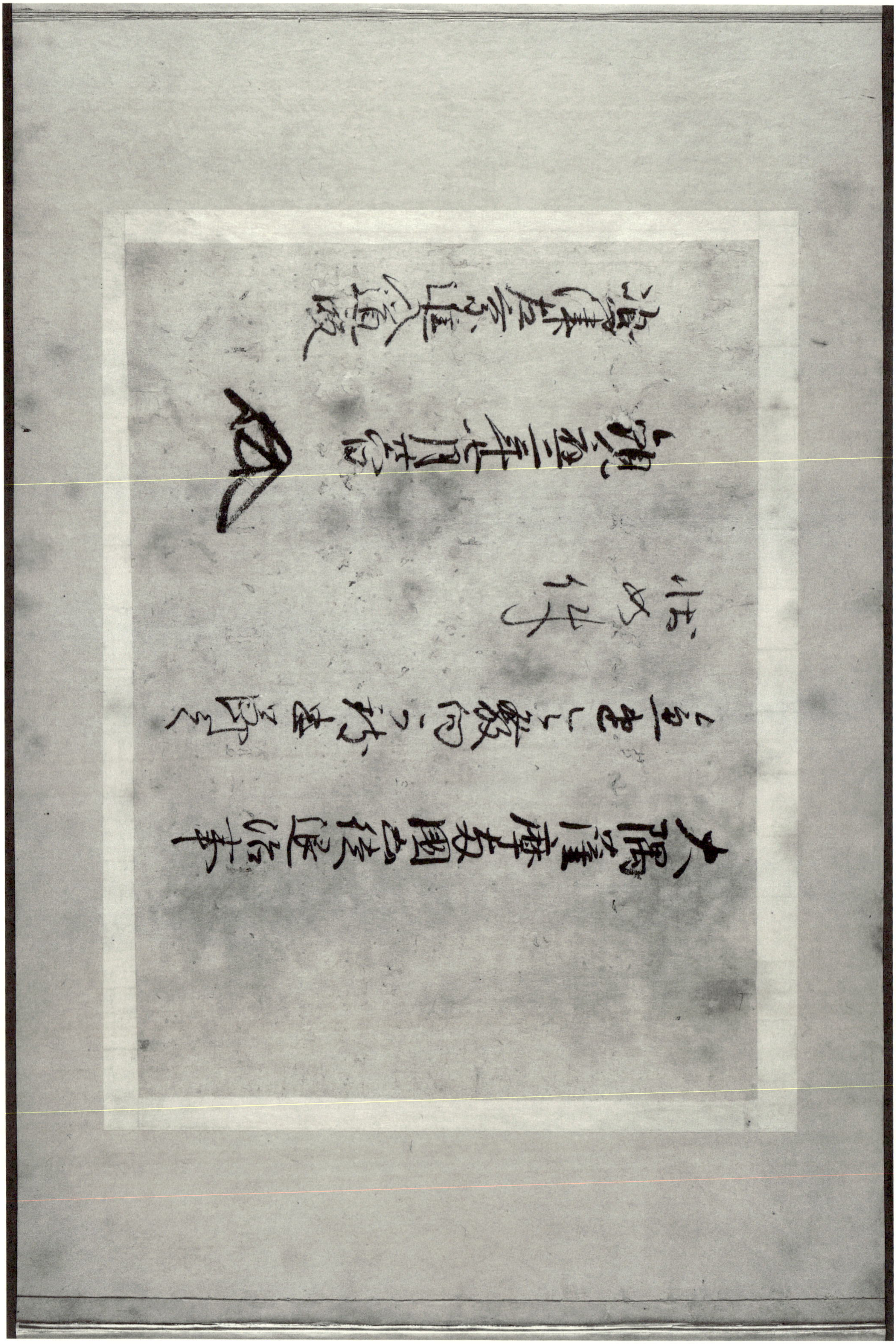

宝鑑　其二

37　足利直冬御判御教書　観応二年七月二十六日

*接写

*接写

*接写

宝鑑　其一

38後村上天皇綸旨　正平六年八月三日／39足利尊氏御判御教書　正平六年十一月十三日
40足利義詮御判御教書　観応三年卯月十三日

41足利直義御判御教書　康永二年三月二日

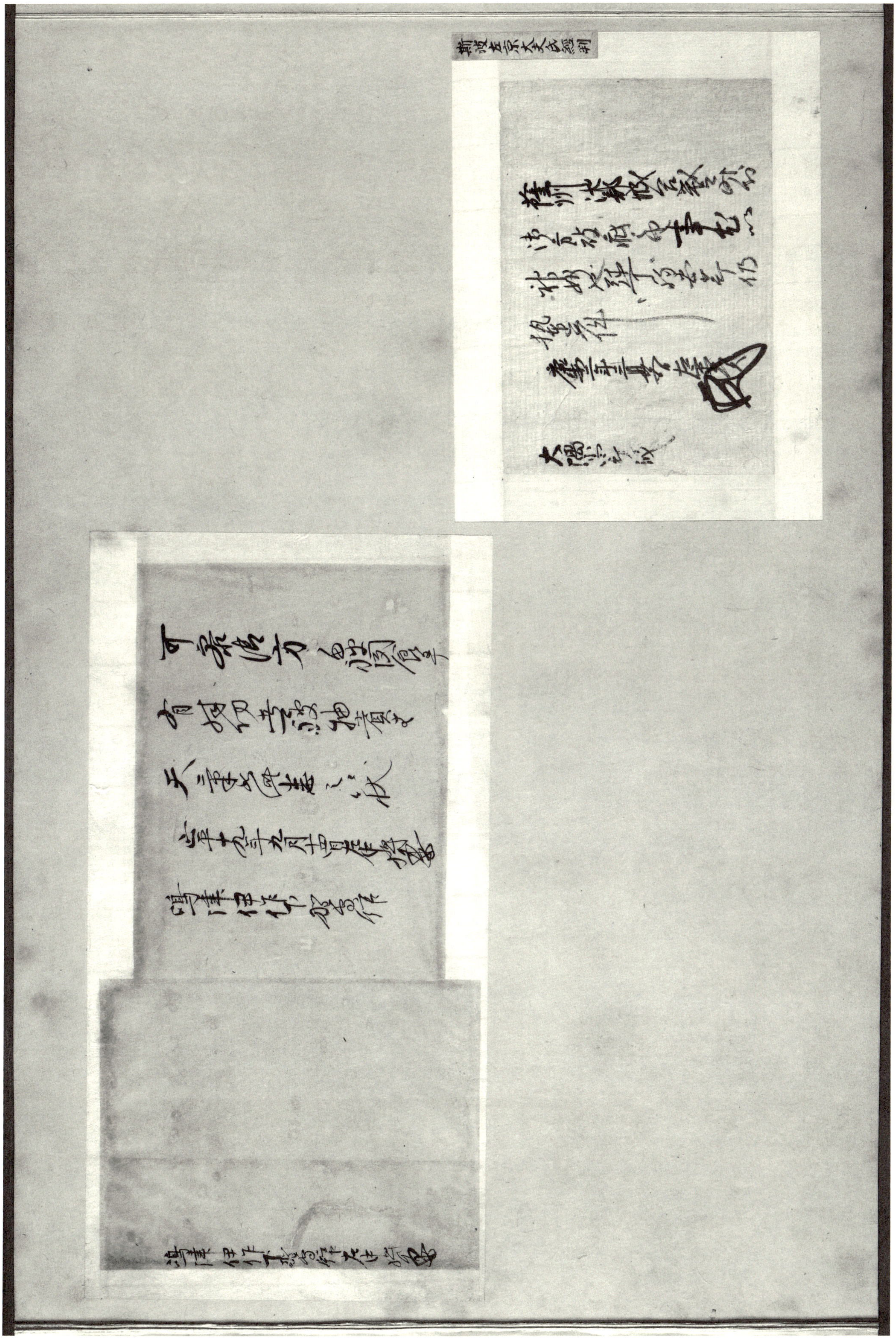

宝鑑　其一

43 斯波氏経感状　康安二年三月十五日
42 後村上天皇綸旨　正平十九年九月十四日

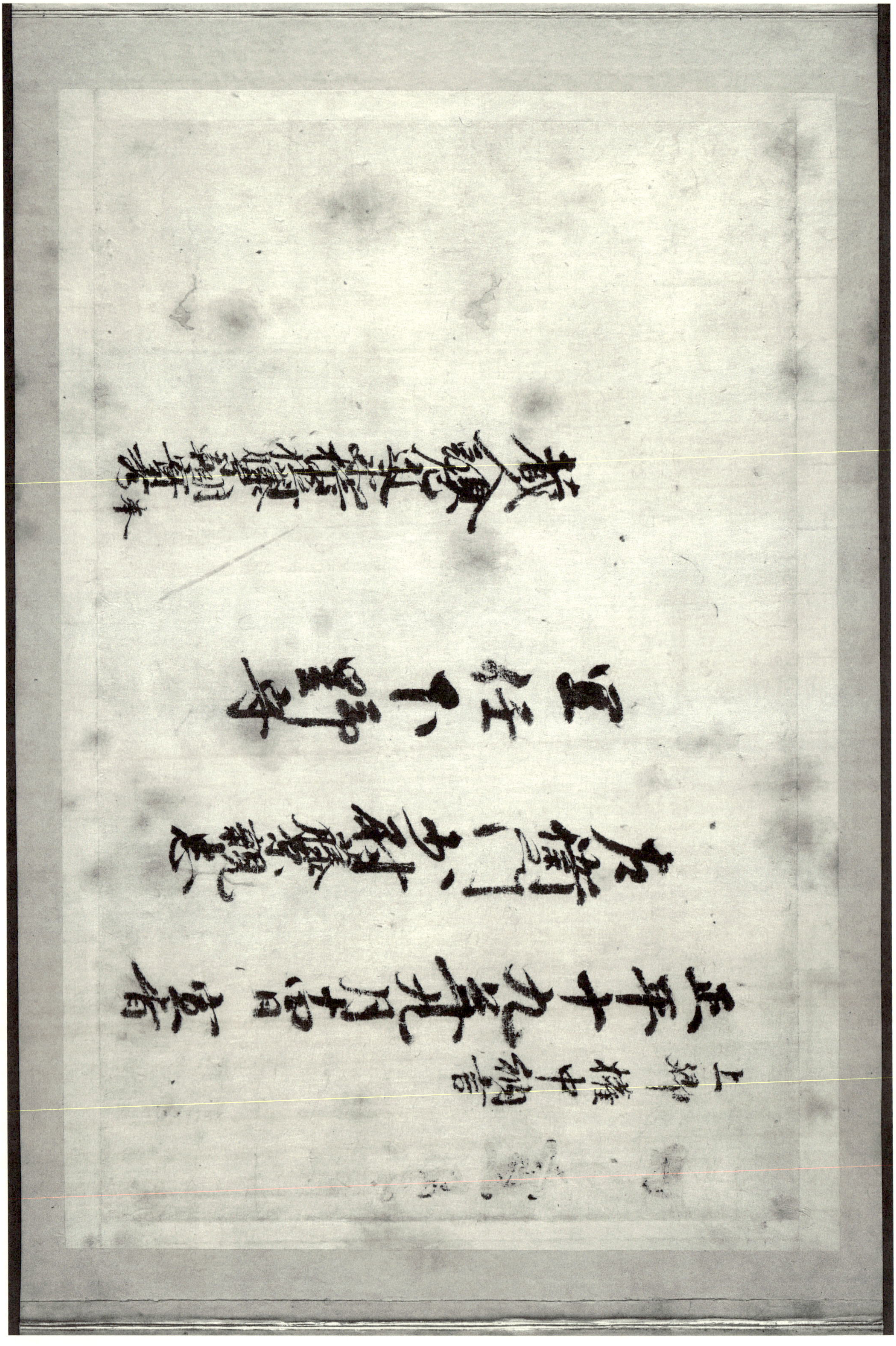

宝鑑 其一

44 後村上天皇口宣案 正平十九年九月十四日

*接写

*接写

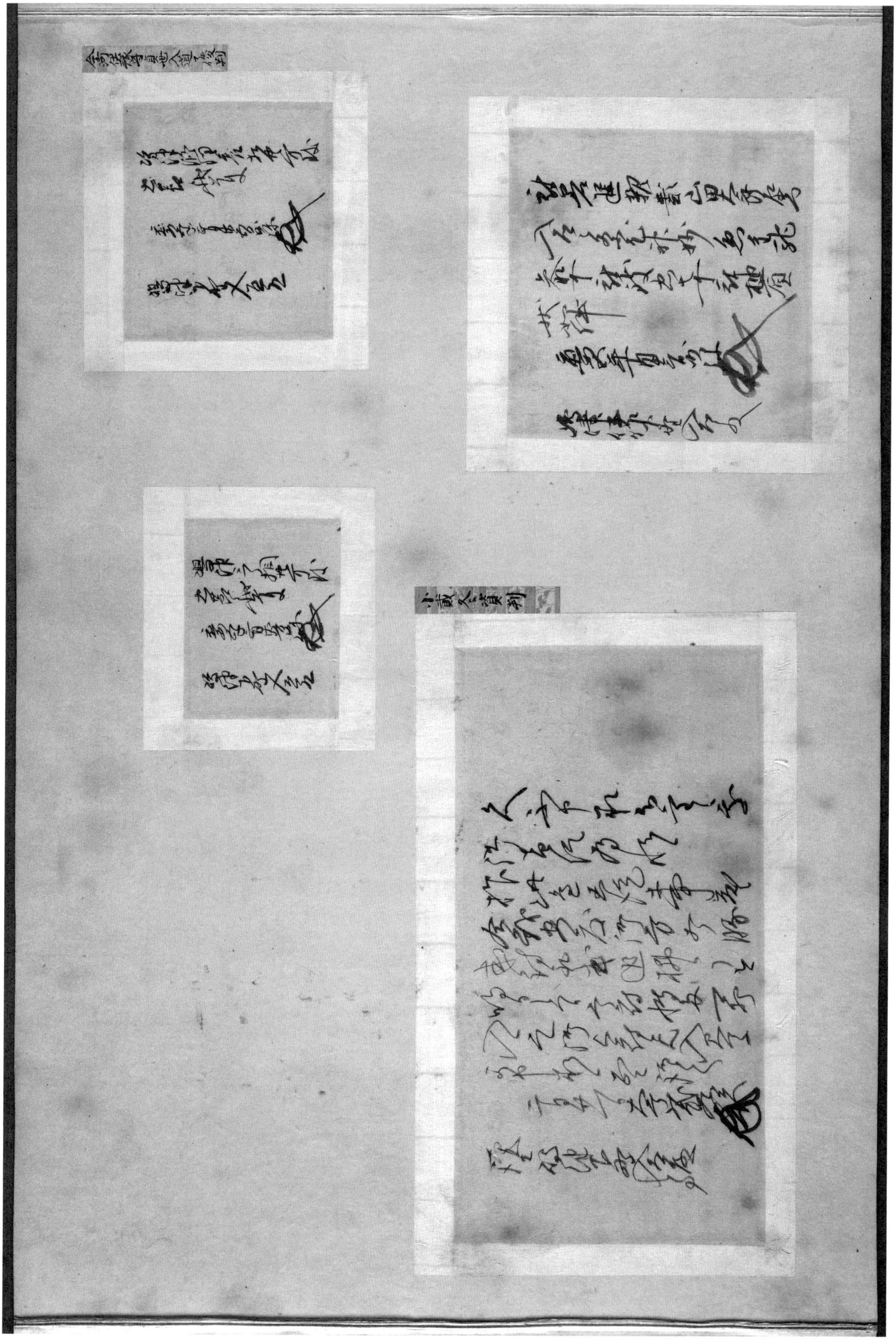

宝鑑　其一

45 今川了俊〈貞世〉書下　応安五年正月二十五日／46 今川了俊〈貞世〉書下　応安五年正月二十五日／47 今川了俊〈貞世〉軍勢催促状　応安五年十月十三日／48 少弐冬資書状　(年未詳)二月二十一日

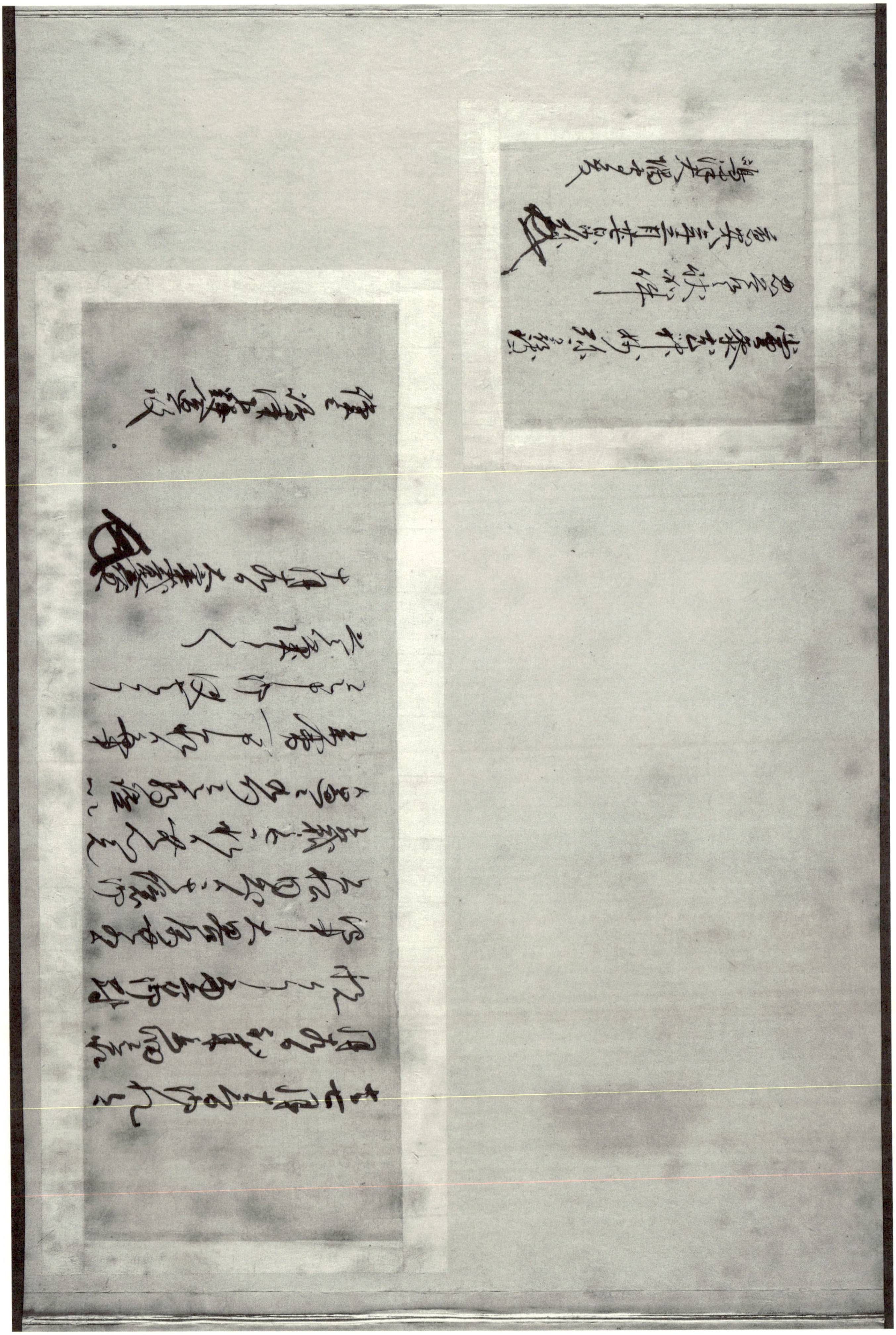

宝鑑　其一

5049
少弐冬資書状（年未詳）十月十九日
今川了俊〈貞世〉感状　応安八年三月二十七日

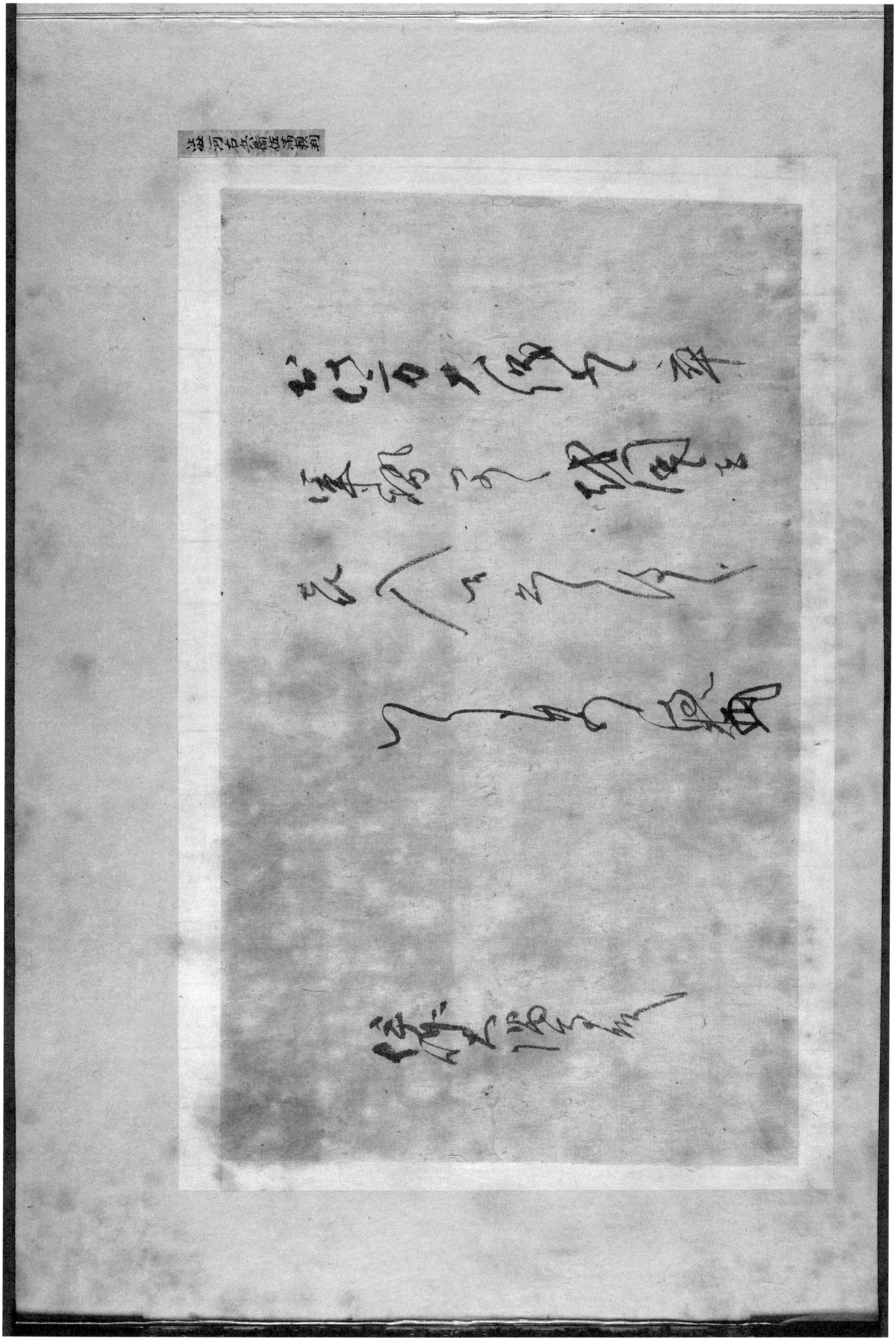

宝鑑　其一　51渋川満頼書状　(年未詳)八月二十五日

宝鑑　其二

宝鑑　其二　表紙

宝鑑　其二　表紙見返し

足利左兵衛督直義判

薩摩国凶徒誅伐事
所差下嶋津孫三郎大隅左
京進入道也早令發向可致
軍忠之状如件
建武四年五月十七日（花押）
渋谷平次郎殿

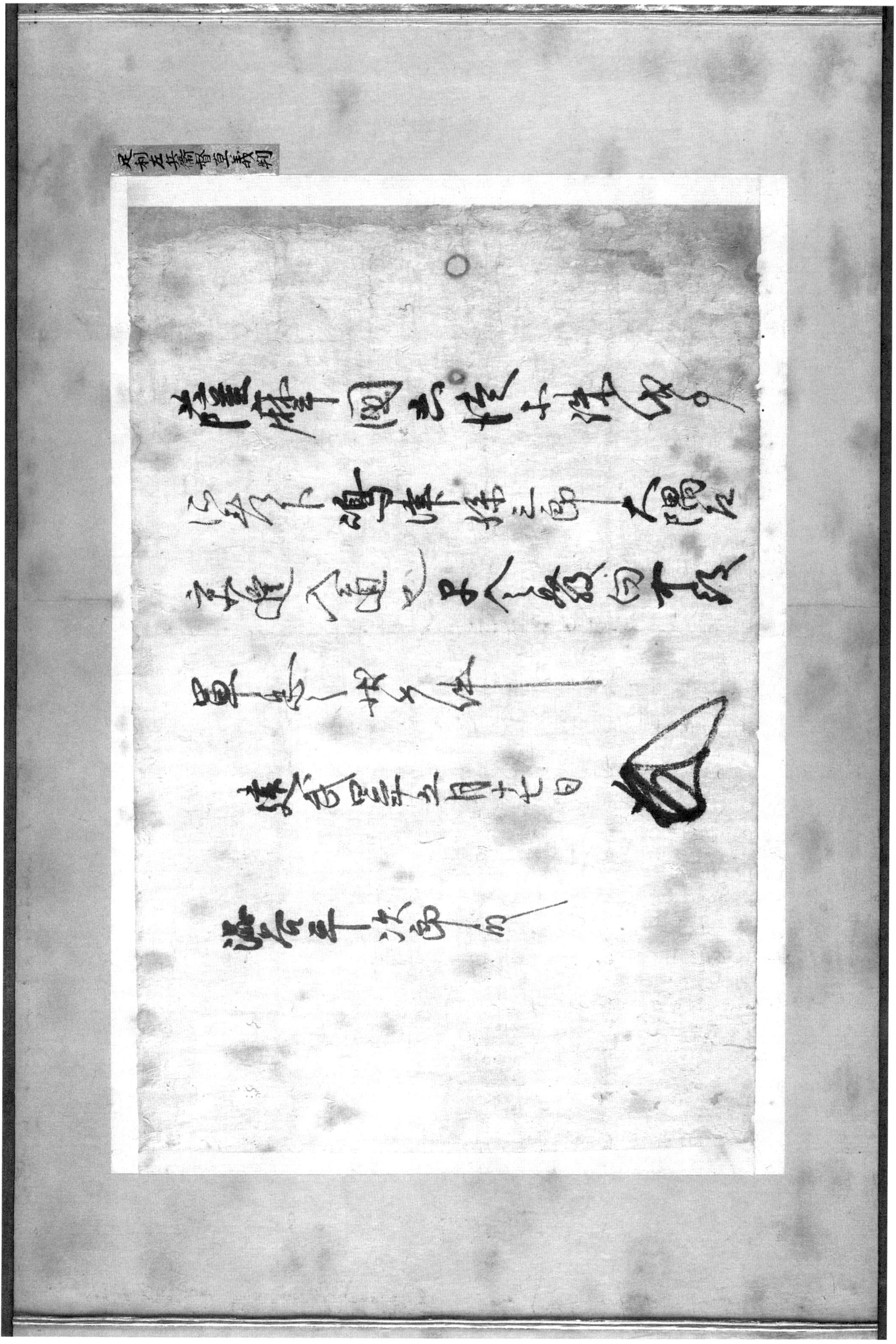

宝鑑　其二　1足利直義御判御教書　建武四年五月十七日

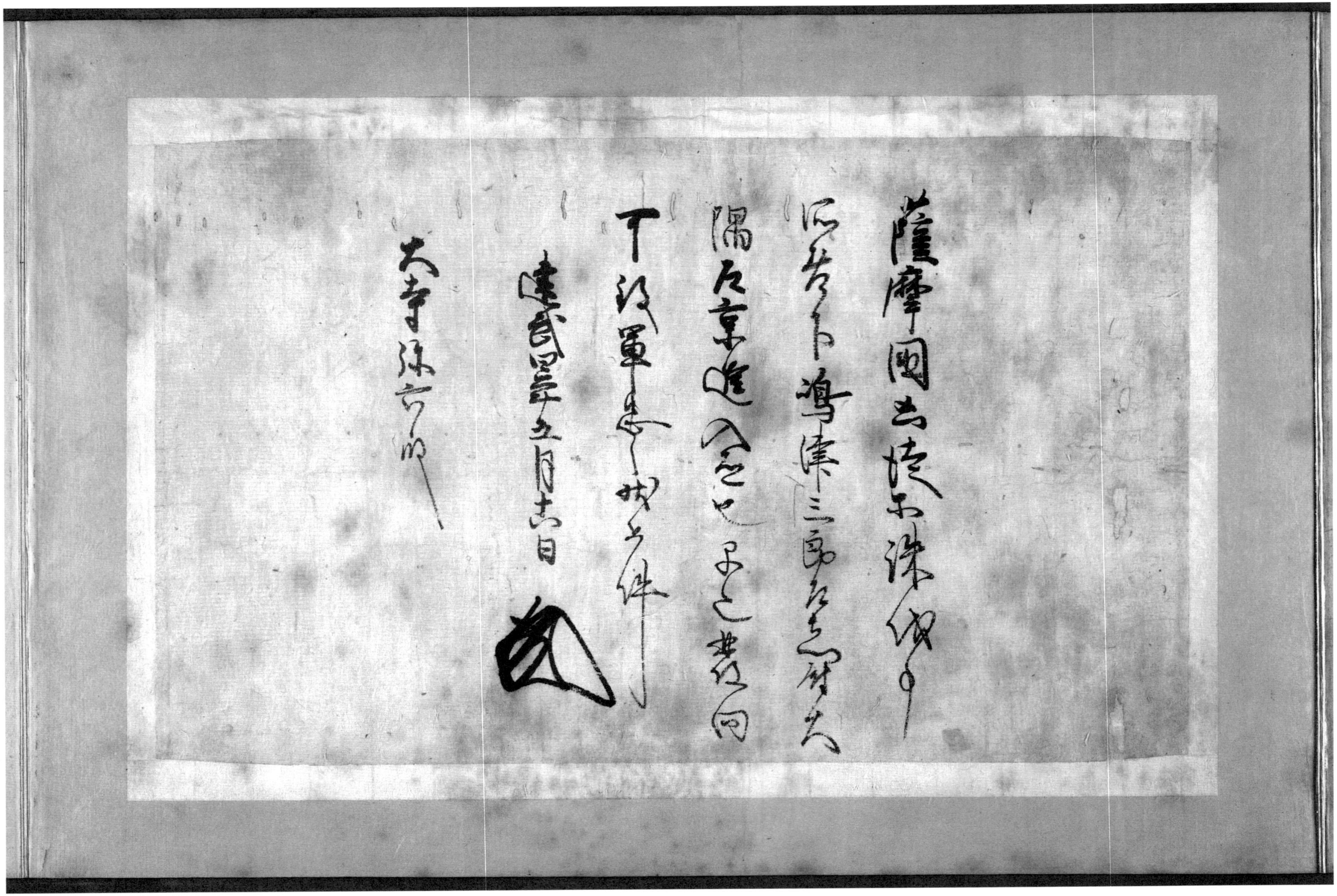

宝鑑　其二　2足利直義御判御教書　建武四年五月十八日

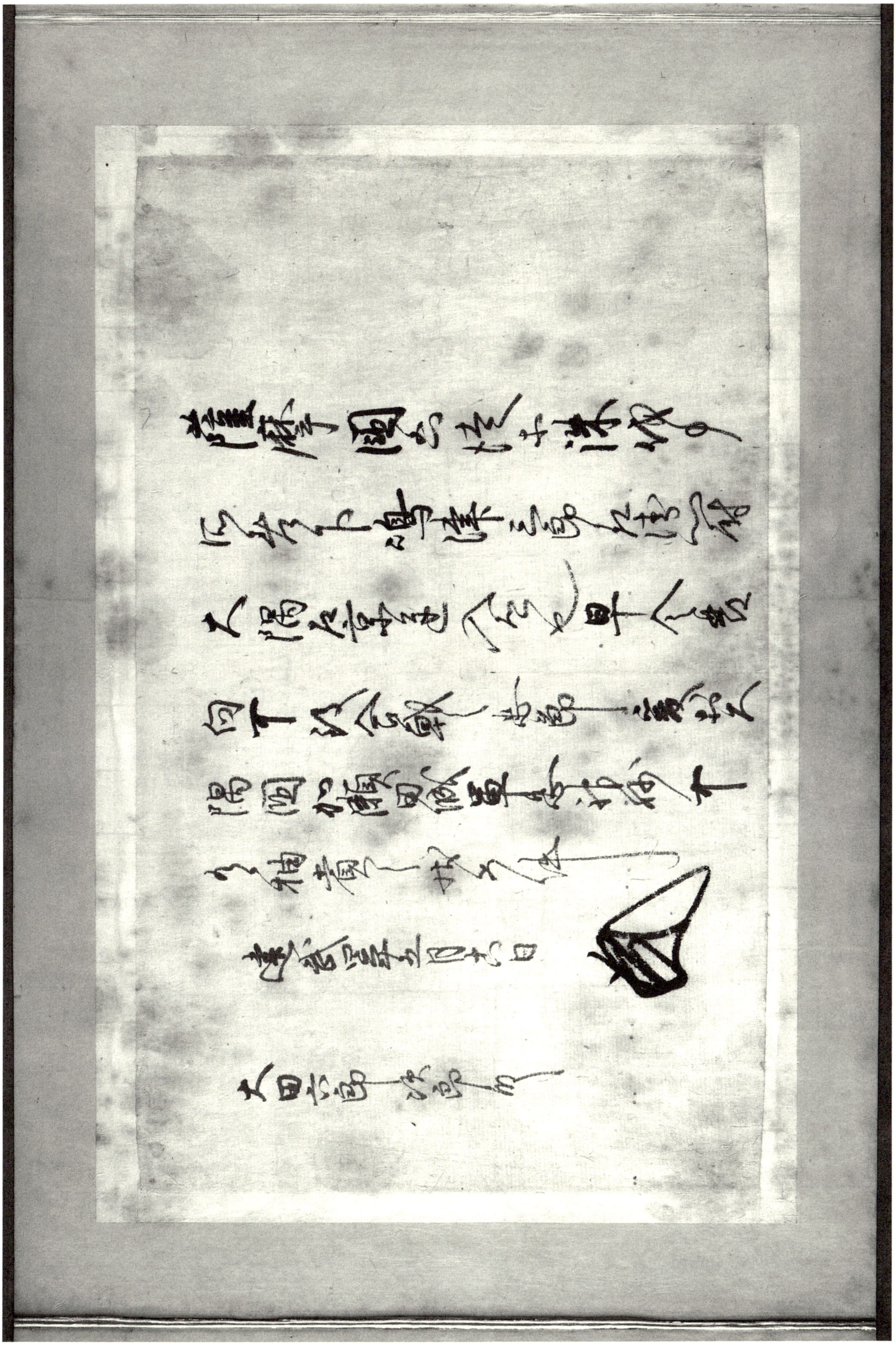

宝鑑　其二　3足利直義御判御教書　建武四年五月十八日

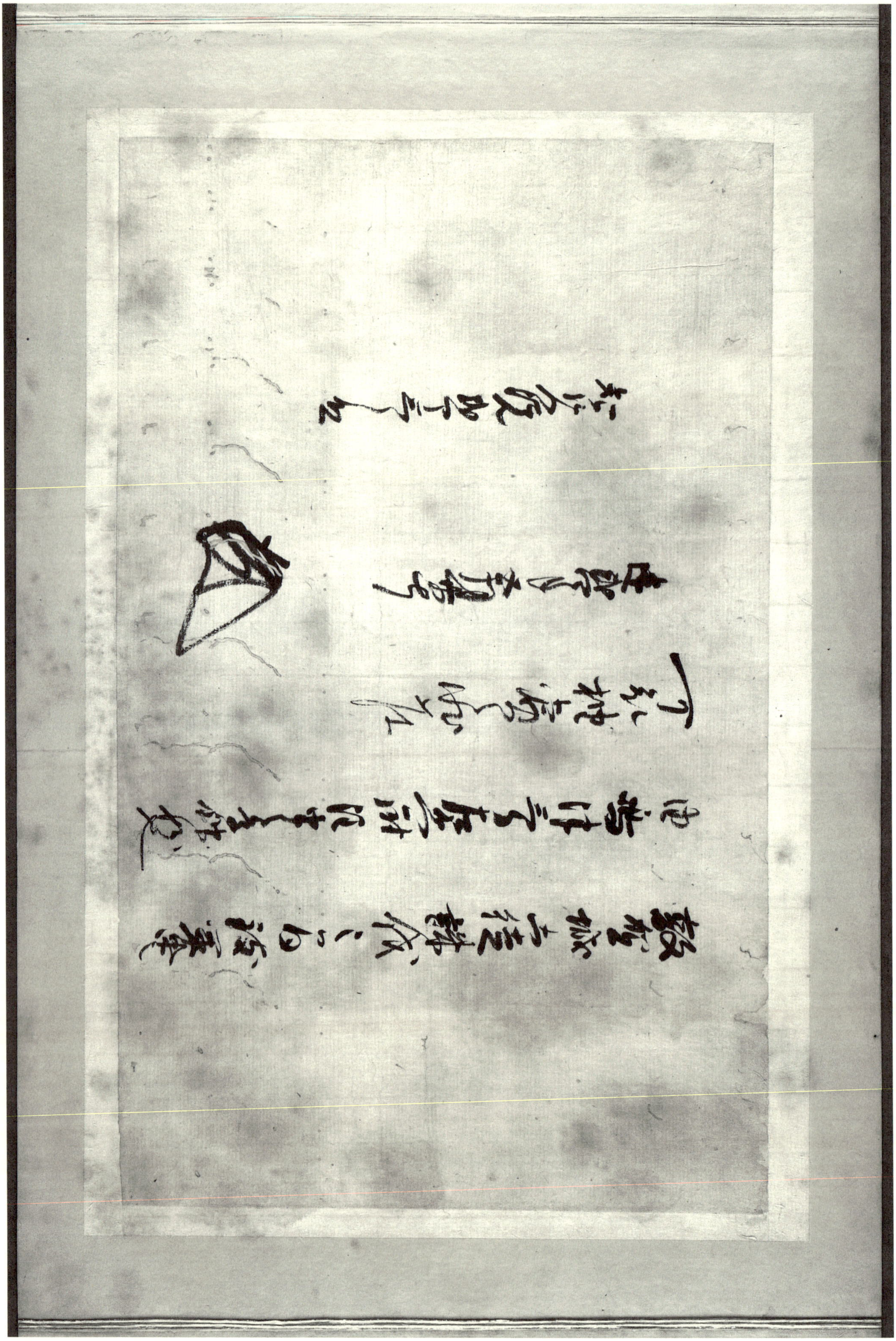

4　足利直義御判御教書　建武四年五月二十七日

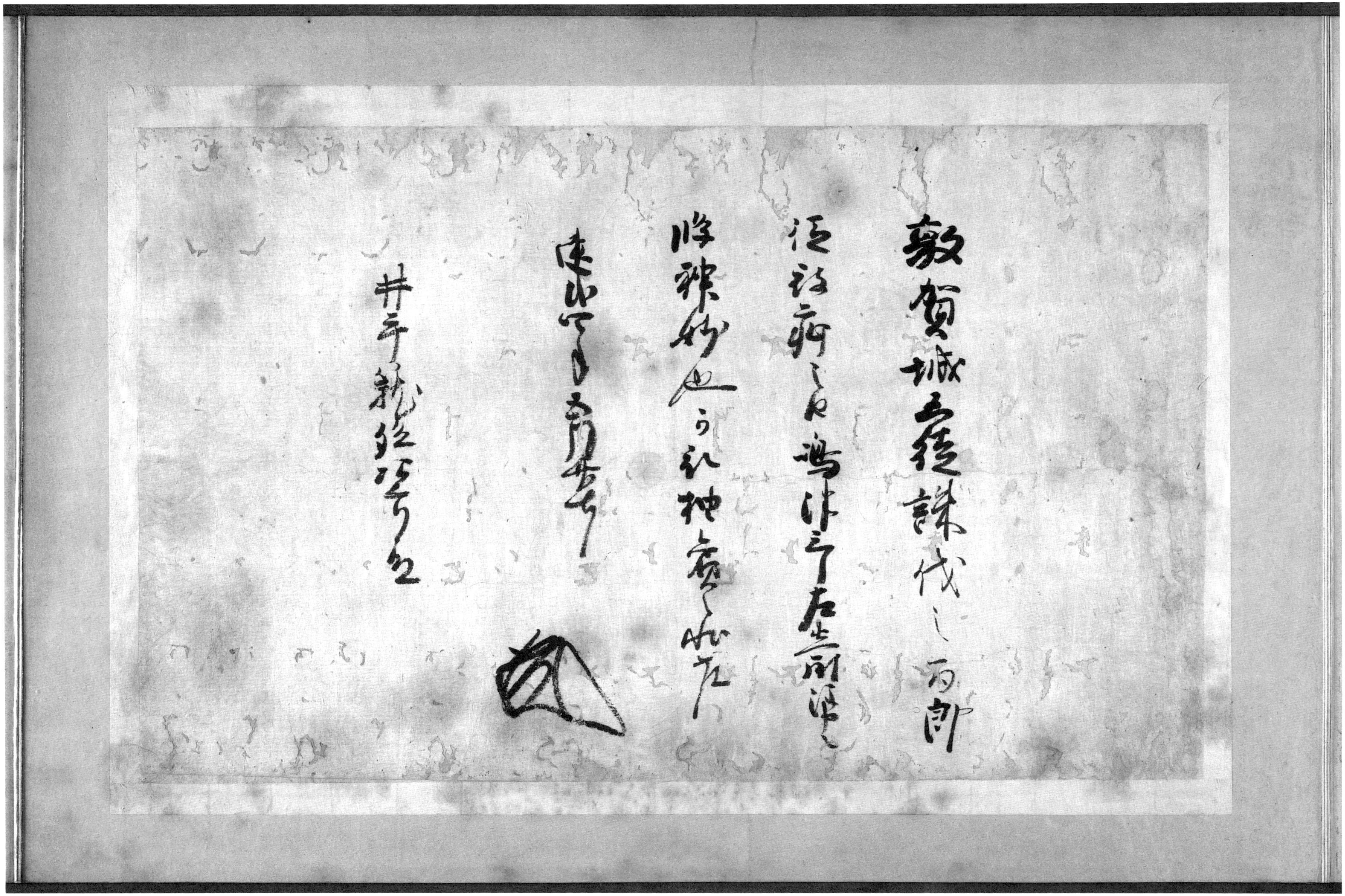

宝鑑　其二　5足利直義御判御教書　建武四年五月二十七日

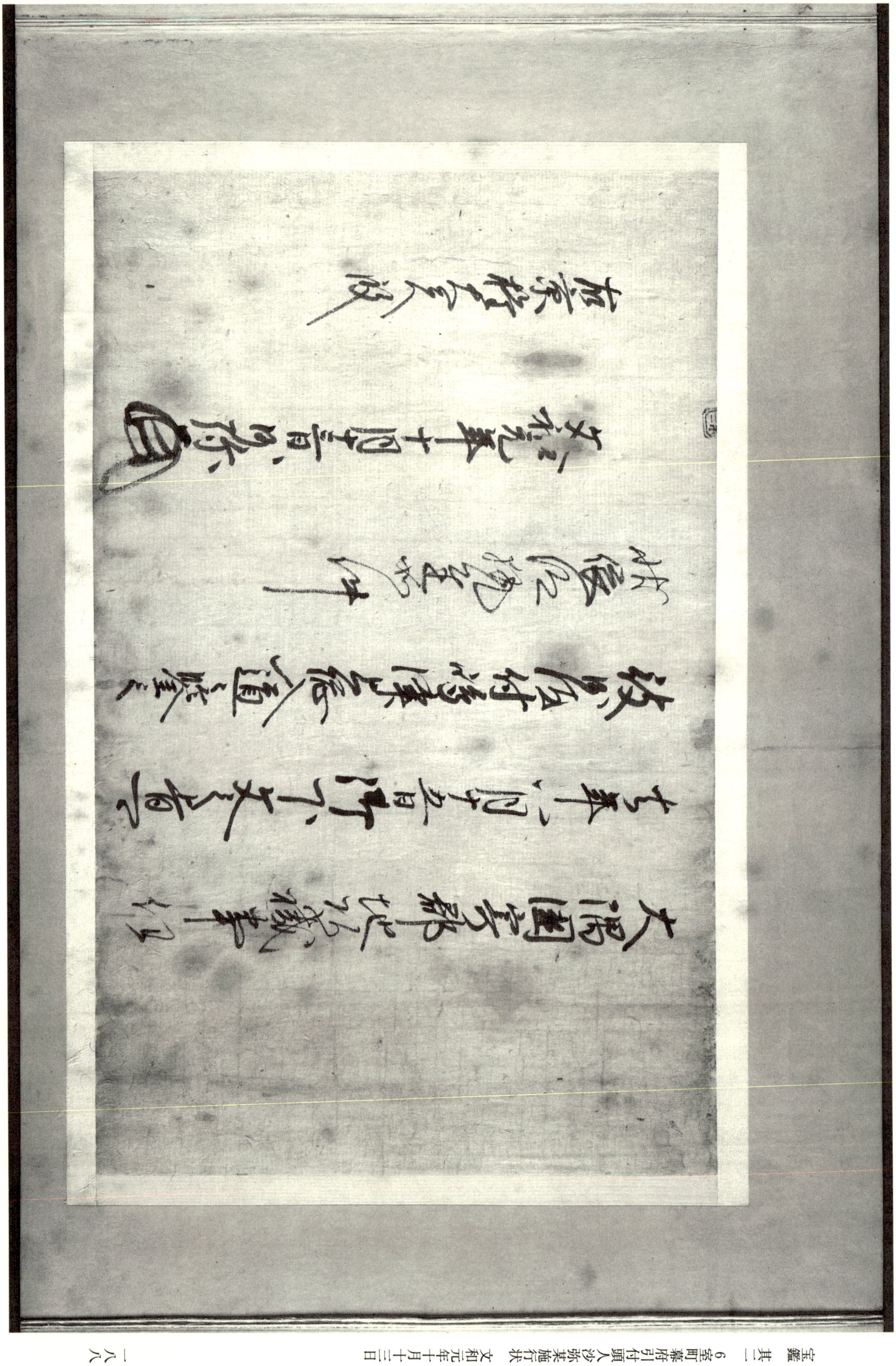

6　室町幕府引付頭人沙弥某施行状　文和元年十月十三日

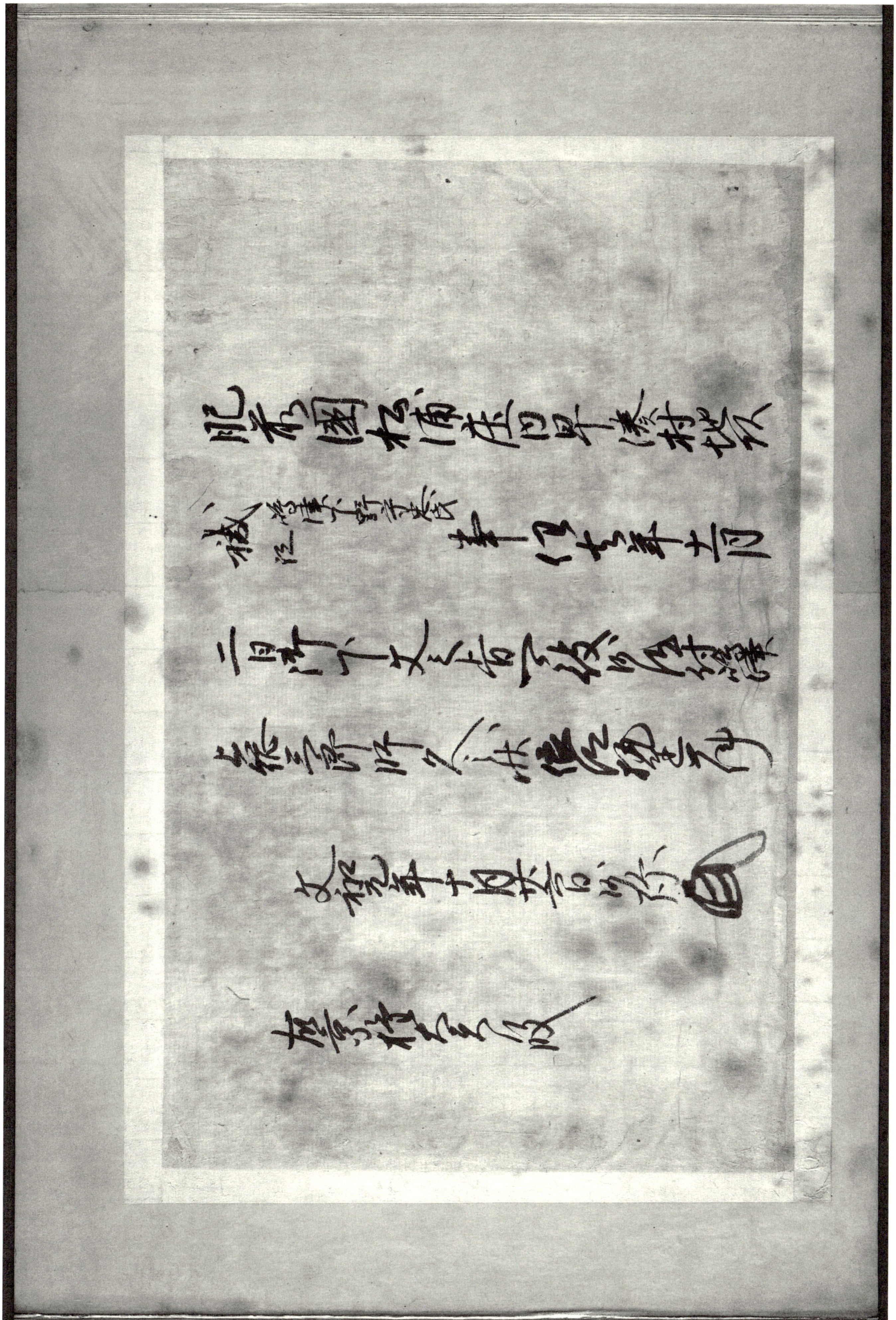

宝鑑 其二　7 室町幕府引付頭人沙弥某施行状　文和元年十月二十六日

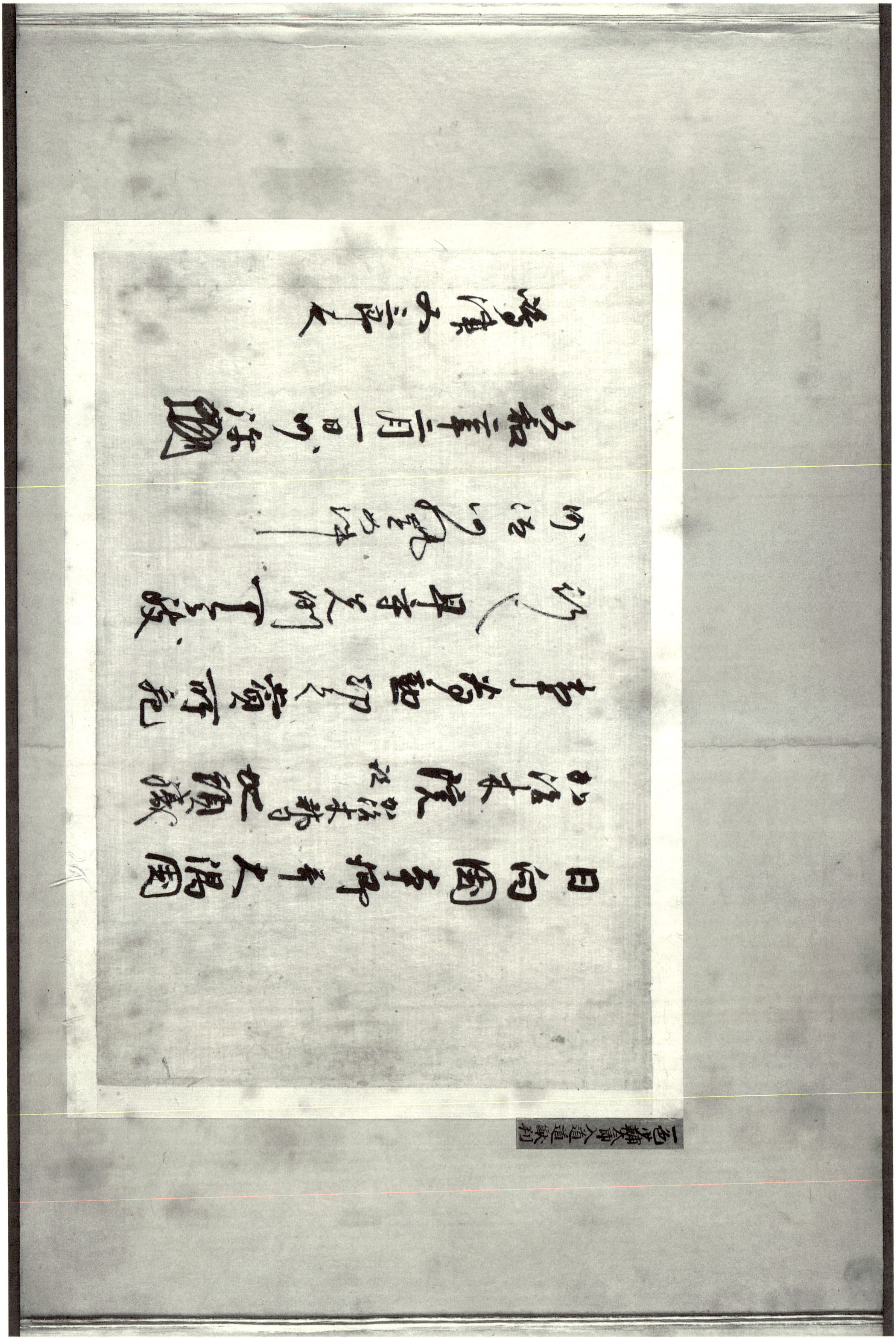

宝鑑 其二

8 一色道猷〈範氏〉充行状 文和二年三月一日

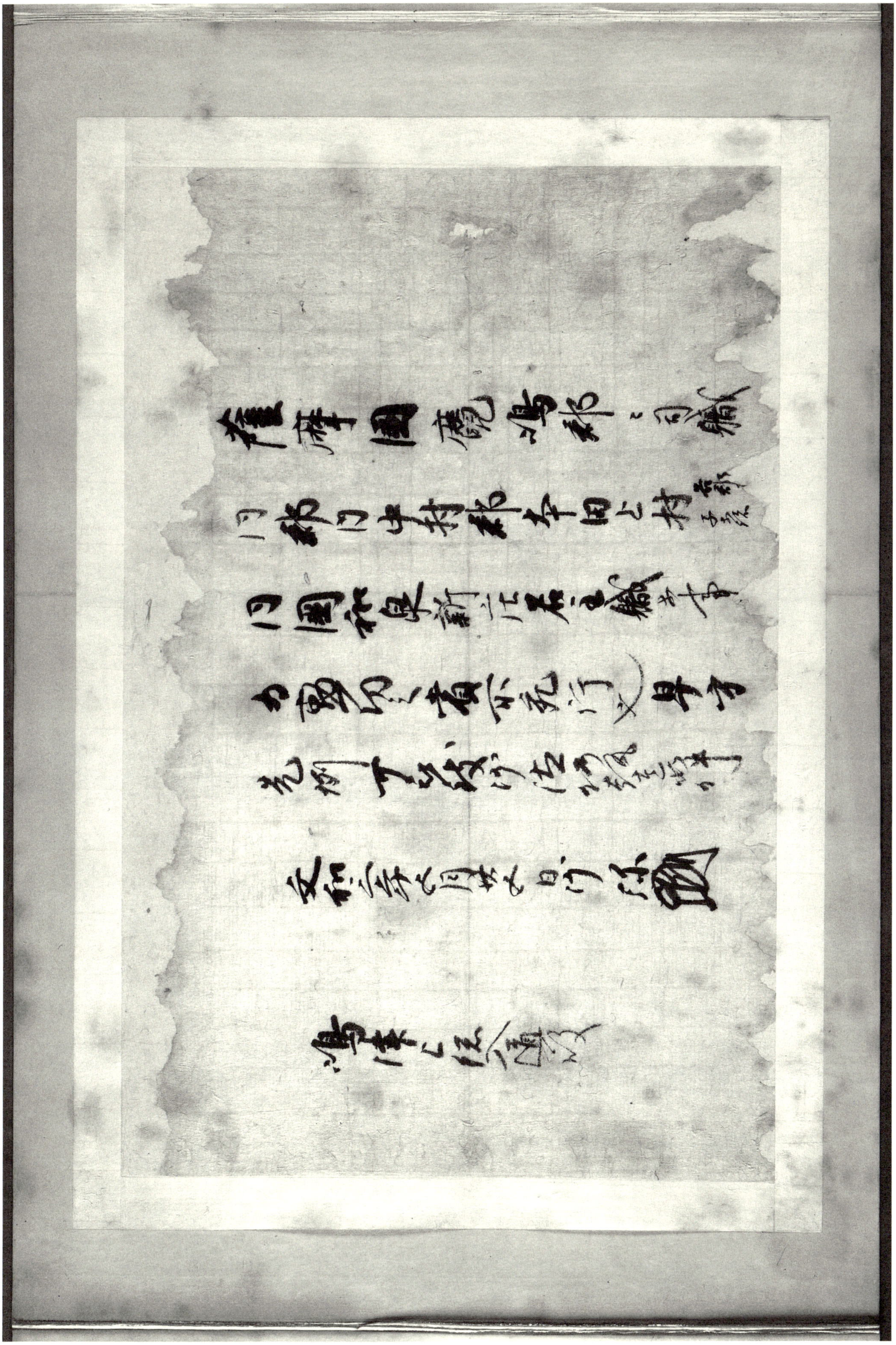

宝鑑　其二　9　一色道猷〈範氏〉充行状　文和三年五月二十五日

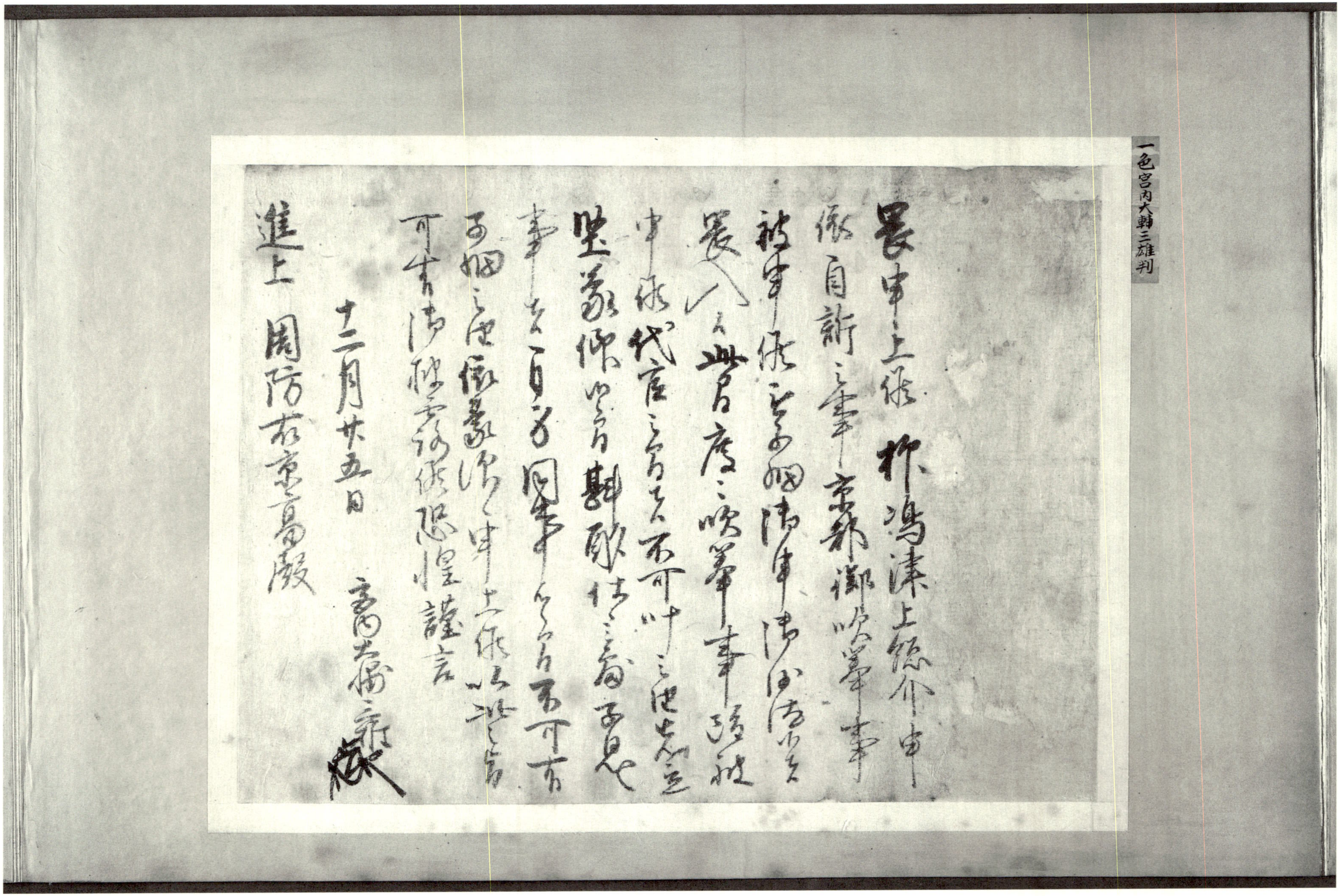
一色宮内大輔三雄判

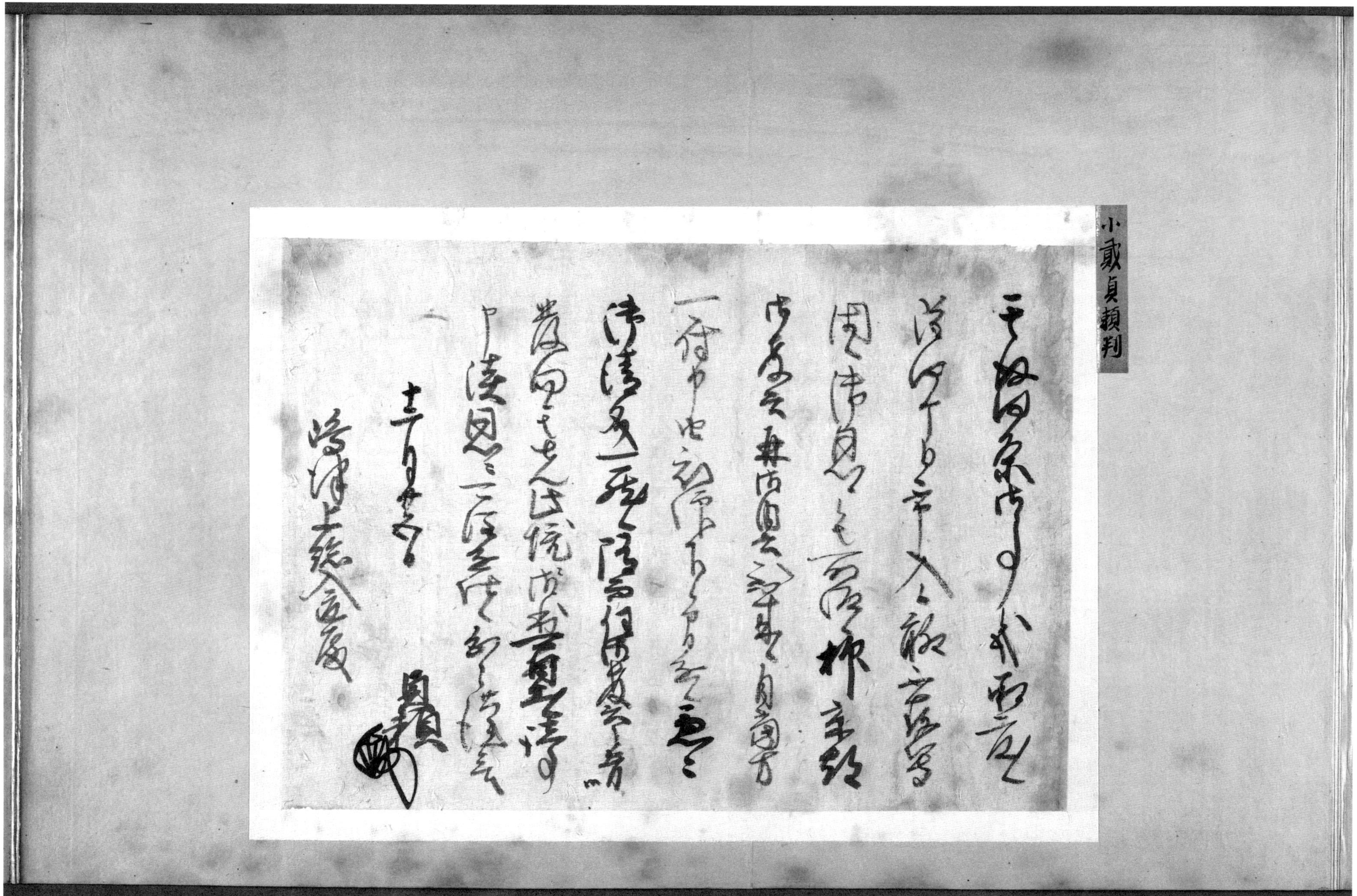
小貳貞頼判

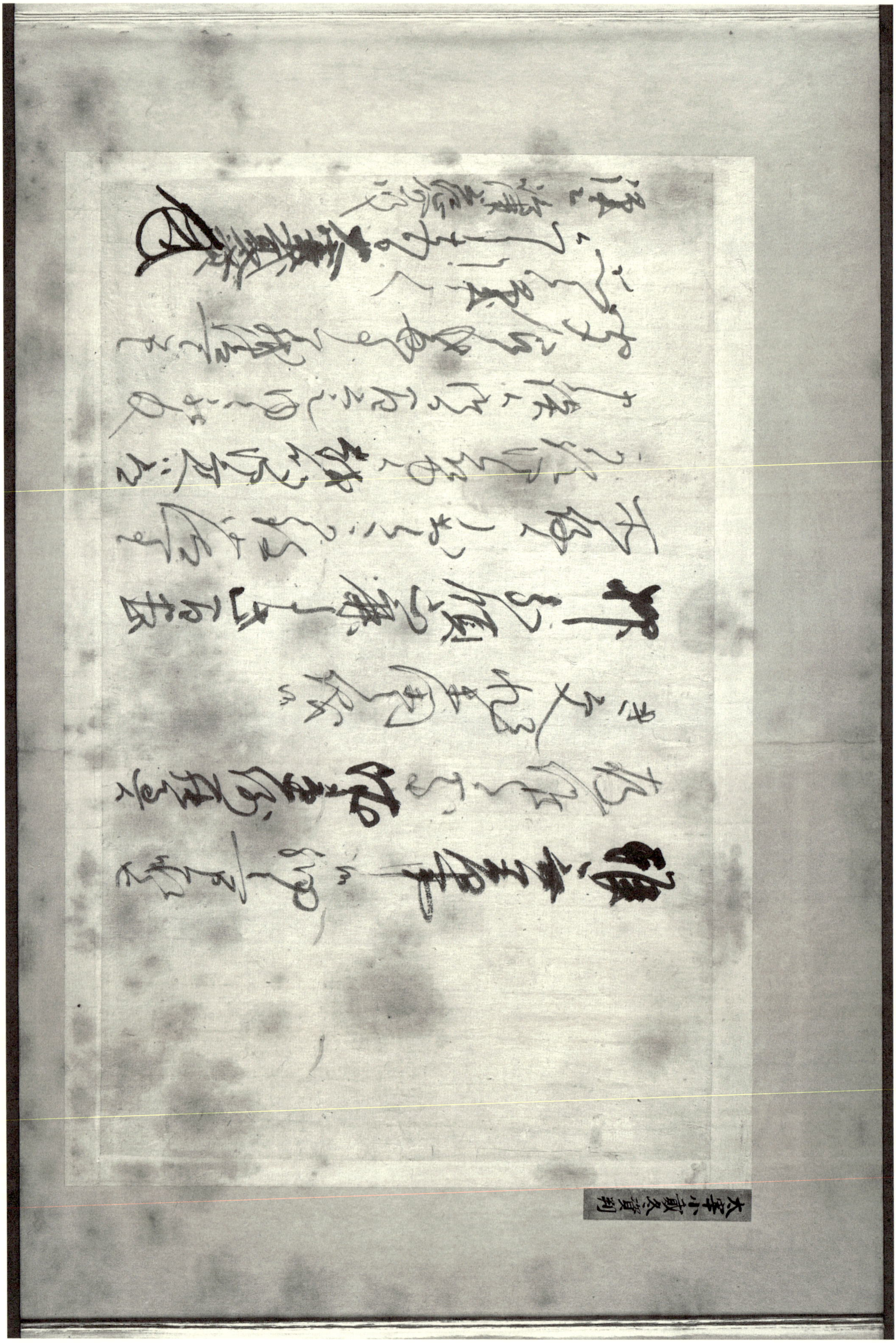

12　少弐冬資書状　（年未詳）六月十五日

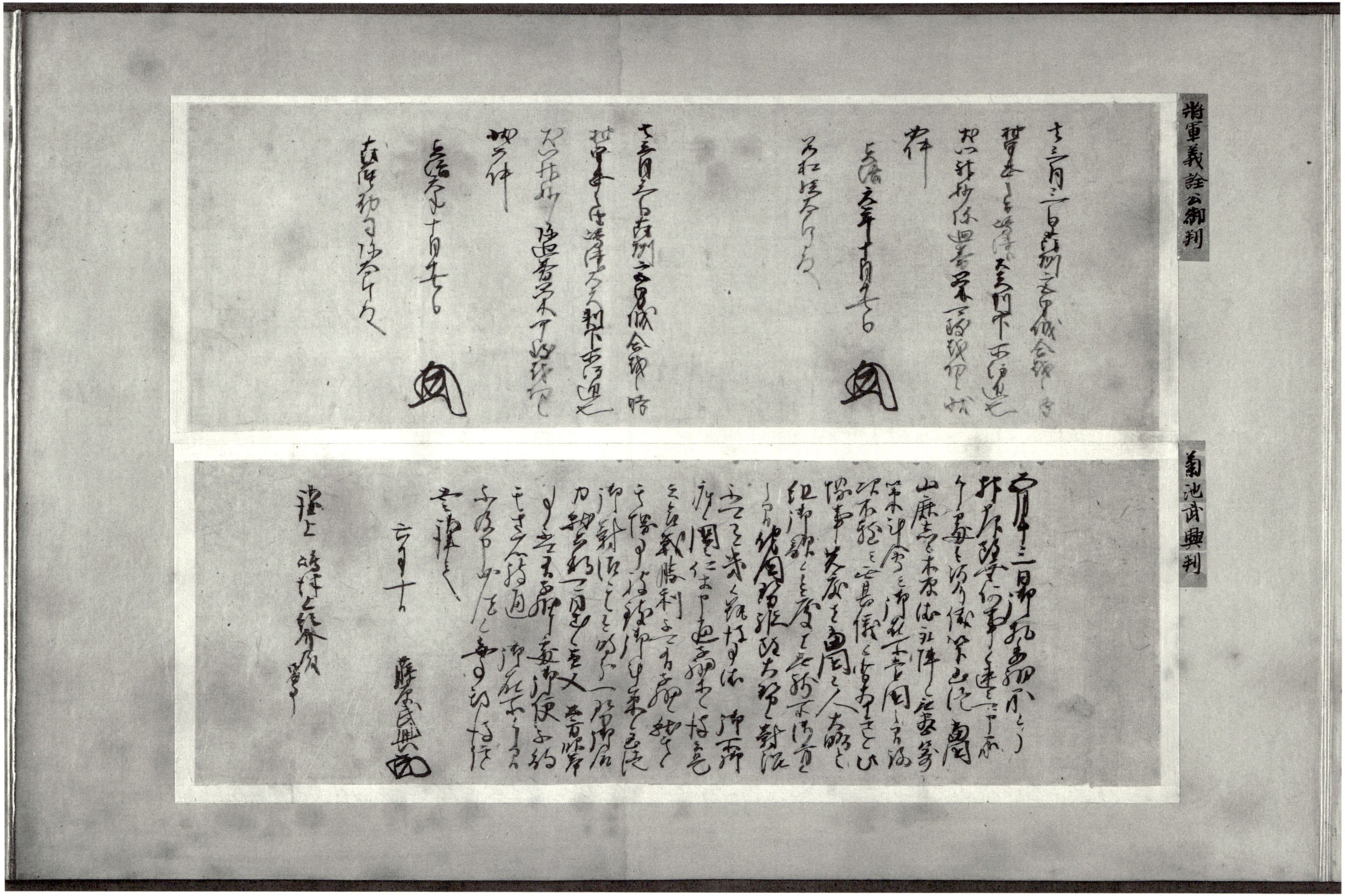

1413
足利義詮御判御教書写　貞治元年十月十七日・足利義詮御判御教書写　貞治元年十月十七日
菊池武興書状　（天授三年）六月十日

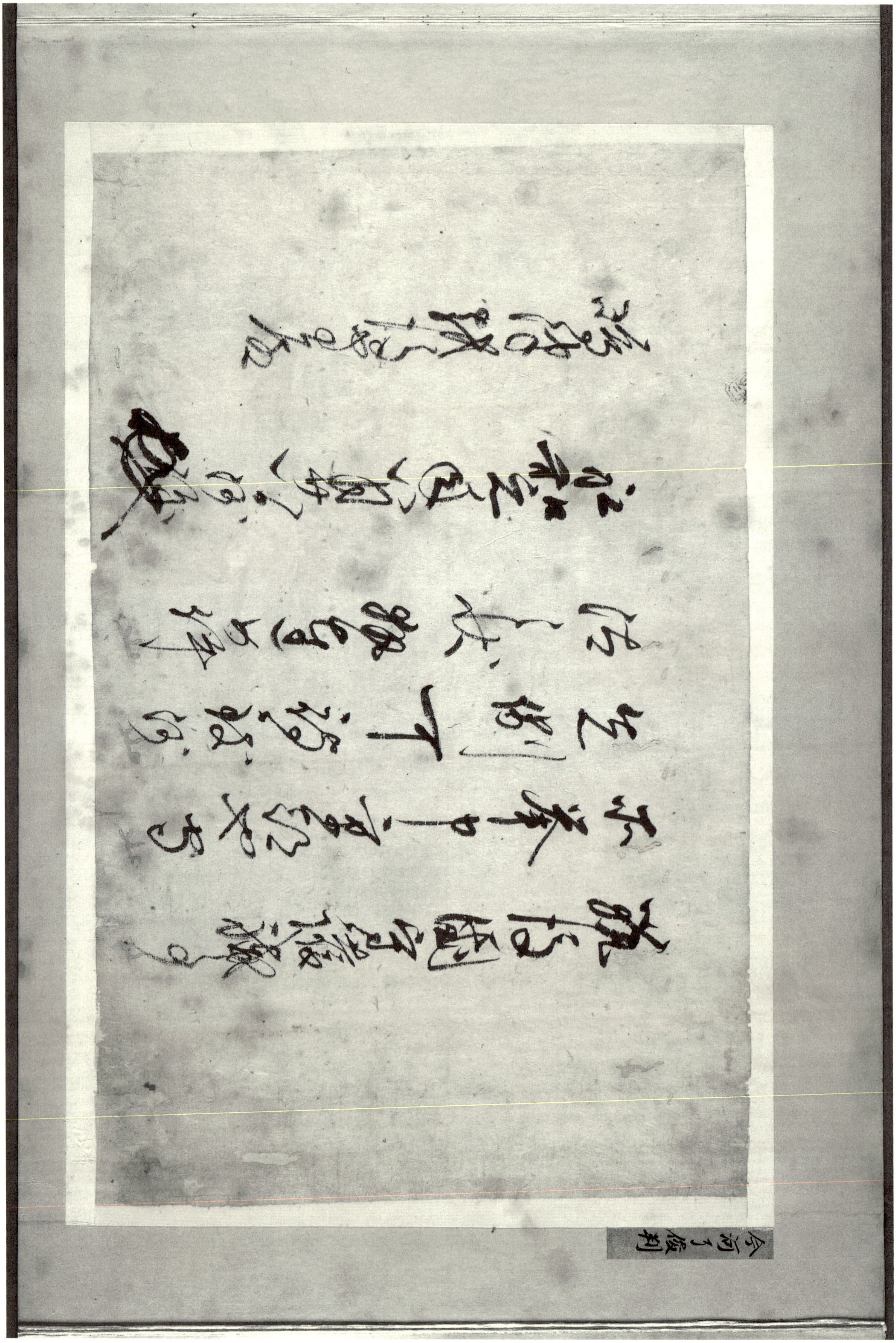

15 今川了俊〈貞世〉書下　永和元年八月二十八日

1716 今川了俊〈貞世〉書状　（永和二年カ）四月八日
1716 菊池武光書状　（年未詳）七月四日

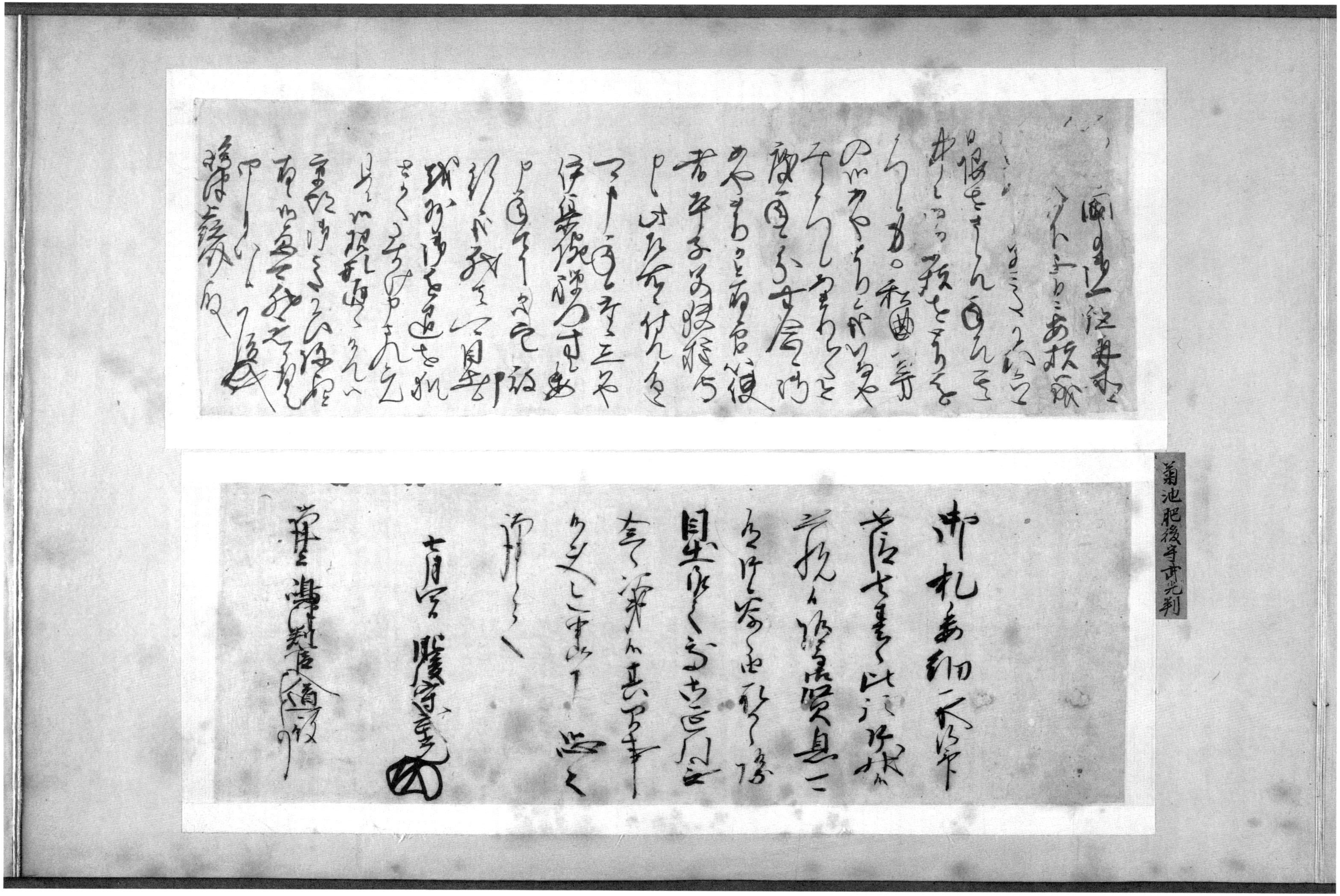

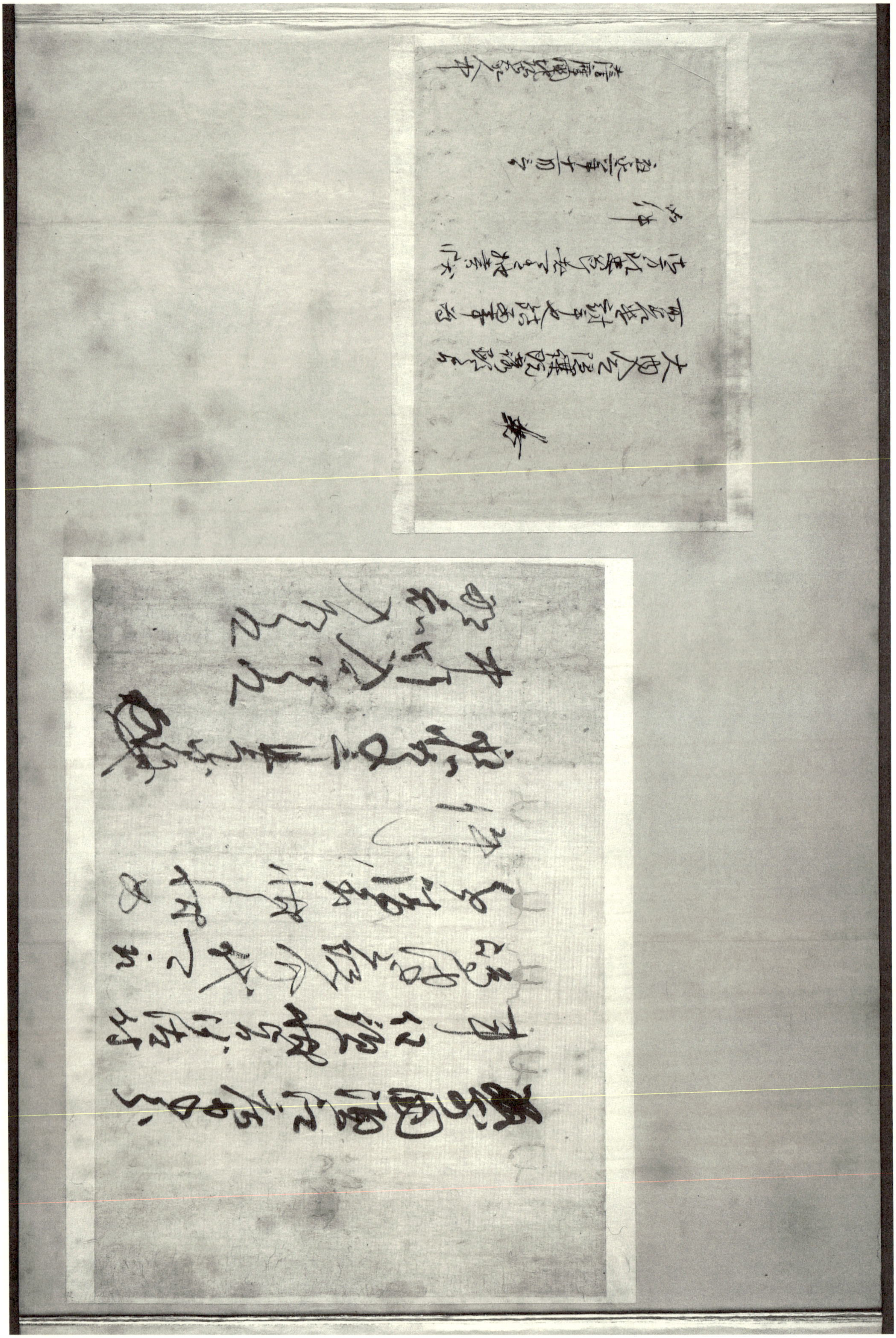

宝鑑　其二

1918 今川了俊〈貞世〉書下　永和五年三月二十日
足利義満御判御教書　応永六年十一月二十三日

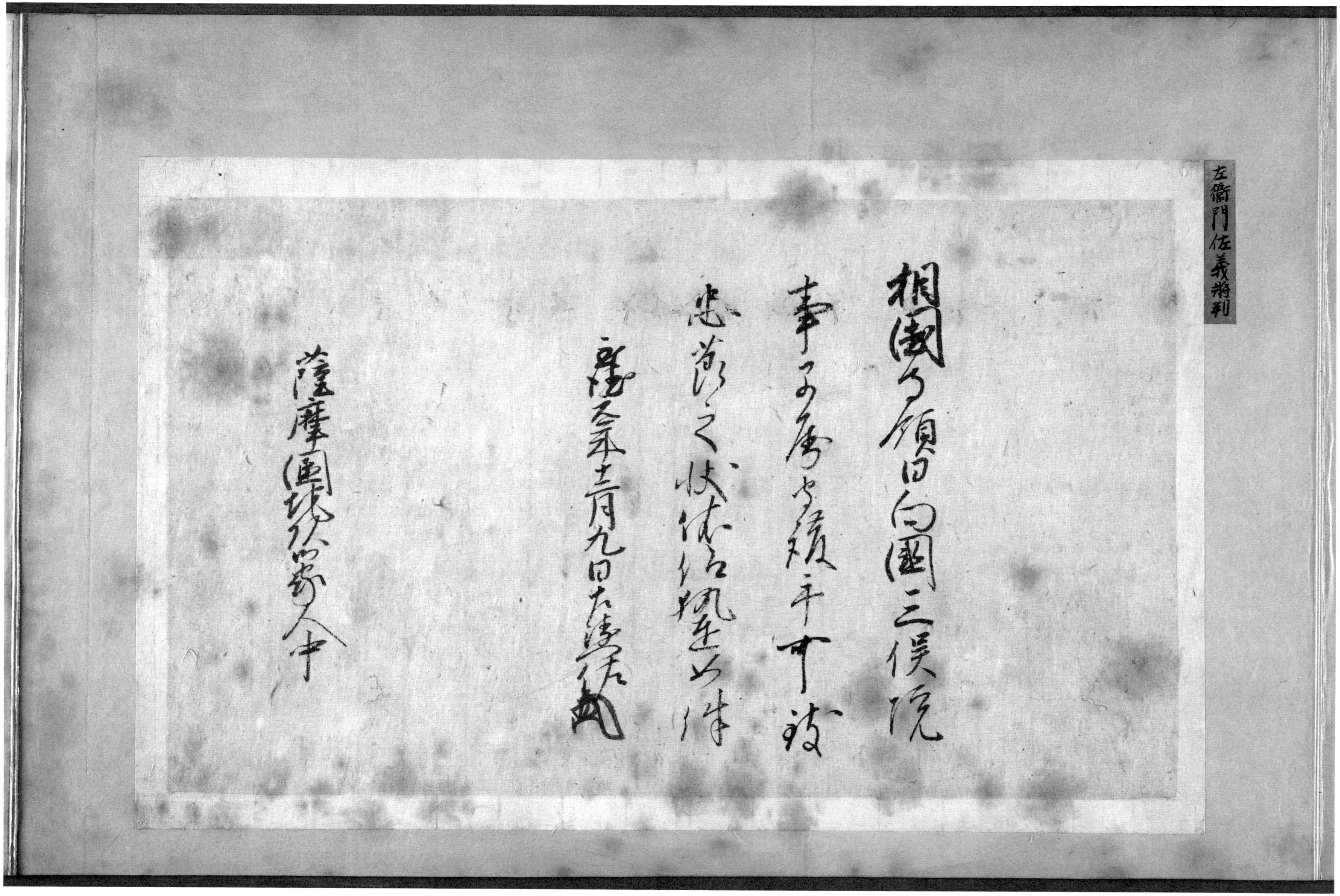

宝鑑　其二　20室町幕府管領斯波義将奉書　至徳元年十二月九日

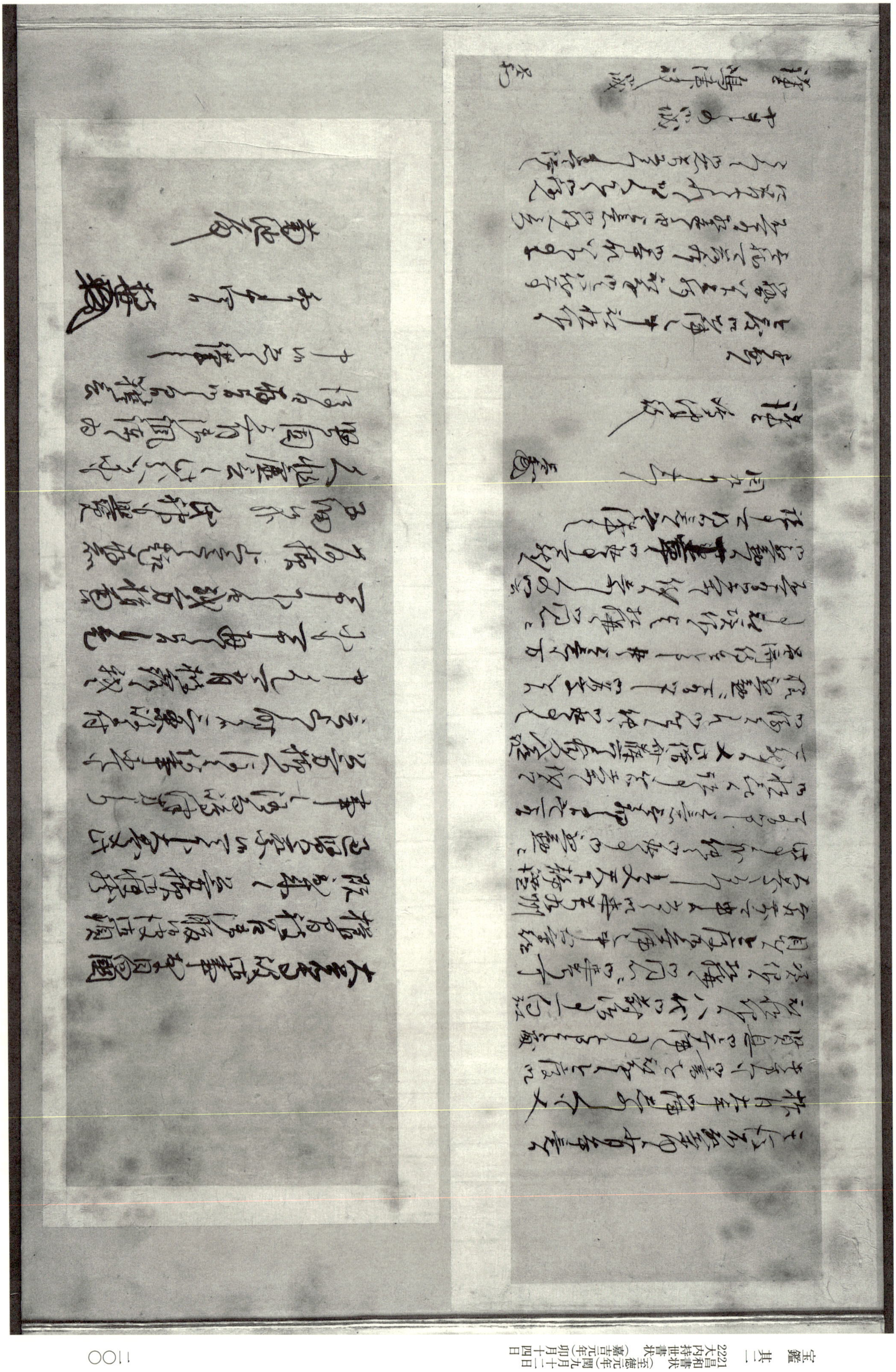

宝鑑　其二

2221 昌和書状（至徳元年）閏九月十二日

大内持世書状（嘉吉元年）卯月十四日

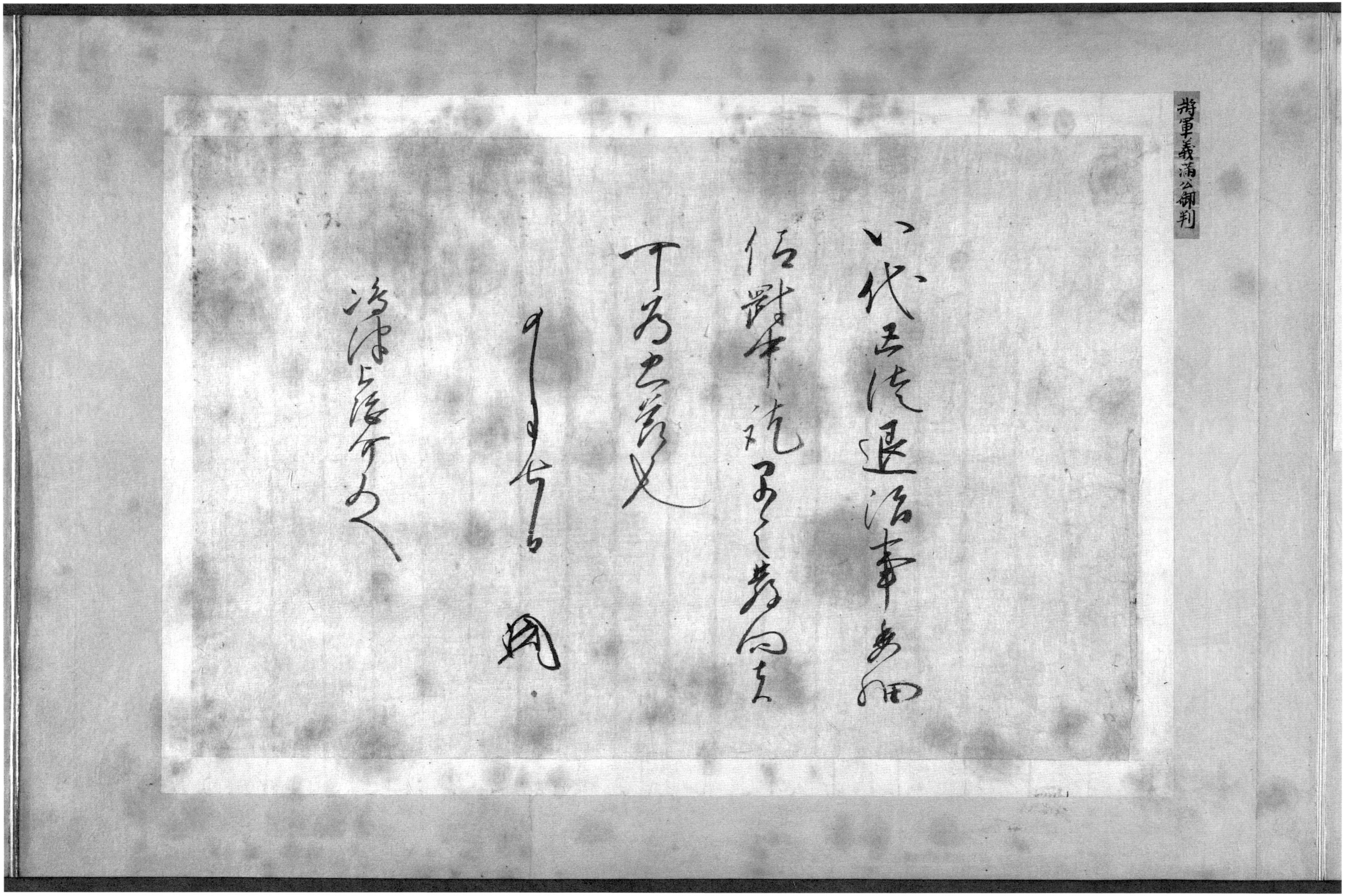

宝鑑　其二　23足利義満御内書　(年未詳)十月七日

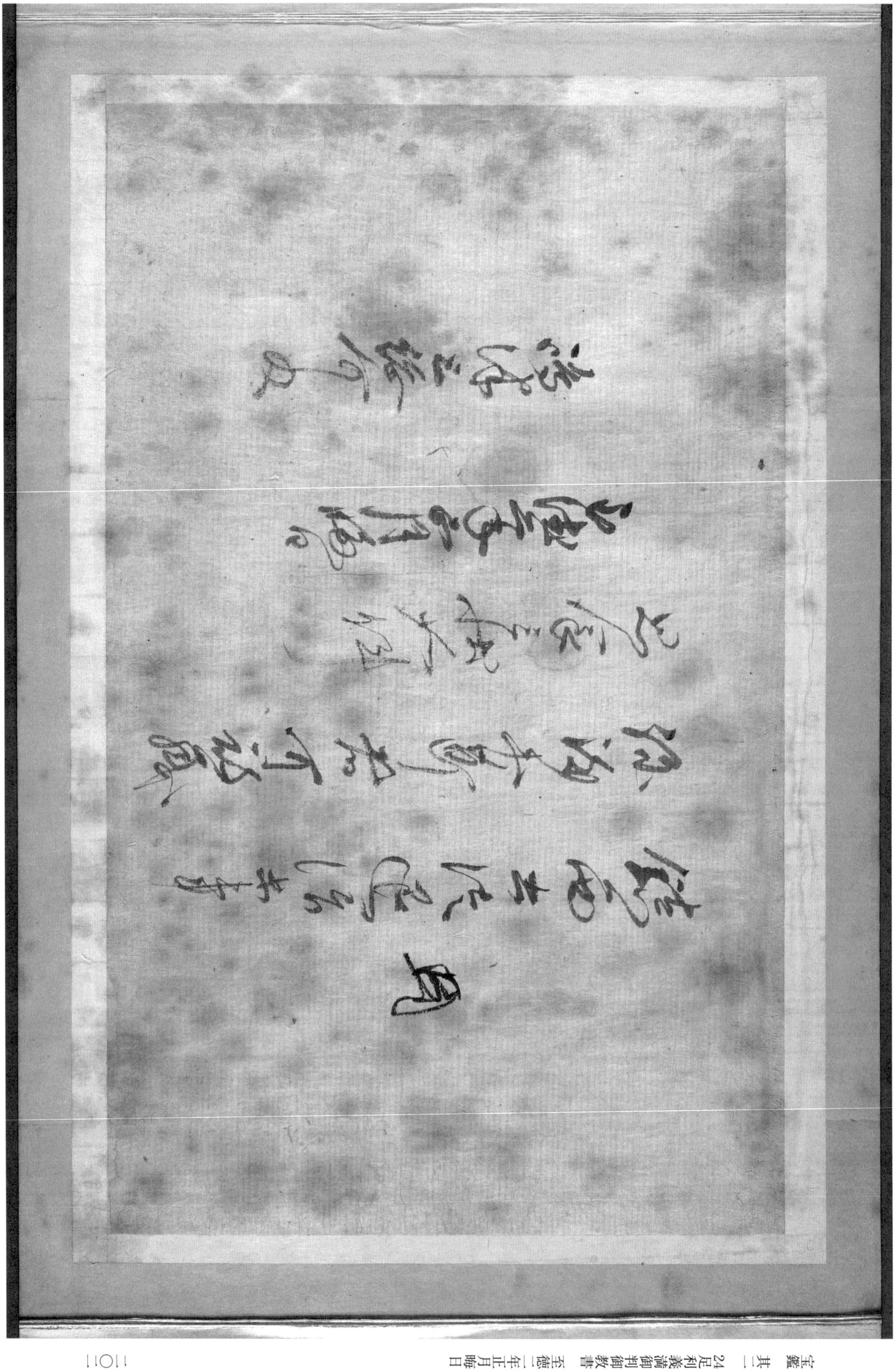

宝鑑　其二
24　足利義満御判御教書　至徳二年正月晦日

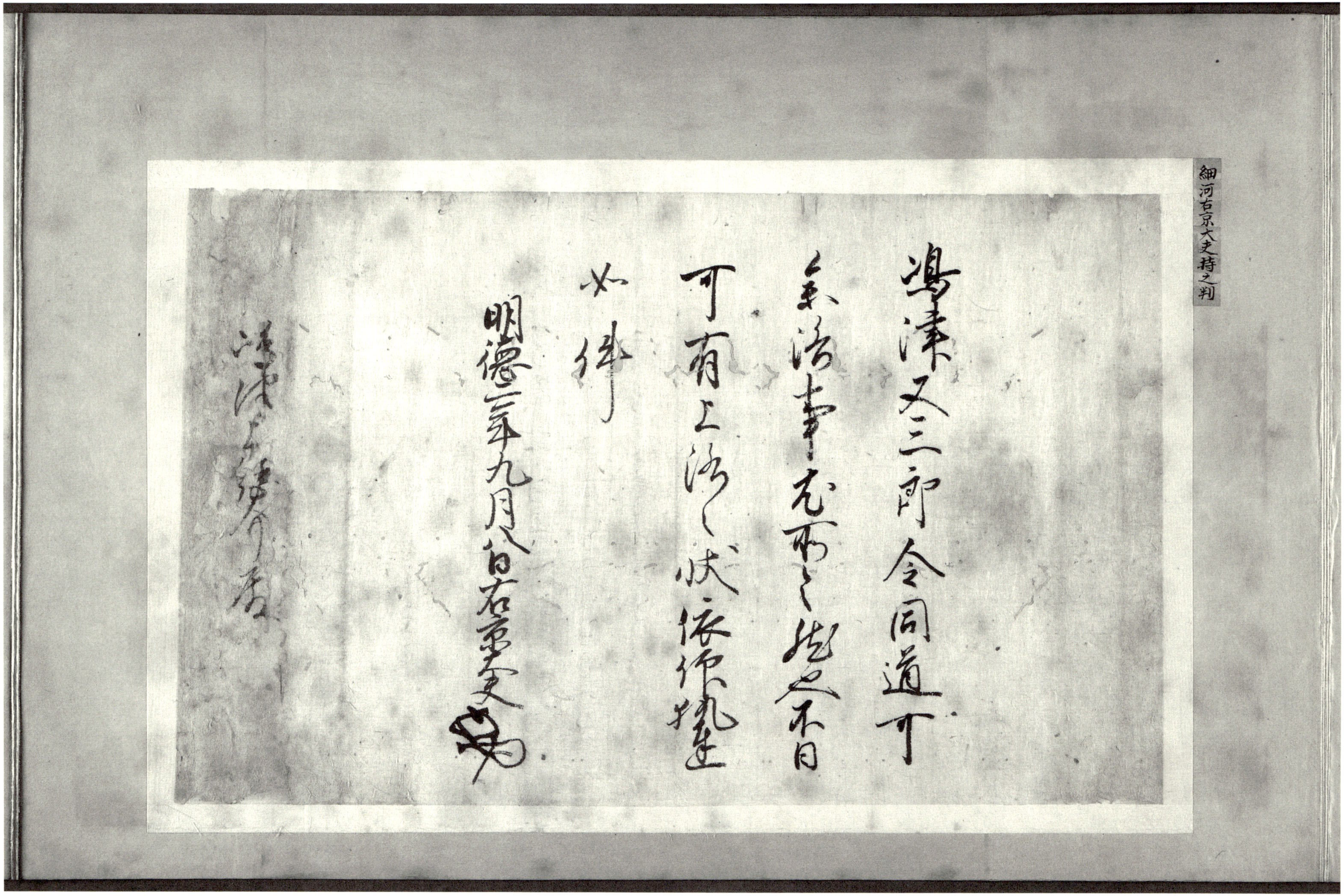

宝鑑　其二　25室町幕府管領細川満元奉書　明徳二年九月八日

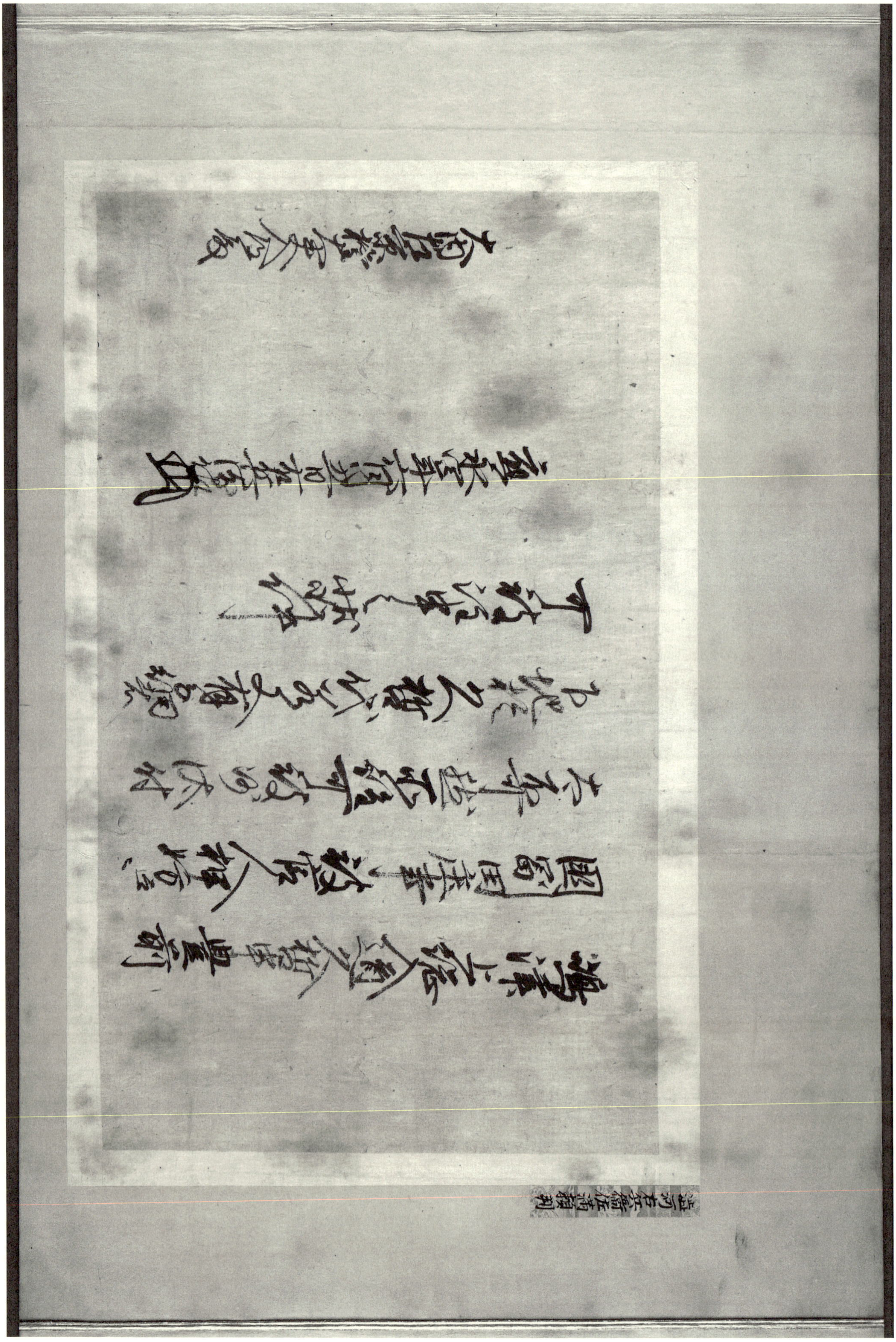

宝鑑　其二

26渋川満頼書下　応永四年六月五日

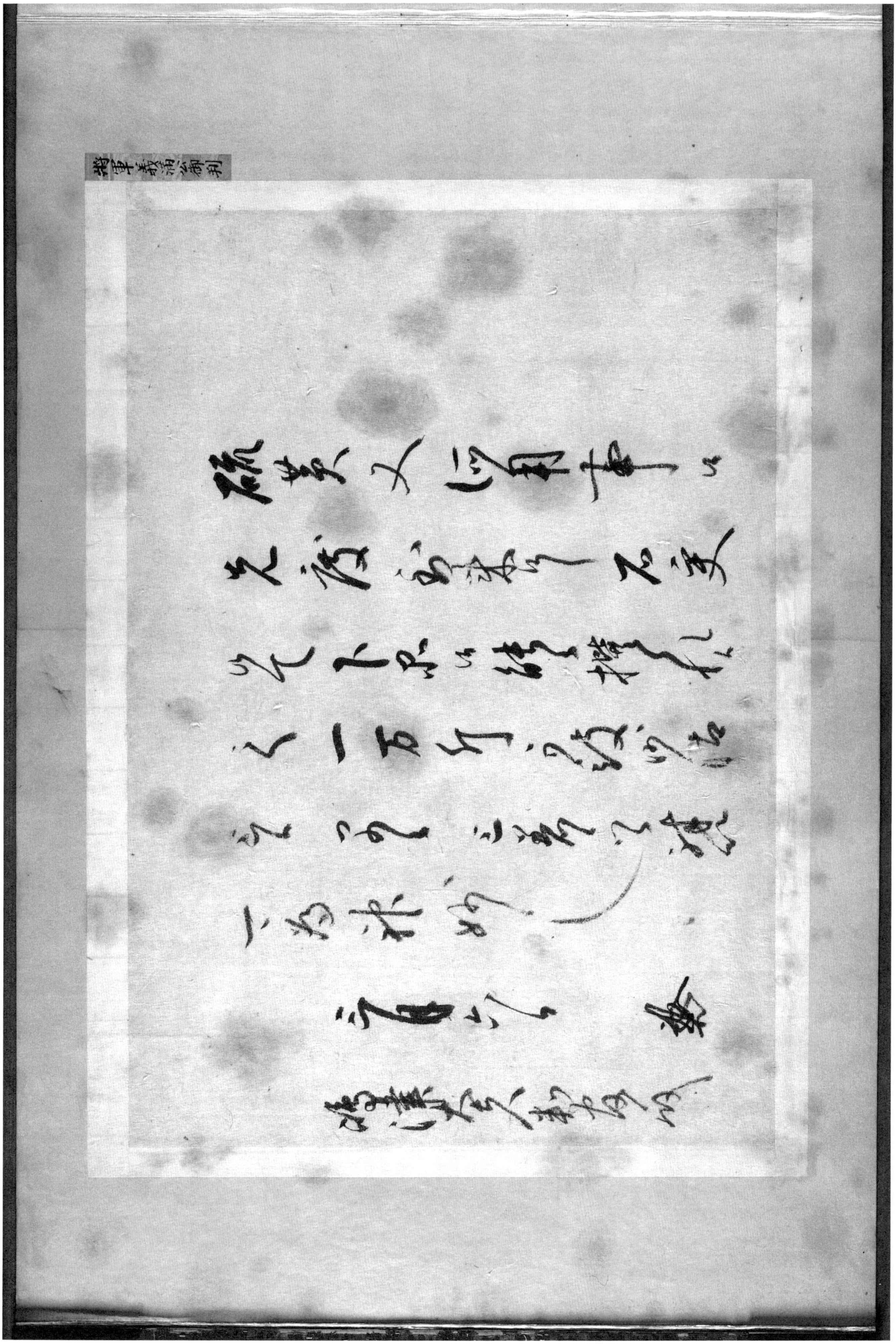

宝鑑　其二　27足利義満御内書　(年未詳)三月六日

宝鑑　其二　裏表紙

宝鑑　其二　裏表紙見返し

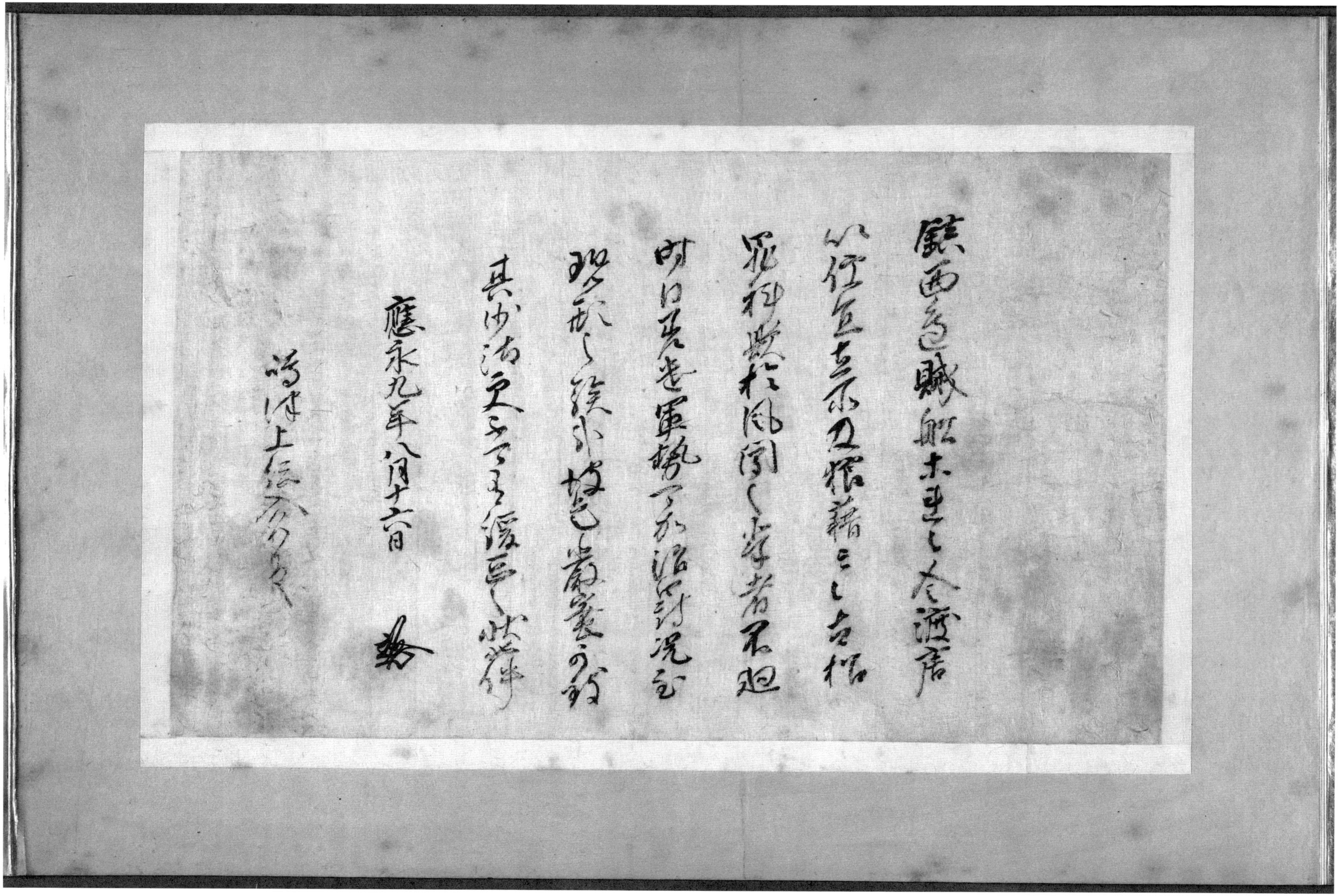

宝鑑　其二　28足利義満御判御教書　応永九年八月十六日

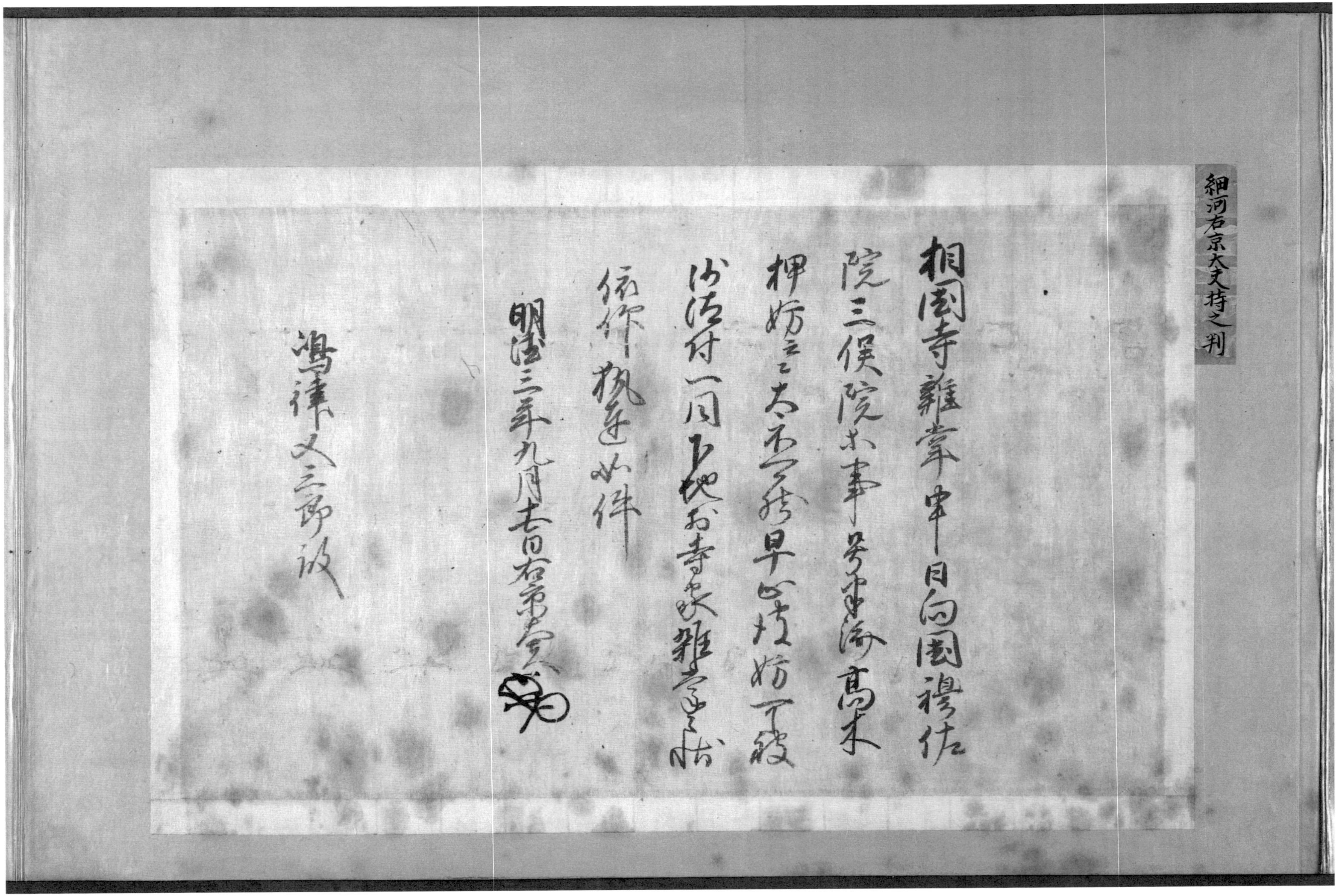

宝鑑　其二　29室町幕府管領細川満元奉書　明徳三年九月十七日

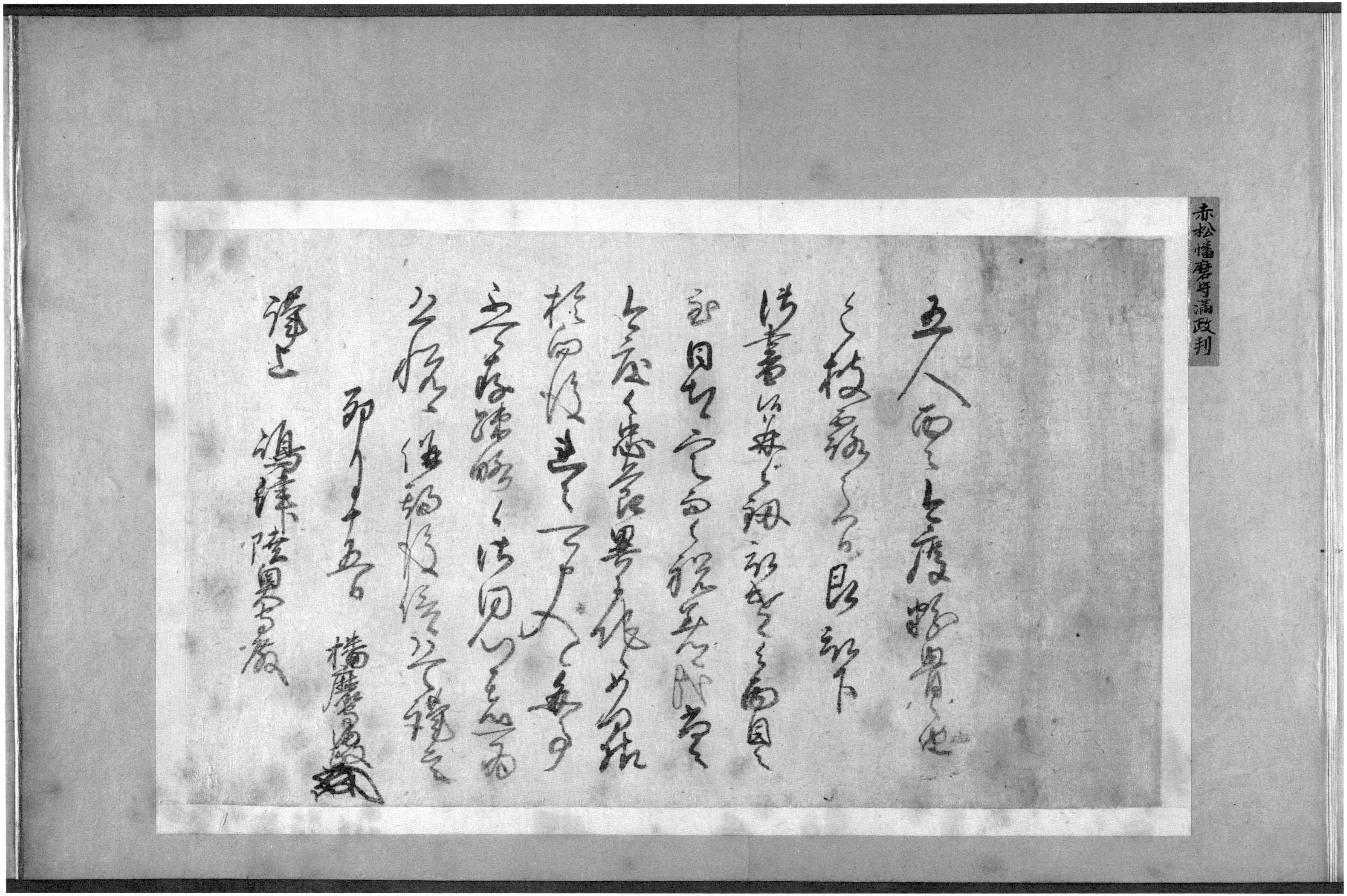

宝鑑　其二　30赤松満政副状　（嘉吉元年）卯月十五日

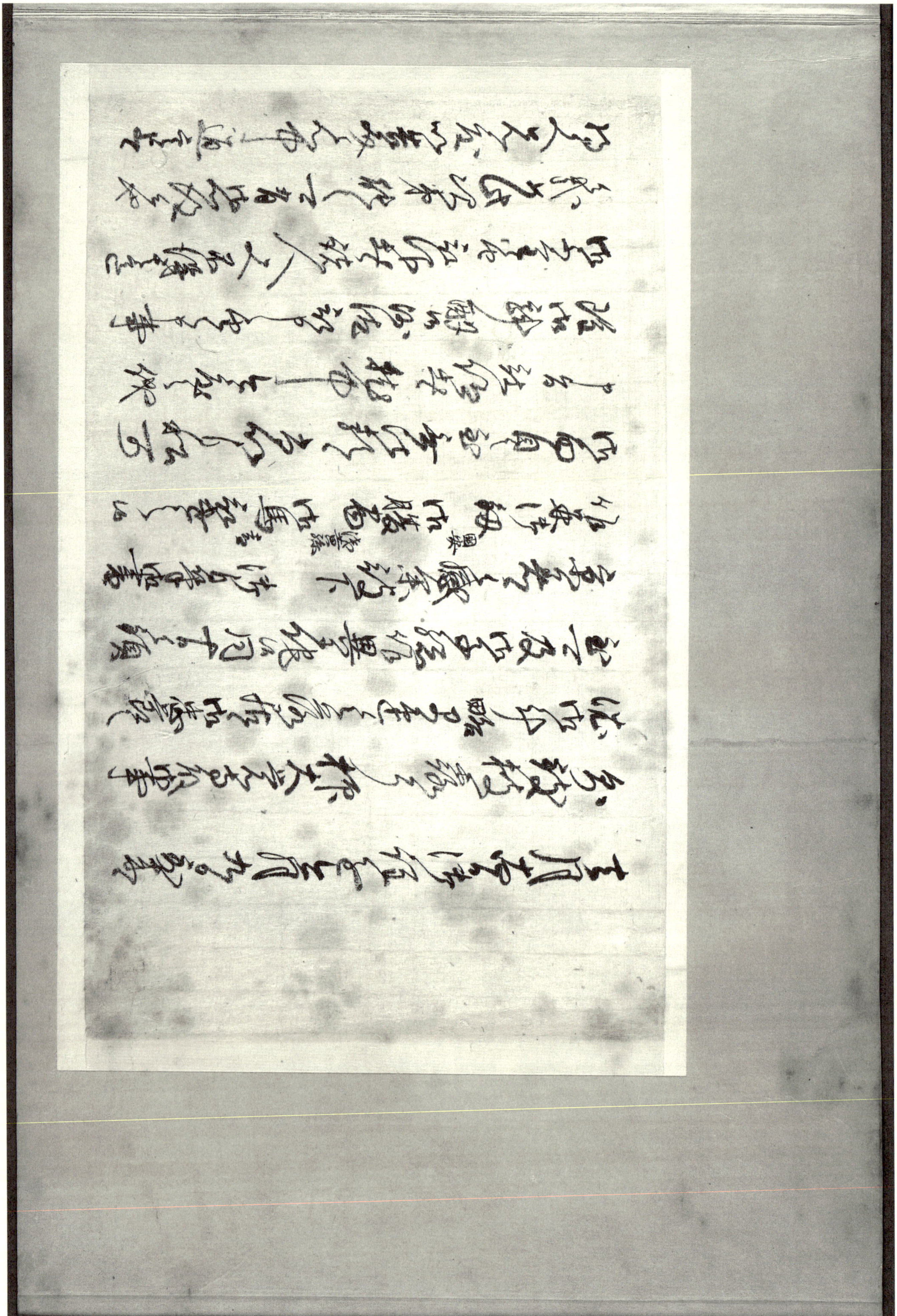

宝鑑　其二
31　赤松満政書状
（嘉吉元年）四月十五日

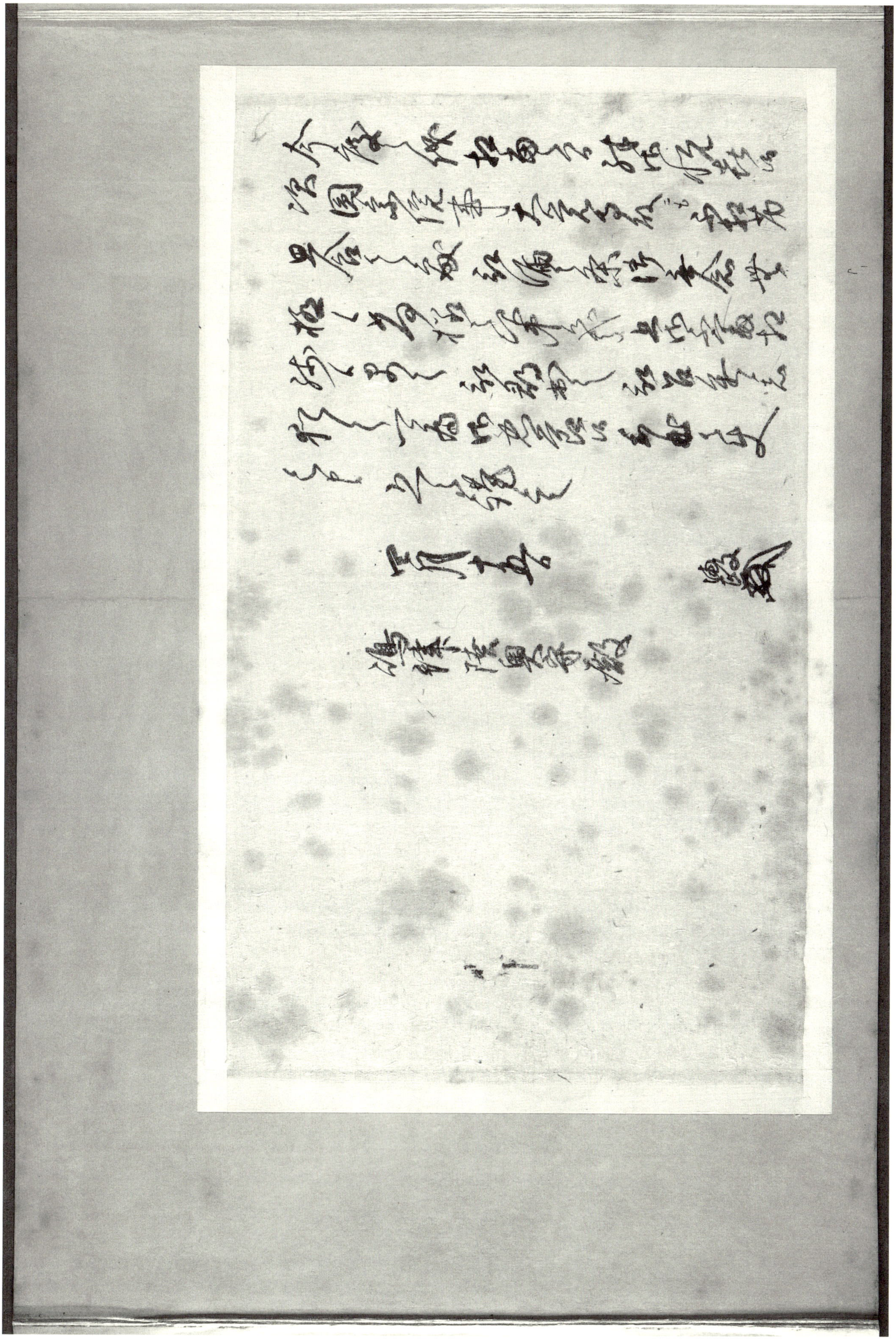

宝鑑　其二　31赤松満政書状　(嘉吉元年)四月十五日

宝鑑　其二　32赤松満政書状　（嘉吉元年）卯月十六日

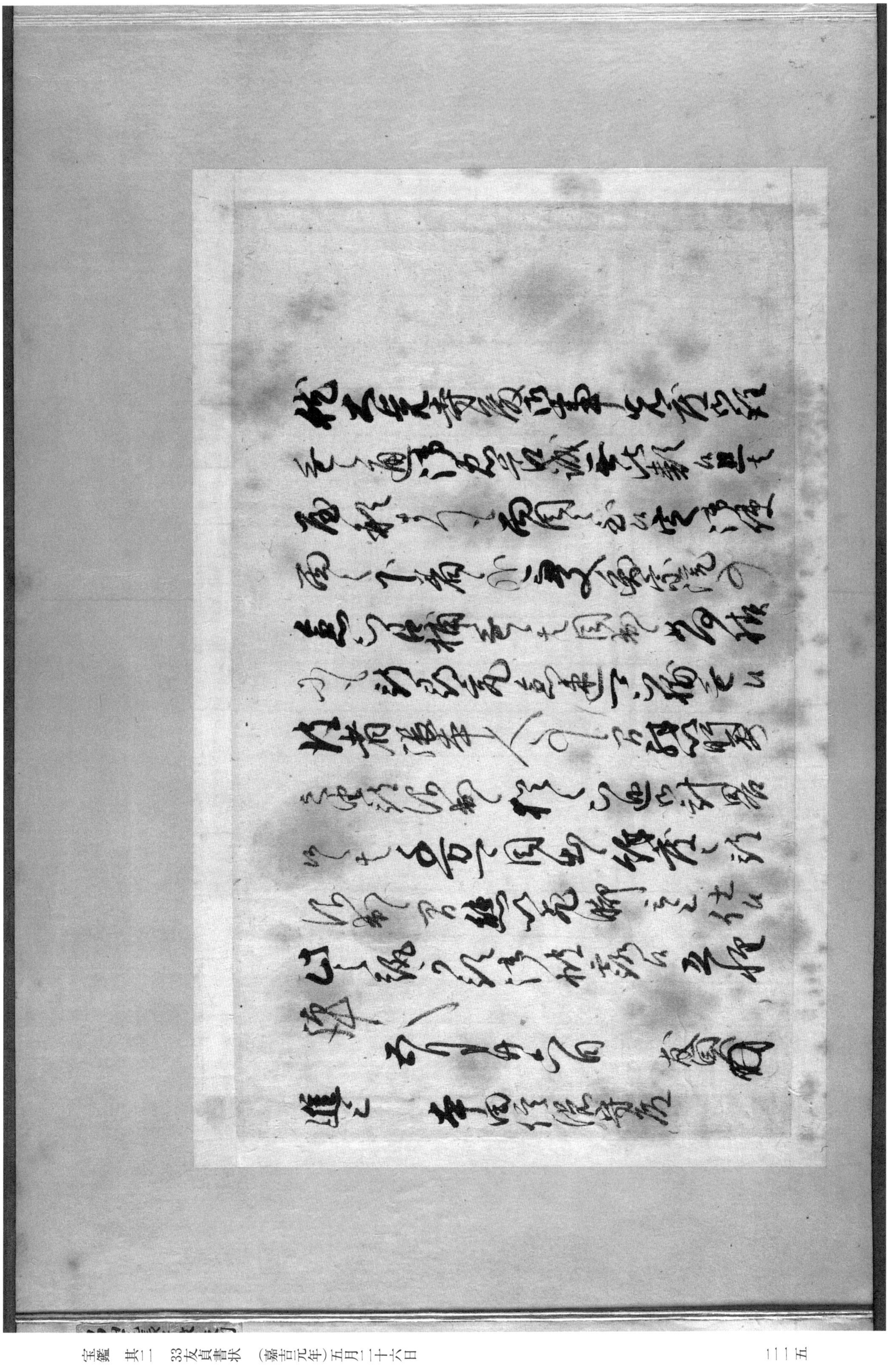

宝鑑　其二　33友貞書状　(嘉吉元年)五月二十六日

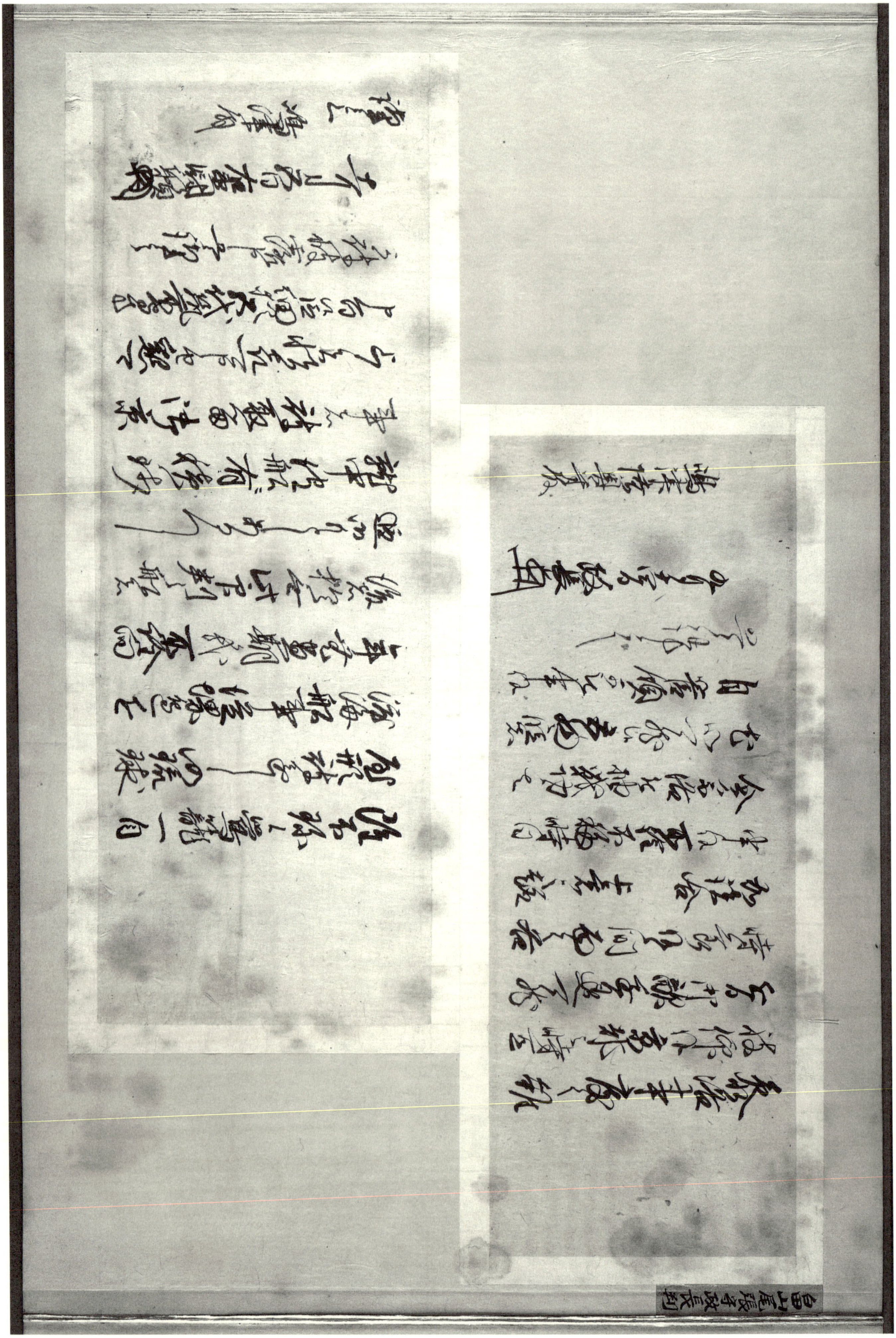

宝鑑　其二

3534　畠山政長書状（文明元年）九月十四日
　　　右衛門尉行頼奉書（文明三年）十一月五日

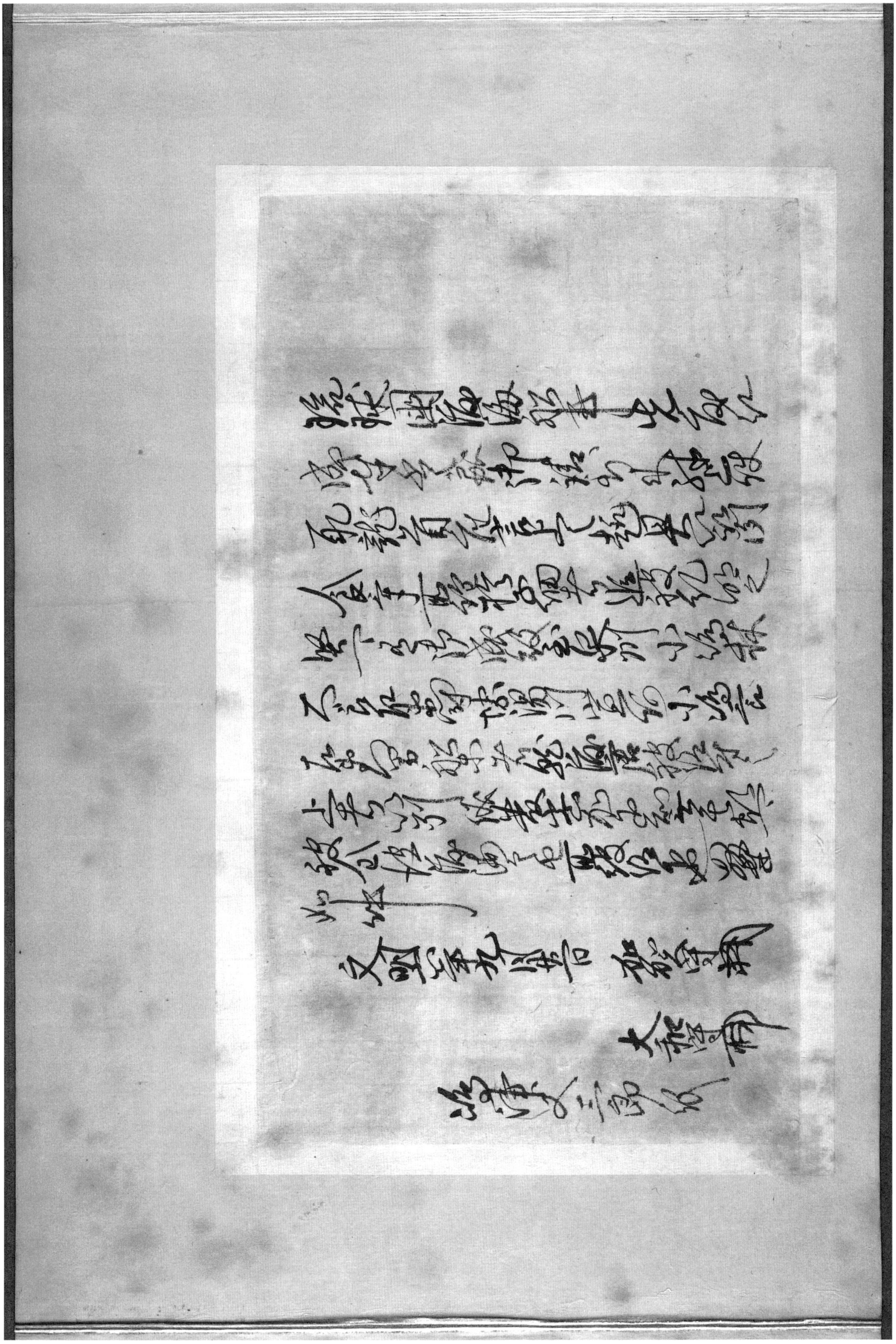

36室町幕府奉行人連署奉書　文明六年九月二十一日

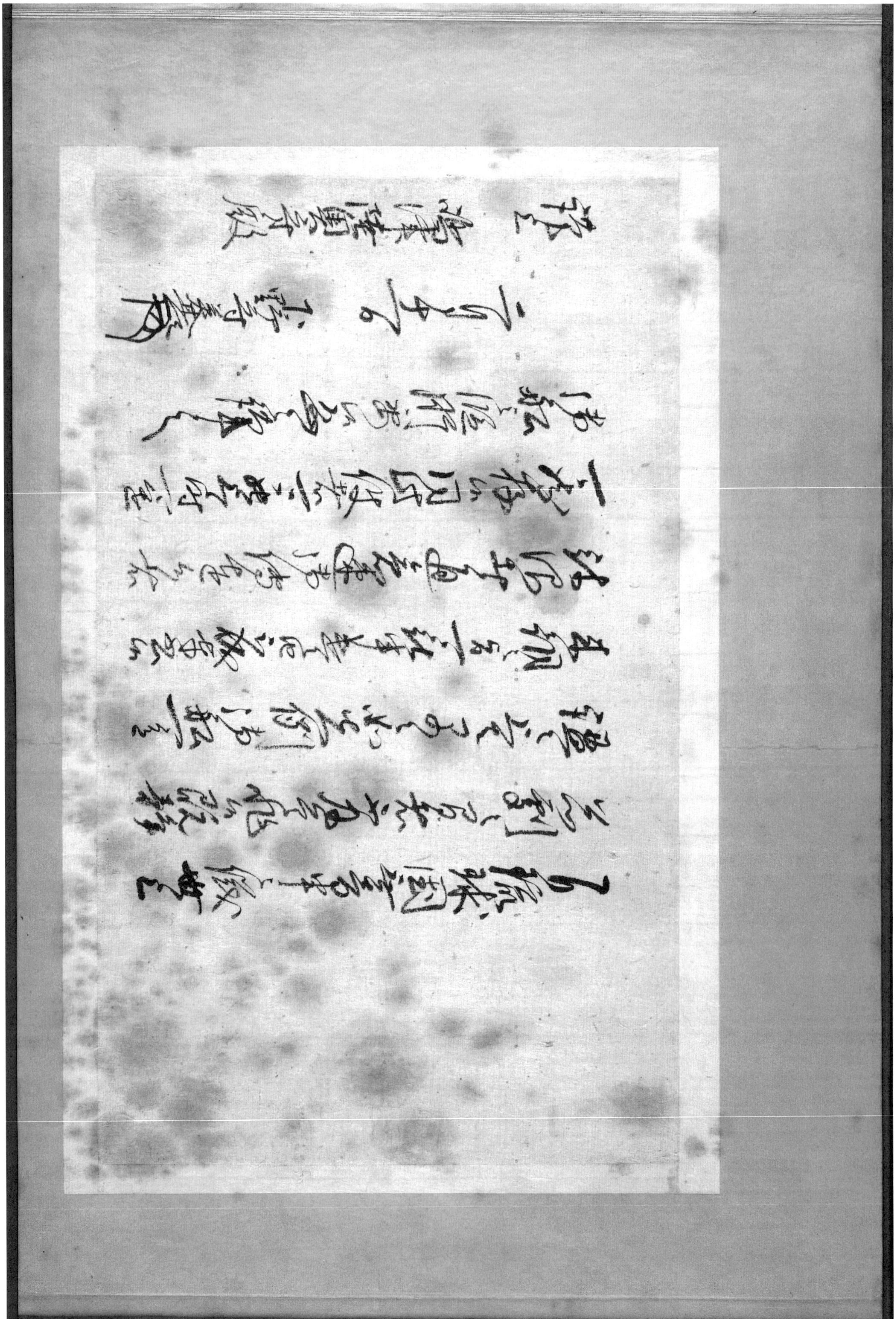

宝鑑　其二

37　布施英基書状　（文明十二年）三月十一日

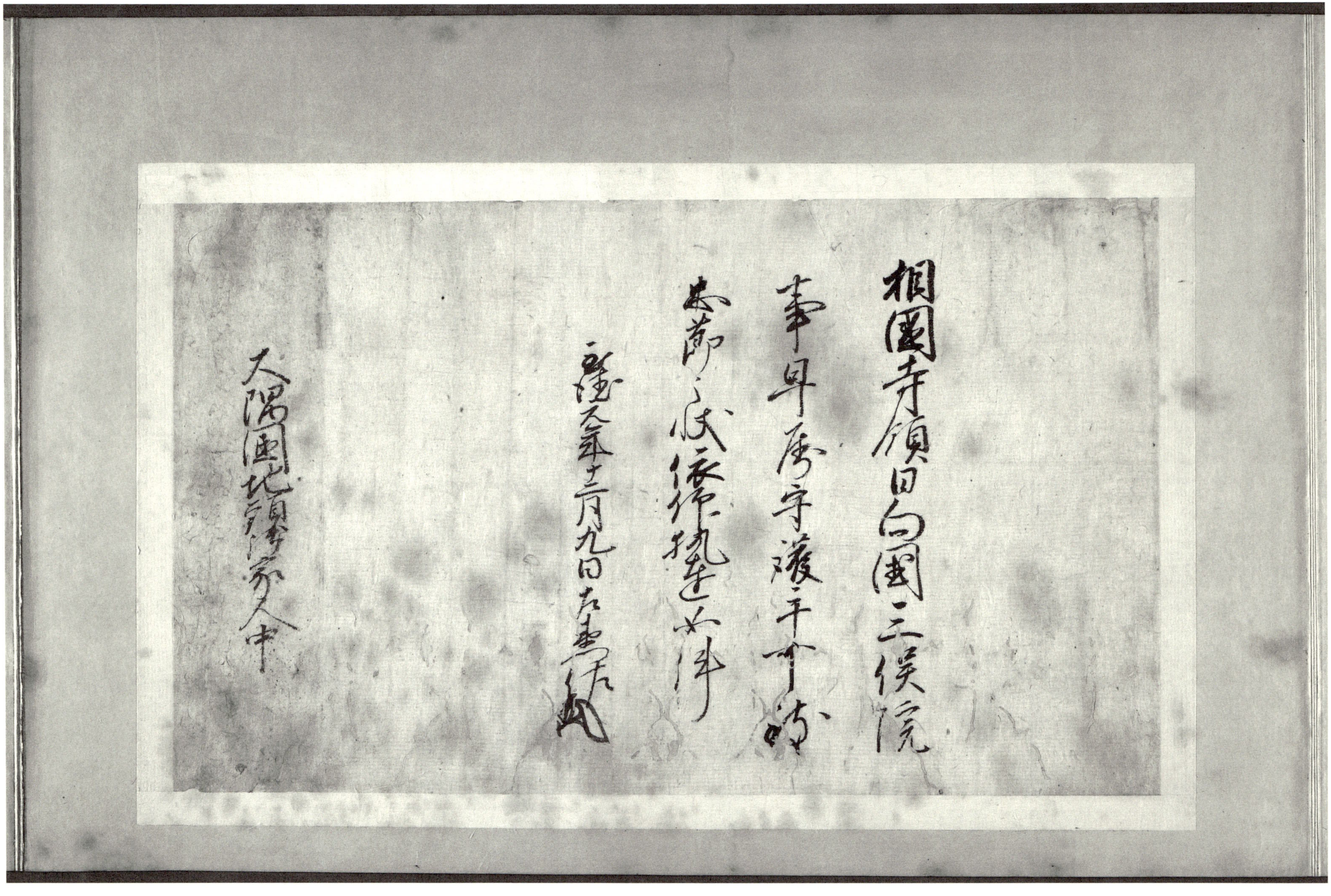

宝鑑　其二　38室町幕府管領斯波義将奉書　至徳元年十二月九日

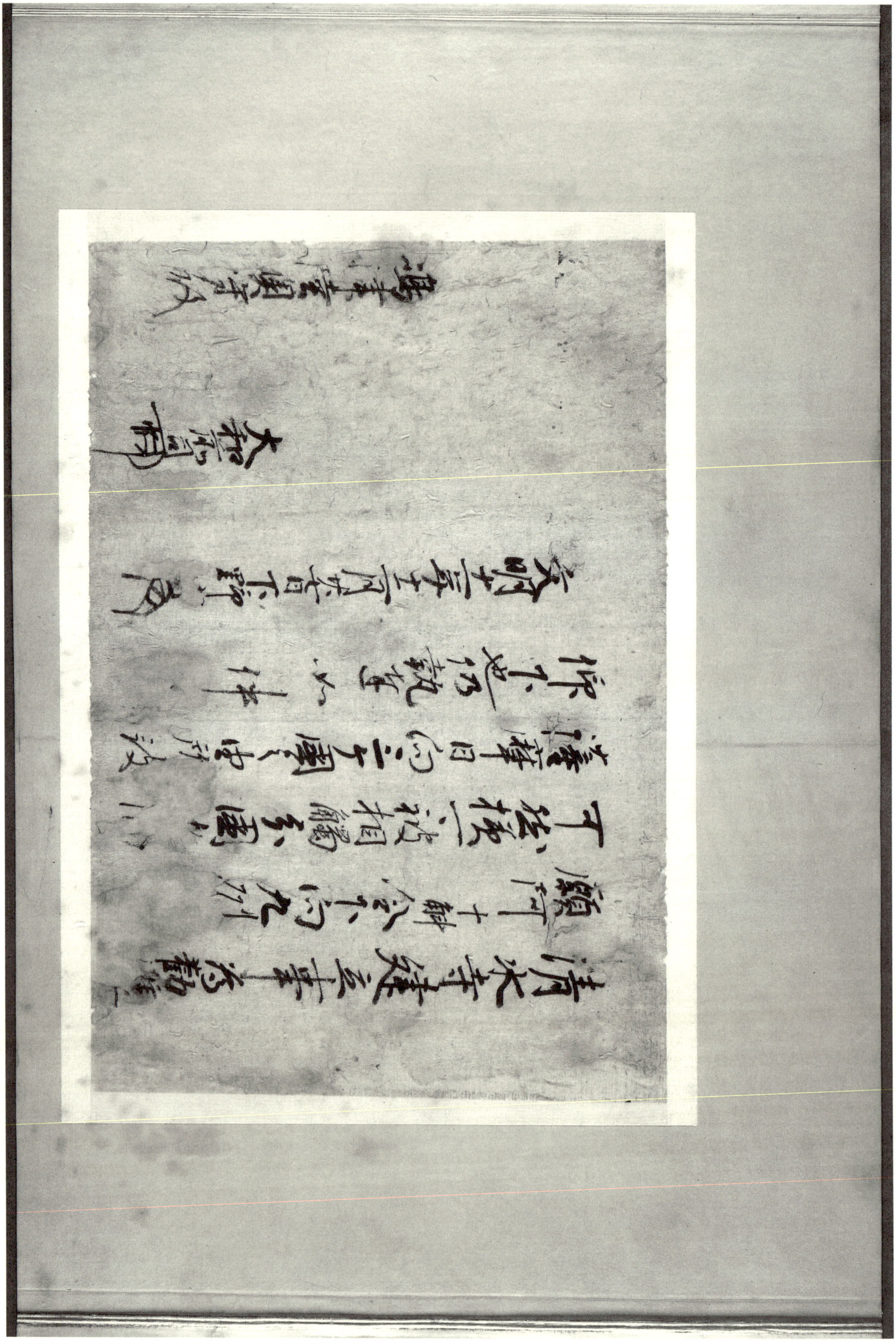

宝鑑　其二

39　室町幕府奉行人連署奉書　文明十二年十二月二十七日

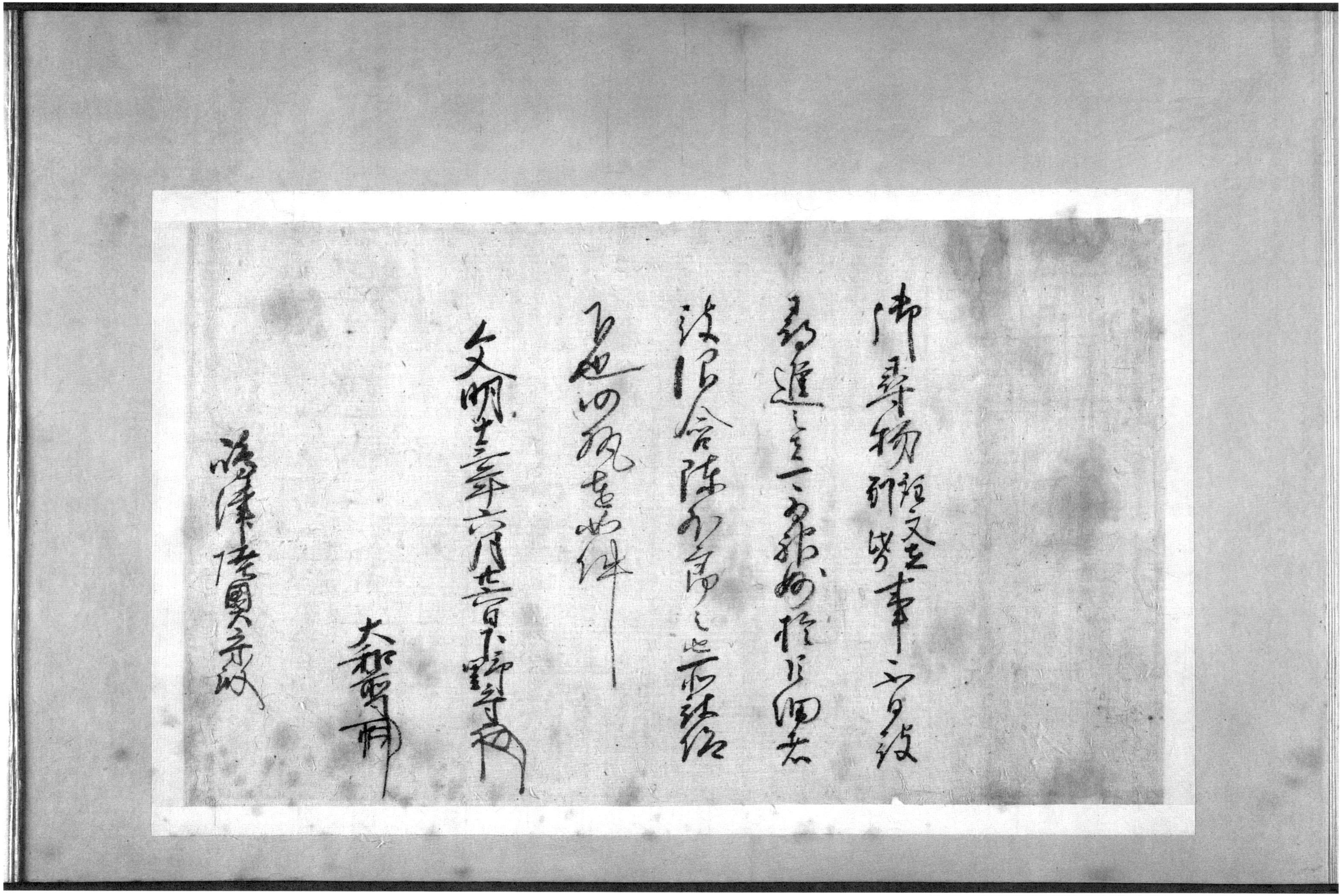

宝鑑　其二　40室町幕府奉行人連署奉書　文明十三年六月二十六日

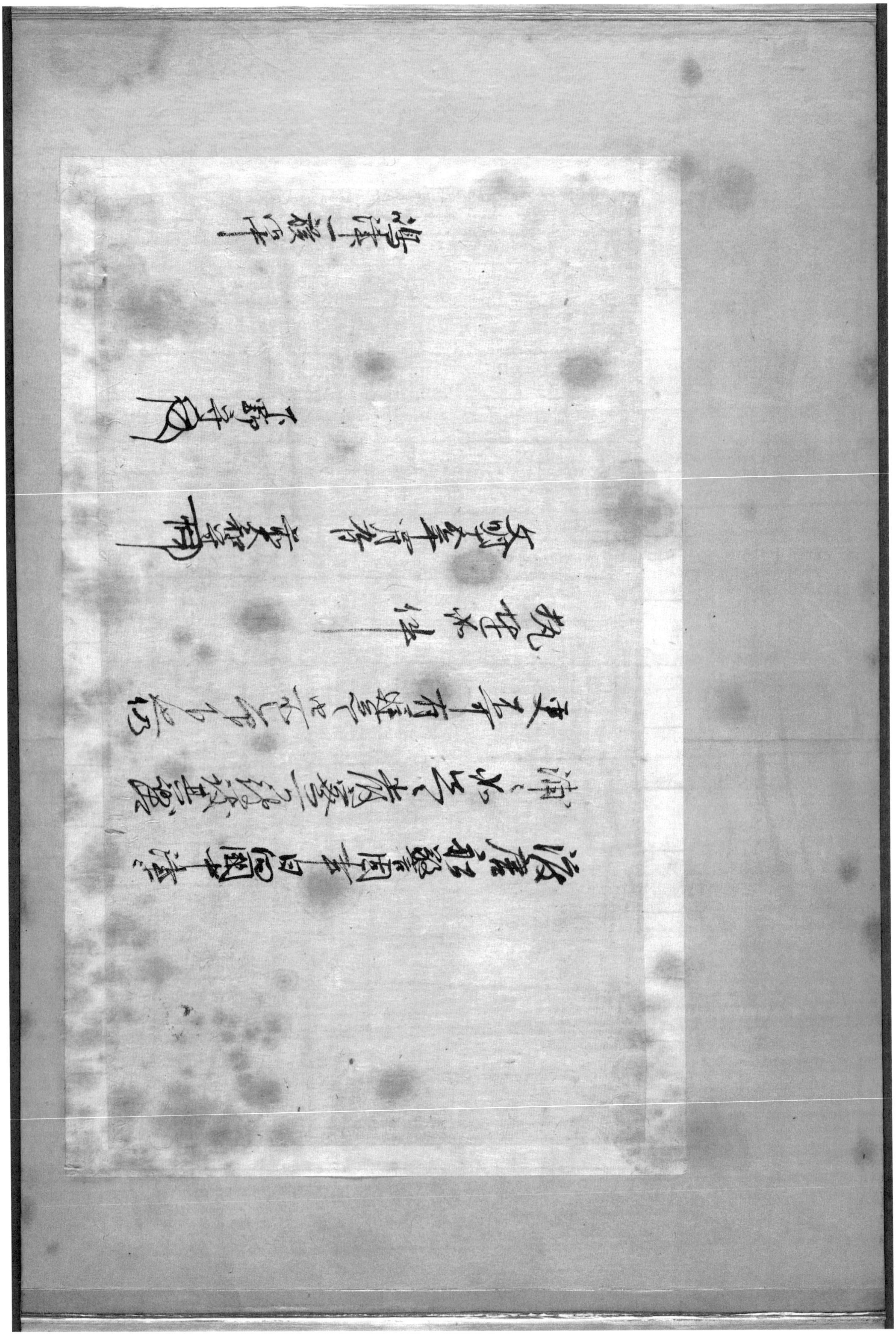

41　室町幕府奉行人連署奉書　文明十五年四月九日

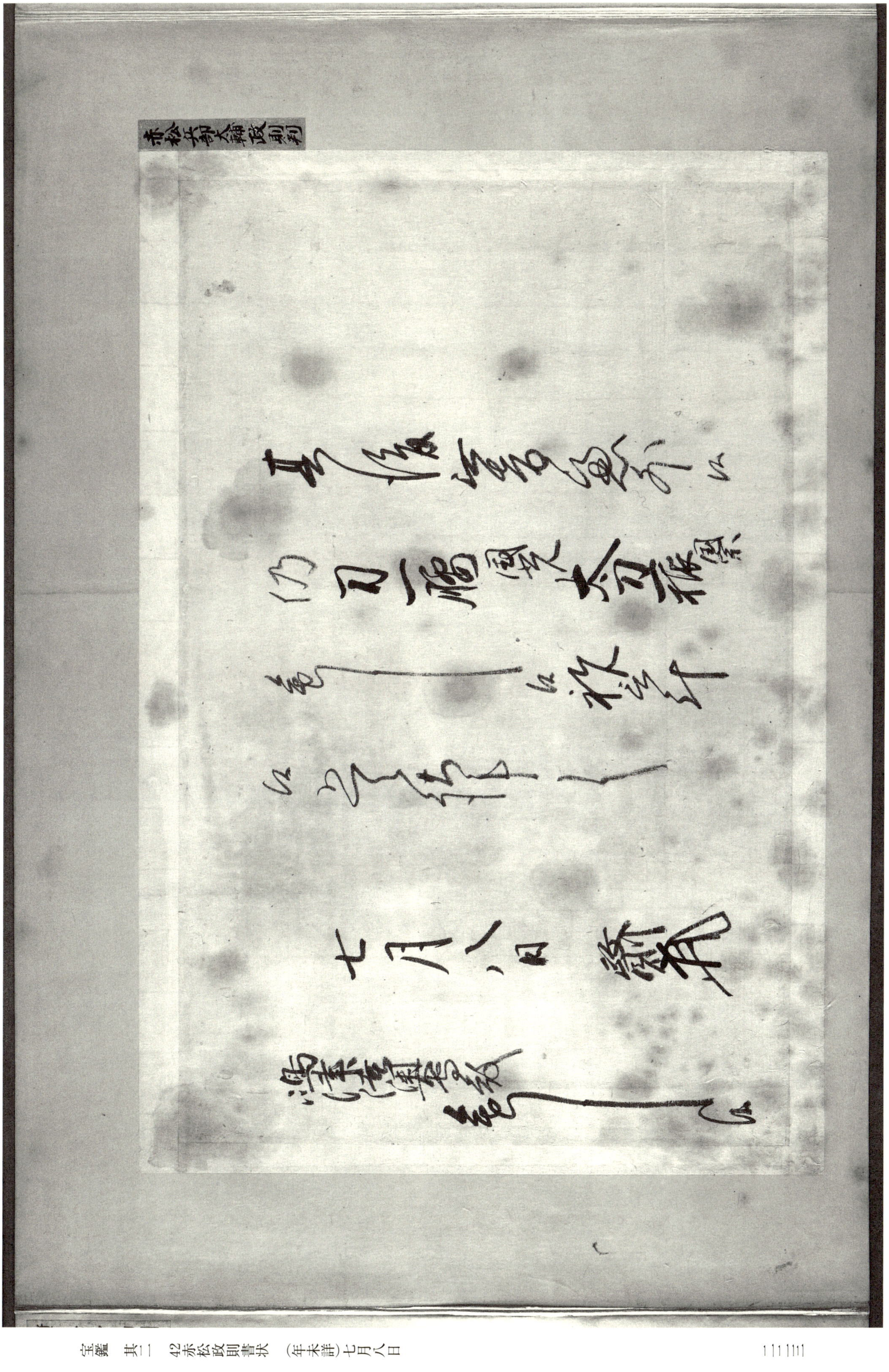

宝鑑　其二　42赤松政則書状　（年未詳）七月八日

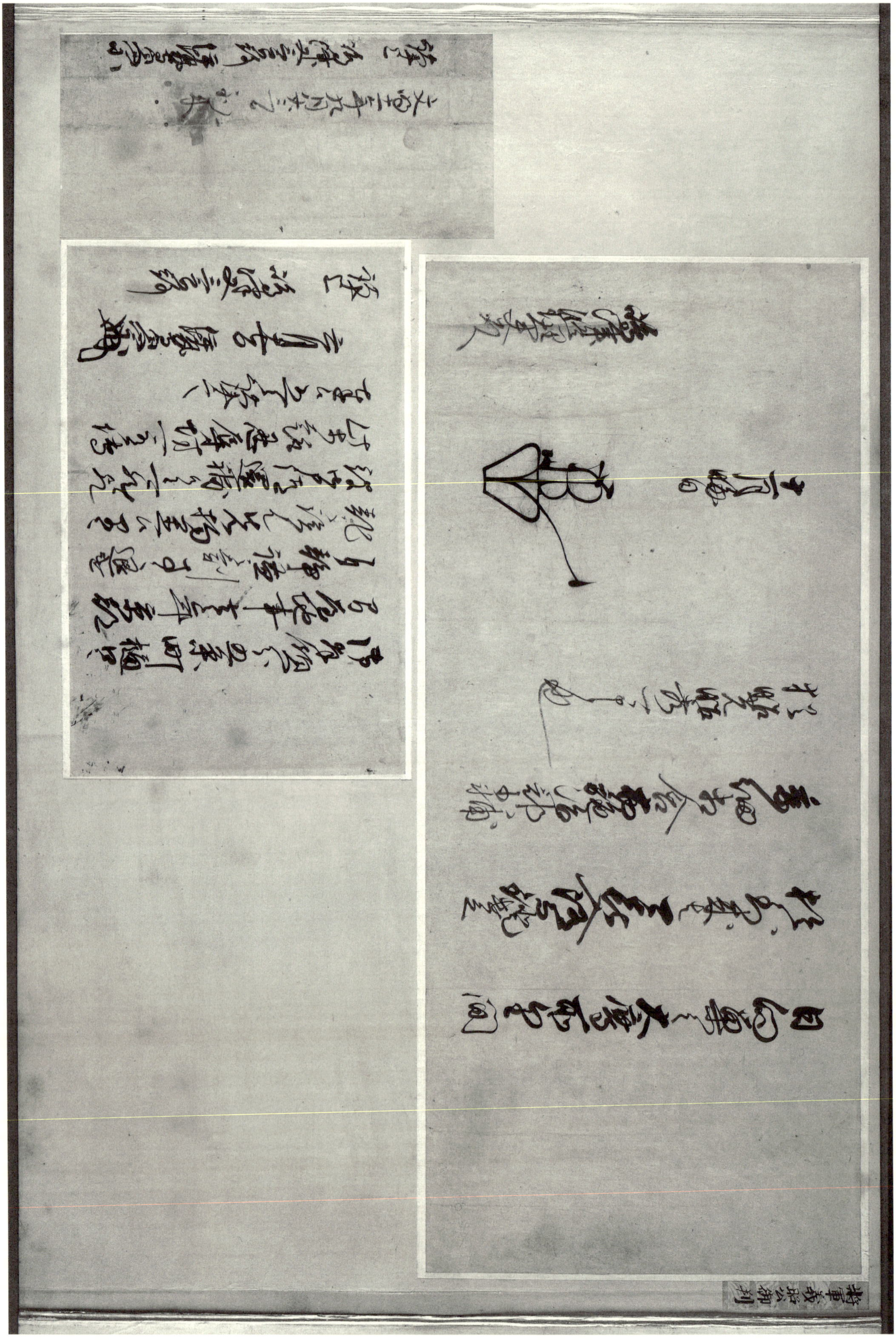

宝鑑　其二

4443 足利義昭御内書（年未詳）十一月晦日
伊勢貞宗書状（文明十一年）六月十七日

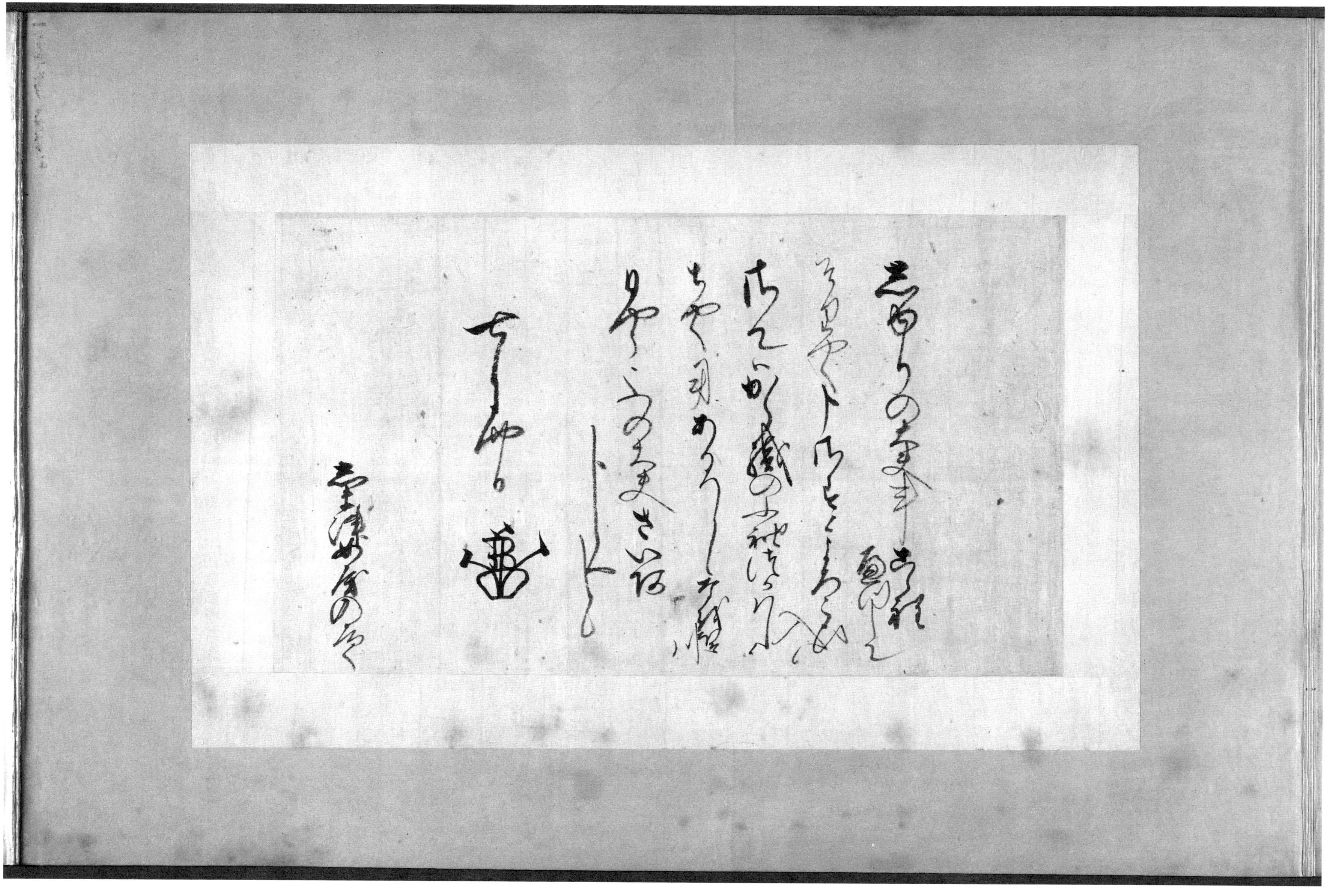

宝鑑　其二　45足利義昭御内書　（年未詳）七月四日

4746近衛稙家書状（年未詳）四月六日
4747近衛尚通書状（年未詳）八月二十八日

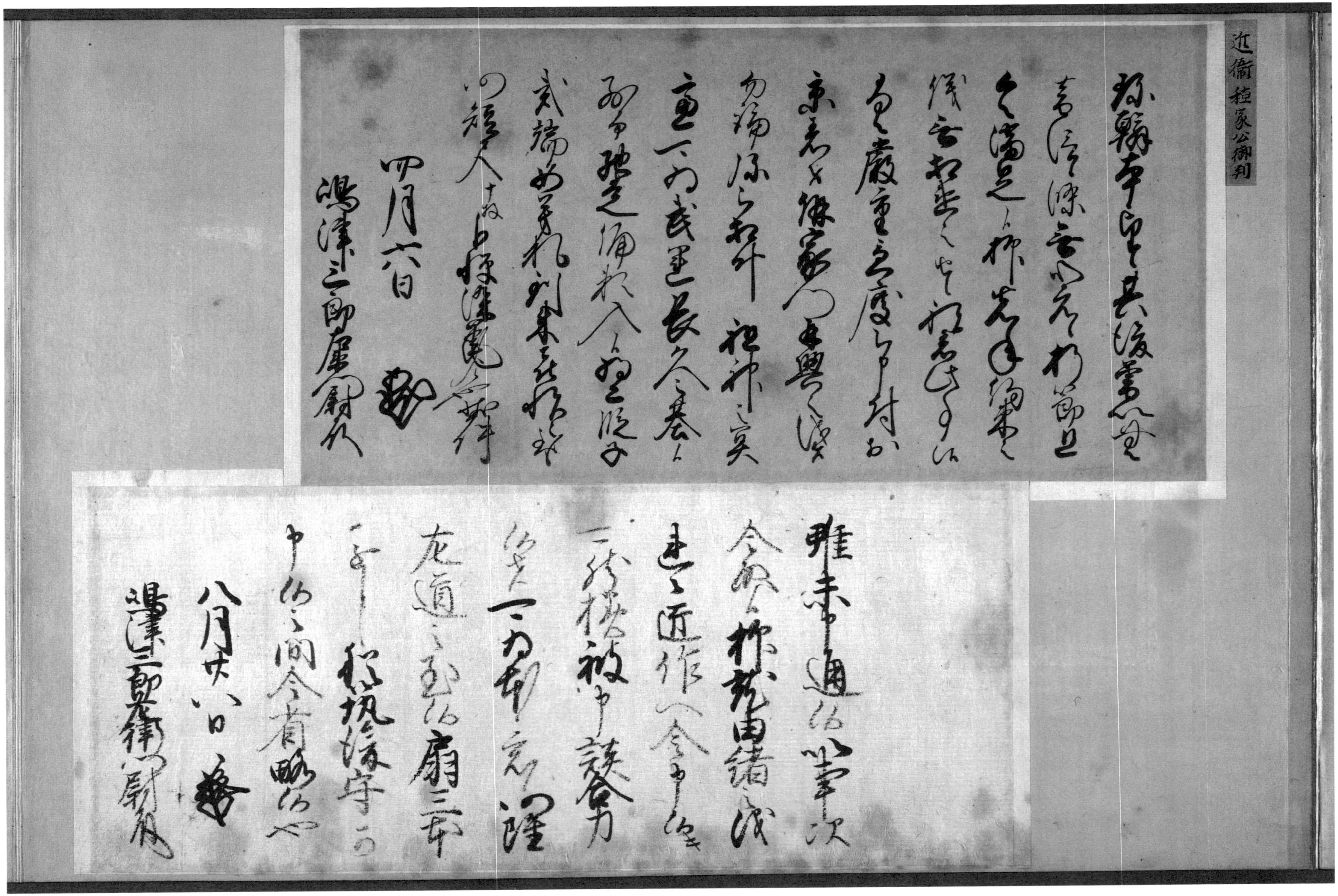

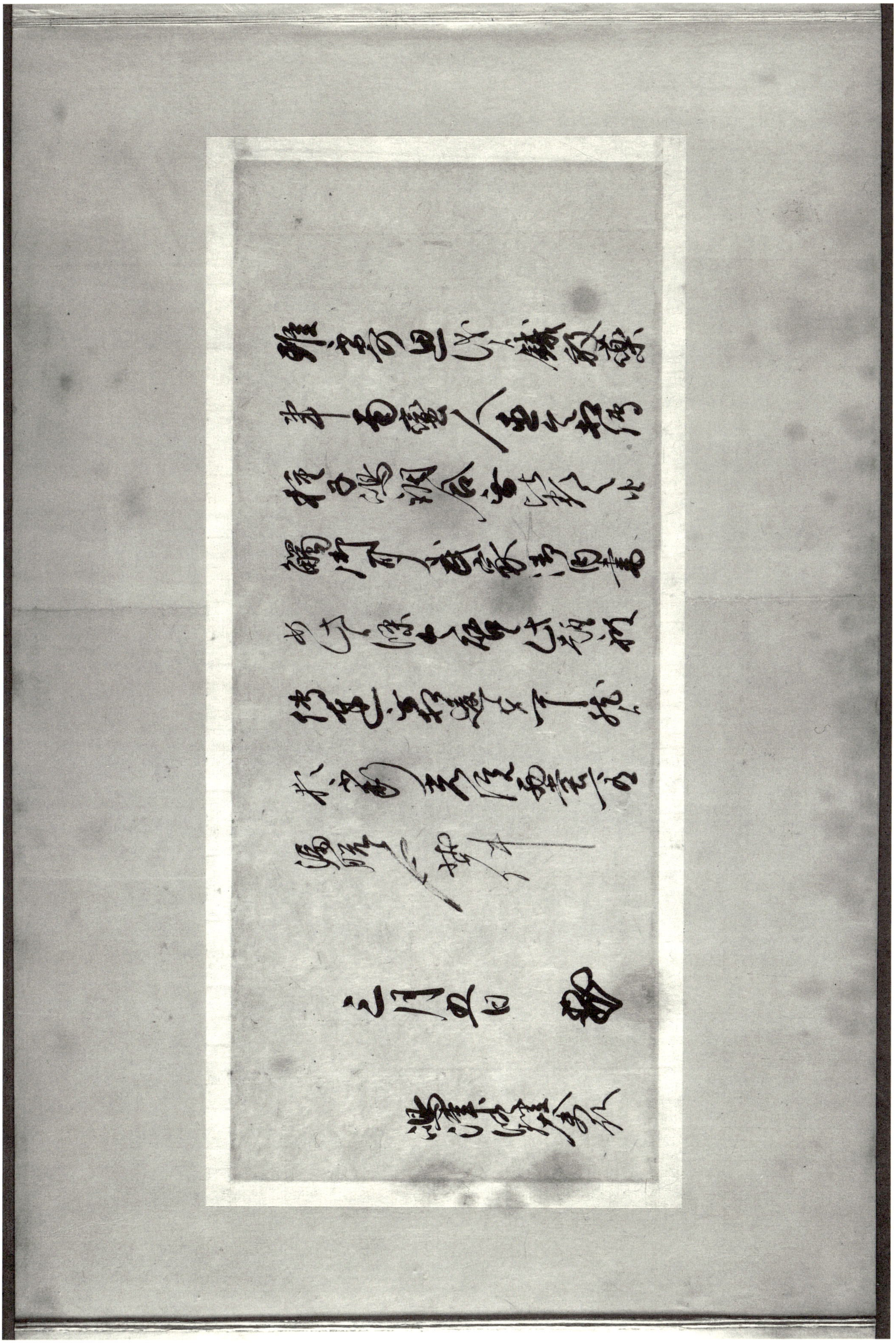

宝鑑　其二　48近衛稙家書状　(年未詳)三月五日

宝鑑　其二

5049 近衛信輔〈信尹〉書状（天正十二年）九月二十八日
近衛前久書状（天正四年）九月三日

＊接写

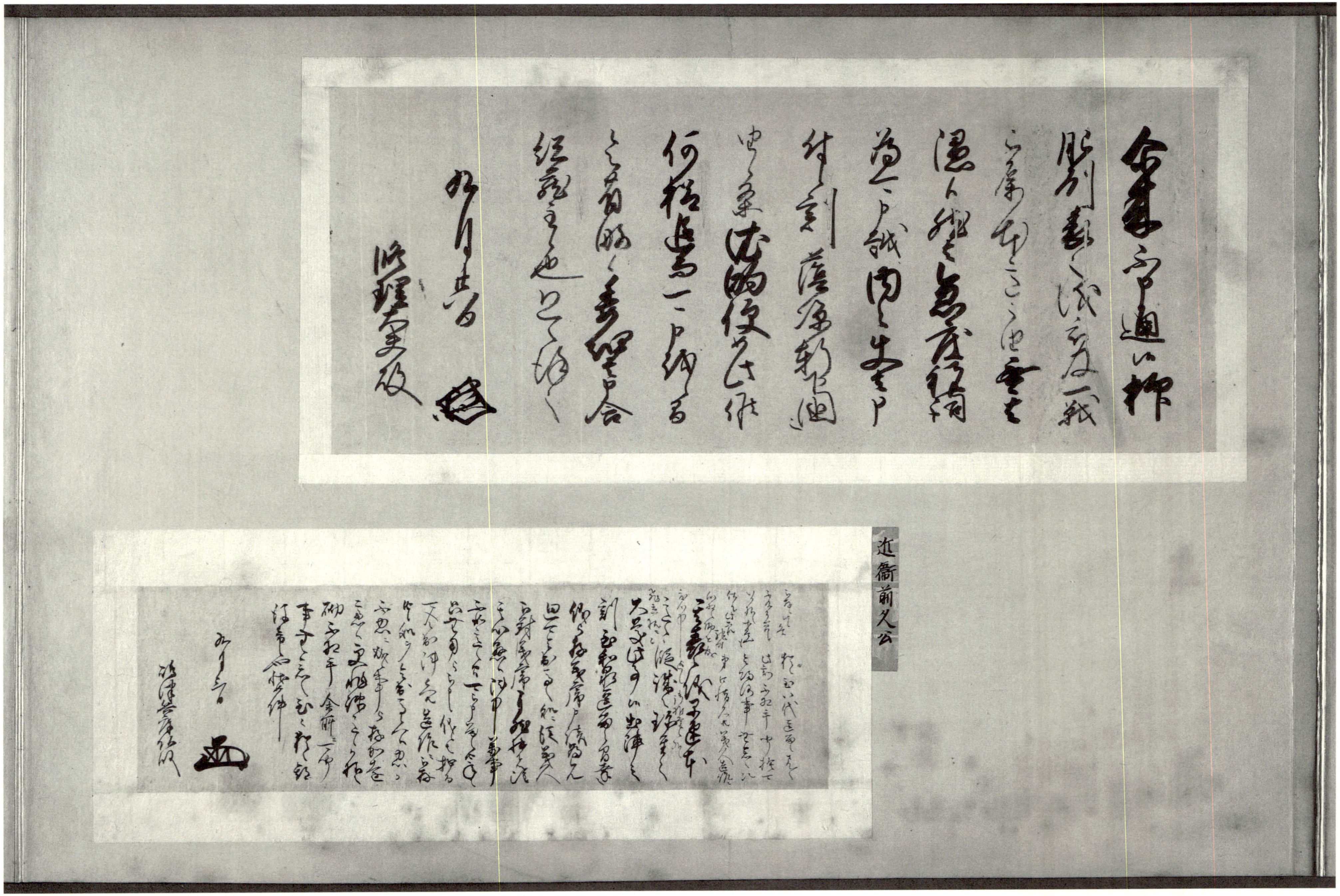

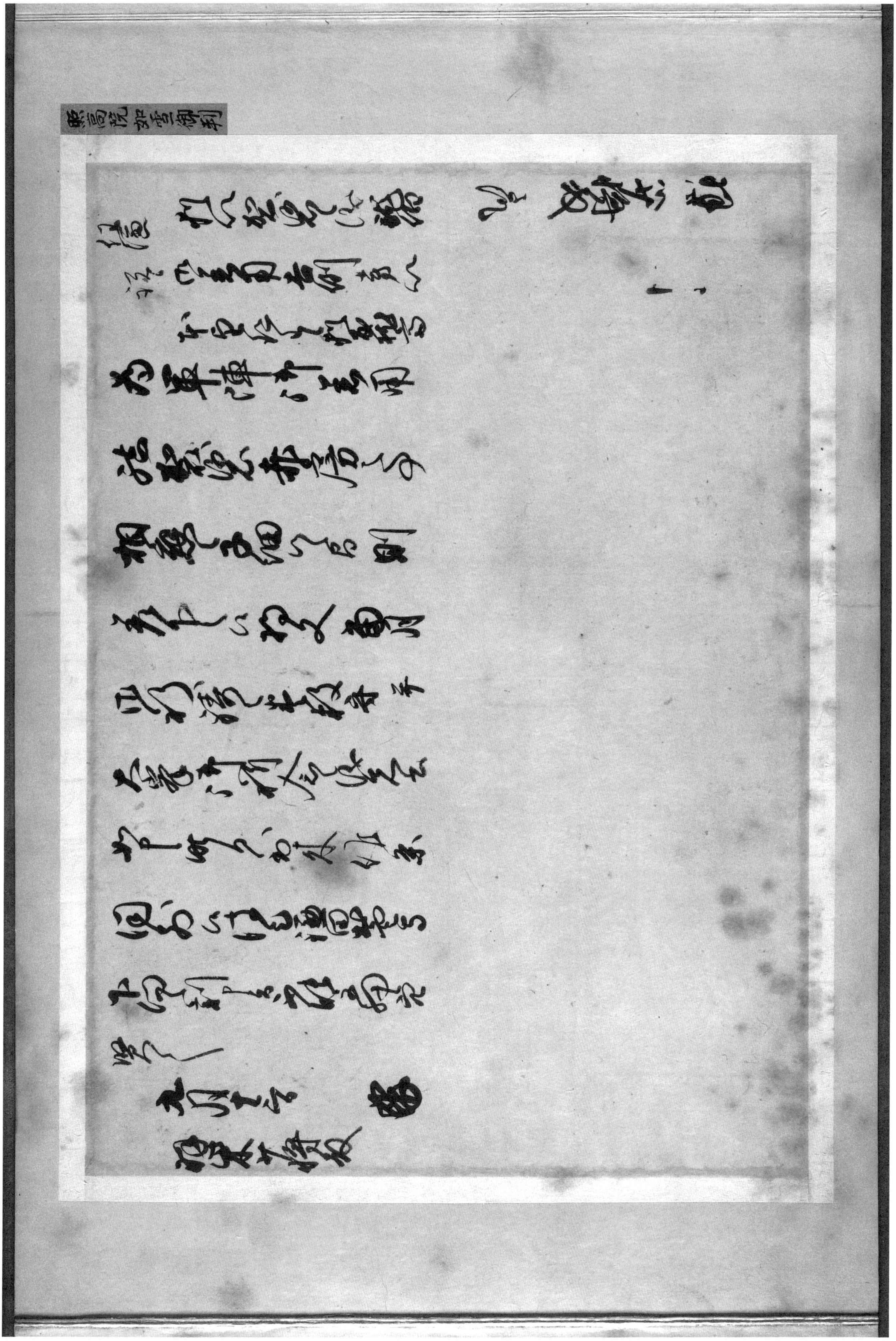

51聖護院道澄書状　（年未詳）九月十三日

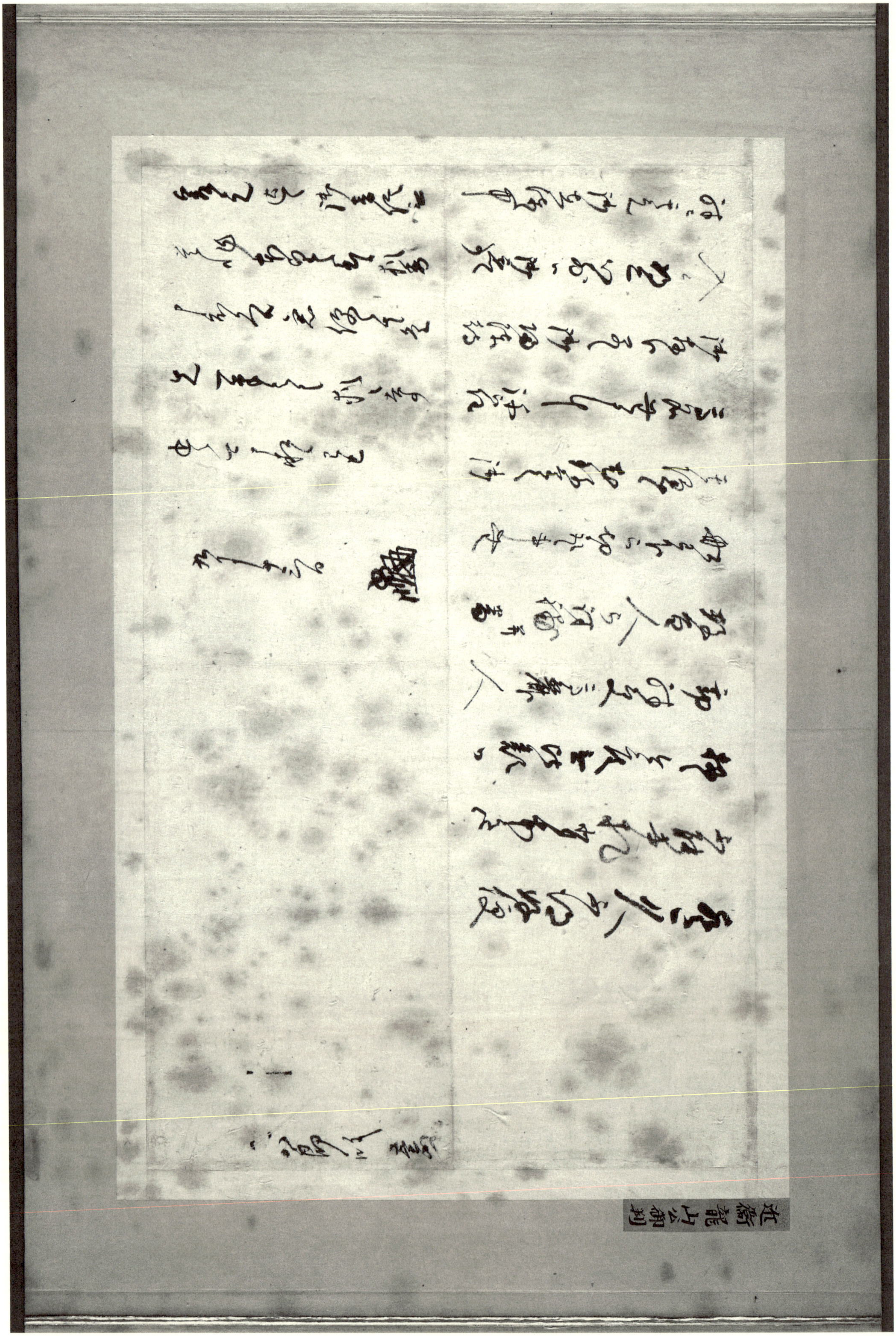

宝鑑　其二
52 近衛龍山〈前久〉書状
（慶長二年）九月十三日

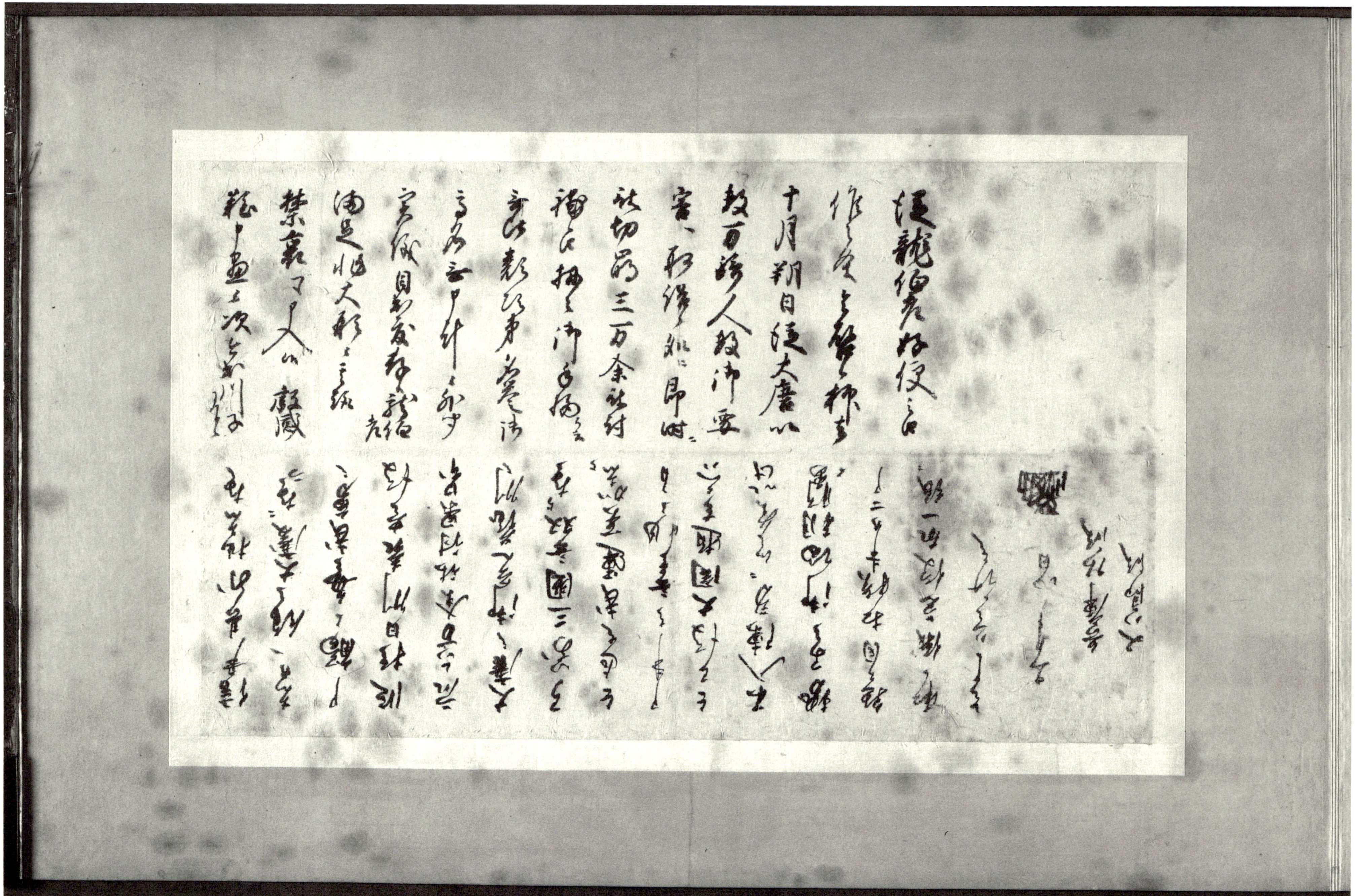

宝鑑　其二　53近衛竜山〈前久〉書状　（慶長三年）十一月八日

接写図版

自伯耆国蒙　勅命候
之間、令合力給候
者本意候、恐々謹言
四月廿九日　高氏
嶋津上総入道殿

接写図版　歴代亀鑑　其一　43足利高氏〈尊氏〉書状　(元弘三年)四月二十九日

38 後村上天皇綸旨　正平六年八月三日

4039
足利尊氏御判御教書　正平六年十一月十三日
足利義詮御判御教書　観応三年卯月十三日

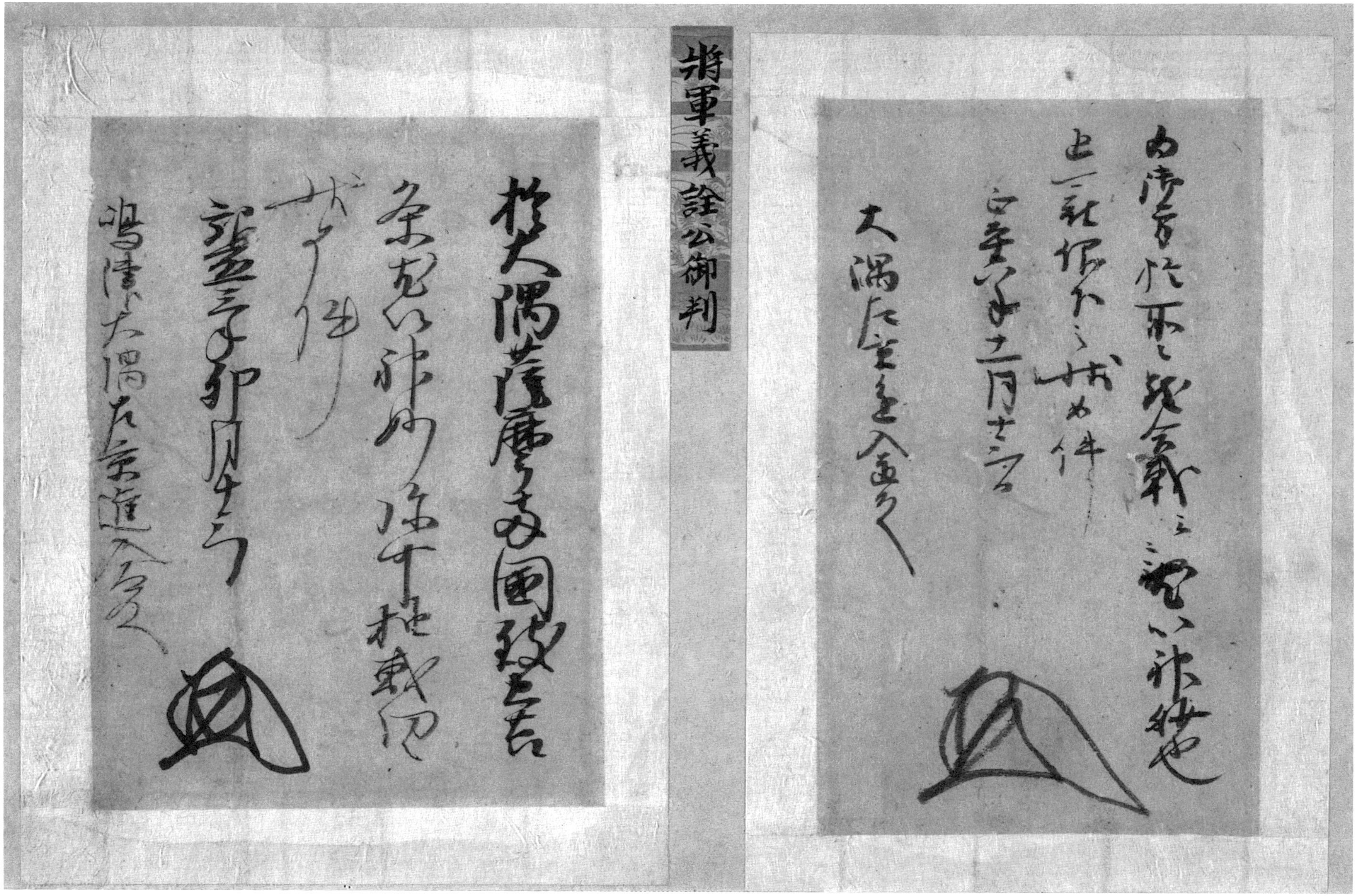

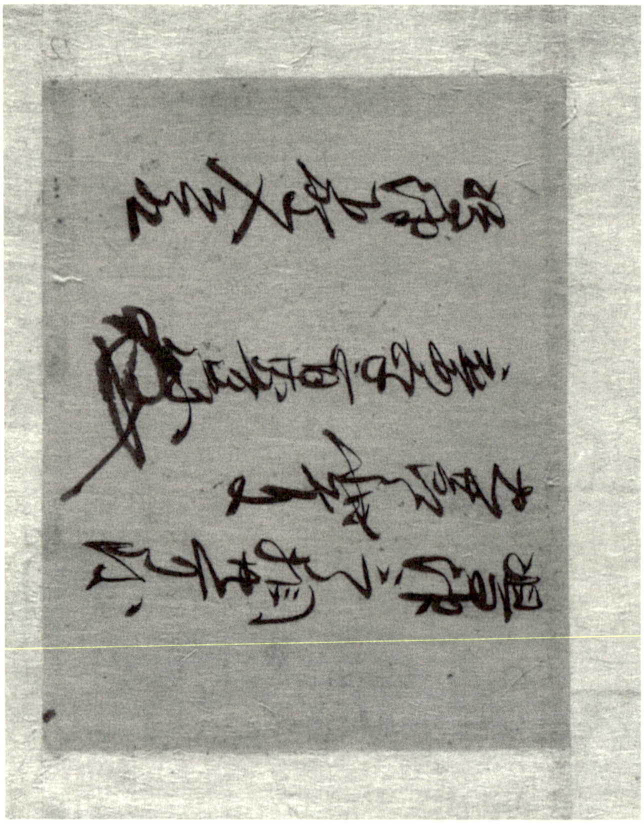

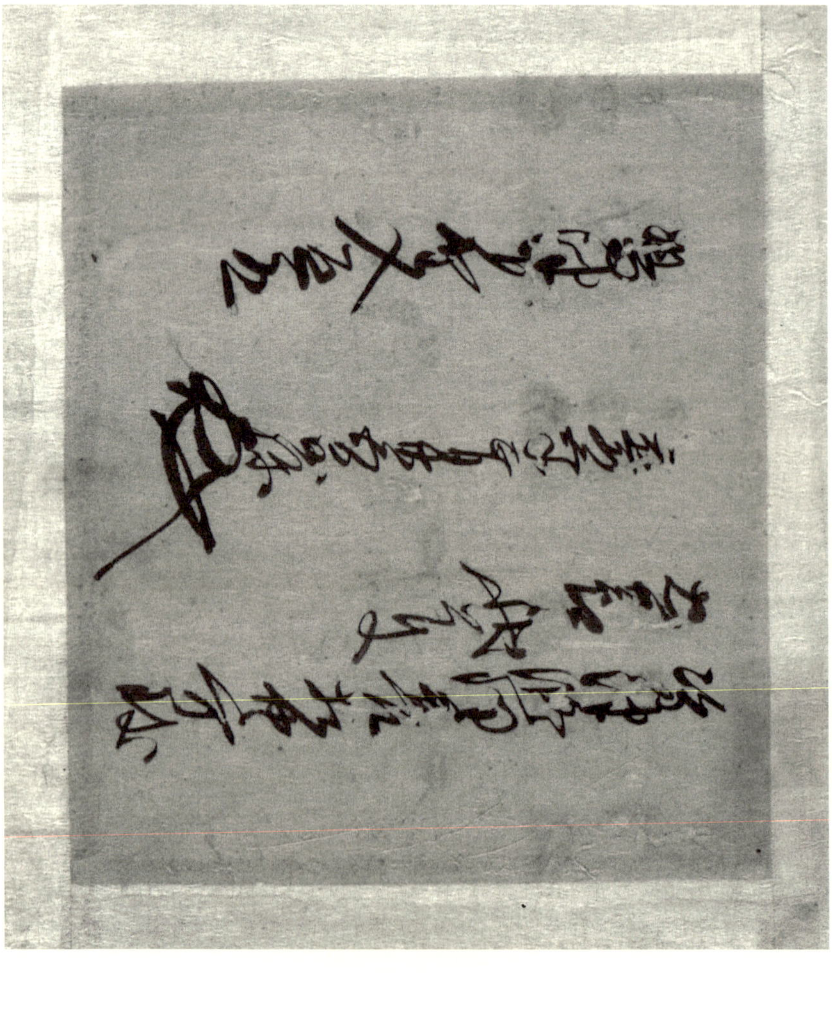

接写図版

宝鑑 其一

45 今川了俊〈貞世〉書下 応安五年正月二十五日

46 今川了俊〈貞世〉書下 応安五年正月二十五日

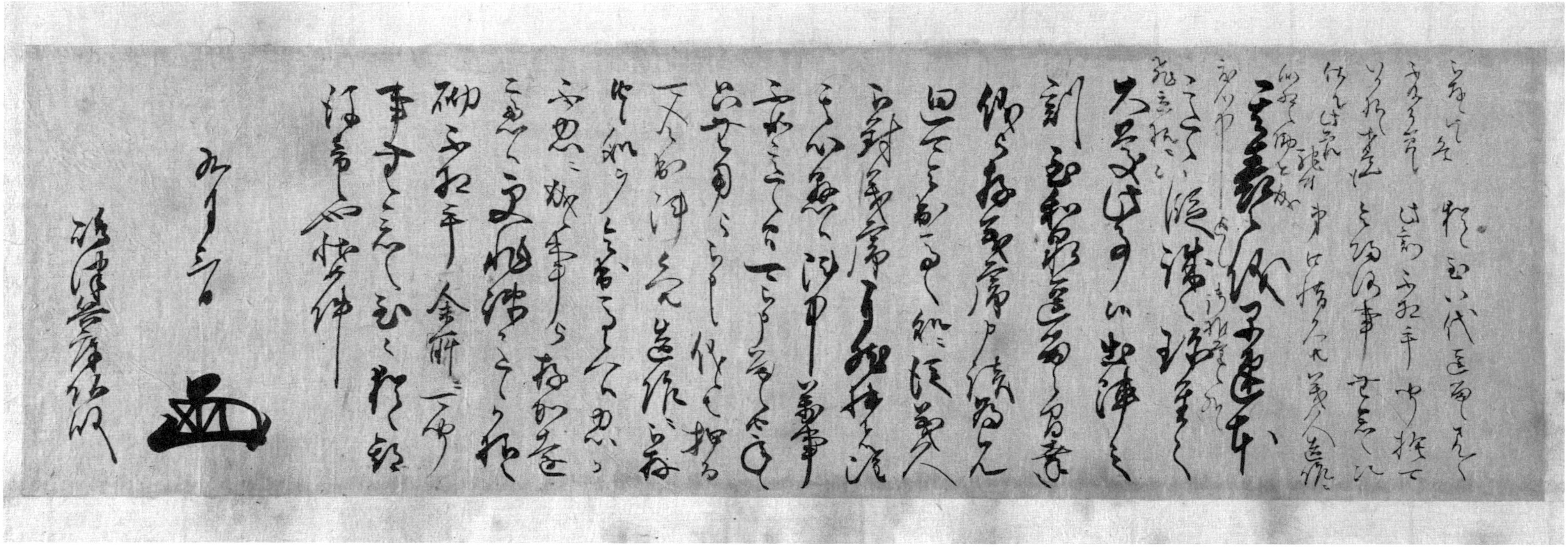

接写図版　宝鑑　其二　50近衛前久書状　（天正四年）九月三日

解説

はじめに

島津家文書は旧薩摩藩主島津家に伝来した文書であり、一九五七年十二月二十日付けで、東京大学史料編纂所が島津鑑康氏から購入した。総点数一万七千通余。なおそのほかに「島津家本」と称する写本類約六千五百点、『薩藩旧記雑録』三百六十二冊がある。そのうち『島津家文書』（五千五百七十九通）二百三十八巻・七帖・一冊・附文書箱十九合、『薩摩国伊作庄日置北郷下地中分絵図』一幅、『薩藩旧記雑録』三百六十二冊が一九九七年六月三十日に、『台明寺文書』（百七十八通）七巻、『上井覚兼日記』二十七冊・附伊勢守心得書一冊・天正四年正月中御規式之日帳一冊が一九九八年六月三十日に重要文化財に指定された。また二〇〇二年六月二十六日には、『島津家文書』（九千五百五十四通）六百十巻・七百四十五帖・二千六百八十八冊・二幅・四千九百八通・二鋪・二百七枚・附文書箱十三合が重要文化財に追加され、先に指定された分と合わせた全体に相当する『島津家文書』（一万五千百三十三通）八百四十八巻・七百五十二帖・二千六百八十九冊・二幅・四千九百八通・二鋪・二百七枚・附文書箱三十二合が国宝に指定された。

『歴代亀鑑』二帖と『宝鑑』二帖は、『国統新亀鑑』一帖・『手鏡』二帖とともに重要文化財の指定を最初に受け、後に国宝に指定されたもののうちに含まれる。『歴代亀鑑』二帖は鎌倉・室町時代の文書百七通を、『宝鑑』二帖は同じく鎌倉・室町時代の文書百四通を、『国統新亀鑑』一帖は徳川家康・秀忠・家光の文書三十三通を、『手鏡』二帖は戦国・江戸初期の近衛家からの文書を中心に百十六通を収める。これらの文書が島津家にとって最重要とみなされて七帖の手鑑に仕立てられたと考えられる。

本書は、『歴代亀鑑』二帖と『宝鑑』二帖について、手鑑に仕立てられた形状も含めて影印のかたちで提供しようとするものである。

島津家文書の伝来と『歴代亀鑑』・『宝鑑』の成り立ち

島津家は惟宗忠久が補任された島津庄地頭職を継承する家として形成された。島津庄は日向・大隅・薩摩の三か国にまたがる広大な荘園である。忠久はまた日向・大隅・薩摩三か国の守護職に補任されたが、建仁三年（一二〇三）の比企能員の乱に際し、能員との縁坐により三か国守護職を没収され、のち薩摩国守護職のみが返付された。薩摩国守護職と島津庄惣地頭職は忠久を初代として二代忠時・三代久経・四代忠宗・五代貞久と継承された。

三代久経は建治二年（一二七六）薩摩国伊作庄・日置庄地頭職を御恩として拝領した（『歴代亀鑑』其一30・31・32、以下「歴一30・31・32」のように示す）。弘安四年（一二八一）久経は次男久長にこれを譲与し（『大日本古文書　家わけ第十六　島津家文書』四九四号、以下「大古四九四」のように示す）、弘安八年（一二八五）久長に対して安堵下文が発給された（『宝鑑』其一1、以下「宝一1」のように示す）。久長の子孫は伊作庄地頭職を継承して伊作家と称される。伊作家は戦国期に島津本宗家を継承することになる。

五代貞久の時、島津家は南北朝の動乱に際会する。貞久は元弘三年（一三三三）四月二十八日付けで後醍醐天皇より大隅国守護職に補任され（歴一42）、大隅・薩摩二か国の守護職を兼帯することになった。貞治二年（一三六三）貞久は薩摩国守護職以下の所領を師久に、大隅国守護職以下の所領を氏久に譲与し、師久を惣領に定めた（大古一四九・一五〇）。

薩摩国守護職を継承した師久の子孫は上総介に任じられるのを例として総州家と称され、大隅国守護職を継承した氏久の子孫は陸奥守に任じられるのを例として奥州家と称された。元来は総州家が惣領であるから、両家分立以前の文書は総州家に伝えられたと思われる。しかし、やがて奥州家が優勢になり、氏久の子元久は、応永十一年（一四〇四）日向・大隅両国守護職を安堵され（歴二16）、応永十六年（一四〇九）薩摩国守護職に補任される（歴二17）。以後日向・大隅・薩摩三か国守護職は兼帯して伝えられることになった。そして応永二十八年（一四二一）総州家の忠朝（師久の孫）は奥州家の久豊（元久の弟）に降参、遁世隠棲した。宝徳四年（一四五二）小春七日の年記を持つ重書目録（大古一六二）に「一通　三ヶ国其外諸国諸庄之文書／山城守道世より三郎殿への譲状」と記されているのは、譲状の現物は残らないものの、「山城守道世」（忠朝、道世は忠朝の法名）より総州家伝来の文書が奥州家の「三郎殿」（忠国、久豊の子）に譲られたことを示すものであろう。

総州家伝来の文書を継承したことにより、奥州家は島津家の本宗となる。しかし群雄割拠の時代を迎え、島津家においても本宗家が衰退し、一門の中に有力者が成長する。氏久を正統六代として数えると十四代に当たる勝久は伊作忠良を頼り、大永六年（一五二六）三か国守護職を忠良の子貴久に譲ったが、間もなく伊作家と再び対立し、本宗家の文書を貴久に譲ることはなかった。勝久は天文四年（一五三五）鹿児島から没落して領国を去り、替わって忠良・貴久が勢力を伸ばし、天文十四年（一五四五）貴久の守護の地位が一門から承認され、天文十九年（一五五〇）貴久は鹿児島に入った。かくして島津氏の正統は貴久に継承されることになり、その子義久に引き継がれる。

勝久は天正元年（一五七三）豊後で客死した。勝久の子忠良（貴久の父忠良とは別人物）は日向の伊東義祐を頼り、広原に居住して三子を儲けたが、天正五年（一五七七）義久の日向攻略により義祐が没落するに至り、忠良の三子は義久に臣従し帰国した。長男・次男は出家して三男忠辰が亀山家を興したが、後に次男正円も還俗を許されて藤野家を興し、久右衛門尉忠恒（のち忠秀、さらに秀久と改む）と名乗った。勝久が領国から没落した際に持ち出した文書は亀山・藤野両家に帰属することになり、のち両家から新本宗家に進上されることになった。

亀山家から新本宗家に献上された重宝については、『旧典類聚』十三（史料編纂所架蔵、請求番号4140.1-34-13）に二本の目録が掲載されている。一本は「調享保九辰十一月」の頸書を付し、「一、龍伯様、惟新様、又市郎様江曽祖父兵部より進上仕候留書」と書き出し、末尾に「右、付先祖代々進上仕候儀、別状無御座候、右之内、当時御譲物ニ多々罷成候、右品物之内、当時無之品も御座候得共、此節申出之趣、相違無之由、当座調也」と記したもの、もう一本は「御家之　御重物／龍伯様　惟新様　又市郎様御三殿江先祖兵部太輔進上候」と書き出し、末尾に「右之通、私家格護仕、先祖亀山兵部太輔代より時々差上申候事／安永六丁酉正月　亀山十太夫」と記したものである。本文の目録部分の内容はほぼ一致するので、享保九年（一七二四）の目録をもとに安永六年（一七七七）の目録が作成されたものであろう。

重宝の進上先と記されている「龍伯様」は義久、「惟新様」はその弟義弘、「又市郎様」は義弘の子久保である。久保は天正十七年（一五八九）に義久・義弘の交議により家督を相続したが、文禄二年（一五九三）朝鮮出兵の最中に卒した。なお義久の卒年は慶長十六年（一六一一）、義弘の卒年は元和五年（一六一九）である。

また重宝を進上した人物として記される「亀山兵部太輔」とは忠辰のことで、その卒年は寛永十三年（一六三六）である。享保目録の記主は忠辰を曽祖父と呼んでいるので、忠辰の曾孫木工大夫久賢にあたる。久賢は寛文二年（一六六二）の誕生であるから享保九年には数え六十三歳である。安永目録の記主「十太夫」はあるいは「杢太夫」の誤記かもしれないが、後述するように久賢の父三郎兵衛久運を曽祖父と呼んでいるので、久賢の孫に当たる人物である。

右の目録には十八項にわたって重宝が書き上げられているが、そのうち第二項と第十八項が文書に関わるものである。第二項は享保目録では「一、御文書弐百六通、内頼朝公御判紙三通有之」と記され、安永目録では「御文書」が「御文章」となっているほかは同一の記述である。

第十八項は享保目録では「御文書十通、内一通ハ、嘉禄三年六月十八日、於鎌倉、忠久公御逝去之節、御自筆為被遊与申伝之御当国御守護職御譲状壱通有之候、但亡父亀山三郎兵衛より差上申候右御文書者、伊勢兵部殿御差図之由ニ而、三郎兵衛宅へ堀四郎左衛門被遣、其後諏訪采女御取次を以差上候事、以上／十一月十二日」と記され、安永目録では「私曽祖父亀山三郎兵衛より題目之御文書拾通、内壱通ハ、嘉禄三年六月十八日、於鎌倉、忠久公御自筆御当国之御譲状壱通進上仕候事」と記され、さらに行間補書で「一本ニ、右御文書者、伊勢兵部殿御差図之由ニ而、三郎兵衛宅江堀四郎左衛門被遣、其後諏訪采女御取次を以差上候事／十一月十二日　亀山杢太夫」と記されている。

第十八項に記される文書十通の進上は亀山三郎兵衛久運の代のこととされ、久運の卒年は元禄十五年（一七〇二）であるが、『伊地知氏雑録』（『鹿児島県史料　旧記雑録拾遺伊地知季安著作史料集五』所収）に載せる「万治弐己亥秋九月日御記録方帳」に「忠久様御逝去之日御自筆之御譲状壱通」の礼金に関する往復文書が見えるので、この一件が万治二年（一六五九）のことであったことが判明する。したがって第二項の記す文書二百六通の進上は兵部太輔忠辰代のことであろうが、その後も若干の文書が亀山家に残され、万治二年三郎兵衛久運よりさらに十通が進上されたと考えられる。

亀山家から新本宗家に進上された文書のうち、万治二年に亀山三郎兵衛久運から進上された嘉禄三年（一二二七）の忠久譲状は歴一26に相当する。また亀山兵部太輔忠辰より進上された二百六通のうちには頼朝の花押を有する文書が三通含まれていたという。島津家文書の中で頼朝の花押を有するものを探すと、『歴代亀鑑』其一に九通（歴一1〜9）、『頼朝公御教書』に一通（大古一九三）、『手鏡』其一に一通（大古六五三）が見出される。以上の十一通のうちのどれに該当するかを特定することは困難であるが、これらのうちの三通が亀山家から進上されたものと考えることはできよう。

藤野家から新本宗家に進上された文書については、史料編纂所架蔵島津家本中の冊子『藤野文書』（請求番号　薩藩1門12類33番の28の10）により判明する。同書によると、明暦元年（一六五五）藤野家より正文四十三通、写本及び案文四十四通が進上されたが、その際文書の写本が作成されて藤野家に与えられた。また寛文十三年（一六七三）に藤野家はさらに文書九通を差し出したが、四通が返却され五通が召し上げられた。藤野家ではこの五通についての写本も所持していた。史料編纂所架蔵島津家本中の冊子は藤野家所持の写本二冊を転写して一冊としたものである。同書には『歴代亀鑑』収録のもの八通、宝鑑収録のもの十五通が写されている。すなわち歴一18・33・39・40・50・51・52・61、宝一42、宝二1・6・10・13・14・15・16・17・18・20・25・28・30が明暦元年に、宝二32が寛文十三年に藤野家より進上されたものであった。

『旧典類聚』十三所収貞享五年（一六八八）八月十二日「重物之目録」は、薩摩藩主島津光久からその孫綱貴に家督が譲られた際に、家督にともなって譲られた先祖伝来の重宝の目録である。二十一項が書き上げられているうち、第二項「一、文書　五帖」、第三項「一、同巻物　数十軸」、第四項「一、御判物　三通」が文書に該当する部分であろう。すなわち貞享五年の時点で、帖を単位として数えられる手鑑状のものが五帖存在した。現在島津家文書のなかには手鑑が七帖存在するが、その七帖と貞享目録の五帖がどのように対応するかは不明である。『宝鑑』二帖のうちには台紙に貼り直し痕の認められるものが相当数あるので、貞享目録の五帖がそのままの形で今日まで伝来しているとは限らない。しかし光久の代に亀山・藤野両家から進上された本宗家文書を含めて手鑑が仕立てられたこと、その中に『歴代亀鑑』二帖と『宝鑑』二帖そのものかその原形に相当するものが含まれていたことを想定することは可能であると思われる。光久代には記録奉行平田純正により『新編島津氏世録正統系図』百七十八巻も編成されており、島津家の系譜・文書が整理される画期をなしていた。

薩摩藩主島津光久のもとに集積された文書は以下のように分類される。①総州家・奥州家分立以前の本宗家文書、②奥州家に降参するまでの総州家文書、③奥州家文書（奥州家が本宗家を継承した後のものを含める）、④伊作貴久が本宗家を継承する以前の伊作家文書、⑤貴久が本宗家を継承した後の新本宗家文書。①は総州家と奥州家の分立によりおそらく惣領である総州家に伝来したが、総州家が奥州家に降参したことにより、①と②は奥州家に譲られた。勝久の没落により①②③は領国外に持ち出されることになり、亀山・藤野両家の成立とともにその所持するところとなった。一方貴久以後の新本宗家は④を所持し⑤を蓄積していったが、やがて亀山・藤野両家から①②③を受け取ることになった。

『歴代亀鑑』と『宝鑑』に①〜⑤がどのように収録されているかを見ると、大雑把には、『歴代亀鑑』其一から其二のはじめにかけて①、其二の途中から③⑤が収録され、『宝鑑』其一には④、其二には①②③⑤が収録されている。この状況を見ると、『歴代亀鑑』には本宗家に関する文書を集め、『宝鑑』にはそれから排除されたものをまとめるという編成方針が存在したことが想定される。総州家と奥州家の分立時代については、本来は総州家が惣領であるが、総州家が奥州家に降参し、奥州家が本宗を継承した経緯により、『歴代亀鑑』には③を収めて②を排除している。また貴久以後の新本宗家は伊作家の出自であるが、勝久までの旧本宗家とのつながりを重視して、④を『歴代亀鑑』に収めず『宝鑑』に収めている。『歴代亀鑑』は、本宗家→奥州家→新本宗家を正統とする系譜意識に基づいて編成されているといってよい。

しかし『歴代亀鑑』には上記の編成方針からはずれる文書もいくつか含まれている。歴一30・31・32は正統三代久経が伊作庄を拝領したことに関する文書である。久経が庶子久長に伊作庄を譲与したことにより伊作家が分立したのであるから、伊作家分立後もこれらの文書は本宗家に留め置かれた可能性を否定はできないけれども、伊作家分立の根本を示す文書として伊作家に伝来した可能性も存する。

また歴一7・13・14・15は島津家以外の他家に伝来したものと考えられる。歴一7は大秦元光に薩摩国牛屎院を安堵したものなので、元光関係の文書を他にも伝える大隅加治木の桑幡家に本来は伝来していたものと考えられる。ただし文中に「嶋津庄惣地頭惟宗忠久」の名が見える。歴一13は「嶋津左衛門尉」（忠久）を宛所とするが、内容を検討すると日向の富山家に伝来したものである可能性がある。また歴一14は「嶋津左衛門尉」（忠久）を宛所とし、歴一15は忠久の袖判のある文書であるが、いずれも薩摩の氷利家に伝来したものである。氷利家文書は入来院家文書の一部として伝来したが、入来院家文書の中にはこの両通の写が遺されている。以上は本来は他家に伝来したものであるが、島津忠久に関する文書として島津家に進上され、『歴代亀鑑』に収められることになったものであろう。

なお本項を記述するにあたり、五味克夫氏の諸論考、なかんづく「島津家文書の成立に関する再考察―藤野・亀山家文書を中心に―」(『西南地域史研究』第二輯、一九七八年)を参照させていただいた。

〔島津氏系図〕

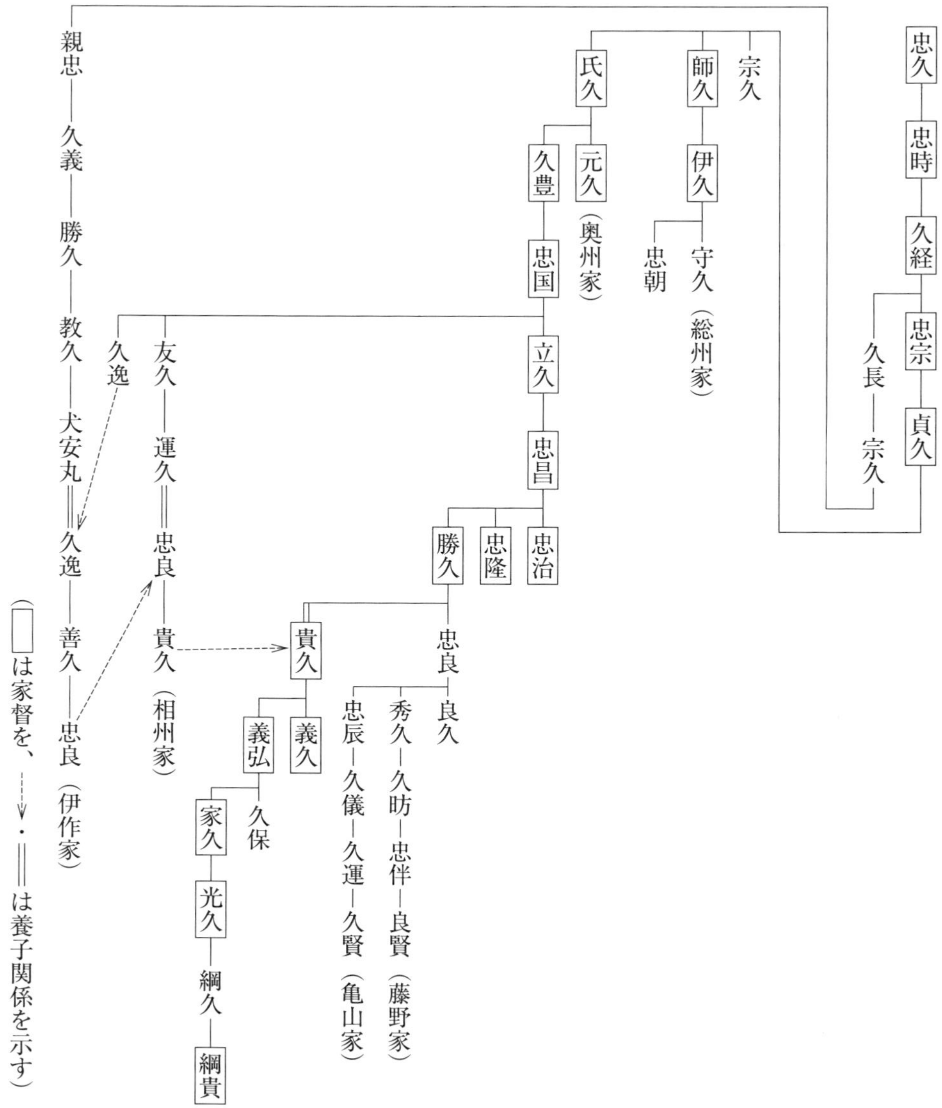

『歴代亀鑑』・『宝鑑』の形状

『歴代亀鑑』　手鑑二帖

〔外形の寸法〕

其一　縦四四・六×横六四・九×厚六・五糎

其二　縦四四・二×横六四・八×厚六・三糎

〔表紙〕

紺地に菊花・紅白梅折枝・蓮華・牡丹・柘榴文様の錦を表紙・裏表紙裂とする。表紙・裏表紙の四隅に黒色の桐唐草文をあしらった角金具を付す。題簽は絹に裏打ちを施し、金泥にて外郭、山、樹木等を描き、「歴代亀鑑」の表題を記して、表紙の中央に貼付されている。見返しは金箔地で、中央に島津家の定紋である「轡」の大紋、その周囲に「桐」紋と唐草を配したものであり、これを厚紙に貼り、表紙・裏表紙に貼り合わせている。

〔文書料紙・台紙〕

其一には台紙十四枚の表裏に文書五十四通五十三枚が、其二には台紙十四枚の表裏に文書五十四通六十枚が貼付されている。

文書の料紙は、その多くが剥いで薄くされ、裏打ちが施されている。虫喰いによって損傷を受けた箇所（虫損部分）には、墨または煤にて古色付け（時代付け）された紙を補修紙として用い、その箇所にあてている。

料紙の四方に袖・奥、天・地の順で手紙（文書の周囲を保護するための紙）を付け、台紙の両面に貼り込んでいる。手紙の紙の目は、縦目使いである。台紙にみられる小さい穴や篦による筋は、貼り込みの際に印を付けたものである。

料紙の端には、糊跡や糊跡を除去した痕跡が見受けられ、手鑑に仕立てられる以前は巻子装の形態であったことが判る。

台紙から文書の料紙が外された痕跡（糊跡と貼り込みの際につけた印）があり、文書の配列の変更が見受けられる。

台紙は三粍位の厚さがあり、紙を幾枚も貼り重ねたものを土台とし、斐紙風の紙を貼り合わせて、揉み・微塵・砂子・山椒・芒（松葉）といった切箔で意匠を施している。そして台紙に蝶番を付け、篦にて三回筋をつけて折り曲げ、手鑑に仕立てている。蝶番の糊代は一糎位である。

また台紙の小口と蝶番に金泥が塗布されている。金泥の下に朱鷺色のものが見られることから、下地に朱と胡粉を混ぜたものを塗布し、さらに金泥を塗布したものと考えられる。

『宝鑑』　手鑑二帖

〔外形の寸法〕

其一　縦四四・五×横六五・〇×厚四・〇糎

其二　縦四四・五×横六四・九×厚五・七糎

〔表紙〕

藍地に菊花唐草文様の銀襴を表紙・裏表紙裂とする。表紙・裏表紙の四隅に黒色の角金具を付す。題簽は欠失しており、表紙に糊跡が見受けられる。見返しは金箔地で、全体に島津家の定紋である「轡」の小紋を散らしたものであり、これを厚紙に貼って、表紙・裏表紙に貼り合わせている。

〔文書料紙・台紙〕

其一には台紙十二枚の表裏に文書五十一通五十五枚が、其二には台紙十二枚の表裏に文書五十四通五十六枚が貼付されている。

料紙は、『歴代亀鑑』と同様に、その多くが剥いで薄くされ、裏打ちが施されている。

料紙の四方に袖・奥、天・地の順で手紙を付け、台紙の両面に貼り込んでいる。手紙の紙の目は、縦目使いである。

台紙は三粍位の厚さがあり、紙を幾枚も貼り重ねたものを土台とし、楮紙を貼り合わせて、礬砂引きしたものである。そして台紙に蝶番を付け、篦にて三回筋をつけて折り曲げ、手鑑に仕立てている。蝶番の糊代は一糎位である。

また『歴代亀鑑』と同様に、台紙の小口と蝶番に金泥が塗布されている。

文書個別解題

以下、文書を個別に検討した内容を記述する。先ず、全体にわたる方針について触れておくことにしたい。

文書名については、基本的に『大日本古文書　家わけ第十六　島津家文書』之一の名称を踏襲した。ただし、明らかな間違いや、形式的な観点から統一しておいたほうが良いと判断したものについては、これを改めた。また、一部については、現行の通称に従ったもの、内容に及んで付したものもある。

端裏書について、『大日本古文書』では読まれておらず、今回改めて判読したものがある。大古一（歴一1）には「〇以下五通、端裏書アレドモ、明カニ読ミ難キヲ以テ省略ニ従フ」、大古七（歴一7）には「〇以下四通、端裏書アレドモ、明カニ読ミ難キヲ以テ省略ニ従フ」との按文が付されている。大古一二（歴一12）・大古九八（歴二45）・大古三三七（宝一44）などには端裏書が記載されているが、大古一七（歴一17）・大古一九（歴一19）・大古二〇（歴一20）・大古二二（歴一22）・大古二四（歴一24）・大古二五（歴一25）・大古五九（歴二6）、大古九二（歴二39）などに端裏書の注記はない。多くは手鑑の厚い台紙に遮られ、表面からの観察では、その読解はもとより、端裏書の存在さえ認識することが困難であったためである。

今回、高解像度近赤外線デジタルカメラを用いて撮影し、デジタル画像をパーソナルコンピュータにて反転・強調などの処理を施すことにより、端裏書をあたかも裏面から見るように、読み取ることができた。装丁の際の化粧断ちにより、なお明らかに読み難い箇所もあるが、該当箇所にそれぞれの図版と読解を示した。

料紙に関する確実な判定は、料紙繊維の極微量採取と試料とによる化学反応の結果に基づくべきとはいえ、それを行い得る条件は限られている。それに代わって通常採り得る方法は、透過光を用いた百倍顕微鏡による肉眼目視である。その場合、それぞれの繊維の特徴や米粉の有無が判断の基準となる。それらの基準については、なお研究者の間で統一をみていないのが現状であるが、おおよそ以下の分類が採用されているように思われる。

まず、大きく楮紙・斐紙・漉返紙に分け、この他には三椏紙や竹紙がある。楮紙系統は、引合、檀紙、強杉原、杉原に分類する。檀紙は、米粉を入れず、非繊維物質を排除しているものをいい、引合は檀紙のうちに含まれ、その最上級の紙の称である。強杉原は米粉を入れず、わざと非繊維物質を含めて漉いた紙をいう。杉原は米粉を入れた紙であるが、その範囲は広い。一方、斐紙系統は、鳥の子紙、雁皮紙、間似合紙に分類する。鳥の子紙は米粉を入れており、そのため、白っぽくゴワゴワした感じがない。一方、雁皮紙は米粉を入れず、そのため、濃い茶色で硬くバリバリした感じとなる。間似合紙は米粉・白土が入る。

これらの分類基準については、例えば米粉の少し入った檀紙もあるなど、なお流動的で見解の分かれる部分があるが、当面の覚書として記しておく。

料紙の判定は、上記の基準に加えて、透過光によってより明確に認識できる簀目の本数や太さ、糸目、触感や色目などの風合い、その他全体的・総合的な知見によって行われるのが一般である。しかし、『歴代亀鑑』『宝鑑』ともに厚い台紙貼りの手鑑仕立てであり、透過光を用いることが全く不可能であるため、顕微鏡を用いた目視と表面観察とによって判断したものが多い。したがって、その確実な判定は将来的な課題に属するといわねばならない。なお、紙質の調査については、富山大学人文学部教授富田正弘氏、奈良国立博物館長湯山賢一氏のご協力・ご教示に与った。記して感謝申し上げる。

1

源頼朝下文　元暦二年六月十五日

〔目録番号〕1―1―1　〔大日本古文書番号〕一

〔料紙〕竪紙　楮紙（檀紙）　三〇・五×四八・二糎　一紙

〔端裏書〕「いセのくにはセのみくりやの御下文」

〔差出〕袖判（源頼朝）

〔宛所〕伊勢国波出御厨

〔受給者〕左兵衛尉惟宗忠久（島津忠久）

〔備考〕「左兵衛尉惟宗忠久」の筆跡が他の部分と異なる。また、この「左兵衛尉惟宗忠久」の筆跡は、次号文書のそれと同一である。

2

源頼朝下文　元暦二年六月十五日

〔目録番号〕1―1―2　〔大日本古文書番号〕二

〔料紙〕竪紙　楮紙（檀紙）　三〇・四×五二・二糎　一紙

〔端裏書〕「いセのくにすかのさう、はセのみ□□〔くり〕やの御くたしふみ」

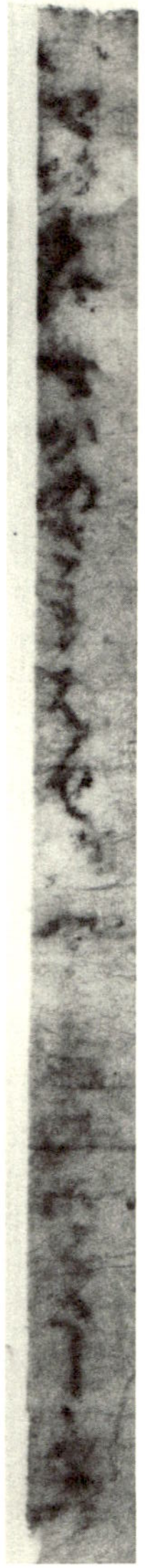

〔差出〕袖判（源頼朝）

〔宛所〕伊勢国須可御庄

〔受給者〕左兵衛尉惟宗忠久（島津忠久）

〔備考〕「左兵衛尉惟宗忠久」の筆跡が他の部分と異なる。また、この「左兵衛尉惟宗忠久」の筆跡は、前号文書のそれと同一である。

3

源頼朝下文　元暦二年八月十七日

〔目録番号〕1―1―3　〔大日本古文書番号〕三

〔料紙〕竪紙　漉返紙　三一・六×五二・七糎　一紙

〔端裏書〕「しま□〔つ〕の御庄御下文」

〔差出〕袖判（源頼朝）

〔宛所〕嶋津御庄官

〔受給者〕左兵衛少尉惟宗忠久（島津忠久）

4　源頼朝下文　文治二年正月八日

〔目録番号〕1―1―4　〔大日本古文書番号〕四

〔料紙〕竪紙　楮紙（檀紙）　三〇・五×五三・四糎　一紙

〔端裏書〕「しなの、国しをたの庄の御□□〔下文〕」

〔差出〕袖判（源頼朝）

〔宛所〕信濃国塩田庄

〔受給者〕左兵衛尉惟宗忠久（島津忠久）

5　源頼朝下文　文治二年四月三日

〔目録番号〕1―1―5　〔大日本古文書番号〕五

〔料紙〕竪紙　漉返紙　三〇・八×五五・九糎　一紙

〔端裏書〕「□□□□庄御下文、しまつの御庄地頭事」

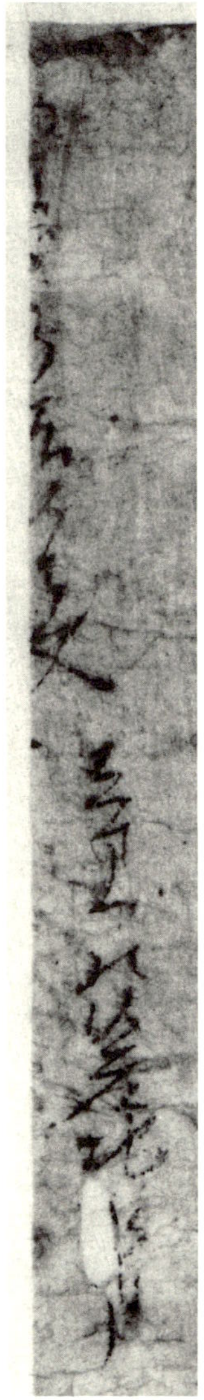

〔差出〕袖判（源頼朝）

〔宛所〕嶋津御庄

〔受給者〕地頭惟宗忠久（島津忠久）

6　源頼朝下文　文治二年八月三日

〔目録番号〕1―1―6　〔大日本古文書番号〕六

〔料紙〕竪紙　楮紙（檀紙）　三三・八×五五・〇糎　一紙

〔差出〕袖判（源頼朝）

〔宛所〕嶋津御庄官等

7　源頼朝下文　文治三年五月三日

〔目録番号〕1―1―7　〔大日本古文書番号〕七

〔料紙〕竪紙　漉返紙　三一・四×五四・五糎　一紙

〔端裏書〕「右大将頼朝卿御下文、大平元光□証□」

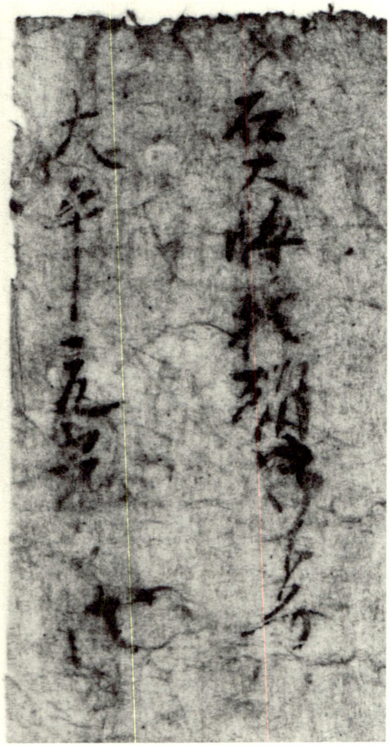

〔奥裏書〕「大　大将殿御下文」

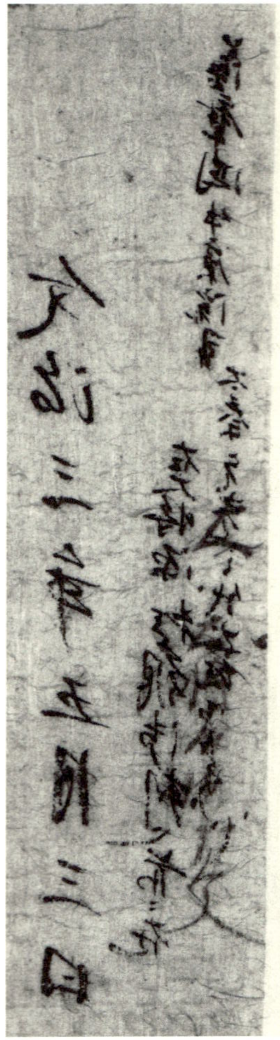

〔差出〕袖判（源頼朝）

〔宛所〕大秦元光

8　源頼朝下文　文治三年九月九日

〔目録番号〕1―1―8　〔大日本古文書番号〕八

〔料紙〕竪紙　楮紙（檀紙）　三二・二×五八・四糎　一紙

〔端裏書〕「とうないとをかけ□つ▢▢るへきよしの□□□〔御下文カ〕」

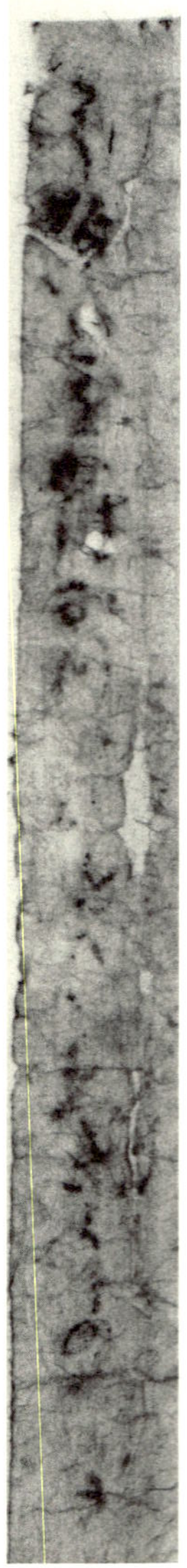

〔差出〕袖判（源頼朝）

〔宛所〕嶋津庄

〔受給者〕庄目代忠久（島津忠久）

9　源頼朝下文　文治五年二月九日

〔目録番号〕1―1―9　〔大日本古文書番号〕九

〔料紙〕竪紙　楮紙（檀紙）　三〇・〇×四二・八糎　一紙

〔端裏書〕「▢んめす事」

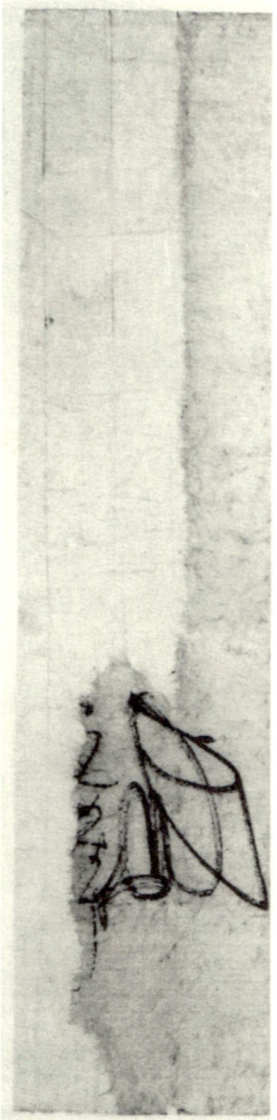

〔差出〕袖判（源頼朝）

〔宛所〕嶋津庄地頭忠久（島津忠久）

10 源頼朝御教書 （年未詳）七月十日
〔目録番号〕1—1—10 〔大日本古文書番号〕一〇
〔料紙〕竪紙 楮紙（檀紙） 三一・五×五〇・五糎 一紙
〔端裏書〕「そうちとうの事、みけうそ□庄くわんらのふたうの□〔事カ〕、可随惣地頭下知由事、又平八」

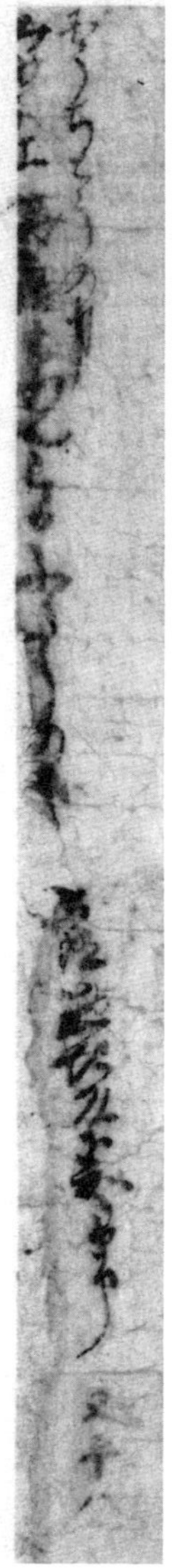

〔差出〕平（花押）（平盛時）
〔宛所〕宗兵衛尉（島津忠久）

11 前右大将家政所下文 建久八年十二月三日
〔目録番号〕1—1—11 〔大日本古文書番号〕一一
〔料紙〕竪紙 楮紙（檀紙） 三三・七×五六・四糎 一紙
〔差出〕令大蔵丞藤原（花押）（藤原頼平）・別当前因幡守中原朝臣（大江広元）・散位藤原朝臣（花押）（二階堂行政）・知家事中原・案主清原
〔宛所〕左兵衛尉惟宗忠久（島津忠久）
〔備考〕大江広元の官途を「前因幡守」とするが、広元の当時の官途は兵庫頭である。

12 将軍家政所下文 建暦三年七月十日
〔目録番号〕1—1—12 〔大日本古文書番号〕一二
〔料紙〕竪紙 楮紙（檀紙） 三三・五×五八・〇糎 一紙
〔端裏書〕「さつまかたの御下文」

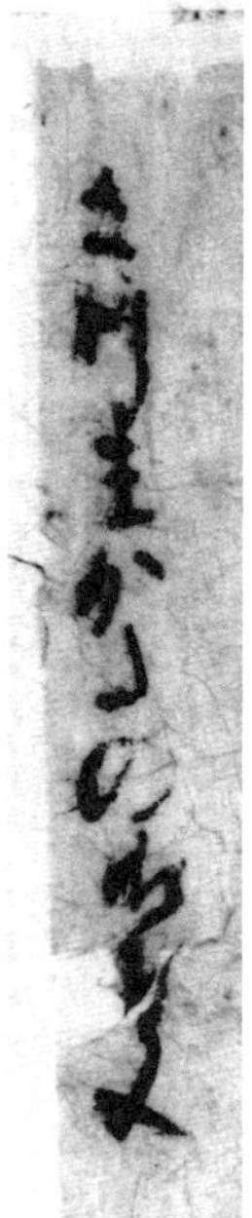

〔差出〕令図書少允清原（花押）（清原清定）・別当相模守平朝臣（花押）（北条義時）・遠江守源朝臣（花押）（源親広）・武蔵守平朝臣（花押）（北条時房）・書博士中原朝臣（中原仲章）・知家事惟宗・案主菅野（花押）
〔宛所〕嶋津庄内薩摩方住人
〔受給者〕左衛門尉惟宗忠久（島津忠久）

13 北条義時書状 （年未詳）五月九日
〔目録番号〕1—1—13 〔大日本古文書番号〕一三
〔料紙〕折紙 漉返紙 三二・五×四八・七糎 一紙
〔差出〕（花押）（北条義時）
〔宛所〕嶋津左衛門尉（島津忠久）

14 北条義時書状案 〔建保六年〕十月二十七日
〔目録番号〕1—1—14 〔大日本古文書番号〕一四
〔料紙〕竪紙 楮紙〔檀紙〕 三二・〇×五四・五糎 一紙
〔差出〕右京権大夫在判〔北条義時〕
〔宛所〕嶋津左衛門尉〔島津忠久〕

15 島津忠久安堵状 建保六年十一月二十六日
〔目録番号〕1—1—15 〔大日本古文書番号〕一五
〔料紙〕竪紙 楮紙〔檀紙〕 三二・五×五六・五糎 一紙
〔差出〕袖判〔島津忠久〕・中務丞忠俊奉
〔宛所〕薩摩方地頭代

16 関東下知状案 承久三年五月八日・関東下知状案 承久三年五月十三日
〔目録番号〕1—1—16 〔大日本古文書番号〕一六
〔料紙〕竪紙 楮紙〔檀紙〕 三一・四×四八・九糎 一紙

関東下知状案 承久三年五月八日
〔差出〕陸奥守平朝臣在判〔北条義時〕
〔受給者〕左衛門尉惟宗忠久〔島津忠久〕

関東下知状案 承久三年五月十三日
〔差出〕陸奥守平朝臣在判〔北条義時〕
〔受給者〕左衛門尉惟宗忠久〔島津忠久〕

17 関東下知状 承久三年七月十二日
〔目録番号〕1—1—17 〔大日本古文書番号〕一七
〔料紙〕竪紙 楮紙〔檀紙〕 三二・三×五一・〇糎 一紙
〔端裏書〕「□□ゑもん、ゑちせんのくに□□□の御下文」

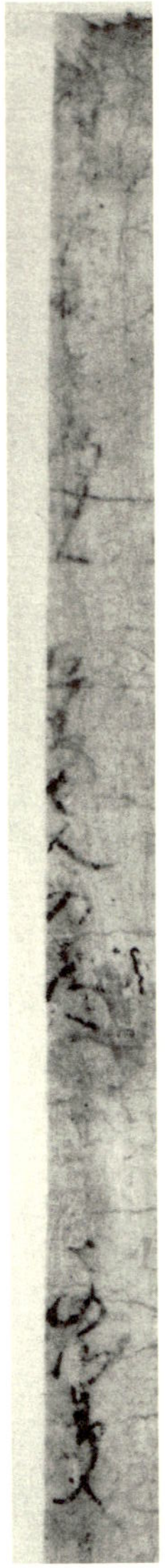

〔差出〕陸奥守平〔花押〕〔北条義時〕
〔受給者〕左衛門尉藤原忠久〔島津忠久〕

18 北条泰時書状 〔承久三年〕七月十二日
〔目録番号〕1—1—18 〔大日本古文書番号〕一八
〔料紙〕竪紙 楮紙〔檀紙〕 三二・五×五二・〇糎 一紙
〔差出〕武蔵守〔花押〕〔北条泰時〕
〔宛所〕嶋津左衛門尉〔島津忠久〕

19　関東下知状　貞応元年十月十二日
〔目録番号〕1—1—19　〔大日本古文書番号〕一九
〔料紙〕竪紙　楮紙（檀紙）　三四・二×五三・〇糎　一紙
〔端裏書〕「□□□□〔ゐちせんヵ〕のくにのすうこの御下□〔文ヵ〕」

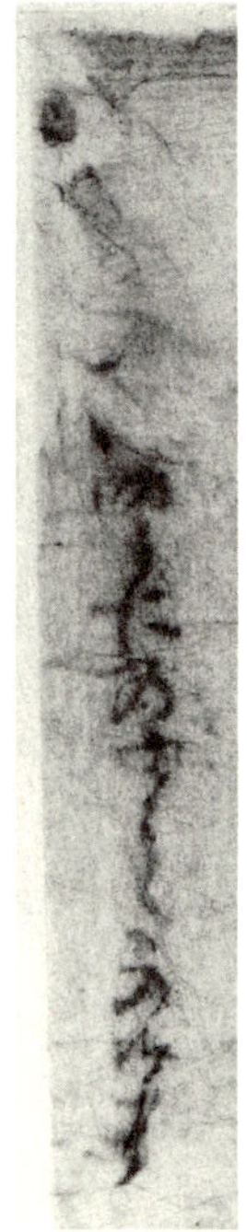

〔差出〕前陸奥守平（花押）（北条義時）
〔受給者〕左衛門尉惟宗忠久（島津忠久）

20　関東下知状　承久三年八月二十五日
〔目録番号〕1—1—20　〔大日本古文書番号〕二〇
〔料紙〕竪紙　楮紙（檀紙）　三三・九×五四・八糎　一紙
〔端裏書〕「しまつの三郎兵衛、ゐちせん」

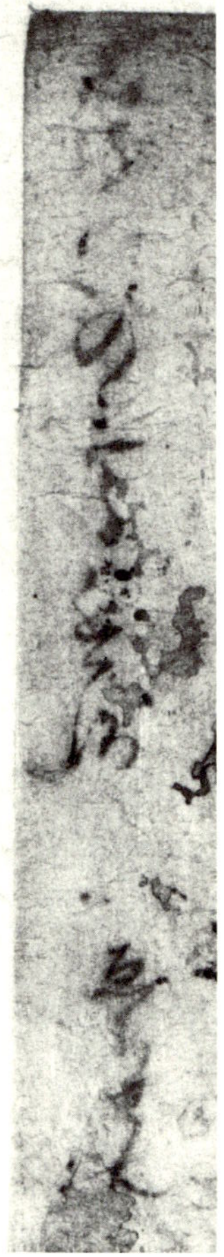

〔差出〕陸奥守平（花押）（北条義時）
〔受給者〕嶋津三郎兵衛尉忠義（島津忠時）

21　関東下知状　承久三年閏十月十五日
〔目録番号〕1—1—21　〔大日本古文書番号〕二一
〔料紙〕竪紙　楮紙（檀紙）　三三・九×五五・六糎　一紙
〔差出〕陸奥守平（花押）（北条義時）
〔受給者〕左兵衛尉惟宗忠義（島津忠時）

22　関東下知状　貞応二年六月六日
〔目録番号〕1—1—22　〔大日本古文書番号〕二二
〔料紙〕竪紙　楮紙（檀紙）　三三・七×五七・一糎　一紙
〔端裏書〕「□□〔しま〕つの三らうさゑもん、□うふくし」

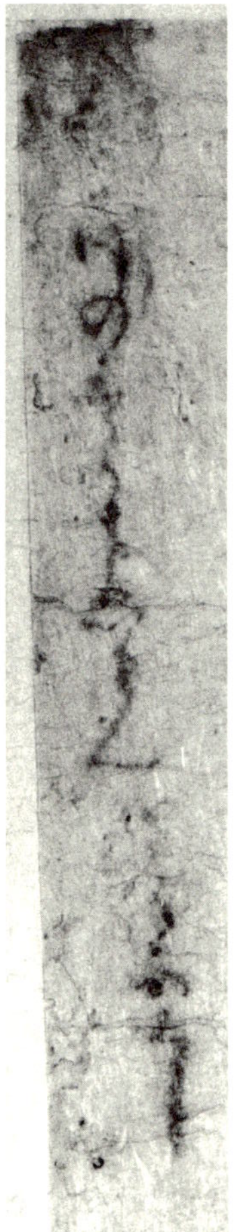

〔差出〕前陸奥守平（花押）（北条義時）
〔受給者〕左衛門尉藤原忠義（島津忠時）

23　関東下知状　貞応二年八月六日
〔目録番号〕1—1—23　〔大日本古文書番号〕二三

〔料紙〕竪紙　楮紙（檀紙）　三三・五×五四・四糎　一紙
〔端裏書〕「［　　　　］の御下文、□□□□□」

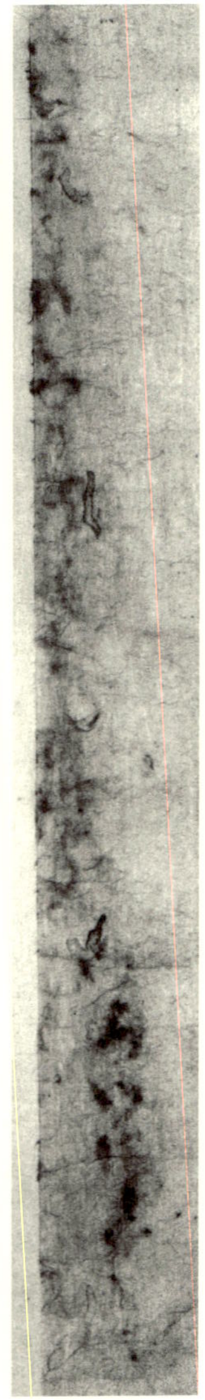

〔差出〕前陸奥守平（花押）（北条義時）

24　関東御教書　貞応二年十二月八日
〔目録番号〕1―1―24　〔大日本古文書番号〕二四
〔料紙〕竪紙　楮紙（檀紙）　三二・〇×五二・〇糎　一紙
〔端裏書〕「いかのなかたの庄にすうこいろうへからさるよしのみけうそ」

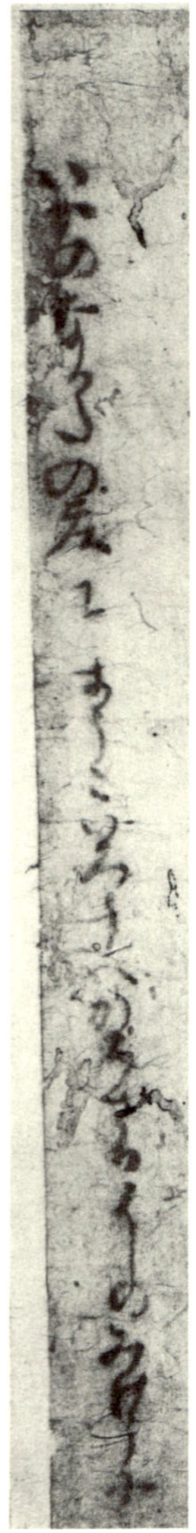

〔差出〕（花押）（北条義時）
〔宛所〕武蔵守（北条泰時）

25　関東下知状　貞応三年九月七日
〔目録番号〕1―1―25　〔大日本古文書番号〕二五
〔料紙〕竪紙　楮紙（檀紙）　三三・四×五四・〇糎　一紙
〔端裏書〕「三ら□□（うさ）ゑもん、さぬき」

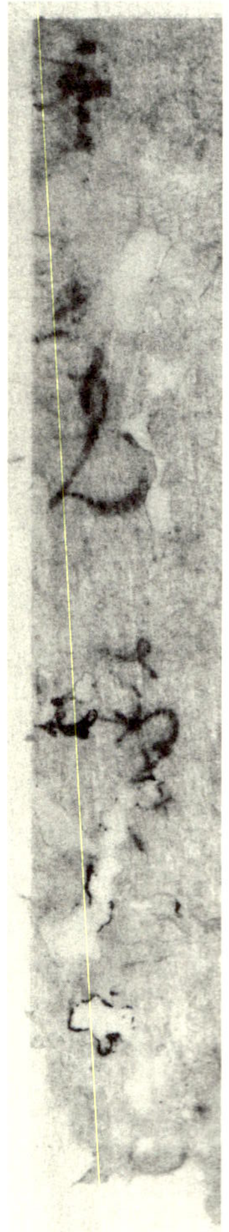

〔差出〕武蔵守平（花押）（北条泰時）
〔受給者〕左衛門少尉藤原忠義（島津忠時）

26　島津忠久譲状　嘉禄三年六月十八日
〔目録番号〕1―1―26　〔大日本古文書番号〕二六
〔料紙〕竪紙　楮紙（檀紙）　三二・四×五一・五糎　一紙
〔差出〕豊後守（花押）（島津忠久）
〔宛所〕左衛門尉惟宗忠義（島津忠時）

27　藤原頼経下文　嘉禄三年十月十日
〔目録番号〕1―1―27　〔大日本古文書番号〕二七
〔料紙〕竪紙　楮紙（檀紙）　三四・三×五三・七糎　一紙
〔差出〕袖判（藤原頼経）

〔宛所〕左衛門尉惟宗忠義（島津忠時）

28　関東下知状　文永六年十月二十三日
〔目録番号〕1―1―28　〔大日本古文書番号〕二八
〔料紙〕竪紙　楮紙（檀紙）　三五・三×五七・二糎　一紙
〔差出〕左京権大夫平朝臣（花押）（北条政村）・相模守平朝臣（花押）（北条時宗）
〔受給者〕修理亮久時（島津久経）

29　関東下知状　文永八年十二月二十四日
〔目録番号〕1―1―29　〔大日本古文書番号〕二九
〔料紙〕竪紙　楮紙（檀紙）　三四・五×五三・三糎　一紙
〔差出〕左京権大夫平朝臣（花押）（北条政村）・相模守平朝臣（花押）（北条時宗）
〔受給者〕修理亮藤原久時（島津久経）
〔備考〕年月日部分に破損があるが、この文書は歴一36・永仁六年四月六日金沢実政書状に記された「文永八年九月十五日道仏譲状・同年十二月廿四日安堵御下文」の後者および大古一四二・文永八年十二月二十四日関東下知状案と同日の発給と考えられる。

30　将軍家政所下文　建治二年八月二十七日
〔目録番号〕1―1―30　〔大日本古文書番号〕三〇
〔料紙〕竪紙　楮紙（檀紙）　三五・六×五八・〇糎　一紙
〔差出〕令左衛門少尉藤原・別当相模守平朝臣（花押）（北条時宗）・武蔵守平朝臣（北条義政）・知家事・案主菅野
〔受給者〕大隅修理亮久時（島津久経）

31　安達泰盛副状　（建治二年）八月二十八日
〔目録番号〕1―1―31　〔大日本古文書番号〕三一
〔料紙〕竪紙　楮紙（檀紙）　三五・七×五七・五糎　一紙
〔差出〕秋田城介（花押）（安達泰盛）
〔宛所〕大隅修理亮（島津久経）

32　安達泰盛書状　（建治二年）十二月十日
〔目録番号〕1―1―32　〔大日本古文書番号〕三二
〔料紙〕竪紙　楮紙（檀紙）　三五・五×五六・三糎　一紙
〔差出〕秋田城介（花押）（安達泰盛）
〔宛所〕大隅修理亮（島津久経）

33　関東御教書　正応六年二月七日
〔目録番号〕1―1―33　〔大日本古文書番号〕三三
〔料紙〕竪紙　楮紙（檀紙）　三三・三×五三・〇糎　一紙
〔差出〕相模守（花押）（北条貞時）・陸奥守（花押）（大仏宣時）

〔宛所〕下野三郎左衛門尉（島津忠宗）

34　関東御教書　正応六年三月二十一日
〔目録番号〕1―1―34　〔大日本古文書番号〕三四
〔料紙〕竪紙　楮紙（檀紙）　三四・六×五三・五糎　一紙
〔差出〕相模守（花押）（北条貞時）・陸奥守（花押）（大仏宣時）
〔宛所〕嶋津下野三郎左衛門尉（島津忠宗）

35　関東御教書　正応六年四月五日
〔目録番号〕1―1―35　〔大日本古文書番号〕三五
〔料紙〕竪紙　楮紙（檀紙）　三三・八×五二・五糎　一紙
〔端裏書〕「御教書、正八幡宮神輿□〔事カ〕」

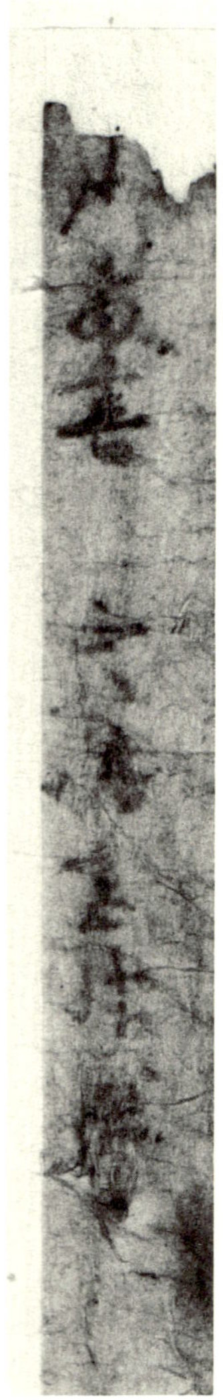

〔差出〕相模守（花押）（北条貞時）・陸奥守（花押）（大仏宣時）
〔宛所〕下野三郎左衛門尉（島津忠宗）

36　金沢実政書状　永仁六年四月六日
〔目録番号〕1―1―36　〔大日本古文書番号〕三六
〔料紙〕竪紙　楮紙（檀紙）　三四・〇×五二・八糎　一紙
〔差出〕前上総介（花押）（金沢実政）
〔宛所〕下野守（島津忠宗）

37　関東御教書　延慶二年二月十日
〔目録番号〕1―1―37　〔大日本古文書番号〕三七
〔料紙〕竪紙　楮紙（檀紙）　三四・〇×五四・〇糎　一紙
〔差出〕相模守（花押）（北条貞時）・陸奥守（花押）（大仏宣時）
〔宛所〕嶋津下野前司入道（島津忠宗）

38　北条貞時書状　（嘉元三年）三月二十九日
〔目録番号〕1―1―38　〔大日本古文書番号〕三八
〔料紙〕折紙　楮紙（檀紙）　三三・四×五四・五糎　一紙
〔差出〕（花押）（北条貞時）
〔宛所〕嶋津下野三郎左衛門尉（島津久長）
〔備考〕『大日本古文書』では「嶋津下野三郎左衛門尉」を忠宗とするが、正しくは久長である。

39　島津道義（忠宗）譲状并関東安堵外題　文保二年三月十五日・文保二年三月二十三日
〔目録番号〕1―1―39　〔大日本古文書番号〕三九

〔料紙〕竪紙　楮紙（檀紙）　三〇・〇×五二・五糎　一紙
〔差出〕沙弥道義［（花押）］（島津忠宗）
〔受給者〕ちやくし三郎左衛門尉貞久（島津貞久）
〔外題差出〕武蔵［守（花押）］（金沢貞顕）・相模守［（花押）］（北条高時）
〔備考〕破損部分の文字については大古二九八・島津氏譜代相伝重書案に含まれる案文（但し『大日本古文書』では本文省略）によって復元できる。

40　島津道義（忠宗）譲状并関東安堵外題　文保二年三月十五日・文保二年三月二十三日
〔目録番号〕1—1—40　〔大日本古文書番号〕四〇
〔料紙〕竪紙　楮紙（檀紙）　三三・〇×五二・九糎　一紙
〔端裏書〕判読不能

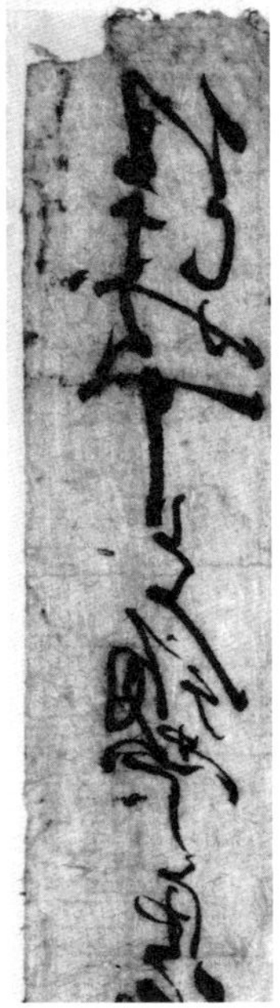

〔差出〕沙弥道義（花押）（島津忠宗）
〔受給者〕女子大むすめ御せん
〔外題差出〕武蔵守（花押）（金沢貞顕）・相模守（花押）（北条高時）
〔備考〕料紙裏の天に割印が捺されている。

41　将軍家政所下文　正慶元年十二月一日
〔目録番号〕1—1—41　〔大日本古文書番号〕四一
〔料紙〕竪紙　楮紙（檀紙）　三四・二×五四・四糎　一紙
〔差出〕令左衛門少尉藤原・別当相模守平朝臣（花押）（北条守時）・右馬権頭平朝臣（花押）（北条茂時）・知家事・案主菅野
〔受給者〕嶋津上総介貞久法師（法名道鑑）（島津貞久）

42　後醍醐天皇綸旨　元弘三年四月二十八日
〔目録番号〕1—1—42　〔大日本古文書番号〕四二
〔料紙〕竪紙　宿紙（漉返）　三四・四×五六・四糎　一紙
〔差出〕勘解由次官（花押）（高倉光守）
〔宛所〕嶋津上総前司入道（島津貞久）

43　足利高氏（尊氏）書状　（元弘三年）四月二十九日
〔目録番号〕1—1—43　〔大日本古文書番号〕四三

〔料紙〕小切紙　絹布　七・九×六・八糎　一紙
〔差出〕高氏（花押）（足利尊氏）
〔宛所〕嶋津上総入道（島津貞久）

44　足利高氏（尊氏）書状　（元弘三年）六月十日
〔目録番号〕1―1―44　〔大日本古文書番号〕四四
〔料紙〕竪紙　楮紙（檀紙）　三二・七×五一・五糎　一紙
〔差出〕高氏（花押）（足利尊氏）
〔宛所〕嶋津上総入道（島津貞久）

45　後醍醐天皇綸旨　（元弘三年）八月四日
〔目録番号〕1―1―45　〔大日本古文書番号〕四五
〔料紙〕竪紙　宿紙（漉返）　三四・四×五一・九糎　一紙
〔差出〕式部少輔（花押）（岡崎範国）
〔宛所〕日向国守護（島津貞久）

46　後醍醐天皇綸旨　建武元年二月二十一日
〔目録番号〕1―1―46　〔大日本古文書番号〕四六
〔料紙〕竪紙　宿紙（漉返）　三一・五×四九・五糎　一紙
〔差出〕左衛門権佐（花押）（岡崎範国）
〔宛所〕嶋津上総入道（島津貞久）

47　後醍醐天皇綸旨　（建武元年）九月十日
〔目録番号〕1―1―47　〔大日本古文書番号〕四七
〔料紙〕竪紙　宿紙（漉返）　三四・三×五一・三糎　一紙
〔差出〕左衛門権佐（花押）（岡崎範国）
〔宛所〕嶋津上総入道（島津貞久）

48　足利尊氏施行状　建武元年九月十二日
〔目録番号〕1―1―48　〔大日本古文書番号〕四八
〔料紙〕竪紙　楮紙（檀紙）　三二・五×五〇・九糎　一紙
〔差出〕（花押）（足利尊氏）
〔宛所〕嶋津上総入道（島津貞久）

49　後醍醐天皇綸旨　建武二年三月十七日
〔目録番号〕1―1―49　〔大日本古文書番号〕四九
〔料紙〕竪紙　宿紙（漉返）　三二・七×五一・八糎　一紙
〔差出〕左衛門権佐（花押）（岡崎範国）
〔宛所〕嶋津上総前司入道（島津貞久）

50 太政官符　建武二年十月七日
〔目録番号〕1―1―50　〔大日本古文書番号〕五〇
〔料紙〕竪紙　楮紙（檀紙）　三七・〇×五七・五糎　一紙
〔差出〕修理左宮城使従四位上行左中弁兼春宮亮藤原朝臣（花押）（中御門宣明）・修理東大寺大仏長官正四位下行左大史小槻宿祢（花押）（小槻冬直）
〔宛所〕大宰府
〔受給者〕貞久法師（島津貞久）
〔備考〕料紙裏の天に割印が捺されている。

51 室町幕府執事高師直奉書　暦応四年十一月十三日
〔目録番号〕1―1―51　〔大日本古文書番号〕五一
〔料紙〕竪紙　楮紙（杉原）　三三・二×五〇・七糎　一紙
〔差出〕武蔵守（花押）（高師直）
〔宛所〕嶋津上総入道（島津貞久）
〔備考〕料紙裏の天に割印が捺されている。

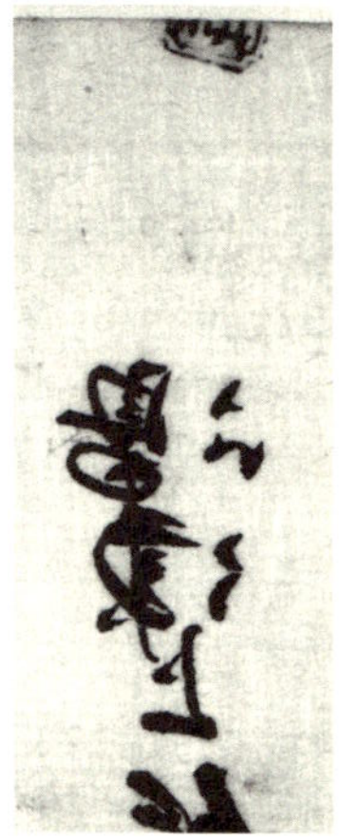

52 室町幕府執事高師直奉書　暦応五年二月五日
〔目録番号〕1―1―52　〔大日本古文書番号〕五二
〔料紙〕竪紙　楮紙（杉原）　三二・七×五〇・五糎　一紙
〔差出〕武蔵守（花押）（高師直）
〔宛所〕嶋津上総入道（島津貞久）
〔備考〕料紙裏の天に割印が捺されている。

53 室町幕府執事高師直奉書　康永三年十二月二十二日
〔目録番号〕1―1―53　〔大日本古文書番号〕五三
〔料紙〕竪紙　楮紙（杉原）　三二・四×五一・〇糎　一紙
〔差出〕武蔵守（花押）（高師直）
〔宛所〕嶋津上総入道（島津貞久）

歴代亀鑑　其二

1　足利直義御判御教書　貞和四年正月十二日
〔目録番号〕1―2―1　〔大日本古文書番号〕五四
〔料紙〕竪紙　楮紙（杉原）　三二・〇×五二・八糎　一紙
〔差出〕（花押）（足利直義）
〔宛所〕嶋津上総入道（島津貞久）

2　高師直書状　（貞和五年）九月二十八日
〔目録番号〕1―2―2　〔大日本古文書番号〕五五
〔料紙〕竪紙　楮紙（杉原）　三二・五×五〇・七糎　一紙
〔差出〕武蔵守師直（花押）（高師直）
〔宛所〕嶋津上総入道（島津貞久）

3　一色直氏施行状　貞和五年十一月十四日
〔目録番号〕1―2―3　〔大日本古文書番号〕五六
〔料紙〕竪紙　楮紙（杉原）　三二・〇×五一・三糎　一紙
〔差出〕宮内少輔（花押）（一色直氏）
〔宛所〕嶋津上総入道（島津貞久）

4　足利尊氏御判御教書　観応二年八月十三日
〔目録番号〕1―2―4　〔大日本古文書番号〕五七
〔料紙〕竪紙　楮紙（杉原）　三二・四×五〇・二糎　一紙
〔差出〕（花押）（足利尊氏）
〔宛所〕嶋津上総入道（島津貞久）

5　足利尊氏下文　観応二年八月十五日
〔目録番号〕1―2―5　〔大日本古文書番号〕五八
〔料紙〕竪紙　楮紙（杉原）　三二・〇×五〇・三糎　一紙
〔差出〕袖判（足利尊氏）
〔宛所〕嶋津前上総介貞久法師（法名道鑑）（島津貞久）
〔備考〕「大隅国寄郡」の「国」は「郡」を擦り消して書き直されている。

6　足利義詮御判御教書　文和二年十月九日
〔目録番号〕1―2―6　〔大日本古文書番号〕五九
〔料紙〕竪紙　楮紙（杉原）　三二・五×五一・〇糎　一紙
〔端裏書〕「此文書ハ光久御方へ可返之」

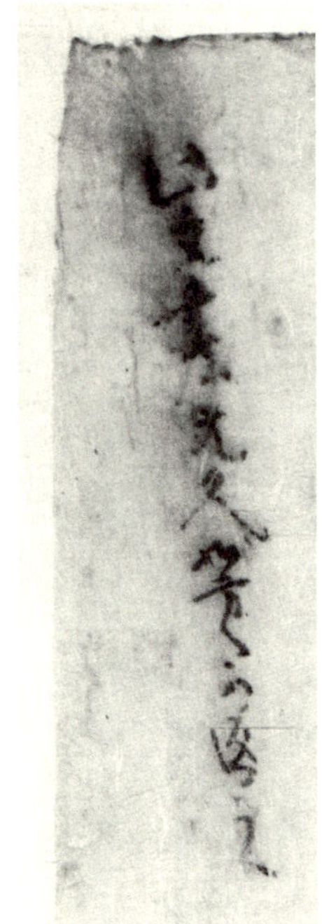

〔差出〕（花押）（足利義詮）
〔宛所〕嶋津上総入道（島津貞久）

7　足利義詮下文　文和二年五月十一日
〔目録番号〕1—2—7　〔大日本古文書番号〕六〇
〔料紙〕竪紙　楮紙（杉原）　三二・八×五二・〇糎　一紙
〔差出〕袖判（足利義詮）
〔宛所〕嶋津又三郎氏久（島津氏久）
〔備考〕台紙に貼り替え痕がある。

8　足利義詮書状　（文和四年）十一月二日
〔目録番号〕1—2—8　〔大日本古文書番号〕六一
〔料紙〕竪紙　楮紙（杉原）　三一・二×四九・二糎　一紙
〔差出〕（花押）（足利義詮）
〔宛所〕細河右馬頭（細川頼之）
〔備考〕料紙裏の天に割印が捺されている。台紙に貼り替え痕がある。

9　足利尊氏書状　（年未詳）八月二日
〔目録番号〕1—2—9　〔大日本古文書番号〕六二
〔料紙〕竪紙　楮紙（強杉原）　三六・一×五七・〇糎　一紙
〔差出〕（花押）（足利尊氏）
〔宛所〕嶋津上総入道（島津貞久）

10　足利尊氏下文　建武五年正月二十四日
〔目録番号〕1—2—10　〔大日本古文書番号〕六三
〔料紙〕竪紙　楮紙（檀紙）　三五・四×五六・〇糎　一紙
〔差出〕袖判（足利尊氏）
〔宛所〕嶋津大夫判官宗久（島津宗久）

11　足利義詮下文　延文元年八月六日
〔目録番号〕1—2—11　〔大日本古文書番号〕六四
〔料紙〕続紙　楮紙（檀紙）　第一紙三三・七×五五・〇糎　第二紙三三・五×五一・三糎　二紙
〔差出〕袖判（足利義詮）
〔宛所〕嶋津前上総介貞久法師（法名道鑒）（島津貞久）

〔備考〕料紙二枚は筆跡・法量・紙質が異なる。

12 足利義詮下文　延文元年八月六日
〔目録番号〕1—2—12　〔大日本古文書番号〕六五
〔料紙〕竪紙　楮紙（檀紙）　三四・二×五六・〇糎　一紙
〔差出〕袖判（足利義詮）
〔宛所〕嶋津前上総介貞久法師（法名道鑒）（島津貞久）

13 足利義満御内書　（年未詳）二月二十八日
〔目録番号〕1—2—13　〔大日本古文書番号〕六六
〔料紙〕竪紙　楮紙（檀紙）　三二・九×四六・九糎　一紙
〔差出〕（花押）（足利義満）
〔宛所〕嶋津修理権大夫（島津元久）
〔備考〕『大日本古文書』は「（捻封ウハ書）「（墨引）嶋津修理権大夫殿」」と記された封紙があるかに記述するが、現状は貼り込まれていない。封紙は『島津家文書　御文書懸紙』（目録番号45—84—9）に収められる。台紙に貼り替え痕がある。

14 足利義満御内書　（年未詳）九月二日
〔目録番号〕1—2—14　〔大日本古文書番号〕六七
〔料紙〕竪紙　楮紙（檀紙）　三三・二×四六・〇糎　一紙
〔差出〕（花押）（足利義満）
〔宛所〕嶋津陸奥守（島津元久）
〔備考〕台紙に貼り替え痕がある。

15 今川了俊（貞世）書状　（年未詳）八月十日
〔目録番号〕1—2—15　〔大日本古文書番号〕六八
〔料紙〕竪紙　楮紙（杉原）　本紙三一・五×四九・一糎　裏紙三一・五×五一・一糎　二紙
〔差出〕了俊（花押）（今川貞世）
〔宛所〕嶋津越後守（島津氏久）
〔備考〕貞世の自筆である。

16 足利義満御判御教書　応永十一年六月二十九日
〔目録番号〕1—2—16　〔大日本古文書番号〕六九
〔料紙〕竪紙　楮紙（強杉原）　三三・五×五一・四糎　一紙
〔差出〕袖判（足利義満）
〔受給者〕嶋津陸奥守（島津元久）
〔備考〕字面を内側に二つ折りにしたことにより生じたと思われる「国」の墨影が認められる。

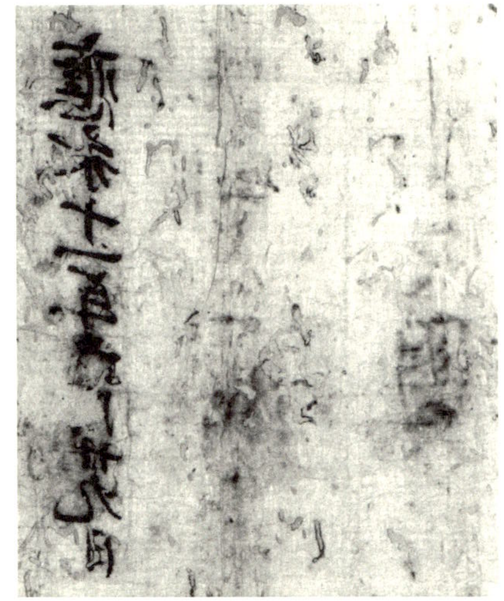

17　足利義持御判御教書　応永十六年九月十日
〔目録番号〕1—2—17　〔大日本古文書番号〕七〇
〔料紙〕竪紙　楮紙（強杉原）　三三・六×五四・三糎　一紙
〔差出〕袖判（足利義持）
〔受給者〕嶋津陸奥入道元仲（島津元久）

18　足利義稙御内書　（年未詳）六月二十六日
〔目録番号〕1—2—18　〔大日本古文書番号〕七一
〔料紙〕竪紙　楮紙（檀紙）　三四・四×四三・三糎　一紙
〔差出〕（花押）（足利義稙）
〔宛所〕嶋津修理大夫（島津勝久）

19　足利義持御判御教書　応永三十二年八月二十八日
〔目録番号〕1—2—19　〔大日本古文書番号〕七二
〔料紙〕竪紙　楮紙（強杉原）　三四・二×五五・八糎　一紙
〔差出〕袖判（足利義持）
〔受給者〕嶋津陸奥守貴久（島津忠国）

20　足利義持御内書　（年未詳）九月二日
〔目録番号〕1—2—20　〔大日本古文書番号〕七三
〔料紙〕竪紙　楮紙（檀紙）　三三・六×五一・一糎　一紙
〔差出〕（花押）（足利義持）
〔宛所〕嶋津陸奥守（島津忠国）

21　足利義教御内書　（年未詳）三月八日
〔目録番号〕1—2—21　〔大日本古文書番号〕七四
〔料紙〕竪紙　楮紙（檀紙）　三四・一×五一・五糎　一紙
〔差出〕（花押）（足利義教）
〔宛所〕嶋津陸奥守（島津忠国）

22　足利義教御内書　（永享五年）閏七月十一日
〔目録番号〕１―２―22　〔大日本古文書番号〕七五
〔料紙〕竪紙　楮紙（檀紙）　三四・〇×五一・八糎　一紙
〔差出〕（花押）（足利義教）
〔宛所〕嶋津陸奥守（島津忠国）
〔備考〕料紙の端裏下部に印影が認められる。

23　足利義教御内書　（年未詳）九月三十日
〔目録番号〕１―２―23　〔大日本古文書番号〕七六
〔料紙〕竪紙　楮紙（檀紙）　三四・一×五二・〇糎　一紙
〔差出〕（花押）（足利義教）
〔宛所〕嶋津陸奥守（島津忠国）

24　足利義教御内書　（嘉吉元年）卯月十三日
〔目録番号〕１―２―24　〔大日本古文書番号〕七七
〔料紙〕竪紙　楮紙（檀紙）　本紙三四・九×五〇・五糎　裏紙三四・九×五一・六糎　二紙
〔差出〕（花押）（足利義教）
〔宛所〕嶋津陸奥守（島津忠国）
〔備考〕義教の自筆である。台紙に貼り替え痕がある。『大日本古文書』は「礼紙切封」の墨引が冒頭にあるかに記述するが、墨引は第二紙の奥にある。

25　足利義教御内書　（嘉吉元年）六月十七日
〔目録番号〕１―２―25　〔大日本古文書番号〕七八
〔料紙〕竪紙　楮紙（檀紙）　本紙三四・五×五一・九糎　裏紙三四・四×五一・九糎　二紙
〔差出〕（花押）（足利義教）
〔宛所〕嶋津陸奥守（島津忠国）
〔備考〕義教の自筆である。『大日本古文書』は「礼紙切封」の墨引が冒頭にあるかに記述するが、墨引は第二紙の奥にある。

26　室町幕府管領畠山徳本（持国）奉書　宝徳二年四月二十日
〔目録番号〕１―２―26　〔大日本古文書番号〕七九
〔料紙〕竪紙　楮紙（杉原）　三〇・八×五〇・四糎　一紙
〔差出〕沙弥（花押）（畠山持国）
〔宛所〕嶋津陸奥守（島津忠国）
〔備考〕『大日本古文書』は「（封紙ウハ書）「嶋津陸奥守殿　沙弥徳本」」と記された懸紙があるかに記述するが、現状は貼り込まれていない。懸紙は『島津家文書　御文書懸紙』（目録番号45—84—12）に収められる。

27　細川勝元書状　（文明元年）九月二十日
〔目録番号〕1—2—27　〔大日本古文書番号〕八〇
〔料紙〕切紙　斐紙（雁皮）　本紙一八・五×四〇・四糎　懸紙二三・五×一一・四糎　二紙
〔差出〕勝元（花押）（細川勝元）　〔懸紙差出〕勝元（細川勝元）
〔宛所〕嶋津陸奥守（島津立久）　〔懸紙宛所〕嶋津陸奥守（島津立久）
〔備考〕『大日本古文書』に「菊池」とする部分は「菊地」である。

28　足利義政御内書　（文明十年）二月二十二日
〔目録番号〕1—2—28　〔大日本古文書番号〕八一
〔料紙〕竪紙　楮紙（檀紙）　三四・九×五一・六糎　一紙
〔差出〕（花押）（足利義政）
〔宛所〕嶋津又三郎（島津忠昌）
〔備考〕義教の自筆である。『大日本古文書』は「（捻封ウハ書）「嶋津又三郎とのへ」」と記された懸紙があるかに記述するが、現状は貼り込まれていない。懸紙は『島津家文書　御文書懸紙』（目録番号45—84—13）に収められる。

29　足利義政御内書　（年未詳）九月二十三日
〔目録番号〕1—2—29　〔大日本古文書番号〕八二
〔料紙〕竪紙　楮紙（檀紙）　三五・六×五三・五糎　一紙
〔差出〕（花押）（足利義政）
〔宛所〕嶋津陸奥守（島津忠昌）

30　足利義政御内書　（文明十一年）十二月十五日
〔目録番号〕1—2—30　〔大日本古文書番号〕八三
〔料紙〕竪紙　楮紙（檀紙）　三五・〇×五二・〇糎　一紙
〔差出〕（花押）（足利義政）
〔宛所〕嶋津陸奥守（島津忠昌）
〔備考〕『大日本古文書』は「（捻封ウハ書）「嶋津陸奥守とのへ」」と記された懸紙があるかに記述するが、現状は貼り込まれていない。懸紙は『島津家文書　御文書懸紙』（目録番号45—84—14）に収められる。

31　足利義政御内書　（文明十一年）十二月十五日
〔目録番号〕1—2—31　〔大日本古文書番号〕八四
〔料紙〕竪紙　楮紙（檀紙）　三五・一×五二・三糎　一紙
〔差出〕（花押）（足利義政）
〔宛所〕嶋津陸奥守（島津忠昌）
〔備考〕『大日本古文書』は「（捻封ウハ書）「嶋津陸奥守とのへ」」と記された懸紙があるかに記述するが、現状は貼り込まれていない。懸紙は『島津家文書　御文書懸紙』（目録番号45—

84—15）に収められる。

32　足利義政御内書　（年未詳）七月十七日
〔目録番号〕1—2—32　〔大日本古文書番号〕八五
〔料紙〕竪紙　楮紙（檀紙）　三五・二×五二・六糎　一紙
〔差出〕（花押）（足利義政）
〔宛所〕嶋津陸奥守（島津忠昌）
〔備考〕『大日本古文書』は「（捻封ウハ書）「嶋津陸奥守とのへ」」と記された懸紙があるかに記述するが、現状は貼り込まれていない。懸紙は『島津家文書　御文書懸紙』（目録番号45—84—16）に収められる。

33　足利義輝御内書　（永禄三年）六月二日
〔目録番号〕1—2—33　〔大日本古文書番号〕八六
〔料紙〕竪紙　楮紙（檀紙）　三四・五×五〇・八糎　一紙
〔差出〕（花押）（足利義輝）
〔宛所〕嶋津修理大夫（島津貴久）

34　近衛稙家副状　（永禄三年）六月二日
〔目録番号〕1—2—34　〔大日本古文書番号〕八七
〔料紙〕切紙　斐紙（鳥の子）　二四・〇×四七・二糎　一紙
〔差出〕（花押）（近衛稙家）
〔宛所〕嶋津修理大夫（島津貴久）

35　足利義昭御内書　（永禄十二年）六月十六日
〔目録番号〕1—2—35　〔大日本古文書番号〕八八
〔料紙〕切紙　斐紙（鳥の子）　一八・六×三九・六糎　一紙
〔差出〕（花押）（足利義昭）
〔宛所〕嶋津修理大夫（島津義久）

36　細川藤孝副状　（永禄八年）十月二十八日
〔目録番号〕1—2—36　〔大日本古文書番号〕八九
〔料紙〕切紙　斐紙（鳥の子）　一六・三×三八・七糎　一紙
〔差出〕兵部太輔藤孝（花押）（細川藤孝）
〔宛所〕嶋津陸奥守（島津貴久）・同修理大夫（義久）

37　足利義昭御内書　（天正十年）十一月二日
〔目録番号〕1—2—37　〔大日本古文書番号〕九〇
〔料紙〕切紙　斐紙（鳥の子）　二二・〇×四八・二糎　一紙
〔差出〕（花押）（足利義昭）
〔宛所〕嶋津修理大夫（島津義久）

38　細川藤孝副状　（永禄十一年）十月二十二日
〔目録番号〕1―2―38　〔大日本古文書番号〕九一
〔料紙〕切紙　斐紙（鳥の子）　一五・八×四八・七糎　一紙
〔差出〕兵部太輔藤孝（花押）（細川藤孝）
〔宛所〕嶋津修理大夫（島津義久）

39　足利義昭御内書　（天正二年）卯月十四日
〔目録番号〕1―2―39　〔大日本古文書番号〕九二
〔料紙〕切紙　斐紙（鳥の子）　二一・二×四七・六糎　一紙
〔端裏書〕「征夷大将軍霊陽院殿義昭之御判也」

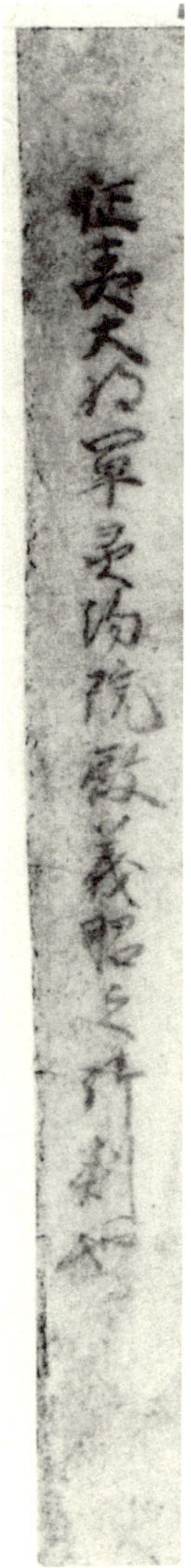

〔差出〕（花押）（足利義昭）
〔宛所〕嶋津修理大夫（島津義久）

40　一色藤長副状　（天正二年）卯月十四日
〔目録番号〕1―2―40　〔大日本古文書番号〕九三
〔料紙〕切紙　斐紙（鳥の子）　一六・四×四八・〇糎　一紙
〔差出〕藤長（花押）（一色藤長）
〔宛所〕伊集院右衛門大夫（伊集院忠棟）・平田美濃守（平田昌宗）

41　足利義昭御内書　（天正五年カ）卯月十七日
〔目録番号〕1―2―41　〔大日本古文書番号〕九四
〔料紙〕切紙　斐紙（鳥の子）　二二・一×五二・九糎　一紙
〔差出〕（花押）（足利義昭）
〔宛所〕伊集院右衛門大夫（伊集院忠棟）・川上（川上忠克）・平田将監（平田光宗）・村田越前守（村田経定）

42　真木島昭光・一色昭秀連署副状　（天正五年カ）卯月十七日
〔目録番号〕1―2―42　〔大日本古文書番号〕九五
〔料紙〕切紙　斐紙（鳥の子）　一六・八×五三・六糎　一紙
〔差出〕昭光（花押）（真木島昭光）・昭秀（花押）（一色昭秀）
〔宛所〕伊集院右衛門大夫（伊集院忠棟）・川上（川上忠克）・平田将監（平田光宗）・村田越前守（村田経定）

43　足利義昭御内書　（天正六年）九月十一日
〔目録番号〕1―2―43　〔大日本古文書番号〕九六
〔料紙〕切紙　斐紙（鳥の子）　二二・〇×四一・二糎　一紙

〔差出〕（花押）（足利義昭）
〔宛所〕嶋津修理大夫（島津義久）

44 一色昭秀・真木島昭光連署副状 （天正六年）九月十一日
〔目録番号〕1—2—44 〔大日本古文書番号〕九七
〔料紙〕切紙 斐紙（鳥の子） 一八・九×五三・八糎 一紙
〔差出〕昭秀（花押）（一色昭秀）・昭光（花押）（真木島昭光）
〔宛所〕伊集院右衛門大夫（伊集院忠棟）・喜入摂津守（喜入季久）

45 織田信長書状案 （天正八年）八月十二日
〔目録番号〕1—2—45 〔大日本古文書番号〕九八
〔料紙〕竪紙 漉返紙 二四・四×三九・四糎 一紙
〔端裏書〕「従信長之状写」

〔差出〕信長（織田信長）
〔宛所〕嶋津修理大夫（島津義久）

46 織田信長書状案 （天正八年）八月十二日
〔目録番号〕1—2—46 〔大日本古文書番号〕九九
〔料紙〕竪紙 漉返紙 本紙二四・四×三八・四糎 裏紙二四・四×三八・四糎 二紙
〔差出〕信長（織田信長） 〔裏紙ウワ書差出〕信長（織田信長）
〔裏紙ウワ書宛所〕近衛（近衛前久）

47 近衛前久書状 （天正八年）九月十九日
〔目録番号〕1—2—47 〔大日本古文書番号〕一〇〇
〔料紙〕切紙 斐紙（鳥の子） 二〇・五×五一・七糎 一紙
〔差出〕（花押）（近衛前久）
〔宛所〕嶋津兵庫頭（島津義弘）

48 足利義昭御内書 （天正十二年）九月四日
〔目録番号〕1—2—48 〔大日本古文書番号〕一〇一
〔料紙〕切紙 斐紙（鳥の子） 二二・〇×四九・四糎 一紙
〔差出〕（花押）（足利義昭）
〔宛所〕嶋津修理大夫（島津義久）

49 足利義昭御内書 （天正十二年）九月四日
〔目録番号〕1—2—49 〔大日本古文書番号〕一〇二
〔料紙〕切紙 斐紙（鳥の子） 二二・二×四二・五糎 一紙

〔差出〕（花押）（足利義昭）
〔宛所〕嶋津兵庫頭（島津義弘）

50　足利義昭御内書　（年未詳）十一月十八日
〔目録番号〕1―2―50　〔大日本古文書番号〕一〇三
〔料紙〕切紙　斐紙（鳥の子）　二一・七×四九・五糎　一紙
〔差出〕（花押）（足利義昭）
〔宛所〕嶋津兵庫頭（島津義弘）

51　足利義昭御内書　（天正十四年）十二月四日
〔目録番号〕1―2―51　〔大日本古文書番号〕一〇四
〔料紙〕切紙　斐紙（鳥の子）　二一・二×四五・八糎　一紙
〔差出〕（花押）（足利義昭）
〔宛所〕嶋津修理大夫（島津義久）
〔備考〕台紙に貼り替え痕がある。

52　足利義昭御内書　（天正十四年）十二月四日
〔目録番号〕1―2―52　〔大日本古文書番号〕一〇五
〔料紙〕切紙　斐紙（鳥の子）　二二・〇×五二・二糎　一紙
〔差出〕（花押）（足利義昭）
〔宛所〕嶋津兵庫頭（島津義弘）

53　足利義昭御内書　（天正十四年）十二月四日
〔目録番号〕1―2―53　〔大日本古文書番号〕一〇六
〔料紙〕切紙　斐紙（鳥の子）　二二・〇×五一・八糎　一紙
〔差出〕（花押）（足利義昭）
〔宛所〕伊集院右衛門大夫（伊集院忠棟）
〔備考〕『大日本古文書』に「就其」とする部分は「就夫」である。

54　足利義昭御内書　（天正十五年）二月二十六日
〔目録番号〕1―2―54　〔大日本古文書番号〕一〇七
〔料紙〕切紙　斐紙（鳥の子）　二一・八×五一・七糎　一紙
〔差出〕（花押）（足利義昭）
〔宛所〕嶋津兵庫頭（島津義弘）

宝鑑　其一

1　将軍家政所下文　弘安八年七月三日
〔目録番号〕2―1―1　〔大日本古文書番号〕一九四
〔料紙〕竪紙　楮紙（檀紙）　三六・三×五七・五糎　一紙

〔差出〕令左衛門少尉藤原・別当陸奥守平朝臣（花押）（北条業時）・相模守平朝臣（花押）（北条貞時）・知家事・案主菅野
〔受給者〕薬寿丸（島津久長）

2
関東下知状　正応三年二月十二日
〔目録番号〕2―1―2　〔大日本古文書番号〕一九五
〔料紙〕竪紙　楮紙（檀紙）　三三・七×五四・二糎　一紙
〔差出〕相模守平朝臣（花押）（北条貞時）・陸奥守平朝臣（花押）（大仏宣時）
〔受給者〕下野彦三郎忠長（島津久長）

3
関東下知状　正応三年五月十二日
〔目録番号〕2―1―3　〔大日本古文書番号〕一九六
〔料紙〕竪紙　楮紙（檀紙）　三三・七×五二・八糎　一紙
〔差出〕相模守平朝臣（花押）（北条貞時）・陸奥守平朝臣（花押）（大仏宣時）
〔受給者〕嶋津下野彦三郎忠長（島津久長）

4
関東下知状　正応五年四月十二日
〔目録番号〕2―1―4　〔大日本古文書番号〕一九七
〔料紙〕竪紙　楮紙（檀紙）　三四・二×五四・五糎　一紙
〔差出〕相模守平朝臣（花押）（北条貞時）・陸奥守平朝臣（花押）（大仏宣時）
〔受給者〕下野彦三郎忠長（島津久長）

5
関東下知状　正応五年十二月十六日
〔目録番号〕2―1―5　〔大日本古文書番号〕一九八
〔料紙〕竪紙　楮紙（檀紙）　三三・五×五三・九糎　一紙
〔差出〕相模守平朝臣（花押）（北条貞時）・陸奥守平朝臣（花押）（大仏宣時）
〔受給者〕下野彦三郎左衛門尉忠長（島津久長）
〔備考〕台紙に貼り替え痕がある。

6
関東下知状　正応六年正月十三日
〔目録番号〕2―1―6　〔大日本古文書番号〕一九九
〔料紙〕竪紙　楮紙（檀紙）　三四・〇×五三・〇糎　一紙
〔差出〕相模守平朝臣（花押）（北条貞時）・陸奥守平朝臣（花押）（大仏宣時）
〔受給者〕下野彦三郎忠長（島津久長）
〔備考〕料紙の端に一糎程度の糊跡がある。

7
鎌倉幕府政所奉行人連署下知状　永仁三年七月二十九日
〔目録番号〕2―1―7　〔大日本古文書番号〕二〇〇
〔料紙〕竪紙　楮紙（檀紙）　三二・〇×四六・八糎　一紙
〔差出〕前出羽守藤原朝臣（花押）（二階堂行藤）・散位藤原朝臣（花押）・右近将監藤原（花押）

〔受給者〕嶋津下野三郎左衛門尉忠長（島津久長）
〔備考〕台紙に貼り替え痕がある。

8　鎮西施行状　正安二年十一月二十六日
〔目録番号〕2―1―8　〔大日本古文書番号〕二〇一
〔料紙〕竪紙　楮紙（檀紙）　三四・七×五四・三糎　一紙
〔差出〕前上総介（花押）（金沢実政）
〔宛所〕下野彦三郎左衛門尉（島津久長）

9　鎮西御教書　正安三年三月二十七日
〔目録番号〕2―1―9　〔大日本古文書番号〕二〇二
〔料紙〕竪紙　楮紙（檀紙）　三〇・三×四三・一糎　一紙
〔差出〕前上総介（花押）（金沢実政）
〔宛所〕下野彦三郎左衛門尉（島津久長）
〔備考〕台紙に貼り替え痕がある。

10　関東御教書　嘉元三年六月二十日
〔目録番号〕2―1―10　〔大日本古文書番号〕二〇三
〔料紙〕竪紙　楮紙（檀紙）　三三・七×五四・二糎　一紙
〔差出〕相模守（花押）（北条師時）
〔宛所〕下野彦三郎左衛門尉（島津久長）
〔備考〕台紙に貼り替え痕がある。

11　鎮西下知状　正和三年七月十六日
〔目録番号〕2―1―11　〔大日本古文書番号〕二〇四
〔料紙〕竪紙　楮紙（檀紙）　三三・七×五四・〇糎　一紙
〔差出〕前上総介平朝臣（花押）（金沢政顕）
〔受給者〕下野彦三郎左衛門尉忠長（島津久長）
〔備考〕台紙に貼り替え痕がある。『大日本古文書』に「逃忠籠純領」とする部分は「逃籠忠純領」である。

12　鎮西下知状　正和三年十一月二十七日
〔目録番号〕2―1―12　〔大日本古文書番号〕二〇五
〔料紙〕竪紙　楮紙（檀紙）　三三・五×五二・三糎　一紙
〔差出〕前上総介平朝臣（花押）（金沢政顕）
〔受給者〕下野彦三郎左衛門尉忠長（島津久長）
〔備考〕台紙に貼り替え痕がある。『大日本古文書』に「顕姪次郎左衛尉久純」とする部分は「顕娃次郎左衛尉久純」である。

13
鎮西下知状　文保元年九月二日
〔目録番号〕2―1―13　〔大日本古文書番号〕二〇六
〔料紙〕竪紙　楮紙（檀紙）　三三・四×五四・〇糎　一紙
〔差出〕遠江守平朝臣（花押）（北条随時）
〔受給者〕下野三郎左衛門尉久長（島津久長）

14
鎮西下知状　文保元年九月二十四日
〔目録番号〕2―1―14　〔大日本古文書番号〕二〇七
〔料紙〕竪紙　楮紙（檀紙）　三三・八×五三・六糎　一紙
〔差出〕遠江守平朝臣（花押）（北条随時）
〔受給者〕下野彦三郎左衛門尉久長（島津久長）

15
鎮西下知状　元応二年十一月六日
〔目録番号〕2―1―15　〔大日本古文書番号〕二〇八
〔料紙〕竪紙　楮紙（檀紙）　三二・九×五三・七糎　一紙
〔差出〕前遠江守平朝臣（花押）（北条随時）
〔受給者〕嶋津大隅守久長（島津久長）

16
関東御教書　元亨三年五月十日
〔目録番号〕2―1―16　〔大日本古文書番号〕二〇九
〔料紙〕竪紙　楮紙（檀紙）　三三・二×五二・四糎　一紙
〔差出〕修理権大夫（花押）（金沢貞顕）・相模守（花押）（北条高時）
〔宛所〕武蔵修理亮（北条英時）
〔備考〕台紙に貼り替え痕がある。

17
鎮西施行状　元亨三年九月五日
〔目録番号〕2―1―17　〔大日本古文書番号〕二一〇
〔料紙〕竪紙　楮紙（檀紙）　三二・五×四四・一糎　一紙
〔差出〕修理亮（花押）（北条英時）
〔宛所〕嶋津大隅前司（島津久長）
〔備考〕台紙に貼り替え痕がある。

18
足利直義御判御教書　建武四年十一月二十九日
〔目録番号〕2―1―18　〔大日本古文書番号〕二一一
〔料紙〕竪紙　楮紙（檀紙）　三三・一×五三・一糎　一紙
〔差出〕（花押）（足利直義）
〔宛所〕嶋津大隅前司入道（島津久長）

19
後醍醐天皇綸旨　元弘三年八月五日
〔目録番号〕2―1―19　〔大日本古文書番号〕二一二

〔料紙〕竪紙　宿紙（漉返）　三三・四×五三・三糎　一紙
〔差出〕式部少輔（花押）（岡崎範国）
〔受給者〕嶋津大隅左京進宗久法師（島津宗久）

20　雑訴決断所下文　建武元年九月二十九日
〔目録番号〕2—1—20　〔大日本古文書番号〕二一三
〔料紙〕竪紙　楮紙（檀紙）　三四・六×五一・六糎　一紙
〔差出〕中納言兼侍従藤原朝臣（花押）（九条公明）・従二位藤原朝臣（四条隆資）・正三位藤原朝臣（堀河光継）・左少弁藤原朝臣（高倉光守）・左衛門権佐兼少納言侍従伊賀守藤原朝臣（岡崎範国）・左衛門権少尉中原朝臣（花押）（近衛職政）・前筑後守藤原朝臣（花押）（小田貞知）・左少史高橋朝臣（花押）（高橋俊春）
〔宛所〕嶋津左京進宗久法師法名道恵（島津宗久）

21　後醍醐天皇綸旨　建武元年十一月二十六日
〔目録番号〕2—1—21　〔大日本古文書番号〕二一四
〔料紙〕竪紙　宿紙（漉返）　三二・五×五一・五糎　一紙
〔差出〕左衛門権佐（花押）（岡崎範国）
〔受給者〕大隅左京進入道道恵（島津宗久）
〔備考〕台紙に貼り替え痕がある。

22　足利尊氏御判御教書　建武三年三月二十八日
〔目録番号〕2—1—22　〔大日本古文書番号〕二一五
〔料紙〕竪紙　漉返紙　三〇・五×四四・二糎　一紙
〔差出〕（花押）（足利尊氏）
〔宛所〕大隅左京進入道（島津宗久）
〔備考〕台紙に貼り替え痕がある。

23　足利直義御判御教書　建武四年四月二十六日
〔目録番号〕2—1—23　〔大日本古文書番号〕二一六
〔料紙〕竪紙　楮紙（檀紙）　三二・四×五二・五糎　一紙
〔差出〕（花押）（足利直義）
〔宛所〕大隅左京進入道（島津宗久）
〔備考〕台紙に貼り替え痕がある。

24　足利直義御判御教書　建武四年八月九日
〔目録番号〕2—1—24　〔大日本古文書番号〕二一七
〔料紙〕竪紙　楮紙（檀紙）　三二・七×五一・八糎　一紙
〔差出〕（花押）（足利直義）
〔宛所〕嶋津左京進入道（島津宗久）
〔備考〕台紙に貼り替え痕がある。

25 足利直義御判御教書　暦応三年三月三日
〔目録番号〕2―1―25　〔大日本古文書番号〕二一八
〔料紙〕竪紙　楮紙（檀紙）　三二・一×五〇・八糎　一紙
〔差出〕（花押）（足利直義）
〔宛所〕嶋津左京進入道（島津宗久）

26 足利直義下文　暦応三年十一月二十一日
〔目録番号〕2―1―26　〔大日本古文書番号〕二一九
〔料紙〕竪紙　楮紙（強杉原）　三六・一×五八・〇糎　一紙
〔差出〕源朝臣（花押）（足利直義）
〔宛所〕嶋津大隅左京進宗久法師法名道恵（島津宗久）
〔備考〕『大日本古文書』に「同国日置庄地頭職事」とする部分は「同国日置庄地頭職等事」である。

27 足利直義御判御教書　康永元年十二月二十一日
〔目録番号〕2―1―27　〔大日本古文書番号〕二二〇
〔料紙〕竪紙　楮紙（檀紙）　三一・七×五〇・〇糎　一紙
〔差出〕（花押）（足利直義）
〔宛所〕嶋津左京進入道（島津宗久）
〔備考〕台紙に貼り替え痕がある。

28 足利尊氏下文　康永二年三月二十六日
〔目録番号〕2―1―28　〔大日本古文書番号〕二二一
〔料紙〕竪紙　楮紙（強杉原）　三五・〇×五五・六糎　一紙
〔差出〕袖判（足利尊氏）
〔宛所〕嶋津大隅左京進入道々恵（島津宗久）

29 室町幕府執事高師直施行状　康永二年四月五日
〔目録番号〕2―1―29　〔大日本古文書番号〕二二二
〔料紙〕竪紙　楮紙（檀紙）　三一・九×五〇・五糎　一紙
〔差出〕武蔵守（花押）（高師直）
〔宛所〕渋谷下総権守入道（渋谷重雄）・渋谷新平次入道（渋谷重基）

30 足利尊氏書状　（貞和二年）閏九月十四日
〔目録番号〕2―1―30　〔大日本古文書番号〕二二三
〔料紙〕竪紙　楮紙（引合）　本紙三一・六×五〇・一糎　裏紙三一・五×五〇・六糎　二紙
〔差出〕袖判（足利尊氏）
〔受給者〕嶋つの左京しん入道（島津宗久）
〔備考〕尊氏の自筆である。台紙に貼り替え痕がある。

31　足利直義御判御教書　貞和二年十一月二十一日
〔目録番号〕2—1—31　〔大日本古文書番号〕一二四
〔料紙〕竪紙　楮紙（檀紙）　三四・六×五六・〇糎　一紙
〔差出〕（花押）（足利直義）
〔宛所〕嶋津左京進入道（島津宗久）

32　足利尊氏書状　（康永三年）四月二日
〔目録番号〕2—1—32　〔大日本古文書番号〕一二五
〔料紙〕竪紙　楮紙（引合）　本紙三二・二×四六・〇糎　裏紙三二・五×四六・四糎　二紙
〔差出〕（花押）（足利尊氏）
〔宛所〕左京進入道（島津宗久）
〔備考〕尊氏の自筆である。台紙に貼り替え痕がある。

33　一色道猷（範氏）軍勢催促状　貞和四年二月九日
〔目録番号〕2—1—33　〔大日本古文書番号〕一二六
〔料紙〕竪紙　漉返紙　二九・〇×四二・四糎　一紙
〔差出〕沙弥（花押）（一色範氏）
〔宛所〕嶋津左京進入道（島津宗久）

34　足利直義御判御教書　貞和四年八月二十九日
〔目録番号〕2—1—34　〔大日本古文書番号〕一二七
〔料紙〕竪紙　楮紙（檀紙）　三四・五×五五・九糎　一紙
〔差出〕（花押）（足利直義）
〔宛所〕嶋津左京進入道（島津宗久）

35　足利尊氏御判御教書　貞和五年十二月二十七日
〔目録番号〕2—1—35　〔大日本古文書番号〕一二八
〔料紙〕竪紙　楮紙（檀紙）　三一・九×五〇・四糎　一紙
〔差出〕（花押）（足利尊氏）
〔宛所〕嶋津大隅左京進入道（島津宗久）
〔備考〕『大日本古文書』は「〇コノ文書、本文ト花押同筆ニカ、ル、疑フベキ点アルニ似タリ、」との按文を記すが、歴一—5や『田中光顕所蔵文書』同日付文書など、本書と同筆の文書は他に多くあり、また花押もこの時期の形状を示している。

36　足利直冬御判御教書　観応二年七月四日
〔目録番号〕2—1—36　〔大日本古文書番号〕一二九
〔料紙〕竪紙　楮紙（杉原）　三二・四×五〇・二糎　一紙
〔差出〕（花押）（足利直冬）
〔宛所〕嶋津大隅左京進入道（島津宗久）

37　足利直冬御判御教書　観応二年七月二十六日
〔目録番号〕2—1—37　〔大日本古文書番号〕二三〇
〔料紙〕竪紙　楮紙（杉原）　三二・二×四二・五糎　一紙
〔差出〕（花押）（足利直冬）
〔宛所〕嶋津左京進入道（島津宗久）

38　後村上天皇綸旨　正平六年八月三日
〔目録番号〕2—1—38　〔大日本古文書番号〕二三一
〔料紙〕小切紙　斐紙（鳥の子）　本紙一六・八×一六・二糎　包紙一九・六×一一・四糎　二紙
〔差出〕左中弁（花押）
〔宛所〕大隅左京進入道（島津宗久）
〔備考〕台紙に貼り替え痕がある。

39　足利尊氏御判御教書　正平六年十一月十三日
〔目録番号〕2—1—39　〔大日本古文書番号〕二三二
〔料紙〕小切紙　斐紙（鳥の子）　一六・八×九・八糎　一紙
〔差出〕（花押）（足利尊氏）
〔宛所〕大隅左京進入道（島津宗久）

40　足利義詮御判御教書　観応三年卯月十三日
〔目録番号〕2—1—40　〔大日本古文書番号〕二三三
〔料紙〕小切紙　斐紙（鳥の子）　一五・九×一一・四糎　一紙
〔差出〕（花押）（足利義詮）
〔宛所〕嶋津大隅左京進入道（島津宗久）

41　足利直義御判御教書　康永二年三月二日
〔目録番号〕2—1—41　〔大日本古文書番号〕二三四
〔料紙〕竪紙　楮紙（杉原）　三二・五×三七・九糎　一紙
〔差出〕（花押）（足利直義）
〔宛所〕嶋津大隅宗四郎（島津親忠）

42　斯波氏経感状　康安二年三月二十五日
〔目録番号〕2—1—42　〔大日本古文書番号〕二三五
〔料紙〕小切紙　楮紙（強杉原）　一三・九×一九・五糎　一紙
〔差出〕左京大夫（花押）（斯波氏経）
〔宛所〕大隅小四郎

43　後村上天皇綸旨　正平十九年九月十四日
〔目録番号〕2—1—43　〔大日本古文書番号〕二三六

〔料紙〕小切紙　斐紙（鳥の子）　本紙一五・九×二〇・七糎　懸紙一九・四×一四・四糎　二紙
〔差出〕左中将（花押）（藤原実秀）　〔懸紙差出〕左中将（花押）（藤原実秀）
〔宛所〕嶋津伊作下野守（島津親忠）　〔懸紙宛所〕嶋津伊作下野守（島津親忠）

44　後村上天皇口宣案　正平十九年九月十四日
〔目録番号〕2―1―44　〔大日本古文書番号〕二三七
〔料紙〕竪紙　漉返紙　三五・九×五四・四糎　一紙
〔差出〕蔵人頭左近衛権中将藤原朝臣実秀（藤原実秀）
〔受給者〕左衛門少尉藤原親忠（島津親忠）

45　今川了俊（貞世）書下　応安五年正月二十五日
〔目録番号〕2―1―45　〔大日本古文書番号〕二三八
〔料紙〕小切紙　斐紙（鳥の子）　一〇・七×一一・八糎　一紙
〔差出〕沙弥（花押）（今川貞世）
〔宛所〕嶋津下野入道（島津親忠）

46　今川了俊（貞世）書下　応安五年正月二十五日
〔目録番号〕2―1―46　〔大日本古文書番号〕二三九
〔料紙〕小切紙　斐紙（鳥の子）　七・九×九・九糎　一紙
〔差出〕沙弥（花押）（今川貞世）
〔宛所〕嶋津下野入道（島津親忠）

47　今川了俊（貞世）軍勢催促状　応安五年十月十三日
〔目録番号〕2―1―47　〔大日本古文書番号〕二四〇
〔料紙〕小切紙　斐紙（鳥の子）　一五・七×一五・四糎　一紙
〔差出〕沙弥（花押）（今川貞世）
〔宛所〕嶋津伊作下野入道（島津親忠）

48　少弐冬資書状　（年未詳）二月二十一日
〔目録番号〕2―1―48　〔大日本古文書番号〕二四一
〔料紙〕小切紙　斐紙（鳥の子）　一六・〇×二九・六糎　一紙
〔差出〕大宰少弐冬資（花押）（少弐冬資）
〔宛所〕嶋津下野入道（島津親忠）
〔備考〕『大日本古文書』に「或打取」とする部分は「或討取」である。

49　少弐冬資書状　（年未詳）十月十九日
〔目録番号〕2―1―49　〔大日本古文書番号〕二四二
〔料紙〕切紙　斐紙（鳥の子）　一六・五×四六・六糎　一紙
〔差出〕大宰少弐冬資（花押）（少弐冬資）

〔宛所〕嶋津下野入道（島津親忠）

50 今川了俊（貞世）感状　応安八年三月二十七日
〔目録番号〕2―1―50　〔大日本古文書番号〕二四三
〔料紙〕小切紙　斐紙（鳥の子）　一六・〇×一四・三糎　一紙
〔差出〕沙弥（花押）（今川貞世）
〔宛所〕嶋津大隅守（島津久義）

51 渋川満頼書状　（年未詳）八月二十五日
〔目録番号〕2―1―51　〔大日本古文書番号〕二四四
〔料紙〕竪紙　楮紙（杉原）　二九・六×四八・〇糎　一紙
〔差出〕満頼（花押）（渋川満頼）
〔宛所〕伊作大隅守（島津久義）

宝鑑　其二

1 足利直義御判御教書　建武四年五月十七日
〔目録番号〕2―2―1　〔大日本古文書番号〕二四五
〔料紙〕竪紙　楮紙（檀紙）　三二・二×四六・八糎　一紙
〔差出〕（花押）（足利直義）
〔宛所〕渋谷平次郎（渋谷重勝）
〔備考〕料紙裏の天に割印が捺されている。

2 足利直義御判御教書　建武四年五月十八日
〔目録番号〕2―2―2　〔大日本古文書番号〕二四六
〔料紙〕竪紙　楮紙（檀紙）　三二・三×五一・六糎　一紙
〔差出〕（花押）（足利直義）
〔宛所〕大寺弥六

3 足利直義御判御教書　建武四年五月十八日
〔目録番号〕2―2―3　〔大日本古文書番号〕二四七
〔料紙〕竪紙　楮紙（檀紙）　三二・二×五一・五糎　一紙
〔差出〕（花押）（足利直義）
〔宛所〕大田六郎次郎

4 足利直義御判御教書　建武四年五月二十七日
〔目録番号〕2―2―4　〔大日本古文書番号〕二四八
〔料紙〕竪紙　楮紙（檀紙）　三三・四×五三・二糎　一紙
〔差出〕（花押）（足利直義）
〔宛所〕知覧院式部三郎

5　足利直義御判御教書　建武四年五月二十七日
〔目録番号〕2―2―5　〔大日本古文書番号〕二四九
〔料紙〕竪紙　楮紙（檀紙）　三三・四×五三・〇糎　一紙
〔差出〕（花押）（足利直義）
〔宛所〕井手籠孫次郎（井手籠久秀）

6　室町幕府引付頭人沙弥某施行状　文和元年十月十三日
〔目録番号〕2―2―6　〔大日本古文書番号〕二五〇
〔料紙〕竪紙　楮紙（檀紙）　三二・〇×五〇・〇糎　一紙
〔差出〕沙弥（花押）
〔宛所〕右京権大夫（一色範氏）
〔備考〕料紙裏の天に割印が捺されている。

7　室町幕府引付頭人沙弥某施行状　文和元年十月二十六日
〔目録番号〕2―2―7　〔大日本古文書番号〕二五一
〔料紙〕竪紙　楮紙（檀紙）　三二・〇×五〇・三糎　一紙
〔差出〕沙弥（花押）
〔宛所〕右京権大夫（一色範氏）

8　一色道猷範氏充行状　文和二年二月一日
〔目録番号〕2―2―8　〔大日本古文書番号〕二五二
〔料紙〕竪紙　楮紙（杉原）　二八・五×四一・七糎　一紙
〔差出〕沙弥（花押）（一色範氏）
〔宛所〕嶋津又三郎（島津氏久）
〔備考〕台紙に貼り替え痕がある。

9　一色道猷範氏充行状　文和三年五月二十五日
〔目録番号〕2―2―9　〔大日本古文書番号〕二五三
〔料紙〕竪紙　楮紙（檀紙）　三一・七×五〇・〇糎　一紙
〔差出〕沙弥（花押）（一色範氏）
〔宛所〕嶋津上総入道（島津貞久）

10　宮内大輔三雄挙状　（年未詳）十二月二十五日
〔目録番号〕2―2―10　〔大日本古文書番号〕二五四
〔料紙〕竪紙　楮紙（檀紙）　三二・六×四二・五糎　一紙
〔差出〕宮内大輔三雄（花押）
〔宛所〕周防右京亮

11　少弐貞頼書状　（年未詳）十二月二十五日
〔目録番号〕2―2―11　〔大日本古文書番号〕二五五

〔料紙〕竪紙　楮紙（杉原）　二八・九×三八・七糎　一紙
〔差出〕貞頼（花押）（少弐貞頼）
〔宛所〕嶋津上総入道（島津氏久）

12　少弐冬資書状　（年未詳）六月十五日
〔目録番号〕2—2—12　〔大日本古文書番号〕二五六
〔料紙〕竪紙　楮紙（杉原）　三一・四×四八・九糎　一紙
〔差出〕大宰少弐冬資（花押）（少弐冬資）
〔宛所〕嶋津上総介（島津師久）

13　足利義詮御判御教書写　貞治元年十月十七日・足利義詮御判御教書写　貞治元年十月十七日
〔目録番号〕2—2—13　〔大日本古文書番号〕二五七
〔料紙〕切続紙　斐紙　第一紙一六・五×二七・四糎　第二紙一六・五×二〇・九（糊代〇・四）糎　二紙

足利義詮御判御教書写　貞治元年十月十七日
〔差出〕（花押）（足利義詮）
〔宛所〕若松孫太郎

足利義詮御判御教書写　貞治元年十月十七日
〔差出〕（花押）（足利義詮）
〔宛所〕薩摩郡司弥太郎

14　菊池武興書状　（天授三年）六月十日
〔目録番号〕2—2—14　〔大日本古文書番号〕二五八
〔料紙〕切紙　斐紙　一六・六×四七・五糎　一紙
〔差出〕藤原武興（花押）（菊池武興）
〔宛所〕嶋津上総介（島津伊久）

15　今川了俊（貞世）書下　永和元年八月二十八日
〔目録番号〕2—2—15　〔大日本古文書番号〕二五九
〔料紙〕竪紙　楮紙（檀紙）　三三・六×五二・三糎　一紙
〔差出〕沙弥（花押）（今川貞世）
〔宛所〕嶋津越後守（島津氏久）

16　今川了俊（貞世）書状　（永和二年カ）四月八日
〔目録番号〕2—2—16　〔大日本古文書番号〕二六〇
〔料紙〕切紙　斐紙（鳥の子）　一六・二×四六・七糎　一紙
〔差出〕了俊（花押）（今川貞世）
〔宛所〕嶋津上総介（島津伊久）
〔備考〕貞世の自筆である。

17　菊池武光書状　(年未詳)七月四日
〔目録番号〕2—2—17　〔大日本古文書番号〕二六一
〔料紙〕切紙　斐紙　一六・五×四五・三糎　一紙
〔差出〕肥後守武光（花押）（菊池武光）
〔宛所〕嶋津判官入道（島津氏久）

18　今川了俊(貞世)書下　永和五年三月二十三日
〔目録番号〕2—2—18　〔大日本古文書番号〕二六二
〔料紙〕竪紙　楮紙（檀紙）　二六・三×三六・五糎　一紙
〔差出〕沙弥（花押）（今川貞世）
〔宛所〕中野入道・那知入道

19　足利義満御判御教書　応永六年十一月三日
〔目録番号〕2—2—19　〔大日本古文書番号〕二六三
〔料紙〕小切紙　斐紙（鳥の子）　一五・九×二三・七糎　一紙
〔差出〕袖判（足利義満）
〔宛所〕薩摩国地頭御家人中

20　室町幕府管領斯波義将奉書　至徳元年十二月九日
〔目録番号〕2—2—20　〔大日本古文書番号〕二六四
〔料紙〕竪紙　楮紙（杉原）　三〇・八×五〇・二糎　一紙
〔差出〕左衛門佐（花押）（斯波義将）
〔宛所〕薩摩国地頭御家人中
〔備考〕『大日本古文書』は「(折封ウハ書)「薩摩国地頭御家人中　左衛門佐義将」」と記された懸紙があるかに記述するが、現状は貼り込まれていない。懸紙は『島津家文書　御文書懸紙』(目録番号45—84—17)に収められる。

21　昌和書状　(至徳元年)閏九月十二日
〔目録番号〕2—2—21　〔大日本古文書番号〕二六五
〔料紙〕切紙　斐紙（鳥の子）　本紙一六・〇×四五・一糎　礼紙一五・七×一二・三糎　懸紙二一・〇×一五・五糎　三紙
〔差出〕昌和（花押）　〔懸紙差出〕昌和
〔宛所〕嶋津（島津伊久）　〔懸紙宛所〕嶋津（島津伊久）
〔備考〕『大日本古文書』は「御懃懇」の右傍に「丁寧」と記述しているが、「御懇懃」に「丁寧」を重ね書きしたものである。また『大日本古文書』の覆刻版では、差出書に「昌和」とのみあり（花押）の記載がないものがあるが、これは覆刻の工程で脱落したものかと思われる。

22　大内持世書状　(嘉吉元年)卯月十四日
〔目録番号〕2—2—22　〔大日本古文書番号〕二六六

〔料紙〕切紙　斐紙　一七・〇×五一・一糎　一紙
〔差出〕持世（花押）（大内持世）
〔宛所〕菊池（菊池持朝）

23　足利義満御内書　（年未詳）十月七日
〔目録番号〕2―2―23　〔大日本古文書番号〕二六七
〔料紙〕竪紙　楮紙（引合）　三一・九×四七・一糎　一紙
〔差出〕（花押）（足利義満）
〔宛所〕嶋津上総介（島津伊久）

24　足利義満御判御教書　至徳二年正月晦日
〔目録番号〕2―2―24　〔大日本古文書番号〕二六八
〔料紙〕竪紙　楮紙（強杉原）　三四・八×五六・〇糎　一紙
〔差出〕袖判（足利義満）
〔宛所〕嶋津上総介（島津伊久）

25　室町幕府管領細川満元奉書　明徳二年九月八日
〔目録番号〕2―2―25　〔大日本古文書番号〕二六九
〔料紙〕竪紙　楮紙（杉原）　三一・四×四八・九糎　一紙
〔差出〕右京大夫（花押）（細川満元）
〔宛所〕嶋津上総介（島津伊久）
〔備考〕台紙に貼り替え痕がある。

26　渋川満頼書下　応永四年六月五日
〔目録番号〕2―2―26　〔大日本古文書番号〕二七〇
〔料紙〕竪紙　楮紙（杉原）　二八・九×四七・八糎　一紙
〔差出〕右兵衛佐（花押）（渋川満頼）
〔宛所〕大内左京権大夫入道（大内義弘）
〔備考〕『大日本古文書』は「（折封ウハ書）「大内左京権大夫入道殿　右兵衛佐満頼」」と記された懸紙があるかに記述するが、現状は貼り込まれていない。懸紙は『島津家文書　御文書懸紙』（目録番号45―84―18）に収められる。

27　足利義満御内書　（年未詳）三月六日
〔目録番号〕2―2―27　〔大日本古文書番号〕二七一
〔料紙〕竪紙　楮紙（檀紙）　三三・二×四六・四糎　一紙
〔差出〕（花押）（足利義満）
〔宛所〕嶋津大夫判官（島津伊久）

28　足利義満御判御教書　応永九年八月十六日
〔目録番号〕2―2―28　〔大日本古文書番号〕二七二

〔料紙〕竪紙　楮紙（檀紙）　三〇・二×四八・九糎　一紙
〔差出〕（花押）（足利義満）
〔宛所〕嶋津上総入道（島津伊久）

29　室町幕府管領細川満元奉書　明徳三年九月十七日
〔目録番号〕2―2―29　〔大日本古文書番号〕二七三
〔料紙〕竪紙　楮紙（杉原）　三〇・二×四八・九糎　一紙
〔差出〕右京大夫（花押）（細川満元）
〔宛所〕嶋律〔津〕又三郎（島津元久）
〔備考〕『大日本古文書』に「可沙汰付」（沙汰は正誤表により訂正）とする部分は「可被沙汰付」である。

30　赤松満政副状　（嘉吉元年）卯月十五日
〔目録番号〕2―2―30　〔大日本古文書番号〕二七四
〔料紙〕竪紙　楮紙（杉原）　二九・四×四八・二糎　一紙
〔差出〕播磨守満政（花押）（赤松満政）
〔宛所〕嶋津陸奥守（島津忠国）
〔備考〕宛所「嶋津」は「嶋律」の行人偏に三水を重ね書きしたものである。

31　赤松満政書状　（嘉吉元年）四月十五日
〔目録番号〕2―2―31　〔大日本古文書番号〕二七五
〔料紙〕竪紙　楮紙（杉原）　本紙二九・八×四七・〇糎　裏紙二九・七×四九・一糎　二紙
〔差出〕満政（花押）（赤松満政）
〔宛所〕嶋津陸奥守（島津忠国）
〔備考〕『大日本古文書』の覆刻版では、「御馬」の下に割書「青」の記載がないものがあるが、これは覆刻の工程で脱落したものかと思われる。また、宛所の「嶋津」は「嶋律」の行人偏に三水を重ね書きしたものである。

32　赤松満政書状　（嘉吉元年）卯月十六日
〔目録番号〕2―2―32　〔大日本古文書番号〕二七六
〔料紙〕竪紙　楮紙（杉原）　二九・七×三九・二糎　一紙
〔差出〕満政（花押）（赤松満政）
〔宛所〕嶋津（島津忠国）

33　友貞書状　（嘉吉元年）五月二十六日
〔目録番号〕2―2―33　〔大日本古文書番号〕二七七
〔料紙〕竪紙　楮紙（杉原）　二八・九×四六・六糎　一紙
〔差出〕友貞（花押）
〔宛所〕本田信濃守（本田重恒）

34　畠山政長書状　（文明元年）九月十四日
〔目録番号〕2―2―34　〔大日本古文書番号〕二七八
〔料紙〕切紙　斐紙（鳥の子）　一五・六×四〇・八糎　一紙
〔差出〕政長（花押）（畠山政長）
〔宛所〕嶋津陸奥守（島津立久）

35　右衛門尉行頼奉書　（文明三年）十一月五日
〔目録番号〕2―2―35　〔大日本古文書番号〕二七九
〔料紙〕切紙　楮紙（杉原）　一七・二×四六・九糎　一紙
〔差出〕右衛門尉行頼（花押）
〔宛所〕嶋津（島津立久）

36　室町幕府奉行人連署奉書　文明六年九月二十一日
〔目録番号〕2―2―36　〔大日本古文書番号〕二八〇
〔料紙〕竪紙　楮紙（杉原）　二八・〇×四六・八糎　一紙
〔差出〕大和守（花押）（飯尾元連）・加賀守（花押）（飯尾為信）
〔宛所〕嶋津又三郎（島津忠昌）

37　布施英基書状　（文明十二年）二月十一日
〔目録番号〕2―2―37　〔大日本古文書番号〕二八一
〔料紙〕竪紙　楮紙（杉原）　二九・八×四八・九糎　一紙
〔差出〕下野守英基（花押）（布施英基）
〔宛所〕嶋津陸奥守（島津忠昌）

38　室町幕府管領斯波義将奉書　至徳元年十二月九日
〔目録番号〕2―2―38　〔大日本古文書番号〕二八二
〔料紙〕竪紙　楮紙（杉原）　三〇・七×四九・三糎　一紙
〔差出〕左衛門佐（花押）（斯波義将）
〔宛所〕大隅国地頭御家人中

39　室町幕府奉行人連署奉書　文明十一年十二月二十七日
〔目録番号〕2―2―39　〔大日本古文書番号〕二八三
〔料紙〕竪紙　楮紙（杉原）　二九・五×四二・二糎　一紙
〔差出〕大和前司（花押）（飯尾元連）・下野守（花押）（布施英基）
〔宛所〕嶋津陸奥守（島津忠昌）
〔備考〕台紙に貼り替え痕がある。

40　室町幕府奉行人連署奉書　文明十三年六月二十六日
〔目録番号〕2―2―40　〔大日本古文書番号〕二八四
〔料紙〕竪紙　楮紙（杉原）　二九・八×四八・三糎　一紙

〔差出〕大和前司（花押）（飯尾元連）・下野守（花押）（布施英基）
〔宛所〕嶋津陸奥守（島津忠昌）

41　室町幕府奉行人連署奉書　文明十五年四月九日
〔目録番号〕2—2—41　〔大日本古文書番号〕二八五
〔料紙〕竪紙　楮紙（杉原）　二七・九×四七・五糎　一紙
〔差出〕下野守（花押）（布施英基）・前大和守（花押）（飯尾元連）
〔宛所〕嶋津一族御中

42　赤松政則書状　（年未詳）七月八日
〔目録番号〕2—2—42　〔大日本古文書番号〕二八六
〔料紙〕竪紙　楮紙（杉原）　三一・五×四八・〇糎　一紙
〔差出〕政則（花押）（赤松政則）
〔宛所〕嶋津陸奥守（島津忠昌）

43　足利義昭御内書　（年未詳）十一月晦日
〔目録番号〕2—2—43　〔大日本古文書番号〕二八七
〔料紙〕切紙　斐紙（鳥の子）　二二・一×五〇・一糎　一紙
〔差出〕（花押）（足利義昭）
〔宛所〕嶋津修理大夫（島津義久）
〔備考〕台紙に貼り替え痕がある。

44　伊勢貞宗書状　（文明十一年）六月十七日
〔目録番号〕2—2—44　〔大日本古文書番号〕二八八
〔料紙〕小切紙　斐紙（鳥の子）　本紙一七・三×二六・二糎　懸紙二二・二×一〇・二糎　二紙
〔差出〕伊勢守貞宗（花押）（伊勢貞宗）　〔懸紙差出〕伊勢守貞宗（伊勢貞宗）
〔宛所〕嶋津又三郎（島津忠昌）　〔懸紙宛所〕嶋津又三郎（島津忠昌）

45　足利義昭御内書　（年未詳）七月四日
〔目録番号〕2—2—45　〔大日本古文書番号〕二八九
〔料紙〕竪紙　楮紙（杉原）　二三・八×三九・四糎　一紙
〔差出〕（花押）（足利義昭）
〔宛所〕しま津女房の局

46　近衛稙家書状　（年未詳）四月六日
〔目録番号〕2—2—46　〔大日本古文書番号〕二九〇
〔料紙〕切紙　斐紙（鳥の子）　二三・四×四五・一糎　一紙
〔差出〕（花押）（近衛稙家）
〔宛所〕嶋津三郎左衛門尉（島津貴久）

〔備考〕台紙に貼り替え痕がある。

47　近衛尚通書状　（年未詳）八月二十八日
〔目録番号〕2—2—47　〔大日本古文書番号〕二九一
〔料紙〕切紙　漉返紙　一九・八×四六・〇糎　一紙
〔差出〕（花押）（近衛尚通）
〔宛所〕嶋津三郎左衛門尉（島津忠良）

48　近衛稙家書状　（年未詳）三月五日
〔目録番号〕2—2—48　〔大日本古文書番号〕二九二
〔料紙〕切紙　斐紙（鳥の子）　二一・九×五〇・五糎　一紙
〔差出〕（花押）（近衛稙家）
〔宛所〕嶋津修理大夫（島津貴久）

49　近衛信輔（信尹）書状　（天正十二年）九月二十八日
〔目録番号〕2—2—49　〔大日本古文書番号〕二九三
〔料紙〕切紙　斐紙（鳥の子）　一八・七×四四・一糎　一紙
〔差出〕（花押）（近衛信尹）
〔宛所〕修理大夫（島津義久）
〔備考〕本文第一行の前、第二行と第三行との間に、文字を擦り消した痕がある。

50　近衛前久書状　（天正四年）九月三日
〔目録番号〕2—2—50　〔大日本古文書番号〕二九四
〔料紙〕小切紙　斐紙（鳥の子）　一〇・五×三四・三糎　一紙
〔差出〕（花押）（近衛前久）
〔宛所〕嶋津兵庫頭（島津義弘）

51　聖護院道澄書状　（年未詳）九月十三日
〔目録番号〕2—2—51　〔大日本古文書番号〕二九五
〔料紙〕折紙　斐紙（鳥の子）　三七・〇×五〇・二糎　一紙
〔差出〕（花押）（道澄）
〔宛所〕羽柴少将（島津義弘）
〔備考〕『大日本古文書』に「将亦」とする部分は「将又」である。

52　近衛竜山（前久）書状　（慶長二年）九月十三日
〔目録番号〕2—2—52　〔大日本古文書番号〕二九六
〔料紙〕折紙　漉返紙　三一・五×四九・九糎　一紙
〔差出〕（花押）（近衛前久）　〔切封差出〕竜山（近衛前久）
〔切封宛所〕又八郎（島津家久）

53　近衛竜山（前久）書状　（慶長三年）十一月八日

〔目録番号〕2—2—53　〔大日本古文書番号〕二九七

〔料紙〕折紙　漉返紙　二九・五×四六・九糎　一紙

〔差出〕（花押）（近衛前久）

〔宛所〕兵庫頭（島津義弘）・又八郎（島津家久）